JN425534

실질과세원칙

지은이 | 이동식

경북대학교 법학전문대학원 교수
한국조세재정연구원 초빙연구원(2021.3.~2022.2.)

학력
Passau University in Germany(Dr. iur)
경북대학교 대학원 법학과(법학석사)

수상 경력
국무총리표창(2020)
행정안전부장관 표창(2014, 2016)
사단법인 온율 제1회 공익논문 현상공모 대상 수상(2014.10.)
한국공법학회 신진학술상 수상(2008.6.)
제1회 한국 세법학회 신진학술상 수상(2007.2.)

외부활동 경력
국무총리실 조세심판원 비상임심판관(2013.6.~현재)
기획재정부 국세예규심사위원(現)
행정안전부 지방세예규심사위원(現)
국세청 국세행정개혁위원회 위원(現)

실질과세원칙

찍은 날 2021년 4월 26일 | **펴낸 날** 2021년 4월 29일
지은이 이동식 | **펴낸이** 홍원화 | **펴낸 곳** 경북대학교출판부
출판등록 1973년 10월 10일 ㉣97호 | **주소** 대구광역시 북구 대학로 80
전화 053-950-3830 | **팩스** 053-953-4692
이메일 press@knu.ac.kr | **홈페이지** http://knupress.com
ISBN 978-89-7180-566-4 93360

정가는 뒤표지에 있습니다. 파본은 바꾸어 드립니다.

이 저서는 2016년 대한민국 교육부와 한국연구재단의 지원을 받아 수행된 연구임
(NRF-2016S1A6A4A01020040)

실질 과세 원칙

PRINCIPLE OF SUBSTANTIAL TAXATION

이동식 지음

경북대학교출판부

머리말

세법을 조금이라도 공부해 본 사람이라면 실질과세원칙이 얼마나 중요한 법원칙인지 잘 알고 있을 것입니다. 이 원칙은 세법을 연구해 온 20여 년간 필자의 머릿속을 떠나지 않았던 화두 중 하나이기도 합니다. 필자는 경북대학교 대학원에서 조세회피방지제도에 대한 연구로 석사학위를 취득하였고, DAAD(독일 학술교류처)의 후원을 받아 독일에서 유학하며 조세회피방지를 위한 일반규정으로 널리 알려진 독일 조세통칙법(Abgabenordnung) 제42조와 관련하여 박사학위를 취득하였습니다. 그 과정에서 이 원칙의 중요성을 체감하게 되었습니다.

다만, 당시 한국 세법학계에서 이해하는 실질과세원칙과 독일 세법학계에서 이해하는 이 원칙은 그 내용이 무척 달랐습니다. 2000년 2월 귀국 후 여러 편의 단행논문을 통해 실질과세원칙에서의 실질이 왜 소위 '경제적 실질'일 수밖에 없는지를 논증하려고 하였습니다. 그리고 경제적 실질 개념의 모호성으로 인해 이 원칙이 남용될 수 있다는 점을 우려하여 경제적 실질의 법적 실체가 무엇인지 명확하게 하려는 작업도 함께 하였습니다. 다행히 지금은 학계에서도 경제적 실질설을 지지하는 견해가 과거보다 많아졌으며, 입법적으로도 국세기본법 제14조 제3항과 같은 규정이 신설되어 '경제적 실질'에 따라 실질과세원칙을 이해해야 한다는 것이 좀 더 명확해진 측면이 있습니다.

한편 필자는 2008년 미국 플로리다대학 로스쿨 조세법 프로그램의 방문교수로 1년 체류하며 미국의 실질과세원칙을 연구한 바 있습니다.

연구해 보니 미국의 실질과세원칙은 독일의 그것과는 또 사뭇 달랐습니다. 그리고 2016~2017년을 전후하여 일본 세법학계를 대표하는 학자 중 한 사람인 오사카대학 다니쿠치(谷口勢津夫) 교수와의 교류를 통해 일본에서의 실질과세원칙을 경험할 수 있었습니다. 이를 통해 국내 문헌을 기초로 이해한 일본 학계의 실질과세원칙 연구 상황과 현재 일본학계의 입장 사이에 미묘한 차이가 있음을 알게 되었습니다. 이 모든 경험이 이 책의 토대가 되었습니다.

물론 이 책의 출간에도 불구하고 실질과세원칙에 관해서는 여전히 설명되지 않은 쟁점이 많이 남아 있다는 점을 잘 알고 있습니다. 하지만 지금까지 머릿속으로 정리해 온 것 상당 부분을 이 책을 통해 문자화했다는 점에서 후학을 위한 최소한의 책무를 이행한 듯하여 작은 보람을 느낍니다. 모쪼록 독자 여러분이 실질과세원칙을 이해하는 데 이 책이 조금이나마 도움될 수 있기를 진심으로 기대합니다.

이 책을 출간하면서 많은 분들의 도움을 받았습니다. 미국에서의 실질과세원칙과 관련해서는 건양대 최정희 교수가, 독일의 해당 부분은 김무열 박사가, 일본의 연구 상황은 현재 박사논문을 작성 중인 황헌순 법학석사가 큰 도움을 주었습니다. 위 세 명의 조세법 연구자들은 각각 미국·독일·일본에서의 유학경험을 바탕으로 해당 분야의 국내 최고 전문가로서 역량을 발휘하고 있는 분들입니다. 또한 이번에도 이 책을 경북대학교출판부에서 출간하게 되면서 교정과 편집을 담당해 주신 분들에게 큰 도움을 받았습니다. 이 모든 분들에게 지면으로 다시 한번 감사의 인사를 전합니다.

2021년 4월

대구 앞산이 보이는 복현동 연구실에서

이동식

c o n t e n t s

제 5 장 독일의 실질과세원칙에 대한 이해

제 6 장 각국 실질과세원칙의 비교법적 고찰

제 1 장

실질과세원칙에 관한 기초이론

제1절 | 실질과세원칙의 의의

I. 조세의 의의

오늘날 어느 나라를 막론하고 국가수입의 대부분은 조세제도를 통해 조달하고 있다. 그래서 조세제도는 국가의 존립에 필수적인 사회제도라고 할 수 있다. 예를 들어 우리나라의 2020~2024년 국가재정운용계획에 따르면 2021년의 경우 국가의 재정수입 약 483조 원 중 국세수입은 282.8조 원 정도다. 그 외 세외수입이 28.6조 원, 기금수입이 171.6조 원가량 된다. 기금수입이 상당 규모가 되지만 이는 주로 국민연금기금과 같은 사회보장성기금의 규모가 크기 때문이며 일반적인 국가 활동에 필요한 재원의 대부분은 조세제도를 통해 조달하고 있다.

중기 재정수입 전망[1]

(단위: 조 원, %)

	2020년*		2021년	2022년	2023년	2024년	연평균 증가율
	본예산	추경					
▣ 재정수입	481.8	470.7	483.0	505.4	527.8	552.2	3.5
○ 국세수입	292.0	279.7	282.8	296.5	310.1	325.5	2.8
○ 세외수입	27.9	29.1	28.6	28.9	29.9	30.2	2.0
○ 기금수입	161.9	161.9	171.6	180.0	187.8	196.6	5.0

* 국회 확정예산 기준

1 2016~2020년 국가재정운용계획.

Ⅱ. 조세의 부과징수를 위한 법적 근거

조세는 모든 나라에서 조세법률주의원칙에 따라 기본적으로 국민들의 대표들이 제정한 법률에 기초하여 부과되고 징수되어야 한다. 이처럼 조세법률주의원칙에 따라 법률에 근거하여 개별사례에 조세를 부과·징수하기 위해서는 물론 과세요건을 직접 규정하고 있는 조문들에 등장하는 문언이 가장 중요하다. 하지만 실제 사례에 세금부과를 하기 위해서는 단순히 과세요건을 직접 규정하고 있는 법률조문에 등장하는 문언만으로는 불충분한 경우가 많다. 예를 들어 갑이 자신의 자금으로 을로부터 부동산을 취득하여 이를 병의 명의로 명의신탁해 두었다가 다시 제3자 정에게 매도하여 발생한 양도차익에 대해 양도소득세를 과세하는 문제가 발생할 경우, 일단은 양도소득세 납세의무에 대해 규정하고 있는 소득세법의 관련 규정이 가장 중요하다. 그러나 그러한 규정은 이와 같이 명의신탁부동산의 양도로 인한 양도소득의 경우 귀속자를 신탁자로 할 것인지 아니면 수탁자로 할 것인지에 대해 직접 규정하고 있지는 않다.

가능한 한 모든 사항들을 세법조문에 명확하게 해 두는 것이 이상적이라고 할 수 있지만 일단은 모든 상황을 사전에 예측하여 입법자가 완벽하게 입법을 한다는 것이 현실적으로 불가능하다. 또 현재의 입법수준만으로도 세법조문의 양이 과다하여, 입법자가 예측할 수 있는 모든 사항을 법조문화할 경우 오히려 법의 명확성과 예측가능성이 떨어진다는 비판이 있는 상황임을 고려할 때 이는 또 다른 문제점을 초래할 여지가 있다. 그래서 실제로 과세를 할 때 직접 적용할 수 있는 개별 세법조문이 없는 경우에는 조세법의 일반법원칙을 동원하여 법적 근거를 찾아야 하는 경우가 다수 존재하는 것이 불가피한 상황이다.

Ⅲ. 일반법원칙의 일반적 의미

일반법원칙은 법적 공동체로서의 인간사회에 당연히 적용되어야 하는 최소한의 규범이라고 할 수 있다. 그래서 이러한 법원칙에 의거하여 시민들이 준수해야 하는 규범을 인식할 수도 있는 것이다. 일반법원칙은 성문법의 법규는 아니라고 할지라도 모든 법질서가 지향해야 할 윤리적 기초이기 때문에 이 원칙은 기본적인 법규범으로서 법을 인식하는 근거[法源]가 된다.[2] 개별적 법률규정에 비하여 일반법원칙은 법의 모든 영역에 적용될 수 있는 개방성을 본질적으로 내포하고 있다. 물론 민법영역에 타당한 법원칙과 세법과 같은 행정법영역에 타당한 법원칙은 그 적용영역의 특수성에 따라 차이가 있을 수 있다. 예를 들어 개인의 자유로운 의사결정을 최우선 가치로 하는 민법영역에서는 사적 자치의 원칙이 매우 중요한 법원칙이지만 세법과 같은 행정법영역에서는 엄격한 법률에 의거한 행정이 중요하므로 조세법률주의와 같은 법치행정원리가 매우 중요한 법원칙이 되는 것이다.

Ⅳ. 조세법상 일반법원칙으로서 실질과세원칙의 의미

조세법상 일반법원칙으로는 신의성실원칙, 신뢰보호원칙, 근거과세원칙, 실질과세원칙 등을 거론할 수 있을 것이다. 그중 이론적으로 그리고 실무적으로 특히 중요한 의미를 가지는 것이 실질과세원칙이다.

실질과세원칙은 과세물건의 귀속이라든가 과세표준의 계산과 같은 과세요건사실에 대하여 조세법 규정을 적용함에 있어서 행위 또는 거래의 형식과 실질이 일치하지 아니하는 경우 형식이 아닌 실질에 따라 과세하는 원칙으로 정의할 수 있다.[3] 실질과세원칙을 위에서 언급한 명의

2 홍정선, 『행정법특강』, 박영사, 2014, 31면.

3 최성근, 『실질과세원칙에서의 다단계거래 부인에 관한 연구』, 한국세무사회 부설 한국조세연구소,

신탁재산의 양도사례에 적용해 보자. 비록 등기부상 소유자는 병이라고 하더라도 병이 해당 자산을 제3자 정에게 매도하는 과정이 실제 소유자 갑의 주도하에 수행되고 그 거래로 인한 매도자금이 병을 거쳐 갑에게 최종적으로 귀속되었다면, 그 거래로 인한 양도소득의 실질적 귀속자는 병이 아니라 갑이라고 할 것이므로 갑을 해당 거래의 양도소득세 납세의무자로 결정하게 된다. 이것은 소위 과세물건의 귀속을 결정함에 있어서 실질과세원칙이 적용되는 사례라고 할 수 있다. 그 외에 실질과세원칙은 예를 들어 납세자는 형식적으로 A 거래행위를 하였지만 과세당국은 그 거래의 실질이 B 거래행위인 것으로 판단하여 그에 해당하는 세금부과를 하는 경우에도 그 근거로 사용할 수 있다. 이를 거래내용에 관한 실질과세원칙이라고도 한다.[4]

2012. 3., 21면.

4 임승순, 『조세법』, 박영사, 2021, 62면.

제2절 | 실질과세원칙의 기능

I. 개관

거래의 실질에 따라 세법을 적용해야 한다는 실질과세원칙은 다양한 기능을 수행하게 된다. 그중 대표적인 것을 몇 가지 거론하면 다음과 같다. 첫째, 실질과세원칙은 세법조문에 등장하는 문구들을 단순히 문언적 의미로 해석·적용하는 것이 아니라 그것을 넘어선 해석·적용을 가능하게 하는 기능을 가진다. 둘째, 실질과세원칙은 공평한 조세부담을 실현하는 기능을 가진다. 셋째, 실질과세원칙은 과세물건의 귀속을 결정하는 기준으로 중요한 역할을 수행한다. 넷째, 실질과세원칙은 조세회피행위를 방지하는 기능을 가진다. 다섯째, 실질과세원칙은 위법·무효인 거래행위에 대한 과세를 긍정할 수 있는 중요한 논거를 제시하는 기능을 가진다.

II. 문언적 의미를 초월하는 해석·적용의 허용

실질과세원칙은 세법의 해석·적용방법과 밀접한 연관이 있다. 세법규정은 역사적으로 납세자의 재산을 탈취하려는 과세권자로부터 재산권 소유자의 권익을 보호하기 위하여 제정된 것이다. 그래서 세법규정을 엄격하게 해석하려는 경향이 강하다. 이러한 경향은 세법규정을 가능한 한 문언적 의미(단어의 사전적 의미)로 해석하여 적용해야 한다는 입장으로 연결된다.

하지만 다른 법률과 마찬가지로 세법도 문언적 의미로만 해석해서는 안 된다. 실질과세원칙은 세법조문에 등장하는 단어들을 그 문언적 의미를 초월하여 해석하고 적용할 수 있도록 해 주는 기능을 수행한다.

Ⅲ. 공평한 조세부담의 실현

1. 조세공평의 의의

세금이 공평해야 한다는 것은 이미 오래전부터 지적되어 온 바이다. 예를 들어 아담 스미스는 그의 저서 『국부론』 제5편에서 조세의 4원칙으로 공평성(proportionality)과 명확성(transparency), 그리고 편의성(convenience)과 효율성(efficiency)을 언급한 바 있다.

물론 공평이라는 가치는 조세 이외에 다른 사회생활영역에서도 중요한 이념이다. 하지만 특히 조세영역에서 공평은 더욱 중요한 역할을 하는 가치이다. 그 이유는 조세라는 것이 반대급부 없이 개인들의 경제활동 대가를 경제활동 주체인 납세의무자가 아닌 국가 등에 귀속시키는 성질을 가지고 있기 때문이다. 바로 이러한 조세의 속성 때문에 조세는 역사 속에서 항상 주요한 정치적 분쟁의 원인이 되기도 하였다. 1215년 영국에서 존 왕과 귀족 간의 갈등에 따라 제정된 마그나카르타(Magna Carta)를 비롯해 프랑스대혁명, 그리고 미국 독립전쟁의 배경에도 조세를 둘러싼 갈등이 있었다.

세금이 공평하게 배분되기 위해서는 세금부과가 명확한 기준에 의하여 이루어져야 한다. 바로 이러한 기준을 설정하는 역할을 하는 것이 과세요건 등을 규정한 세법규정이다. 영미법계 국가는 기본적으로 불문법을 바탕으로 법률제도를 운영하지만 그러한 나라들도 세법규정만큼은 성문화해 두고 있는데 이 또한 명확한 기준에 따른 세금부과를 위해서이다. 이런 의미에서 조세의 공평한 배분을 요구하는 조세공평주의와 조세는 법률에 근거하여 부과·징수되어야 한다는 조세법률주의는 서로 다른 가치를 추구하는 대립하는 원칙들이 아니며, 공동의 가치를 추구하지만 이를 바라보는 관점이 서로 다를 뿐이라고 할 수 있다.[5] 조세를 공평하게 배분해야 한다는 명제 자체는 너무나 분명하다. 문제는 어떻게 세부담을 배분하는 것이 공평한 배분이 되는가 하는 것이다. 이 질문에 대해서는 명쾌한 하나의 답을 제시하기가 쉽지 않다. 조세공평의 내용과 관련해서는 조세정의를 조세공평과 동의어로 이해하는 견해도 있다. 그러한 조세정의는 조세공평보다는 훨씬 더 넓은 개념이라고 할 것이다.[6]

2. 수평적 공평과 수직적 공평

흔히들 조세공평을 설명함에 있어서 수평적 공평이라는 개념과 수직적 공평이라는 개념을 구분해서 사용한다. 수평적 공평이라 함은 동일한 담세력을 가진 납세자가 복수 존재하는 경우 그들의 조세부담도 동일하여야 한다는 의미이고, 수직적 공평은 담세력이 다른 복수의 납세자가 존재하는 경우 담세력이 우월한 납세자는 그렇지 않은 납세자에 비해 더 많은 조세부담을 하여야 한다는 것을 의미한다. 수직적 공평에 있어서 '더 많은 조세부담'이 무엇을 의미하는지에 대해서는 세목의 유형(예: 소득세인지 부가가치세인지 여부)에 따라 다른 설명이 가능하고 또 동일한 세목이라고 하더라도 각 국가가 취하고자 하는 조세정책의 방향에 따라 달라질 수 있다. 예를 들어 동일한 소득세라고 하더라도 세율을 높여 국가가 세금으로 많은 공공재원을 확보하고 그 재원으로 국민들에게 높은 수준의 복지서비스를 제공하려는 나라의 경우와 세율을

5 이동식, 『일반조세법』, 준커뮤니케이션즈, 2020, 124면.

6 이동식, 『조세정의론』, 경북대학교출판부, 2015, 173면 이하.

낮춰 국가가 최소한의 재원만을 세금으로 거두어 꼭 필요한 서비스만을 제한적으로 제공하고 나머지는 모두 납세자 각자가 책임지고 준비하게 하는 시스템을 가진 나라의 경우에는 고소득자가 저소득자에 비하여 더 많은 세금을 부담한다는 것의 의미가 다를 가능성이 크다고 할 것이다.

3. 응능과세원칙

수평적 공평과 수직적 공평 개념을 설명하기 위해서는 세부담의 규모를 측정하기 위해 필수적으로 요청되는 '납세자의 담세력'을 어떻게 파악할 것인지를 결정해야 한다. 이와 관련해서는 역사적으로 다양한 기준이 발전했지만 현재 가장 설득력이 강한 이론은 소위 응능과세원칙이라고 하는 것이다. 이 원칙은 세금을 각 납세자의 '경제적 능력'에 상응하게 부과·징수해야 한다는 원칙이다. 이때 납세자의 경제적 능력이라는 것은 "납세자가 자신의 개인적 욕구충족을 위해 자유로이 지출할 수 있는 금전적 능력"이라고 이해할 수 있다.[7] 공평한 조세부과를 위한 척도로서의 납세자의 담세력을 납세자의 '경제적 능력'을 기준으로 파악하는 이유는 조세라는 것이 납세자에게 '경제적 부담'을 의미하므로 이러한 부담이 공평하게 이루어지기 위해서는 납세자의 경제적 능력을 기준으로 배분되어야 하기 때문이다.

4. 실질과세원칙을 통한 공평한 조세부과의 실현

공평한 조세부과가 가능하기 위해서는 일단 납세자들에게 세부담을 배분하는 규범적 기준을 설정하는 조세입법 내용이 공평해야 한다. 이는 입법단계에서의 조세공평을 의미한다.

---

7 이동식, 「응능과세원칙」, 『공법연구』 제32집 제5호, 2004. 6., 616면 이하.

그리고 공평한 조세부과가 실제로 가능하기 위해서는 단순히 법률이 공평한 내용으로 과세요건 등을 규정하고 있는 것만으로는 부족하다. 공평한 조세부과가 현실화될 수 있기 위해서는 동일한 경제적 담세력을 가진 거래행위를 한 모든 납세자 그리고 모든 거래행위에 대해 평등한 법집행이 이루어져야 한다. 이를 위해서는 기본적으로 개별세법규정의 문언해석을 바탕으로 하여 세법규정을 모든 사례에 엄격하게 집행하는 것이 필수적으로 요청되는 바이다. 다만 앞에서 살펴본 바와 같이 개별 세법조문 자체가 완벽하지 않으므로 실질과세원칙과 같은 법원칙에 입각한 조세부과도 필요한 것이다.

개별적 사례에 세법규정을 해석·적용함에 있어서 공평한 조세부담이 가능하도록 하기 위해서는 거래의 실질에 따른 과세를 해야 한다. 통상의 사례에서는 거래형식과 거래실질이 일치할 것이므로 공평과세를 위해 굳이 실질과세원칙을 과세의 근거로 원용할 필요가 없다. 하지만 거래의 형식과 실질이 불일치하는 사례의 경우 세부담의 공평한 배분을 위한 기준이 되는 납세자의 경제적 담세력은 거래의 형식이 아니라 거래의 실질이 제대로 반영한다. 그러한 경우에는 거래형식에 따른 과세가 납세자의 세부담을 공평하게 배분할 수가 없으므로 거래실질에 따라 과세를 해야 한다. 예를 들어 현재처럼 완전포괄주의 증여 개념이 「상속세 및 증여세법」(이하 '상증세법'이라 한다)에 입법되지 않고 이에 대해 별도로 증여로 의제하는 규정이 없더라도 실질과세원칙에 따라 아버지가 아들에게 현금 1억 원을 증여하면 증여세를 부담하는데, 아들이 아버지의 명의로 300억 원을 무이자 대여받아 사용함으로써 이자 상당액으로 1억 원가량의 금전적 이익을 향유하는 경우에는 거래의 형식은 무이자금전소비대차이고 거래의 실질은 증여라고 할 수 있다. 따라서 이러한 경우에 증여세의 세부담을 공평하게 배분하기 위해서는 비록 이 사례에서 납세자는 무이자금전소비대차거래를 하였지만 거래의 실질에 해당하는 거래, 즉 1억 원에 상당하는 금원의 증여가 있는 것으로 이해하고 1억 원의 현금증여와 동일하게 증여세를 과세해야만 공평하게 조세부담을 배분하는 것이 된다.[8]

Ⅳ. 과세물건 귀속의 결정

1. 과세물건의 의의

과세물건이라 함은 세금부과의 대상이 되는 객체를 말한다. 세금의 부과대상은 통상 소득, 재산, 소비로 나뉜다. 경제활동에 참여한 경제주체들이 그 경제활동으로 획득한 경제적 이익을 소득이라고 할 수 있는데 세금은 일단 그러한 소득을 과세대상으로 하게 되고, 다음 경제주체들은 그러한 소득을 가지고 자신들의 생활에 필요한 소비를 하고 잔여액을 저축하여 재산의 형태로 보유하게 되는데 세금은 이러한 소비와 재산단계에서도 부과되게 된다. 소득에 대한 과세는 소득유형에 따라 구분하기도 하고 그 귀속주체가 자연인인지 법인인지에 따라 구분하기도 한다. 소비에 대한 과세는 부가가치세처럼 모든 재화·용역의 소비에 대해 과세하는 경우도 있고 개별소비세처럼 특정한 물품이나 용역에 대해 특별히 부과되는 세금도 있다. 재산에 대한 과세는 재산세처럼 재산의 보유에 대한 과세와 취득세처럼 재산의 거래에 대한 과세로 나눌 수 있다.

이러한 과세물건은 재산처럼 그야말로 물건일 수도 있고, 소득처럼 일정한 경제적 이익을 의미할 수도 있으며, 소비에 대한 과세의 경우에는 일정한 거래행위를 의미한다.

8 「상속세 및 증여세법」 제41조의 4.

2. 과세물건 귀속의 의의

세금은 항상 그 세금을 납부하는 납세의무자가 특정되어야 한다. 이러한 납세의무특정은 과세물건의 귀속을 통해 결정된다. 소득에 대한 과세의 경우에는 그 소득의 획득자, 재산에 대한 과세의 경우에는 그 재산의 보유자 및 거래주체 그리고 소비에 대한 과세의 경우에는 소비행위를 한 주체(공급자 혹은 소비자)가 납세의무자가 되는 것이 원칙이다. 물론 실정법에서 이와 다른 기준에 의한 귀속을 규정하는 경우에는 이에 따르게 된다.

3. 과세물건의 귀속을 결정하는 기준으로서의 실질과세원칙

이처럼 과세물건의 귀속은 누가 납세의무자가 되는지를 결정하는 기준이 되므로 세법에서는 매우 중요한 의미를 가진다. 이러한 과세물건의 귀속은 기본적으로 사법상 법원리에 따라 결정된다. 예를 들어 소득의 귀속을 결정함에 있어서는 그 소득에 대한 사법상 권리주체가 누구인지에 따라 소득의 귀속자도 결정되는 것이 원칙인 것이다. 부가가치세처럼 소비에 대한 과세에 있어서 납세의무자를 재화나 용역의 공급자로 규정해 둔 경우 누가 재화 또는 용역의 공급자인지를 결정하는 것은 기본적으로 사법상 법리에 따를 때 계약의 주체가 누구인지에 따른다.

그러나 이러한 기준과 다른 기준에 의해 과세물건의 귀속이 결정되기도 한다. 실질과세원칙에 의해 과세물건의 귀속을 결정하는 것이다. 물론 이때 실질을 어떻게 파악하는지에 따라 실질과세원칙에 따른 과세물건의 귀속결정이 사법상 법리에 따른 귀속결정과 다르지 않을 수는 있다. 하지만 세법에서 특별히 실질과세원칙에 따른 귀속을 논하는 실익은 사법과 다른 기준에 따른 세법 독자적인 과세물건의 귀속을 허용할 수 있는 데 있다고 할 수 있다.

V. 조세회피행위의 방지

1. 개관

실질과세원칙이 중요한 기능을 하는 영역 중의 하나로 조세회피행위 방지를 들 수 있다. 실질과세원칙이 조세회피행위방지를 위해 기능할 수 있다는 점은 이 책에서 비교대상국가로 삼은 모든 나라가 인정하고 있다. 다만, 나라에 따라 실제로 실질과세원칙으로 조세회피행위를 방지할 수 있는 정도는 매우 다르다. 실질과세원칙을 폭넓게 이해하는 나라에서는 이 원칙에 의하여 조세회피행위를 방지할 수 있는 가능성이 매우 크다. 비교대상 국가 중에는 미국과 독일이 이러한 나라에 속한다고 할 수 있다. 반면 실질과세원칙의 적용영역을 상대적으로 축소해서 이해하는 나라에서는 이 원칙에 의해 조세회피행위를 방지할 수 있는 가능성이 상당히 제한적이다. 비교대상 국가 중에는 일본이 이에 해당한다고 할 수 있을 것이다. 우리나라는 과거 일본과 비슷한 입장을 취했으나 현재는 일부 사례에서 미국이나 독일과 비슷한 입장의 법원판결이 등장하고 있다.

아래에서는 이처럼 실질과세원칙의 적용과 관련하여 의미가 큰 조세회피행위라는 것이 무엇인지, 그리고 어떻게 조세회피행위방지에 실질과세원칙이 기능할 수 있는지를 설명해 보고자 한다.

2. 조세회피행위의 의의

1) 조세회피행위의 개념

(1) 조세회피행위에 대한 추상적 정의

대부분의 납세자들은 가능한 한 세금을 적게 내려고 한다. 이를 위해 납세자들은 다양한 조세절감시도를 한다. 납세자의 이와 같은 조세절감시도에 대해서는 다양한 가치평가를 할 수 있다. 그리고 그 가치평가의 기준 역시도 다양할 수 있다. 하지만 단순히 납세자를 윤리적으로 비난하는 것이 아니고 법적으로 평가하여 그러한 납세자의 조세절감시도에 대해 일정한 법적 효과(예: 납세자의 조세절감시도를 법적으로 용인한다든지 용인하지 않는다든지 등)를 부여하기 위해서는 세법이 그 가치평가의 기준이 될 수밖에 없다.

일반적으로 조세회피행위는 "납세자가 합리적인 거래형식에 의하지 않고 우회행위, 다단계적 행위 그 밖의 비정상적인 거래형식을 취함으로써 통상적인 행위형식에 의한 경우와 같은 경제적 목적을 달성하면서도 조세의 부담을 부당히 감소시키는 행위"라고 정의되고 있다.[9] 사실 조세회피행위는 그 본질이 관련 세법규정에 의한 포섭가능성인데(그래서 그 개념 자체가 매우 "법이론적 설명이 필요한 개념"인데) 이러한 일반적 개념정의만으로는 그러한 속성이 잘 나타나지 않는다. 그래서 국내에서는 조세회피행위를 광의로는 탈세행위 및 절세행위를 모두 포함하는 개념으로 사용하기도 한다. 하지만 이러한 개념들은 엄격하게 구분이 가능한 개념이다.[10]

협의의 조세회피행위 개념=납세자의 조세절감시도−(절세행위+탈세행위) 광의의 조세회피행위 개념=절세행위+협의의 조세회피행위+탈세행위

(2) 조세회피행위의 개념징표들

조세회피행위를 좀 더 잘 이해하기 위해서는 이와 같은 추상적인 개념정의만으로는 부족하고 아래와 같이 몇 가지 개념징표들을 나누어 설명해 볼 필요가 있다.

9 임승순, 『조세법』, 박영사, 2021, 68면.

10 물론 그 구분의 기준도 어떤 납세자의 조세절감시도가 세법규정에 의하여 용인되는지 여부 즉 법적 허용가능성 여부이다. 따라서 이들 세 개념은 모두 법률적 개념이다.

첫째, 조세회피행위는 세법적 효과발생을 위한 요건으로 일정한 행위형식이 아닌 경제적 성과를 조건으로 규정하고 있는 법규를 전제로 해야 한다. 비록 세법규정에서 일정한 행위형식을 세법적 효과발생을 위한 요건으로 규정하고 있다고 하더라도, 입법자의 취지가 그 행위형식 자체가 아니라 통상적으로 납세자들이 그 행위형식을 통해 달성하고자 하는 일정한 경제적 성과를 세법적 효과발생을 위한 요건으로 인식하는 경우이어야 그 세법규정을 기초로 한 조세회피행위가 성립할 수 있다. 어떤 경우가 그러한 경우에 해당하는지는 입법자의 입법의사를 규명해 보아야 하는 문제이다. 대부분의 경우에 있어서 세법규정은 이와 같은 유형의 조문에 해당한다고 할 것이다. 왜냐하면 세법규정은 조세부담을 공평하게 배분하기 위한 규범적 기준을 설정하는 역할을 하는데 이를 위해서는 일정한 행위형식과 같은 형식적 기준이 아니라 일정한 행위를 통해 달성하고자 하는 경제적 성과와 같은 실질적 기준을 법조문으로부터 도출할 수 있어야 하기 때문이다. 물론 그렇지 않은 세법조문도 있을 수 있다. 법률규정의 취지상 일정한 세법적 효과발생을 위한 조건이 과세요건 등을 규정한 법조문에 등장하는 일정한 행위형식 자체인 경우도 있다는 것이다. 이러한 경우는 입법자가 거래의 실질에 따른 과세를 통한 조세공평원칙의 실현보다는 과세행정의 효율성을 더 강조할 필요가 있다고 보아 그와 같은 입법조치를 한 경우이다. 이러한 유형의 세법조문을 기초로 해서는 조세회피행위가 성립할 수 없다. 예를 들어 법인세 납세의무자는 내국법인 등 법인인데[11] 1인주주의 주식회사의 경우 그 실질이 개인회사라고 하여 해당 법인의 과세소득을 법인이 아닌 주주 개인의 소득으로 인식하여 소득세를 과세할 수 있는지가 문제

11 법인세법 제2조.

될 수 있다. 이 경우 법인세법에서 납세의무자를 규정한 조문에서 사용하고 있는 "법인"이라는 단어가 행위의 형식 그 자체를 기초로 하여 납세의무자를 결정하는 취지의 법조문이라고 한다면 이 조문을 기초로 하여서는 조세회피행위가 성립할 수 없을 것이고, 이와 달리 법인이라는 행위형식 그 자체가 아니라 실질적으로 독립된 경제활동의 주체로 활동하는지 여부를 기준으로 납세의무자를 결정하려는 취지의 조문으로 이해한다면 1인주주의 주식회사를 설립하여 개인소득과 법인소득을 나누려고 한 행위를 조세회피행위라고 평가할 수 있게 될 것이다.

둘째, 조세회피행위는 그 거래행위를 실체적으로 규율하는 법률에 따를 경우에는 유효한 행위여야 한다. 세금이 대부분의 경우 경제적 거래행위를 규율하는 법률이고 경제적 거래행위는 주로 민법이나 상법에 의해 실체적으로 규율되므로[12] 조세회피행위에 해당하는 행위가 민법이나 상법에 따를 때에는 유효한 행위여야 한다는 것을 의미한다. 예를 들어 위에서 소개한 무이자금전소비대차계약에 의한 증여세 회피시도에 대해서는 무이자금전소비대차계약 자체가 민법적으로 유효한 경우에만 해당 행위의 조세회피행위로서의 규율가능성을 검토해야 한다는 것이다. 이 개념징표는 특히 조세회피행위와 가장행위의 구분에서 큰 의미를 가진다. 이에 대해서는 아래에서 다시 설명하기로 한다.

셋째, 조세회피행위를 하는 납세자는 해당 행위를 통하여 회피하려고 한 세법조문의 법률문언과 그 법률문언을 사용하여 입법자가 과세요건으로 설정하고자 한 입법자의 취지 내지는 목적 간의 불일치를 활용하여 거래구조를 형성한다. 납세자의 조세절감시도가 법문언과 입법취지 내지는 목적 모두에 의해 용인되는 것이라고 한다면 그 행위는 조세회

12 실체적으로 규율한다는 것은 그 거래행위에 있어서 양 당사자에게 어떤 실체적인 권리와 의무가 발생하는지 규율한다는 것을 의미한다.

피행위가 아니고 절세행위이다. 조세회피행위를 하는 납세자는 자신의 행위가 세법규정에 명확하게 표현된 법문언에 따르면 과세가 되지 않는다고 생각하고 그러한 조세회피행위를 하게 된다. 그런데 과세당국은 법조문의 취지나 목적상 이러한 경우 납세자가 의도한 조세절감을 용인해서는 안 된다고 판단하는 것이다. 조세법의 해석·적용이 납세자의 법률생활의 안정성과 예측가능성을 강조하는 방향으로 이루어지면 해당 행위에 대해서는 납세자가 기대한 조세절감을 인정해야 하고, 그와 달리 조세입법자의 입법의도에 충실하게 조세법을 해석·적용하게 되면 납세자는 그러한 행위를 통해 조세절감을 기대하였더라도 궁극적으로 본인이 기대한 조세절감혜택을 누릴 수 없게 된다.

넷째, 어떤 납세자의 조세절감시도가 조세회피행위로 판단되기 위하여 납세자의 조세회피의도라는 주관적 요소가 전제되어야 하는지가 문제되기도 한다. 이에 대해서는 각 국가에 따라 입장이 상이하다. 대체적으로 미국, 일본 그리고 우리나라는 조세회피에 주관적 의도는 중요하지 않다고 보는 입장이다. 독일의 경우에는 행위자의 주관적 의도가 어떤 행위를 조세회피행위로 판단하기 위해 필요한 요건인지 여부와 관련하여 과거에 논란이 있었다. 학설과 판례는 과거 그러한 주관적 요소를 요구하는 입장이었지만[13] 현재는 그렇지 않다. 자세한 내용은 독일세법상 실질과세원칙을 설명하면서 다시 언급하기로 하겠다.

2) 조세회피행위와 탈법행위 내지는 법률회피행위(규범회피행위)

(1) 의의

조세회피행위를 위에서 소개한 바와 같이 정의한다고 하여도 그 행

13 Krömker, in: Lippross Basis Kommentar Steuerrecht, 1999, Verlag Dr. Otto Schmidt, § 42 AO Rn. 6; BFH BStBl. 2004, 792.

위에 대한 법적 평가가 그리 명확하지 않은 측면이 있다. 실제 사례에서 조세회피행위는 아래에서 설명하고자 하는 절세행위 및 탈세행위와의 구분이 매우 중요한데 위에서 언급한 조세회피행위의 정의만으로는 어떠한 기준으로 조세회피행위와 다른 조세절감시도 즉 절세행위 및 탈세행위와 구분할 수 있을 것인지가 명확하지 않은 것이다.

세법적으로 조세회피행위를 절세행위 및 탈세행위와 구분하기 위해서는 조세회피행위와 '탈법행위(脫法行爲)'의 이론적 연관성을 지적하는 것이 의미가 있다. 이 문제는 추후 조세회피행위를 규제하는 방법을 설명함에 있어서도 매우 중요한 역할을 하게 된다.

(2) 탈법행위의 개념

'탈법행위(脫法行爲)'라는 용어는 세법영역에 국한하지 않고 다른 법영역(예, 민법·경쟁법 등)에서도 사용하고 있는 개념이다. 법률행위는 그 목적이 강행법규에 위반하면 무효가 되는데 그 유형에는 직접적 위반과 간접적 위반이 있으며 탈법행위는 간접적 위반의 유형으로 설명하고 있다. 즉 "강행법규에 직접 위반하지는 않으나, 강행법규가 금지하고 있는 것을 회피수단에 의하여 실질적으로 실현하는 행위"를 탈법행위라고 정의한다.[14] 이러한 행위는 강행법규가 금지하고 있는 사항을 형식적으로는 직접 위반하지 않는 수단을 써서 회피하고, 실질적으로는 그 금지하고 있는 사항을 실현하는 행위이다.[15] 탈법행위는 주로 독일과 같은 대륙법계에서 발전된 법개념이다. 우리나라와 일본에서도 이 개념을 사용하고 있다. EU나 영국 등 영미법계는 '탈법행위'라는 개념을 직접 사용하지는 않고 이와 유사한 '법의 남용(abuse of law)'이라는 개념을 사용한다.

14 곽윤직, 『민법총칙』, 박영사, 1985, 335면.

15 곽윤직, 『민법총칙』, 박영사, 1985, 335면.

독일어로는 탈법행위를 'Gesetzesumgehung'이라고 한다. 법률을 의미하는 'Gesetz'라는 단어와 '회피하다' 혹은 '우회하다'라는 의미를 가진 동사 'umgehen'을 명사화한 'Umgehung'이라는 단어를 결합한 단어이다. 한자어 표현인 '脫法行爲(탈법행위)'라는 단어의 연원은 일본이다.[16] 국내에서는 탈법행위라는 용어 대신 '법률회피행위' 혹은 '규범회피행위'라는 용어를 사용하는 학자도 있다.[17] 그 논거로는 다음과 같이 두 가지를 생각할 수 있다. 첫째, 탈법행위도 아래에서 그 행위의 법적 효과를 설명하면서 언급하는 바와 같이 강행법규의 위반, 곧 위법으로 평가해야 하는 것인데 굳이 '합법'과 '위법' 외에 제3의 평가개념으로 '탈법'이라는 개념을 도입할 이유가 없다는 점이다. 둘째, 탈법행위라는 단어를 통해 설명하고자 하는 내용이 그 단어에 제대로 투영되지 못해서 일반인이 용어만으로는 무엇을 설명하기 위한 개념인지를 쉽게 인지하지 못한다는 점이다.

(3) 탈법행위이론의 역사적 연원

탈법행위 내지는 법률회피행위이론의 역사적 연원은 로마법시대로 거슬러 올라간다. 로마의 유스티니아누스 대제에 의하여 편찬된 『로마법대전(Corpus Iuris Civilis)』에 법률회피행위(in fraudem legis agere)에 대한 Paulus와 Ulpian의 개념정의가 등장한다.[18] 당시의 개념정의에 따르면 법률회피행위는 대체로 법률의 문언(verba)에는 반하지 않으나 취지 내지는 목적(sententia)에는 반하는 행위로 묘사된다. 이러한 유형의 법률행위

16 곽윤직 교수의 1985년판 『민법총칙』에 이 개념이 잘 설명되어 있는데 사례로 들고 있는 것이 일본 사례이다.

17 안경봉, 『조세회피에 관한 연구–전형적 거래를 중심으로–』, 서울대학교 법학박사학위논문, 1993, 14면 이하; 이동식, 「독일의 조세회피행위 방지방법, 2000년 공법이론의 발전과 성과」, 『한국공법학회 제87호 학술발표대회 자료집』, 한국공법학회, 2000. 5., 133면 이하.

18 Dongsik Lee, Methoden zur Verhinderung der Steuerumgehung und ihr Verhältnis zueinander, GCA Verlag, 1999, S. 10.

에 대한 체계적이고 본격적인 연구는 1800년대 중반에 와서 이루어졌다. 독일의 유명한 법학자인 Friedrich Karl von Savigny는 1840년 발간한 자신의 저서『현대 로마법 체계(System des heutigen römischen Rechts)』제1권에서 법률회피행위(in fraudem legis agere)를 "비록 법규정에 등장하는 단어(Buchstaben)에는 반하지 않지만 정신(Geist)에는 반하는 행위"로 정의하였다.[19] 하지만 그 당시만 해도 법률회피행위와 가장행위(Scheingeschäft)가 분명하게 구분되지는 않은 것으로 보인다. 그리고 1800년대 말 1900년대 초만 하더라도 대체적으로 법률회피행위이론은 금지규정(Verbotsnorm)이 전제되는 경우에만 적용되는 것으로 설명되었다.[20] 하지만 현재 독일에서는 법률회피행위와 가장행위를 적어도 이론적으로는 분명하게 구분하고 있다. 법률회피행위는 당사자가 진정으로 의도한 행위이고 가장행위는 그렇지 않은 행위인 것이다. 또한 법률회피행위이론이 금지규정(Verbotsnorm)이 전제되는 경우에만 적용된다는 설명도 더 이상 문헌에 등장하지 않는다. 일반적으로 법률회피행위는 금지규정 이외에도 일체의 강제규정을 전제로 해서 성립되는 것으로 이해한다. 예를 들어 조세나 부담금처럼 국민들에게 불이익이 될 수 있는 금전급부의무를 부과하는 법률규정들과 관련해서도 법률회피행위이론이 성립한다고 이해한다.[21]

(4) 탈법행위의 법적 효과

독일이나 일본 그리고 우리나라 모두 탈법행위의 법적 효과로 "탈법

19 Savigny, System des heutigen römischen Rechts Bd. I (Nachdruck der Ausgabe Berlin 1840, Aalen 1973), S. 324.

20 Bähr, Urteile des Reichsgerichts mit Besprechungen(München; Leipzig 1883), S. 57; Linckelmann, Die Sicherheitsübereignungen, Archiv für Bürgerliches Recht Bd. 7–8(1893), 209(216 f.); Endemann, Über die civilrechtliche Wirkung der Verbotsgesetze nach gemeinem Rechte(Leipzig 1887), 126; ders., Lehrbuch des Bürgerlichen Rechts Bd. I 9. Auflage(Berlin 1903), 48 f.

21 Dilcher, in: Staudinger Kommentar zum BGB 12. Auflage(Berlin 1980), § 117 RdNr. 32. 이러한 주장은 이미 1800년대 말부터 등장하기 시작하였다. Barthelmes, Das Handeln in fraudem legis(Göttingen 1889), 5; Pfaff, zur Lehre vom sogenannten in fraudem legis agere(Wien 1892), 79 ff.

행위는 정면으로 강행법규에 위반하는 것은 아니지만, 그것은 법규의 정신에 반하고 법률이 인용하지 않는 결과의 발생을 목적으로 하기 때문에 무효"라고 보고 있다.[22] 즉, 우리나라를 비롯한 대부분의 나라에서 탈법행위는 법률규정에 간접적으로 위반한다고 본다. 이러한 법위반도 결국 직접적 위반과 동일하게 법적으로는 위법이라는 것이다. 그럼에도 용어적으로는 '위법'과 '탈법'을 구분하고 있다. 이는 이 두 행위를 이론적으로 설명하기 위해 필요한 도구로서의 가치를 가졌을 뿐이다.

3) 절세행위 및 탈세행위와의 구분

(1) 절세행위와의 구분

조세회피행위는 법률적으로는 절세행위와 명확하게 구분되어야 한다. 절세행위는 세법이 예정하고 있는 방법에 의한 조세절감시도이지만 조세회피행위는 세법을 입안하는 사람들이 생각하지 못한 변칙적이고 우회적인 방법에 의한 조세절감시도이다. 그래서 조세법의 입법취지상 절세행위로 인한 조세절감은 당연히 용인되지만 조세회피행위로 인한 조세절감시도는 허용해서는 안 되는 것이다. 다만 아래에서 소개하는 바와 같이 조세회피행위를 어떻게 규제할 것인지와 관련하여 견해대립이 있는데 어떤 규제방법을 선택하는가에 따라서 실제 발생하는 모든 조세회피사례를 규제하지 못하는 상황도 초래할 수 있다. 이러한 경우에 현실적으로 규제되지 못하는 조세회피행위는 결과적으로 절세행위와 유사하게 적어도 그 당시의 법체제하에서는 용인될 수밖에 없게 된다. 이러한 두 행위의 서로 다른 성격상 절세행위와 조세회피행위의 범위가 이론적으로 중첩될 여지는 없다.

---

22 Sack, in: Staudinger Kommentar zum BGB 13. Auflage(Berlin 1996), § RdNr. 144 ff.; 곽윤직, 『민법총칙』, 박영사, 1985, 336면.

(2) 탈세행위와의 구분

조세회피행위는 탈세행위와도 분명하게 구분이 된다. 이 두 행위는 조세법이 예정하지 않은 조세절감시도라는 점에서 공통점이 있다. 그러한 점에서 절세행위와는 공통적으로 구별이 된다. 두 행위의 차이점을 보게 되면 조세회피행위는 납세자가 이러한 회피행위를 하는 경우 그러한 행위로 인해 회피된 조세를 추가로 부과·징수할 수 있기 위한 논리구성을 목표로 하지만 탈세행위는 법적으로 허용되지 않는 조세절감시도를 한 자를 '처벌'하는 것을 목표로 한다. 이때 처벌에는 형사처벌이 주로 문제되지만 형벌이 아닌 다른 형태로(예, 과태료 등) 처벌하는 입법도 있을 수 있다. 우리 법제의 경우에도 과거 「조세범 처벌법」에서 조세범에 대해 형사처벌뿐만 아니라 과태료에 의한 처벌도 규정하였었는데 현재는 형사처벌만을 규정하고 있다.[23] 조세회피행위와 탈세행위는 그 범위가 이론적으로 중첩될 여지가 부분적으로 존재한다. 조세회피행위 그 자체는 형벌 등에 의한 처벌의 대상이 아니다. 하지만 조세회피행위에 해당하는 부당한 행위유형이 탈세행위를 처벌하는 법규에서 정하고 있는 처벌요건을 충족하게 되면 해당 행위는 탈세행위가 될 수 있다.[24]

4) 가장행위와의 구분

대부분의 나라에서 조세회피행위와 밀접한 연관이 있게 다루어지는 개념 중의 하나로 가장행위 개념이 있다. 가장행위란 우리 민법 제108조에 따른 통정허위표시와 같은 행위로서 당사자의 진의 아닌 의사표시를 기초로 이루어진 법률행위를 말한다. 조세회피행위는 납세자의 거래행위를 세법적으로 평가한 것이지만 가장행위는 거래행위에 대한 사법

23 과거 과태료처벌을 하던 규정들은 「국세기본법」 등 다른 법률로 조문위치가 변경되었다.

24 Kruse, in: Tipke/Kruse Kommentar zur AO, 1999, § 42 RdNr. 6.

적(私法的) 평가를 전제로 한 것이므로 사실 이 두 행위는 전혀 다른 차원의 문제를 다루고 있다. 내용적으로도 가장행위는 사법적으로 무효이고 그 무효행위의 이면에서 당사자가 실제 의도한 행위가 법률적으로는 효력을 가지게 되며, 조세회피행위는 그 행위 자체가 사법적으로 무효인 것이 아니라 단지 과세목적상 해당 행위를 부인하고 실질에 부합하는 다른 행위를 행한 것처럼 취급할 뿐인 것이다.

> 당사자가 선택한 법률관계에 대하여 그것이 가장행위에 해당하지 않는 한 개별적이고 구체적인 부인 규정 없이 실질과세의 원칙에 의하여 조세회피행위에 해당한다는 이유로 그 효력을 부인할 수 없으나, 거기에서 언급하고 있는 가장행위를 민법 제108조 등에서 그 효력을 인정하지 않는 가장행위와 동일한 개념으로 이해할 필요는 없다. 당사자들 사이에 내심의 의사가 결여된 민법상의 통정허위표시는 그 사법상의 효력도 없으므로 굳이 실질과세의 원칙을 적용할 필요도 없이 그 과세요건 해당성은 가장행위의 배후에 은닉된 실제거래행위를 기준으로 판단하면 된다.
> 정작 실질과세의 원칙을 적용할 필요가 있는 영역은 그와 같은 민법상 가장행위의 정도에는 이르지 못하지만 외관과 실질이 괴리되어 있고 그 실질을 외면하는 것이 심히 부당하다고 볼 수 있는 경우이다.
> 따라서 판례가 실질과세원칙의 적용과 관련하여 가장행위가 아닌 한 행위의 효력을 부인하여서는 안 된다고 한 것을 역으로 민법상 가장행위에 해당하는 경우에만 실질과세원칙을 적용할 수 있다고 이해할 것은 아니라고 할 것이다.[25]

우리와 동일하게 가장행위와 유사한 개념을 민법적으로 인정하고 있는 독일과 일본은 가장행위와 조세회피행위를 분명하게 구분하고 있

25 서울고등법원 2012. 2. 9. 선고 2011누14731 판결.

다. 독일의 경우에도 1900년대 초에는 실무적으로 조세회피행위에 해당하는 사례들을 다루면서 가장행위이론을 도입하여 문제해결을 하였다고 한다.[26] 하지만 현재는 사법적으로 무효인 가장행위와 달리 조세회피행위는 당사자들이 자신들의 조세절감을 위해 일정한 행위를 진정으로 의도하고 행하는 것이므로 구분해야 한다는 관점이 확고하게 정립되어 있다. 가장행위는 사법적으로 무효이지만 조세회피행위에 해당하는 거래행위는 사법적으로 유효한 행위를 단지 과세상 목적에서만 부인할 뿐이다. 반면 미국세법상으로는 '가장행위'와 조세회피행위의 구분이 약간 모호한 측면이 있다.[27] 미국에서는 가장행위를 'sham transactions'이라고 한다. 이 개념을 미국 세법에서는 두 가지 유형으로 분류해서 설명하고 있다. 그 하나는 'sham in substance(or economic substance)'이고, 나머지는 'sham in fact(or factual sham)'이다. 우리나라 세법상 가장행위에 해당하는 것은 'sham in fact'이다.[28] 이에 대한 자세한 설명은 미국 세법상 실질과세원칙을 설명하면서 다시 언급하고자 한다.

3. 조세회피행위의 유형구분

1) 의의

세법규정은 크게 과세요건을 규정하고 있는 조문과 비과세·감면요건을 규정하고 있는 조문으로 나눌 수 있다. 예를 들어 현행법은 주식

26 RFH II. Senat Urteil vom 16. Juli 1920 –II A 187/20, RFHE 3, 212(213).

27 이에 대한 자세한 설명은 이 책 제4장 제6절을 참조하기 바란다.

28 미국에서 우리나라 법이론상 가장행위에 해당하지 않는 'sham in substance'까지도 'sham transaction'의 일종으로 이해하는 이유가 무엇인지 궁금할 수 있다. 필자가 생각하기에 우리 법제도하에서 가장행위 혹은 통정허위표시라는 것은 민법상의 제도로 민법에 규정된 용어에 해당한다. 그러므로 그것을 세법에서 마음대로 확장할 수 없는 문제가 있다. 반면 미국 법이론상으로는 'sham transaction'이라는 것이 성문화된 민법상의 제도가 아니므로 세법에서 그 일반적인 개념에 따라 용어의 범위를 확장할 수 있기 때문인 것으로 보인다. 참고로, 우리와 법제가 유사한 독일에서는 가장행위이론이 적용되는 사례와 실질과세원칙이 적용되는 사례가 '적어도 이론상으로는' 분명하게 구별된다.

을 양도하였을 때 발생하는 양도소득 중 일부에 대해서만 소득세 과세를 하고 있는데 그와 관련한 과세요건을 규정한 소득세법 제94조 제1항 제3호 또는 제4호와 같은 조문은 과세요건을 규정하고 있는 세법조문이라고 할 수 있다.

반면, 현행법상 주택의 양도로 인한 양도소득 중 1세대 1주택을 보유한 경우와 1세대 1주택을 양도하기 전에 다른 주택을 취득하여 일시적으로 2주택 이상을 보유한 경우로서 일정한 요건을 갖춘 경우에 있어 그 주택의 양도로 인한 양도소득에 대해서는 일정한 요건하에 양도소득세를 비과세하고 있는데 그와 관련한 비과세요건을 규정하고 있는 소득세법 제89조 제1항 제3호와 이와 관련한 소득세법 시행령 제154조부터 제156조의2까지의 규정은 비과세요건을 규정한 세법조문이라고 할 수 있다.

조세회피행위는 이와 같이 서로 다른 두 유형의 세법조문에 따라 다른 모습으로 발생하게 된다.

2) 조세회피행위의 두 유형

(1) 과세요건을 규정한 세법조문에 대한 조세회피

과세요건을 규정하고 있는 세법조문과 관련해서 조세회피행위를 하려는 납세자는 외형적으로 과세요건을 충족하지 않은 듯한 거래구조를 형성하려고 할 것이다. 예를 들어 주권상장법인의 대주주가 양도하는 주식에 대해 현행법은 양도소득세를 과세하는 것으로 규정하고 있는데, 법 소정의 대주주 요건을 실질적으로 갖춘 자가 주식 양도로 인한 양도소득세 부담을 피하기 위하여 제3자에게 주식을 소비대차 등으로 일시적으로 이전하는 등의 방법을 취해, 대주주판단을 위한 기준시점의 외형상 판단에 따르면 대주주 요건을 갖추지 못한 것처럼 보일 수 있는 거래를 시도하게 된다.

(2) 비과세·감면요건을 규정한 세법조문에 대한 조세회피

비과세·감면요건을 규정하고 있는 세법조문과 관련하여 조세회피를 하려는 납세자는 실질적으로 해당 조문의 구성요건을 충족하지 못하였음에도 그 규정에 따른 비과세와 조세감면을 받기 위하여 외형상 자신의 거래가 그 규정의 구성요건을 충족한 것처럼 보일 수 있는 거래구조를 형성하고자 애쓰게 될 것이다. 예를 들어 서비스업을 운영하는 사업자가 장부상 주거용 오피스텔을 구입하여 그 오피스텔을 주거용이 아니라 사실상 자신의 사업장으로 사용하던 중, 1세대 1주택에 대한 양도소득 비과세를 위한 나머지 요건이 충족된 상황에서 해당 오피스텔을 양도한 후 자신의 거래가 양도소득세 비과세에 해당한다고 주장하는 경우가 이러한 조세회피행위의 유형에 속한다고 할 수 있다.

3) 조세회피행위 유형구분의 실익

조세회피행위를 이처럼 두 유형으로 나누는 것이 실제적으로 의미 있는 것은 조세회피행위를 규제하는 방법과 관련한 설명에 있어서이다. 과세요건을 의도적으로 실현하지 않은 것처럼 거래관계를 구성한 납세자에 대해 적절한 과세를 하기 위해서는 과세요건을 규정한 세법규정을 적극적으로 확대하는 해석이(혹은 이와 비슷한 조치가) 필요하고, 비과세·감면요건을 의도적으로 실현한 것처럼 거래관계를 구성한 납세자에 대해 적절한 과세를 하기 위해서는 비과세·감면요건을 규정한 세법조문을 소극적으로 축소해석하는 조치가(혹은 이와 비슷한 조치가) 필요하게 된다.

4. 조세회피행위의 규제 필요성

1) 입법취지 내지 목적의 존중

조세회피행위를 규제해야 하는 이유는 납세자의 그러한 조세절감시도가 입법자가 예정하지 않은 이상한 방법에 의한 조세절감시도여서 입법취지 내지는 목적상 그러한 경우에는 납세자의 조세절감을 용인해서는 안 되기 때문이다. 이는 조세회피행위를 세법에서의 규범회피행위(탈법행위)로 정의한 것과도 연관이 있다. 규범회피행위라는 것이 "강행법규에 직접 위반하지는 않으나, 강행법규가 금지하고 있는 것을 회피수단에 의하여 실질적으로 실현하는 행위"[29]이므로, 조세회피행위라는 것도 납세자는 자신의 거래행위가 과세요건의 충족을 피하였으므로(혹은 비과세·감면요건을 충족하였으므로) 절세행위와 마찬가지로 자신이 의도한 조세감면효과가 부여되어야 한다고 생각하지만 입법취지 등을 고려했을 때 실질적으로 납세자의 행위는 과세요건을 충족한 것으로 평가되어야 한다는 것이다.

2) 조세부담의 공평한 배분

세법조문은 조세부담을 공평하게 배분하기 위한 규범적 기준을 설정하고자 하는 목적으로 제정되는 것이다. 조세회피사례의 경우에 납세자가 계획한 조세절감을 용인하게 되면 조세공평에 반하는 결과가 발생한다. 그러한 불공평한 조세부담의 배분을 피하기 위하여 조세회피행위는 규제되어야 하는 것이다.

3) 조세정의의 실현

조세회피행위는 대부분 경제적 능력이 있는 납세자들이 많이 시도한다. 경제적으로 여유가 없는 납세자들의 경우에는 회피해야 할 세금도 많지 않을 뿐만 아니라 회피를 하려면 조세전문가에게 고액의 자문료를 내고 조력을 받아야 하는 경우가 대부분인데 그러한 경제적 여유도 없

29 곽윤직, 『민법총칙』, 박영사, 1985, 335면.

는 실정이다.

따라서 조세회피행위를 제대로 규제하지 못한다면 부자는 세금을 회피하고 가난한 자는 세금을 회피하지 못한 채 법률규정에 따른 세금을 그대로 납부하는 것이 된다. 이는 조세정의에 반하는 것이다.[30]

4) 도덕적 해이의 방지

조세회피행위를 제대로 방지하지 못하면 세금을 회피해도 된다는 인식이 사회 전반에 만연하게 될 것이다. 국가가 존재하는 한 세금은 불가피하므로 이러한 상황을 내버려 둘 수는 없다. 그러므로 결국 국가는 이러한 상황이 발생하면 조세회피행위를 방지하기 위해 입법과 행정과정을 정비하는 데 더 많은 예산을 투입해야 한다. 교육·복지·의료 등 국민들의 삶을 윤택하고 행복하게 만들기 위하여 사용되어야 할 예산이 세금징수 자체를 위하여 투입되는 상황이 발생하는 것이다.

5. 조세회피행위를 방지하는 다양한 방법들

1) 개관

조세회피행위를 방지해야 한다는 것에 대해서는 모든 나라가 공감하고 있다. 하지만 어떠한 방법으로 조세회피행위를 방지할 수 있는지와 관련해서는 학자에 따라 그리고 각국의 세법관련 문화에 따라 차이가 있다. 다양한 조세회피행위방지방법을 체계적으로 이해하기 위해서는 유형화가 필요하다. 이러한 유형화도 여러 기준에 의해 이루어질 수 있겠지만 가장 보편적인 것은 해석을 통한 방지와 입법을 통한 방지로 나누는 방법이다.

30 이동식, 『조세정의론』, 경북대학교출판부, 2015, 217면 이하.

2) 해석을 통한 조세회피행위 방지

납세자가 조세회피행위를 통해 적용을 피하려고 한(비과세감면규정과 관련해서는 적극적으로 적용받으려고 한) 세법조문의 해석을 통해 조세회피행위를 충분히 방지할 수 있으므로 이를 방지하기 위하여 별도의 입법을 할 필요는 없다는 입장이다. 이러한 입장을 취하는 견해의 경우 비록 실정법에 조세회피방지를 위한 규정이 존재한다고 하더라도 그 조문은 기본적으로 확인적 규정으로 이해하게 된다.

3) 새로운 입법을 통한 조세회피행위 방지

조세회피행위를 방지함에 있어서 기존 세법규정의 해석을 통한 방지는 한계가 있으므로 납세자가 회피를 시도한 세법규정 이외에 이를 방지하기 위한 별도의 입법을 해야 한다는 주장은 다시 두 의견으로 나누어진다. 그 하나는 이러한 별도입법은 반드시 개별규정방식이어야 한다는 입장이고 다른 하나는 일반규정방식으로도 가능하다는 입장이다. 과거 우리나라의 판례와 학설은 전자의 입장이었다. 현재 일본학계의 주류적 입장이기도 하다. 이 입장의 주된 논거는 조세회피행위를 단지 기존 세법규정의 해석만으로 방지할 수는 없어 추가적인 입법이 필요하다고 하지만, 그렇다고 일반규정방식의 입법을 통해 조세회피행위를 방지하는 것은 납세자의 예측가능성을 상실케 하여 법적 불안정성을 과도하게 증대시키게 되므로 법치국가에서는 받아들일 수 없다는 것이다. 이와 달리 일반규정방식의 입법을 통해 조세회피행위를 방지할 수 있다고 보는 입장은 조세회피행위의 성격과 실제 개별규정을 통해 조세회피행위를 방지해 본 경험에 따르면 개별규정방식의 입법을 통해 조세회피행위를 방지하는 데에는 일정한 한계가 있으며 이로 인한 조세불공평을 방지하기 위해서는 일반규정방식의 입법이 불가피하다고 주장한다. 독일

이 현행 조세통칙법(AO) 제42조 및 그 전신에 해당하는 1919년 제국조세통칙법(1919 RAO) 제5조를 입법할 당시 입법자들의 견해라고 할 수 있다.

조세회피행위를 방지하는 방법으로 어떤 방법이 적절한지와 관련하여 다시 한번 언급할 필요가 있는 것이 조세회피행위는 세법에서의 규범회피행위라는 점이다. 규범회피행위는 강행법규의 적용을 피하려는 행위이며 이러한 행위는 강행법규를 정면으로 위반한 것은 아니지만, 그 규정의 정신에 반하고 법률이 인용하지 않는 결과의 발생을 목적으로 하기 때문에 무효라고 보고 있다.[31] 즉 규범회피행위는 이러한 행위의 효력을 부인하는 별도의 규정에 기초하여 그러한 행위를 부인할 수 있는 것이 아니라 행위자가 회피하려고 한 강행법률규정의 해석상 당연히 그렇게 된다는 것이다. 그렇다면 조세회피행위의 경우에도 납세자가 회피하려고 한 세법규정의 적용(혹은 비적용)[32]이 가능한 것인지 여부에서 그 규제가능성을 검토해야 할 것이다. 즉, 조세회피행위를 방지하기 위하여 굳이 별도의 입법이 필요한 것이 아니라 기존 세법규정의 해석을 통해 충분히 방지할 수 있다는 것이다.

4) 소결

어느 나라이든 조세회피행위를 이론적으로 용인하는 나라는 없다. 물론 각 국가가 조세회피행위를 규제하는 방법과 관련하여 취하는 입장이 다른 관계로 어떤 나라에서는 조세회피행위가 실제적으로 폭넓게 규제되고 있는 반면, 조세회피행위 규제를 위한 수단들이 현실적으로 충분히 작동하지 못하는 나라들은 그렇지 못한 상황이 생길 수 있다. 전자

31 Sack, in: Staudinger Kommentar zum BGB 13. Auflage(Berlin 1996), § RdNr. 144 ff.; 곽윤직, 『민법총칙』, 박영사, 1985, 336면.

32 비과세감면요건과 관련한 조세회피행위의 경우에는 납세자는 적극적으로 그 규정의 '적용'을 희망할 것이고, 과세요건과 관련한 조세회피행위의 경우에는 반대로 그 규정의 '비적용'을 희망하게 된다.

의 국가에서는 어떤 납세자의 조세절감시도가 이론적으로 조세회피행위에 해당하기만 하면 그러한 행위들은 실제적으로 대부분 납세자가 의도한 조세절감이 과세당국에 의해 부인되고 납세자는 추가적인 세부담을 해야 한다. 이와 달리 후자의 국가에서는 비록 어떤 납세자의 조세절감시도가 이론적으로 규제대상인 조세회피행위에 해당한다고 할지라도 실제로 납세자의 조세절감시도 중 일부에 대해 과세당국은 적절한 과세를 하지 못하게 되는 상황이 발생할 가능성이 있다.

6. 실질과세원칙에 의한 조세회피행위의 방지가능성

실질과세원칙에 의해 조세회피행위를 방지할 수 있을 것인지 여부는 실질과세원칙의 성격 그리고 이 원칙을 어떤 사례에 적용할 수 있을 것인지와 밀접한 연관이 있다. 실질과세원칙을 아래에서 설명하는 것처럼 세법해석의 원칙으로 이해한다면 세법해석을 통해 조세회피행위를 어느 범위까지 방지할 수 있을 것인지에 대한 입장 차이에 따라 결론에 차이가 생기게 된다. 우리나라나 일본처럼 대체로 세법해석의 범주를 넓게 인정하지 않는 나라의 경우에는 실질과세원칙으로 조세회피행위를 방지하는 데에 한계가 있을 것이다. 반면, 독일이나 미국처럼 실질과세원칙을 세법규정의 해석원칙으로 이해하면서 동시에 이 원칙이 작동할 수 있는 범위를 우리나라보다 상당히 더 넓게 이해하는 나라의 경우에는 이 원칙으로 조세회피행위를 방지할 수 있는 여지가 상당히 크다고 할 수 있다.

또한 우리나라나 독일처럼 실질과세원칙을 성문화한 별도의 법조문을 가지고 있는 나라의 경우에는 단순한 해석원칙으로서뿐만 아니라 이 원칙을 선언하고 있는 실정법조문의 해석에 의하여 조세회피행위를 방지할 수 있는 여지가 있다. 이러한 경우에는 해석원칙으로서의 실질과세원칙과 이 원칙을 선언하고 있는 실정법 조문의 관계를 어떻게 설명할 것인가 하는 이론적인 문제가 남게 된다.

Ⅵ. 위법·무효인 거래행위에 대한 과세

1. 위법·무효인 거래행위의 정의

세금부과는 대부분 납세자의 경제적 거래행위를 그 대상으로 한다. 그러한 거래행위는 대부분 민법과 같은 사법(私法)에 의해 실체법적으로 규율된다. 물론 지방세인 등록면허세의 경우에는 재산권 등을 공부에 등록하거나 행정관청에 법령에 따른 인·허가를 받은 자가 납세의무자가 되는데 이러한 경우에는 과세대상이 되는 거래행위는 행정법적 규율 대상이 된다. 그러나 이는 대단히 예외적인 경우이다.

과세의 대상이 되는 경제적 거래행위를 실체법적으로 규율하는 민법 등은 그러한 거래행위가 행해진 경우 거래의 당사자가 어떠한 권리를 가지고 어떠한 의무를 부담하는지를 규정하고 또한 어떠한 경우에 그러한 거래행위가 위법해지는지 혹은 무효나 취소가 되는지를 규정하게 된다.

2. 위법·무효인 거래행위에 대한 과세문제

과세의 대상이 되는 거래행위는 민법 등 그 거래행위를 실체법적으로 규율하는 법률에 따를 때 통상 적법하고 유효한 경우가 대부분이다. 거래의 당사자들이 그러한 거래행위를 통하여 민법 등에서 규정하는 바에 따라 서로에 대해 일정한 권리를 향유하고 의무를 부담하게 된다고 할 때 세법은 그러한 거래행위로 인하여 발생한 경제적 성과에 대해 어느 정도의 세금납부의무가 발생하는지를 규정하게 된다.

그런데 과세의 대상이 되는 거래행위가 민법 등 그 거래행위를 실체법적으로 규율하는 법률에 따를 때 적법하지도 않고 유효하지도 않은 경우 그러한 거래행위에 대해 세법을 어떻게 적용할 것인지가 문제된다. 이러한 경우 세법은 적법한 거래행위를 전제로 하여 그 거래로부터 당사자들이 향유하게 되는 이익의 일정 부분을 국가에게 귀속시키기 위한 조치이므로 위법한 거래를 기초로 과세권행사를 해서는 안 된다는 입장도 있을 수 있다. 이와 달리 과세의 대상이 되는 거래행위가 그 거래행위를 실체법적으로 규율하는 법률에 의할 때 적법한 것인지 위법한 것인지 하는 것은 실체법적인 문제이고 세법적으로는 그러한 평가와 무관하게 과세를 해야 한다는 입장도 있을 수 있다.

3. 소결

위법·무효인 거래행위에 대한 과세문제를 실질과세원칙이라는 측면에서 본다면 다음과 같은 두 가지 견해가 있을 수 있다. 첫째, 실질과세원칙에서의 실질을 민법에서의 실질과 동일하게 본다면 이 원칙은 가장행위 등 아주 일부의 사례에서만 적용될 수 있고 그 외 위법·무효행위에 대한 과세에 이 원칙이 관여할 여지는 크지 않다는 입장이다. 둘째, 실질과세원칙을 과세의 대상이 되는 거래행위가 민법 등에 의하여 적법한지 여부를 불문하고 세법은 그 거래행위의 경제적 실질을 고려하여 과세해야 함을 천명하는 법원칙으로 이해한다면 실질과세원칙은 위법·무효행위에 대해 기본적으로 적법행위와 동일하게 과세함에 있어서 포괄적인 논거로 매우 중요한 역할을 수행할 수 있다고 보는 입장이다. 이에 대한 구체적 논의가 각 국가에서 어떻게 전개되는지는 각 국가의 상황에 따라 다를 것이다.

제3절 | 실질과세원칙의 법적 근거

Ⅰ. 실질과세원칙에 대한 법적 근거의 필요 여부

실질과세원칙이 법적으로 효력을 발휘하려면 이를 명문으로 인정하는 법적 근거가 필요한지 여부가 문제된다. 이는 실질과세원칙의 법적 성격을 어떻게 이해할 것인지와 관련된 문제이기도 하다. 실질과세원칙을 조세법의 해석·적용과정에서 당연히 타당한 것으로 받아들여야 하는 법원칙으로 이해한다면 굳이 실정법적 근거를 둘 필요가 없을 것이다. 이와 달리 실질과세원칙을 조세법의 해석·적용과정에서 당연히 타당한 법해석의 범주를 벗어난 어떤 것을 담고 있는 원칙으로 이해한다면 반드시 별도의 법적 근거를 가지고 있어야 한다.

Ⅱ. 실질과세원칙을 규정한 실정법조문에 대한 이해

실질과세원칙이 이론적으로 실정법적 근거가 필요한지에 관한 논의와 별개로 실제로 각 국가들은 이 원칙과 관련한 다양한 형태의 실정법 조문을 두고 있다. 이처럼 한 나라의 세법전에 실질과세원칙을 선언한 법조문이 현실적으로 존재한다면 그 조문의 법적 성격을 어떻게 이해할 것인지가 문제된다.

아래 각 국가의 법제를 설명하면서 이러한 나라들의 경우에는 어떤 형태의 실정법 관련 조문을 두고 있는지, 각 국가가 그러한 조문을 도입한 경위는 무엇인지, 그리고 문헌과 판례는 그러한 조문의 법적 성격 및 내용을 어떻게 설명하고 있는지를 언급할 필요가 있다.

제4절 | 조세법규의 해석·적용과 실질과세원칙

I. 의의

대부분의 나라에서 실질과세원칙은 조세법규의 해석·적용과 밀접한 연관이 있음을 인정하고 있다. 실제로 실질과세원칙이 조세법규의 해석·적용과 어떤 관련이 있는지를 설명하는 것은 이 원칙을 이해함에 있어서 매우 중요한 의미를 가진다. 이때 '조세법규'라 함은 국세기본법 제14조와 같이 실질과세원칙 자체를 입법해 둔 규정을 의미하는 것이 아니라 과세요건 등을 규정하고 있는 개별 세법의 규정을 의미한다. 예를 들어 사실혼관계에 있는 배우자가 자신과 사실혼관계에 있는 자의 사망에 따라 자신이 유증으로 받은 재산에 대해 상속세를 납부하게 되자 자신에게 상증세법 제19조에 따른 "배우자 상속공제"를 인정해 줄 것을 주장하면서 그 논거로 실질과세원칙을 주장한다고 할 때 해석·적용의 대상이 되는 조세법규는 상증세법 제19조가 된다.[33]

앞에서 언급한 바와 같이 많은 나라에서 실질과세원칙이 중요하게 기능해야 하는 영역 중의 하나로 조세회피행위 방지를 들고 있다. 납세자는 법문언과 법규정의 입법취지 내지는 목적의 불일치를 활용하여 조세회피행위를 시도한다. 통상 법문언과 입법취지 내지는 목적의 불일치는 법의 해석과 적용을 통해 해소될 수 있는 문제이므로 결국 조세회피행

33 실정법적으로는 상증세법 제2조 제4호의 '상속인' 정의와 깊은 연관을 가지게 된다.

위를 방지하는 기능을 하는 실질과세원칙도 법의 해석·적용과 밀접한 연관이 있는 것으로 이해하게 되는 것이다.

Ⅱ. 일반적인 법률규정의 해석·적용방법

1. 법적용의 3단논법

법률규정을 해석하고 적용하는 방법에 대해서는 다양한 방법으로 그 과정을 설명하고 있다. 통상적으로는 법의 해석·적용 과정을 논리학에서 사용하는 3단논법의 기법을 활용하여 아래와 같이 설명한다.[34]

추상적인 법률규정의 해석은 제1단계를 위해 필요한 것이고 제2단계는 사실확정이며 제3단계가 법의 적용이다. 흔히 '법의 해석·적용'이라고 표현하지만 이처럼 법의 해석과 법의 적용은 엄밀하게는 구분되어야 하는 개념이다.[35] 법률해석은 법의 적용을 위한 하나의 과정에 해당한다. 위 3단논법에서 제1단계와 제2단계가 해결되어야 제3단계로서 적용이 이루어진다. 사실 법의 적용을 의미하는 제3단계는 제1단계와 제2단계의 결론이 내려지면 자동적으로 결론이 도출되기는 한다. 그래서 법의 해석과 적용을 위해 실제로 세심한 고민이 필요한 영역은 제1단계인 법의 해석과 제2단계인 사실관계확정이라고 할 것이다.

법적용의 3단논법

제1단계: A라는 행위가 존재하면 B의 법적 효과가 발생한다.

제2단계: 갑이 00년 00월 00일 행한 거래행위는 A라는 행위에 해당한다.

제3단계: 갑에게는 B의 법적 효과가 발생해야 한다.

34 법적용의 3단논법에 대해서는 참고, Larenz, Methodenlehre der Rechtswissenschaft 6. Auflage, Berlin. u.a., 1991, 271 ff.; Röhl, Allgemeine Rechtslehre, Köln u.a., 1994, 125 f.; Bydlinski, Juristische Methodenlehre und Rechtsbegriff 2. Auflage, Wien, 1991, 395 ff.

35 손주찬, 『신법학통론』, 박영사, 2006, 60면.

2. 다양한 법해석방법

1) 개관

법률규정을 추상적으로 해석하는 방법은 다양하다. 우선 법해석이 법적 구속력을 가지는지에 따라 유권해석과 학리해석으로 나눌 수 있다. 유권해석은 다시 입법적 해석과 사법적 해석 및 행정적 해석으로 3분류한다. 학리해석은 다시 문리해석과 논리해석으로 나눈다.[36] 아래에서는 각각의 법해석방법을 세부적으로 설명해 보기로 한다.

2) 유권해석

입법적 해석은 입법자가 법조문에 등장하는 용어를 해석하는 별도의 조문을 입법하는 방법을 의미한다. 가장 전형적인 경우로 개별세법들은 대부분 법전이 초입에 정의규정을 두고 있는데 이 정의규정이 바로 입법적 해석에 해당한다. 예를 들어 상증세법 제2조 제1호는 상속세 과세대상이 되는 '상속'이 무엇인지에 대해 정의하고 있다. 이러한 입법적 해석은 사실 엄격한 의미에서의 해석이라기보다는 새로운 입법에 해당한다.[37] 이는 가장 강력한 해석력을 가진다고 할 것이다.

> 상속세 및 증여세법 제2조(정의) 이 법에서 사용하는 용어의 뜻은 다음과 같다.
>
> 1. "상속"이란 「민법」 제5편에 따른 상속을 말하며, 다음 각 목의 것을 포함한다.
>
> 가. 유증(遺贈)
>
> 나. 「민법」 제562조에 따른 증여자의 사망으로 인하여 효력이 생길 증여(상속개시일 전 10년 이내에 피상속인이 상속인에게 진 증여채무 및 상속개시일 전 5년 이

36 손주찬, 『신법학통론』, 박영사, 2006, 61면.

37 손주찬, 『신법학통론』, 박영사, 2006, 62면.

내에 피상속인이 상속인이 아닌 자에게 진 증여채무의 이행 중에 증여자가 사망한 경우의 그 증여를 포함한다. 이하 "사인증여"(死因贈與)라 한다)

다. 「민법」 제1057조의2에 따른 피상속인과 생계를 같이 하고 있던 자, 피상속인의 요양간호를 한 자 및 그 밖에 피상속인과 특별한 연고가 있던 자(이하 "특별연고자"라 한다)에 대한 상속재산의 분여(分與)

– 이하 생략 –

사법적 해석은 법원이 판결을 통해 법률규정을 해석하는 것을 말한다. 이러한 사법적 해석도 유권해석의 일종이다. 하지만 사법적 해석이 가지는 해석의 강제력은 대륙법계와 영미법계 간에 차이가 있다. 대륙법계에 속하는 국가들에 있어서 사법적 해석은 당해 사건 및 그와 일정한 연관이 있는 다른 사건에 대해서만 강제력을 가진다. 이러한 강제력의 범위는 기판력이론이나 기속력이론에 의해 결정된다. 상급심법원의 판결은 당해 사건의 하급심판결을 구속하기도 한다. 반면 영미법계 국가에서는 법원의 판결 자체가 하나의 법률규정처럼 작동한다. 대륙법계국가에 비해 사법적 해석에 훨씬 더 강력한 구속력이 부여되는 것이다.

행정적 해석은 법치행정원리에 따라 법의 집행권한을 가지는 행정기관이 법을 집행하기 위하여 행하는 법률규정해석을 말한다. 예를 들어 주류제조 면허를 부여해야 하는 세무서장은 주류제조면허요건을 규정하고 있는 법조문을 해석해야 하는데 이것이 행정해석이다. 세법과 같은 행정법영역에서 이러한 행정적 해석은 1차적 유권해석으로서의 지위를 가진다. 이러한 행정적 해석이 2차적 유권해석인 사법적 해석과 어떤 관계에 있는지가 문제된다. 행정적 해석의 기초가 되는 법률규정이 기속행위를 규정한 경우에는 행정적 해석보다 사법적 해석이 우선하게 되고 재량행위를 규정한 경우에는 적어도 행정적 해석이 그 재량의 범주 내에서 이루어졌다고 한다면 이는 사법적 해석보다 우선한다고 보고 있다.[38] 그래서 기속행위의 경우 행정청이 행한 법집행의 적법성에 대해 법원이 사법심사를 할 때에는 법원이 사실인정과 관련 법규의 해석·적용을 통하여 일정한 결론을 독자적으로 도출한 후 그 결론에 비추어 행정청이 행한 판단의 적법 여부를 판정하는 방식에 의하게 되고, 재량행위의 경우에는 법원이 독자의 결론을 도출함이 없이 당해 행위에 재량권의 일탈·남용이 있는지 여부만을 심사하게 된다(대법원 2005. 7. 14. 선고 2004두6181 판결).

> 행정행위를 기속행위와 재량행위로 구분하는 경우 양자에 대한 사법심사는, 전자의 경우 그 법규에 대한 원칙적인 기속성으로 인하여 법원이 사실인정과 관련 법규의 해석·적용을 통하여 일정한 결론을 도출한 후 그 결론에 비추어 행정청이 한 판단의 적법 여부를 독자의 입장에서 판정하는 방식에 의하게 되나, 후자의 경우 행정청의 재량에 기한 공익판단의 여지를 감안하여 법원은 독자의 결론을 도출함이 없이 당해 행위에 재량권의 일탈·남용이 있는지 여부만을 심사하게 되고, 이러한 재량권의 일탈·남용 여부에 대한 심사는 사실오인, 비례·평등의 원칙 위배 등을 그 판단 대상으로 한다.[39]

세무행정에서 많이 등장하는 예규 같은 것들도 일종의 행정적 해석이라고 할 수 있다. 세무행정은 대부분 기속행위이므로 이러한 예규에 의한 행정적 해석은 사법적 해석보다 우선하지 못한다.

38 이동식 외 3인, 『행정법총론』, 준커뮤니케이션즈, 2020, 286면.

39 대법원 2005. 7. 14. 선고 2004두6181 판결[건축허가신청반려처분취소].

3) 학리해석

(1) 문리해석

문리해석은 법조문의 자구를 문언 그대로 해석하여 법률규정의 의미를 확정하는 해석방법이다. 문리해석의 궁극적 목표는 법조문에 등장하는 단어의 문리적 의미가 무엇인지를 찾아내는 것이다. 국민들이 준수하여야 하는 내용을 법조문화해 둔 이유는 그 법조문을 통해 국민들이 준수하여야 하는 법률규정의 내용이 무엇인지를 알리기 위함이고 법률전문가가 아닌 일반국민들이 법률규정을 통해 법의 내용을 파악하는 가장 기초가 되는 방법은 법조문을 문언 그대로 해석하는 것이다. 그래서 문리해석은 법해석의 출발점이라고 할 수 있고 가장 기본이 되는 법해석방법이라고 할 수 있다.[40] 다만 문언이라는 것이 의사전달의 도구로서 가지는 근본적 한계 때문에 문언해석만으로는 법조문의 의미를 정확하게 찾아내기가 어렵다. 입법자가 법을 제정하면서 입법자가 의도한 바와 문언이 명확하게 일치하지 않는 경우들이 종종 존재하기 때문이다. 그래서 필요한 것이 아래에서 소개하는 논리해석이다.

(2) 논리해석

논리해석은 법해석을 함에 있어서 법조문의 문구에 과도하게 제한받지 않고 법질서 전체와 그 법조문이 위치하고 있는 법률 전체의 체계를 유기적·논리적으로 관련시키고, 입법정신과 연혁·법률적용의 효과 등을 고려하여 논리적으로 법률규정의 의미를 이해하는 해석방법이다.[41] 법해석자는 논리해석을 통하여 단순히 법조문의 문구를 통해 밝혀지는 법조문의 의미 이외에 전체 법질서 또는 그 법조문이 위치하고 있는 법

40 손주찬, 『신법학통론』, 박영사, 2006, 63면.

41 손주찬, 『신법학통론』, 2006, 박영사, 64면.

률 전체의 체계 속에서 그 법조문의 문구가 의미하는 바 내지는 입법목적과 사회적 상황 등을 고려했을 때 그 법조문이 의미하는 바를 찾아내기 위해 노력한다. 이러한 논리해석은 역사적 해석, 체계적 해석, 목적적 해석 등 다양한 다른 명칭으로 세분류되기도 한다. 그중 가장 중요한 의미를 가지는 것은 목적적 해석이다. 목적적 해석은 법률의 해석에 있어서 법문언에 내재하는 입법취지 또는 입법의 목적 등을 고려하거나 법의 일반원칙 등을 고려하여 해석하는 것을 말한다.[42] 그 외에도 논리해석의 방법으로 확장해석, 축소해석, 반대해석, 물론해석, 연혁해석, 보정해석 등을 거론하는 견해도 있다.[43]

3. 사실관계확정방법

1) 사실관계확정의 의미와 방법

법률규정이 구체적 사례에 적용될 수 있기 위해서는 그 법률규정을 해석하는 것 이외에 그 규정이 적용될 구체적 사례를 구성하는 사실관계의 존부와 내용을 확정하는 작업이 필요하다. 이 작업은 제2단계에서 이루어진다.[44] 이러한 사실관계확정은 증거에 기초하여 이루어져야 한다. 다만 법영역에 따라 어떠한 방법으로 증거의 증명력을 부여할 것인지는 다를 수 있다. 예를 들어 형사법에서 어떤 증거의 증거능력과 민사법영역에서 증거의 증거능력은 다를 수 있다는 것이다.

---

42 이동식·안경봉, 「한국에 있어서 조세법의 해석·적용」, 『조세학술논집』 제30집 제2호, 한국국제조세협회, 2014. 6., 121면.

43 손주찬, 『신법학통론』, 박영사, 2006, 65–66면.

44 제1단계인 법률해석을 하기 위해서는 사실관계에 적용될 법률규정을 선택하는 과정이 선행되어야 한다. 이를 위해서도 사실관계를 파악해야 한다. 그래서 법적용에 있어서 사실관계확정을 법률해석보다 우선해야 하는 것으로 보는 입장도 있다(손주찬, 『신법학통론』, 박영사, 2006, 58면). 그러나 적용할 법률을 선택하기 위하여 사실관계를 파악하는 것과 적용할 법률을 선택한 후 그 법률의 해석에 따른 각종 법적용요건을 해석을 통해 밝혀낸 후 문제의 사실관계가 그러한 요건을 갖추었는지 '확정'하는 것은 성격이 다른 과정이다. '사실관계확정'은 법률규정의 해석 다음 단계에서 언급되어야 한다(Larenz, Methodenlehre der Rechtswissenschaft 6. Auflage, Berlin u.a., 1991, 271).

2) 추정과 간주(의제)

법적용과정에서 사실관계는 증거에 의해 확정되어야 하지만 사실관계가 증거에 의해 확정하기 곤란한 경우가 있을 수 있는데 이러한 경우 법적용을 위해 동원할 수 있는 방법이 사실관계의 추정과 간주(의제)이다. 즉 추정과 간주는 법규정의 해석과 관련된 것이 아니고 사실관계의 확정과 관련된 것이다. 추정규정은 "…추정한다."라는 식으로 법조문에 "추정"이라는 용어를 직접 사용하여 조문을 구성하고 있다. 세법영역에서 추정규정의 대표적인 예로는 상증세법 제44조에 따른 "배우자 등에게 양도한 재산의 증여 추정"을 들 수 있다. 추정규정의 적용을 위해 일단 일정한 사실관계를 '가정'해서 법을 적용하는 것을 허용하는 규정인데 간주와 달리 진실한 사실이 증거에 의해 밝혀지면 추정은 번복될 수 있다.

> 「상속세 및 증여세법」 제44조(배우자 등에게 양도한 재산의 증여 추정) ① 배우자 또는 직계존비속(이하 이 조에서 "배우자등"이라 한다)에게 양도한 재산은 양도자가 그 재산을 양도한 때에 그 재산의 가액을 배우자등이 증여받은 것으로 추정하여 이를 배우자등의 증여재산가액으로 한다.

간주규정의 경우에는 통상 법률규정에서 "…로 본다."라는 식으로 규정하고 있다. 세법영역에서 간주규정의 대표적인 예로는 상증세법 제45조의2에 따른 "명의신탁재산의 증여 의제"를 들 수 있다. 간주규정은 의제규정이라고도 한다. 간주규정은 추정규정과 달리 진실이 무엇인지를 불문하고 법의 적용은 법률에서 간주하고 있는 사실관계를 전제로 하겠다는 것이므로 반증에 의한 번복이 허용되지 않는다.[45] 그래서 간주규정의 경우에는 추정보다 그 규정의 정당성에 관한 논쟁이 발생할 여지가 매우 크다.

---

45 손주찬, 『신법학통론』, 박영사, 2006, 59면.

「상속세 및 증여세법」 제45조의2(명의신탁재산의 증여 의제) ① 권리의 이전이나 그 행사에 등기등이 필요한 재산(토지와 건물은 제외한다. 이하 이 조에서 같다)의 실제소유자와 명의자가 다른 경우에는 「국세기본법」 제14조에도 불구하고 그 명의자로 등기등을 한 날(그 재산이 명의개서를 하여야 하는 재산인 경우에는 소유권취득일이 속하는 해의 다음 해 말일의 다음 날을 말한다)에 그 재산의 가액(그 재산이 명의개서를 하여야 하는 재산인 경우에는 소유권취득일을 기준으로 평가한 가액을 말한다)을 명의자가 실제소유자로부터 증여받은 것으로 본다. 다만, 다음 각 호의 어느 하나에 해당하는 경우에는 그러하지 아니하다.

1. 조세 회피의 목적 없이 타인의 명의로 재산의 등기등을 하거나 소유권을 취득한 실제소유자 명의로 명의개서를 하지 아니한 경우
2. 삭제
3. 「자본시장과 금융투자업에 관한 법률」에 따른 신탁재산인 사실의 등기등을 한 경우
4. 비거주자가 법정대리인 또는 재산관리인의 명의로 등기등을 한 경우

4. 법해석과 사실관계확정의 관계

3단논법에 의한 법의 해석·적용과정에서 외형적으로 법의 해석은 제1단계에서 이루어지고 사실관계확정은 제2단계에서 이루어진다. 그래서 양자는 엄격하게 구분이 가능한 것으로 보인다. 실제 논리학에서의 3단논법은 제1단계 명제가 참인지를 증명하고 난 뒤 다시 제2단계가 참인지 여부를 검증하고 나면 제3단계 명제의 참여부가 결정된다. 즉 각 단계는 순차적으로 진행될 뿐 아래 단계 명제의 참 여부가 상위단계 명제의 참 여부에 역으로 영향을 주지는 않는다. 하지만 법률 규정의 해석·적용과정을 설명하는 3단논법에서 각 단계는 유기적으로 연결되어 서로 영향을 주고받게 된다. 제1단계에 해당하는 추상적인 법률규정의 해석과 제2단계에 해당하는 구체적인 사실관계확정도 마찬가지이다. 그래서 법학방법론에서는 추상적인 법조문을 구체적 사례에 적용하기 위

해서는 추상적인 법조문과 구체적인 사실관계를 번갈아 바라보며 해석과 적용을 해야 한다고 평가하기도 한다.[46]

Ⅲ. 일반적인 법률규정해석의 한계와 법형성(유추적 법적용)

1. 법해석의 한계[47]

이미 존재하는 법률규정을 해석하는 것과 새로운 법률규정을 제정하는 것은 명백하게 다르다. 이는 법률규정의 해석이 일정한 한계 내에서 이루어져야 함을 의미하기도 한다. 그렇지 않으면 해석이라는 이름으로 실제로 법을 제정하는 행위를 할 수도 있을 것이기 때문이다.

법률해석이라는 것이 법전에 적힌 법률문헌의 의미를 밝히는 작업을 의미하는 것이고 그러한 법률해석은 원칙적으로 법조문에 사용된 단어의 일반적인 의미범주를 벗어나서는 안 된다.[48] 이 한계선을 독일의 법학자 K. Larenz는 "법률문언의 가능의미(der mögliche Wortsinn)"라고 표현하였다. 이러한 한계 내라고 하더라도 다시 법규정의 목적, 취지 등에 반하는 해석 등은 허용되지 않는다. 이처럼 법률문언의 가능의미, 규정의 목적, 취지 등은 해석하고자 하는 법률 자체에서 도출되는 법해석의 한계를 의미하므로 '법해석의 내재적 한계'라고 할 수 있다. 또한, 법해석은 해석하고자 하는 법률 자체가 아니라 다른 법률의 영향 혹은 법률보다 상위인 헌법의 영향을 받게 된다.[49] 이러한 것들을 '법해석의 외적 한계'라고 할 수 있다.

---

46 K. Engisch, Logische Studien zur Gesetzesanwendung 3. Auflage, Heidelberg, 1963, 15; Larenz, Methodenlehre der Rechtswissenschaft 6. Auflage, Berlin u.a., 1991, 206.

47 아래의 글은 필자가 작성한 다른 글(이동식·안경봉, 「한국에 있어서 조세법의 해석·적용」, 『조세학술논집』 제30집 제2호, 한국국제조세협회, 2014. 6., 117면)을 인용한 것임을 밝혀 둔다.

48 아무리 과세하는 것이 정의의 감정에 부합하는 경우라고 하더라도 과세당국이 이 한계를 초과하는 법해석을 하여 그것을 기초로 하여 과세하는 것은 '있는 법'의 해석문제와 '있었으면 하는 법'의 입법작용을 혼동한 것으로 허용될 수 없는 것이다.

49 헌법적합적 법률해석이 바로 그러한 경우에 해당한다.

법률규정을 해석함에 있어서 법률규정의 문언적 의미에 구속되지 않고 폭넓게 입법취지 내지는 입법목적 등을 고려하여 해석할 수는 있다. 하지만 그것이 법해석으로 인정받기 위해서는 이러한 한계를 준수하는 범위 내에서 해석이 이루어져야 한다.

2. 법형성으로서의 유추적 법적용

법해석이 이러한 해석의 한계를 벗어나게 되는 경우에는 원칙적으로 법해석으로 허용되지 않는다. 이러한 해석의 한계 밖에서 이루어지는 해석과 유사한 법발견행위를 법형성(Rechtsfortbildung)이라고 한다. K. Larenz와 같은 법학자들은 법형성을 다시 법내재적 법형성과 법외재적 법형성으로 나눈다. 그중 전자는 현재 존재하는 법률규정에 기초한 법발견행위로 허용된다고 보고 후자는 허용되지 않는다고 본다. 법내재적 법형성에 해당하는 것이 유추적 법적용이라는 것이다. 국내에서는 '유추해석'이라는 단어를 많이 사용하지만 이는 더 이상 '해석'은 아닌 것이다. 그렇다고 입법도 아니며 기존의 법률규정의 결함을 법이론에 의하여 보충하는 조치이다.[50]

유추적 법적용은 비록 법해석의 한계인 '법률문언의 가능의미(der mögliche Wortsinn)'를 벗어났지만 법률 본래의 구상과 목적상 법률을 보충하여 해석과 유사한 결론을 내려 줄 필요가 있는 경우에 사용되는 법적용방법이다. 법률의 결함이 있지만 입법취지 내지는 목적상 이 경우를 새로운 입법을 통해 보완케 할 것이 아니라 해석과 유사한 법인식작업을 통해 해결할 필요가 있다는 판단이 되면 활용할 수 있는 것이 유추적 법적용이다.

50 손주찬, 『신법학통론』, 박영사, 2006, 66면.

Ⅳ. 조세법규의 해석·적용방법

1. 조세법 해석·적용의 특수성

1) 의의

세금부과를 위하여 세법규정을 해석하고 그와 관련한 구체적 사실관계를 확정하는 방법은 기본적으로는 다른 법률규정의 해석·적용방법과 다르지 않다. 다만, 다음과 같은 면에서 특수성을 지적할 수도 있다.

2) 법규정 해석에 있어서의 특수성

세법규정에 등장하는 법률개념들을 해석함에 있어서 조세법은 다른 법과 비교했을 때 다음과 같은 점에서 특별하다. 첫째는 차용개념의 해석문제이고, 둘째는 실질과세원칙의 문제이다. 이 문제들에 대해서는 아래에서 별도로 언급하기로 한다.

3) 사실관계확정에 있어서의 특수성

법의 적용에 있어서 사실관계라 함은 일정한 법적 효과를 기대하면서 행한 당사자들의 일정한 행위 혹은 일정한 사건을 말한다. 예를 들어 금전소비대차에 대한 민법규정의 적용대상이 되는 사실관계라 함은 갑이 을에게 자신의 금전을 빌려주며 일정한 기간이 경과한 후 돌려줄 것을 요구하는 행위가 된다. 이를 설명의 편의상 '사법적 사실관계'라고 부르기로 한다. 그런데 세법적용의 대상이 되는 사실관계를 무엇으로 파악할 것인가와 관련하여 다음과 같이 두 가지 다른 입장이 있을 수 있다. 첫 번째 입장은 위와 같은 사법적 사실관계를 바탕으로 하여 과세문제가 발생할 경우 세법적 사실관계는 민법에 의한 거래구성 자체 즉 '금전소비대차' 관계라고 이해한다. 이 입장에 따르면 다른 법영역과 달리 세법영역에서 사실관계는 순수한 사실(fact)이 아니고 민법적 평가가 가미된 거래구성이 된다. 두 번째 입장은 민법과 동일하게 민법적용이 대상이 되는 순수한 사실관계 자체가 세법에 있어서도 세법적용의 사실관계가 된다고 이해한다.

이 두 입장의 차이는 사법과 세법의 관계 특히 세법의 사법에 대한 독자성을 인정할 것인지와 밀접한 연관이 있다. 첫 번째 입장은 사법적 사실관계가 있을 때 이에 대해 일차적으로 민법 등 사법이 적용되고 그 법적용을 통해 구성된 거래관계를 바탕으로 하여 후속적으로 세법이 적용되므로 세법은 사법의 거래관계를 세법의 규정에 기초하여 변경하지 못하고 그것을 인정하면서 법적용을 해야 하는 것으로 이해한다. 세법을 일종의 사법의 후속법으로 이해하는 입장으로서, 세법의 독자성을 부정하는 입장이다. 물론 이 경우에도 세법에서 명시적으로 별도의 규정을 두어 이를 바탕으로 거래관계를 재구성하는 것은 인정한다. 두 번째 입장은 세법의 독자성을 긍정하는 입장으로 사법과 세법은 그 추구하는 바가 근본적으로 다른 것이며 각 법은 공히 동일한 거래관계를 바탕으로 각자의 이념에 충실하게 독자적으로 법적용을 하면 된다는 입장이다. 이러한 입장 차이는 나라에 따라 조금씩 다른 면도 보이고 있다. 즉 어떤 나라는 세법의 독자성을 강하게 긍정하고 또 어떤 나라는 세법의 사법에의 종속성을 더 강조하는 경향이 있다.

2. 조세법규의 해석방법–목적적 해석의 허용여부–

세법규정의 해석방법은 다른 법의 해석방법과 기본적으로 다르지 않다고 할 것이다. 그래서 문리해석뿐만 아니라 다양한 방법의 논리해석이 세법에서도 원칙적으로 타당하다고 할 것이다.

다만 논리해석의 한 방법으로 이해되는 목적적 해석을 세법해석에서도 인정할 것인지가 약간 논란이 되기도 한다. 일부에서는 세법의 목적적 해석을 위해서는 세법의 목적을 확정해야 하는데 과세요건을 규정하는 세법조문은 어떤 목적을 바탕으로 입법된 조문이 아니라고 이해하여 목적적 해석이 세법에서는 허용되지 않는다고 주장하기도 한다.[51] 그리고 만일 세법의 목적을 '국가활동에 필요한 재원의 조달'로 이해하면 세법조문의 목적적 해석은 가능한 한 많은 세금을 징수하는 방향으로 해석하는 것을 허용하는 것이 되는데 이는 납세자의 재산권보호를 위해 용인해서는 안 된다고 주장한다. 하지만 대부분의 경우에 있어서 세법의 목적적 해석은 허용되는 것으로 이해하고 있다. 세법은 조세부담을 정당하게(gerecht) 배분하기 위한 목적으로 제정된 것이므로 세법규정의 목적적 해석은 정당하게 세금배분이 되도록 세법을 해석하는 것이 된다고 할 것이다.[52] 정당한 세금배분이라 함은 공평한 세금배분과 의미가 완전히 일치하는 것은 아니지만 상당히 유사한 개념이라고 할 수 있을 것이다.

3. 유추적 법적용의 허용여부

1) 견해대립

일반적으로 유추적 법적용은 허용된다는 입장이다. 물론 형법영역에서는 유추적 적용을 허용하지 않는 것이 대체적인 추세이지만, 조세법영역에서 유추적 적용을 허용할 것인지와 관련해서는 각 국가별로 상황이 조금씩 다르다. 세법상 유추적 적용을 금지해야 한다고 보는 나라들 가운데서도 납세자에게 불리한 유추적 적용만 불허하며 납세자에게 유리한 경우에는 허용해도 된다는 입장이 있다. 세법상 유추적 적용을 금지해야 한다고 보는 견해들의 경우에는 조세법규의 예측가능성과 법

51 Kruse, in: Tipke/Kruse Kommentar zur AO, § 4 Rn. 95 ff.; ders., Grundfragen der Liebhaberei, StuW 1980, 226(231); Birk, Steuerrecht I 2. Auflage, München, 1994, § 11 Rn. 28.

52 Dong-Sik Lee, Methoden zur Verhinderung der Steuerumgehung und ihr Verhältnis zueinander, GCA Verlag, 1999, 104 ff.

적 안정성을 그 논거로 든다. 반면 세법상 유추적 적용을 허용해야 한다는 입장은 유추적 적용을 통한 공평한 조세부담이 납세자의 예측가능성 내지는 법적 안정성보다 더 큰 가치일 수 있다는 것을 그 논거로 한다.

2) 유추적 법적용의 한계

유추적 법적용은 해석의 한계인 '법률문언의 가능의미(der mögliche Wortsinn)'를 벗어난 것이다. 유추적 법적용을 허용하는 것으로 해석하는 입장의 경우에는 그러면 해석의 한계를 벗어난 유추적 법적용을 어느 범위까지 인정할 것인지가 문제된다. 이를 너무 넓게 이해하게 되면 법의 적용과정에서 포괄적으로 입법작용이 이루어지는 것을 용인하게 되는 문제점이 있다. 법학방법론적으로 허용되는 유추적 법적용을 '법내재적 법형성'이라고 하여 허용되지 않는 법형성인 '법외재적 법형성'과 구분하는데, 전자는 후자와 달리 비록 법해석의 한계인 '법률문언의 가능의미(der mögliche Wortsinn)'를 벗어났지만 법률 본래의 구상과 목적상 법률을 보충하여 해석과 유사한 결론을 내려 줄 필요가 있는 경우에만 사용되는 것이다. 유추적 법적용이 문제되는 경우는 입법의 결함이 있는 경우인데 입법자가 그 결함을 알았다면 현재 유사하게 입법되어 있는 법조문과 동일한 내용의 조문을 입법했으리라는 것이 상당한 개연성이 있다고 판단되는 경우에만 유추적 법적용을 하는 것이다. 어떠한 경우가 그러한 경우에 해당하는지는 법의 해석·적용자가 사례별로 판단해야 하는 문제이다.

4. 차용개념의 해석

1) 차용개념의 의의

차용개념이란 세법상 법해석·적용과정에 등장하는 법률용어 중에 그 이론적 연원을 세법이 아닌 다른 법(주로 사법)에 두고 있는 용어를 말한다. 예를 들어 근로소득 과세에서 등장하는 "근로계약"이라든지, 배우자공제에서 등장하는 "배우자" 등이 바로 그러한 것이 된다. 세법은 이러한 차용개념을 직접 자신의 법전에서 사용하기도 하고 또 간접적으로 세법의 해석·적용과정에서 차용개념이 등장하여 문제되기도 한다.

세법의 해석·적용과정에 차용개념이 등장하는 경우 그 개념을 해석함에 있어서 그 개념이 연원한 법영역(예, 민법)에서의 내용과 동일한 내용으로 세법에서도 이해해야 하는 것인지 아니면 세법 독자적인 의미로 해석할 수 있는지 여부가 문제된다.

2) 차용개념의 해석과 실질과세원칙

실질과세원칙을 통하여 조세회피행위를 방지하고 이를 통해 조세의 공평한 분담을 실현하기 위해서는 차용개념의 독자적 해석이 중요하다. 왜냐하면 세법규정이 과세요건으로 차용개념을 사용한 경우 납세자가 그 차용개념에 해당하는 민사상 거래방식이 아닌 다른 거래행위를 하게 되는 경우에도 그 차용개념을 세법 독자적으로 해석해서 그러한 다른 거래행위도 세법규정에서 사용하고 있는 차용개념에 포섭되는 것으로 해석을 해야만 조세회피행위를 방지할 수 있기 때문이다.[53]

다만 이러한 해석은 동일한 개념을 사용되는 법영역에 따라 달리 이해해야 하므로 이는 곧 납세자의 법률생활의 예측가능성과 법적 안정성을 훼손하는 조치가 될 수 있다. 결국 차용개념의 해석에서 어느 한 사회가 어떤 입장을 취하는지는 조세법영역에서 항상 갈등을 초래하는 두 가치, 즉 자유와 공평 중 무엇을 더 중요하게 생각하는지에 대한 가치

53 이동식, 「사법질서의 세법에서의 의미」, 『공법연구』 제31집 제2호, 2002, 한국공법학회, 470면 이하.

판단과 연관된 것이라고 할 수 있다.

V. 조세법규의 해석·적용방법과 실질과세원칙의 관계

1. 유추적 법적용으로 이해하는 견해

조세법규의 해석·적용방법과 실질과세원칙의 관계에 대한 설명은 실질과세원칙이 성문법원리인지 불문법원리인지와도 밀접한 연관이 있다고 할 수 있다. 이 원칙을 성문법원칙으로 이해하는 입장은 이 원칙이 법원칙으로 인정되는 것은 성문법에 법적 근거를 가지고 있기 때문이라는 것이다. 이러한 입장에 따르면 실질과세원칙은 법조문 해석의 일반적 한계를 넘어서 유추적 법적용과 같은 법형성(Rechtsfortbildung)을 가능하게 하는 것으로 이해한다.[54] 이러한 입장을 취하는 견해는 실질에 따른 과세 중 거래의 경제적 실질에 따른 과세를 허용하는 것은 법률에서 규정하고 있는 특정 거래(A)와 다른 거래(B)를 납세자가 행하였지만 두 거래는 그 경제적 실질이 유사하다는 이유로 이 두 거래를 세법적으로 동일하게 취급하겠다는 것을 허용하는 법원칙이며 이는 유추적 법적용이라고 보는 것이다. 실질과세원칙을 이처럼 이해하는 입장의 경우에는 실질과세원칙의 적용범위를 가능한 한 좁게 해석하려는 입장을 취하게 될 것이다.

2. 일반적인 조세법규의 해석·적용원칙으로 이해하는 견해

1) 개관

실질과세원칙을 일반적인 조세법규의 해석·적용원칙으로 이해하는 견해도 있다. 이 입장의 경우에는 실질과세원칙은 굳이 성문법적 근거가 있어야 만 인정되는 법원칙이 아니고 법이론적으로 당연히 인정되는 불

54 이재호, 「세법상 유추의 가부에 관하여」, 『조세법연구』 XVII-1, 2011, 한국세법학회, 164면.

문법적인 원칙이라고 보게 된다. 왜냐하면 일반적인 조세법규의 해석·적용원칙은 별도의 법률규정 없이도 작동이 가능한 것이기 때문이다. 이러한 입장은 다시 실질과세원칙을 해석원칙으로 이해하는 입장과 사실관계확정에 관한 원칙으로 이해하는 입장으로 나뉜다.

2) 실질과세원칙을 조세법규해석원칙으로 이해하는 입장

실질과세원칙을 조세법규해석원칙으로 이해하는 입장은 대부분 이 원칙을 목적적 해석의 일종으로 이해한다.[55] 이러한 입장은 기본적으로 세법규정의 해석방법은 다른 법률규정의 해석방법과 다르지 않다고 본다.[56] 법률규정의 해석방법이라는 것이 획일적으로 정해진 방법이 있는 것이 아니지만 가장 보편적으로 언급되는 법규정의 해석방법은 문언해석, 체계적 해석, 역사적 해석, 목적적 해석 등인데 이러한 해석방법들이 세법규정의 해석에도 타당하다는 것이다. 그중 실질과세원칙은 다음과 같은 이유로 목적적 해석의 일종으로 본다.

세법은 세부담의 공평한 배분을 위한 규범적 기준을 설정해 둔 것이므로 그 기준을 해석함에 있어서 조세법규에 등장하는 문언 그 자체에 너무 구속될 것이 아니라 그 문언이 조세의 공평한 배분을 위해 어떠한 기능을 해야 하는지를 잘 파악하여 공평한 세부담배분이 될 수 있도록 해석해야 한다는 것이다. 이와 같이 실질과세원칙을 세법해석원칙으로 이해하는 입장은 주로 차용개념의 독자성을 긍정하는 입장[57] 그리고 소

---

55 이동식·안경봉, 「한국에 있어서 조세법의 해석·적용」, 『조세학술논집』 제30집 제2호, 2014. 6., 한국국제조세협회, 125면.

56 이동식·안경봉, 「한국에 있어서 조세법의 해석·적용」, 『조세학술논집』 제30집 제2호, 2014. 6., 한국국제조세협회, 121면.

57 차용개념이라 함은 세법규정에 등장하는 개념으로 그 연원이 세법이 아닌 민법 등 다른 법률인데 입법자가 과세요건 등을 표현함에 있어서 세법에 차용한 개념을 말한다. 예를 들어 "임대차", "증여", "배우자"와 같은 개념들이 그러한 차용개념에 해당한다. 이러한 차용개념의 해석에 대해서는 이동식, 「사법질서의 세법에서의 의미」, 『공법연구』 제31집 제2호, 2002. 12., 한국공법학회, 467면 이하 참고.

위 법적 실질설과 경제적 실질설의 대립에서 경제적 실질설을 주장하는 입장과 이론적 연관성이 있다.

3) 실질과세원칙을 사실관계확정에 관한 문제로 이해하는 입장

실질과세원칙을 불문법원리로 이해하면서도 이를 '법해석'에 관한 문제가 아니라 사실확정에 있어서 법률행위의 해석에 관한 문제로 이해하는 입장도 있다.[58] 실질과세원칙을 '법적용'에 관한 문제로 보는 견해도 유사한 입장인 것으로 이해된다.[59] 우리나라에서 국세기본법 제14조가 처음 입법되었던 1974. 12. 21. 국세기본법 제14조에도 형식이 아니라 실질에 따라 "적용한다."라는 표현을 사용한 바 있다.[60]

이러한 입장은 독일에 있어서 실질과세원칙에 입각하여 조세회피행위를 방지하는 일반규정인 독일 조세통칙법(AO) 제42조의 법적 성격을 '사실관계의 간주(Sachverhaltsfiktion)'에 대한 규정으로 이해하는 일부 견해와 일맥상통한 것이라고 할 수 있다.[61] 이러한 입장은 실질과세원칙이 적용되는 사례의 경우에는 납세자가 실제 선택한 사실관계가 아니라 실질과세원칙에 의해 세법적으로 그 거래의 실질에 부합한다고 보는 가상의 사실관계를 기초로 하여 과세하는 것으로 이해한다.

58 김두천, 『세법학』, 박영사, 1982, 146면.

59 임승순, 『조세법』, 박영사, 2015, 67면 이하.

60 국세기본법[시행 1975. 1. 1.] [법률 제2679호, 1974. 12. 21., 제정] 제14조.

61 Kruse, Lehrbuch des Steuerrechts I, München, 1991, § 6 V 1. b); ders., in: Tipke/Kruse Kommentar zur AO, § 42 Rn. 8.

제5절 | 실질과세원칙과 다른 법원칙의 관계

Ⅰ. 조세공평주의와의 관계

조세공평주의는 통상 헌법상 원칙으로 이해되고 있다. 실질과세원칙은 조세의 공평한 부담을 실현하는 기능을 하므로 헌법상 원칙인 조세공평주의와 밀접한 연관이 있다. 그래서 어느 나라를 막론하고 양 법원칙의 밀접한 연관성은 인정하고 있다. 하지만 세부적으로 조세공평주의와 실질과세원칙의 관계를 어떻게 파악하는지는 나라에 따라 미세한 차이가 있을 수 있다.

Ⅱ. 조세법률주의와의 관계

실질과세원칙을 단순히 조세법규의 해석적용을 위한 법원칙으로 이해하게 되면 조세법률주의와 충돌할 여지는 전혀 없다고 할 수 있다. 이와 다르게 실질과세원칙을 현행 세법규정의 해석적용의 한계를 초월하는 법적용을 가능하게 하는 법원칙으로 이해한다면 이 원칙의 적용과 조세법률주의는 충돌할 수 있다.

실제로 양 원칙의 관계는 나라에 따라 다소 유동적이다. 나라에 따라서는 실질과세원칙과 조세법률주의를 대립하는 법원칙으로 이해하는 나라도 있고 양자를 전혀 대립하지 않고 상호보완하는 법원칙으로 이해하는 나라도 있다.

이러한 시각의 차이가 발생하는 원인은 실질과세원칙의 적용범위를 어떻게 이해하는지에 따른 것이다.

Ⅲ. 죄형법정주의와의 관계

실질과세원칙은 기본적으로 세금의 부과징수를 위한 법원칙이다. 하지만 탈세범사건과 같은 조세형사범사건의 경우에 세법이론에 따른 납세의무부과를 그 전제로 하고 있는데 이렇게 되면 실질과세원칙이 간접적으로 형사범처벌에 영향을 미칠 수 있게 된다.

이러한 측면 때문에 실질과세원칙이 형사법의 가장 중요한 법원리인 죄형법정주의에 반하는 것이 아닌가 하는 지적이 있을 수 있다.

제 2 장

한국의 실질과세원칙에 대한 이해

제1절 | 한국 세법상 실질과세원칙의 개념

한국에서 실질과세원칙이라는 개념이 언제부터 등장하였는지도 매우 의미가 있다. 조세 관련 문헌에서 본격적으로 이 개념이 등장한 시기는 1974. 12. 21. 국세기본법에 이 원칙을 성문화하면서부터이다. 현재는 대부분의 세법 교과서에서 개념설명이 되고 있는 법원칙이지만 1974년 이전의 조세 관련 교과서에서는 실질과세원칙이라는 용어 자체가 등장하지 않고 있다. 예를 들어 1969년에 발간된 차병권 교수(서울대 상과대학)의 『조세개론』 교재에는 실질과세원칙이라는 단어가 등장하지 않는다.

현재 실질과세원칙은 다음과 같이 다양하게 개념정의되고 있다. 이태로는 "과세요건에 대한 세법의 적용에 있어서 경제적 실질과 법적 형식이 일치하지 않을 경우에는 경제적 실질에 따라 과세한다는 원칙"으로 정의하고 있다.[62] 이태로·한만수는 "과세요건 사실에 대한 세법 규정의 적용(구체적으로는 과세물건의 귀속의 결정이나 과세표준의 계산)에 있어서 어떤 거래나 행위의 법률적 방식 내지 효과와 당사자가 의도한 경제적 효과나 실질이 다른 경우에 그 경제적 효과나 실질에 따라 과세하는 정신"이라고 정의하고 있다.[63] 김재길은 "과세관계에 있어서 형식(form)·표현과 그의 실질(substance)·내용이 다른 경우에는 그 실질·내용에 따라 과세하여

62 이태로, 『조세법개론』, 조세통람사, 1987, 37면.

63 이태로·한만수, 『조세법강의』, 박영사, 2010, 31면.

야 한다는 원칙"으로 정의하고 있다.[64] 정승영은 "형식이 아닌 실질에 기초하여 과세를 하고자 하는 세법상의 원칙"으로 정의하고 있다.[65] 김영우는 "과세대상의 귀속이 명의자와 사실상 귀속되는 자가 따로 있을 때에는 그 사실상 귀속자를 납세의무자로 하고, 과세표준의 계산에 있어서도 그 대상 거래의 명칭이나 형식에 관계없이 그 실질내용에 따라 조세법을 적용한다."라는 것을 그 내용으로 하는 원칙으로 정의하고 있다.[66] 김의석은 "형식이 아닌 실질에 따른 과세가 이루어져야 한다는 일반적인 원칙"으로 정의하고 있다.[67]

대법원은 실질과세원칙을 "납세의무자가 소득이나 수익, 재산, 거래 등의 과세요건사실에 관하여 실질과 괴리되는 비합리적인 형식이나 외관을 취한 경우 형식이나 외관에 불구하고 뒤에 숨어 있는 실질에 따라 과세요건이 되는 소득이나 수익, 재산, 거래 등의 발생, 귀속과 내용 등을 파악하여 과세하여야 한다는 국세부과의 원칙을 말한다."라고 정의한다.[68]

한국에서 실질과세원칙에 대한 개념정의의 한 가지 특색은 한국에서 실질과세원칙을 규정하고 있는 가장 기본이 되는 조문이라고 할 수 있는 국세기본법 제14조의 문언과 연계해서 정의하는 점이라고 할 수 있다. 물론 국세기본법 제14조를 창설적 규정으로 이해하는지 아니면 선언적 규정으로 이해하는지에 대해서는 견해대립이 있다.

실질과세원칙에 관한 이러한 개념정의를 보면, 단순히 '형식'이 아닌 '실질'에 따른 과세를 요구하는 법원칙이 실질과세원칙이라고 하지만 이때 '형식'은 무엇이고 '실질'은 어떻게 파악하는지 실마리를 찾기 어려운 실정이다.

---

64 김재길, 『세법학이론』, 박영사, 2008, 107면.

65 정승영, 『국세기본법상 실질과세의 원칙에 대한 연구』, 성균관대학교 박사학위청구논문, 2012, 11면.

66 김영우, 「실질과세원칙의 재검토」, 『인권과 정의』 Vol. 457, 대한변호사협회, 2016. 5., 107면.

67 김의석, 「실질과세원칙의 적용에 관한 접근방식」, 『조세법연구』 XVIII-2, 한국세법학회, 2011. 8., 8면.

68 대법원 2015. 9. 10. 선고 2010두1385 판결.

제2절 | 한국 세법상 실질과세원칙의 세법 독자적 원칙성 인정 여부

I. 세법 독자적 원칙성의 의미

한국 세법에서는 실질과세원칙이 세법영역에서 특별히 인정되는 어떤 법원칙인지, 아니면 다른 법영역에서 당연히 인정되는 법원칙을 의미하는 것으로서 세법 독자적인 법원칙이라고 간주할 여지가 없는 것인지에 대한 논의가 그리 많지는 않다. 물론 어느 법영역이나 형식이 아닌 실질에 따라 법적용이 되어야 한다는 것은 당연한 원칙이다. 그러한 측면에서는 세법의 해석·적용에 있어서 형식이 아닌 실질에 기초하여야 함을 내용으로 하는 실질과세원칙은 다른 법영역에서도 당연히 인정되는 법원칙이므로 세법 독자적 법원칙이라고 할 수 없을 것이다.

이 절에서 실질과세원칙이 세법 독자적 원칙인지 여부를 논하는 실익은 그러한 의미가 아니라 결국 세법상 실질과세원칙이라는 것에 기초하여 민·상법 등 다른 법에 의해 규율하지 못하는 것을 세법 독자적으로 규율할 수 있는지 여부에 있다. 즉, 이 원칙을 세법 독자적 원칙이라고 이해하는 입장은 민·상법에 의하여 유효한 행위라고 하더라도 이 원칙에 의거하여 세법적으로는 해당 행위가 형식에 불과하므로 세법에 의할 때 실질이라고 할 수 있는 다른 행위를 찾아내어 그것에 기초하여 과세해야 한다는 것을 이 원칙의 내용으로 이해하는 것이다. 반면, 이 원칙을 세법 독자적 원칙이라고 이해하지 않는 입장은 민·상법에 의하여 유효한 행위는 사적 자치의 원칙에 따라 기본적으로 세법의 해석·적용에 있어서도 그대로 존중되어야 하는 것으로 이해한다. 물론 이러한 입장을 취하는 이들의 경우에도 세부담의 공평한 배분을 위해서는 민·상법에 의하여 유효한 행위라고 하더라도 예외적으로 세법적으로 이를 부인하고 그러한 행위를 재구성하여 과세를 할 수 있다고 본다. 다만, 이를 위해서는 조세법률주의원칙에 따라 법적 근거가 필요하다고 이해한다. 그리고 그러한 법적 근거로 실질과세원칙이라는 기준은 실질의 내용이 너무나 애매모호하여 이를 인정할 수 없다고 이해하고 이를 위해서는 개별 세법에서 그러한 행위를 부인하기 위한 개별적이고 구체적인 규정이 별도로 마련되어 있어야 한다고 이해한다.

실질과세원칙이 세법 독자적 법원칙인지 여부를 이처럼 이해한다면 이는 결국 민·상법에 대한 세법의 독자성을 인정할 것인지 여부의 문제로 연결된다. 세법의 독자적 법원칙성을 부정하게 되면 세법은 민·상법의 부속법이 되고, 이를 긍정하게 되면 세법은 민·상법과 별개의 가치기준으로 독자적 체계를 가진 법영역이 되는 것이다.

Ⅱ. 평가

실질과세원칙의 세법 독자적 법원칙성을 이와 같이 이해한다고 할 때 한국의 경우 과거에는 실질과세원칙의 세법 독자적 원칙성을 부정한 입장이 다수설이었다고 할 것이다. 판례도 같은 입장이었다고 할 수 있다. 하지만 현재는 적어도 문헌의 다수 견해는 그러한 독자성을 긍정하는 입장이라고 이해된다. 이와 관련된 문제로 세법은 민·상법의 부속법이 아니고 고유의 가치기준으로 형성된 독자적 법영역이라고 해야 한다. 사적 자치의 원칙이 지배하는 민·상법과 달리 세법이 공평한 세금배분을 가장 중요한 가치로 이해해야 하는 '공법'에 속하는 것도 왜 세법이 단순히 민·상법의 부속법이 되어서는 안 되는지의 중요한 이유가 된다.

제3절 | 한국 세법상 실질과세원칙의 법적 근거

I. 법적 근거의 필요성 여부에 대한 논의

1. 종래의 논의

실질과세원칙을 이해함에 있어서 이 원칙이 별도의 법적 근거가 필요한지 아니면 필요하지 않아도 법원칙으로서 효력을 발휘할 수 있는지 여부가 매우 중요한 의미를 가진다. 이와 관련한 논의는 실질과세원칙에 관한 실정법조문에 '경제적 실질'이라는 단어가 추가되지 않았던 시점과 그 이후 그러한 용어가 추가된 시점으로 나누어 살펴볼 필요가 있다. 일단 여기서는 '경제적 실질'이라는 단어가 추가되지 않았던 시점의 논의를 중심으로 설명하기로 한다.

현재 한국에서는 이와 관련한 논의가 많지 않다. 문헌에서 실질과세원칙이 성문법적 근거가 필요한지를 논하는 경우는 거의 없다. 아마 그 이유는 이미 실정법에 이와 관련한 법적 근거가 있기 때문이라고 판단된다. 그러나 이미 위에서 언급한 바와 같이 실정법적 근거조문이 이미 존재한다고 하더라도 법적 근거의 필요성에 대한 이론적 규명은 매우 중요하다.

과거 한국에서 실질과세원칙에 대해 이 원칙이 별도의 법적 근거가 있어야만 기능할 수 있는지를 문헌에서 적극적으로 언급한 때가 있었다. 1977년 발간된 김두천의 『조세법개론』을 보면 "국세기본법에서는 명문으로 실질과세의 원칙을 규정하고 있으나 조세법적 관점에서 실질내용을 판단하여야 함은 일반이론에도 있으며 또 조세법에서도 기본원칙이라 할 것이므로 이와 같은 규정은 선언적 의미밖에 없는 것으로 볼 수 있고…"라고 언급하여 이 원칙이 법적 근거가 필요 없음을 명확하게 밝히고 있다. 이 책이 발간된 시점은 1974. 12. 21. 법률개정으로 국세기본법 제14조가 제정된 후 그리 오래되지 않은 시점이다. 그 이후 그는 1982년 발간된 자신의 저서에서 "실질과세원칙이 경제적 현상을 규율하는 조세법의 성질상 자연히 경제적 부담능력을 그 실질내용면에서 고려하지 않을 수 없으며 또 각 개별조문의 법적요건상의 실질을 밝히는 것이 조세법상 당연한 귀결이라면 실질과세원칙에는 조세법의 명문의 규정이 없더라도 조세법에 내재하는 기본원리 또는 일종의 조리로써 당연한 해석원리라 할 것이다. 이와 같이 볼 때 국세기본법이나 법인세법 또는 소득세법의 규정은 창설적이 아니고 선언적 주의적 규정에 불과하다 할 것이다. 이는 명문의 규정이 없는 경우에도 학설과 판례에서 인정된 바이다."라고 설시하여 좀 더 자세하게 실질과세원칙이 명시적인 법적 근거가 필요 없는 불문법원리임을 밝히고 있다.[69] 그 이후인 1987년에 발간된 이태로의『조세법개론』에서도 "실질과세의 원칙은 명문의 규정을 기다려 그 기능을 갖는 것이 아니라고 하는 것이 일반적 견해이다."라고 서술하고 있다.[70] 이 견해는 그 논거로 대법원이 과거 실질과세원칙이 성문법에 입법되기 이전인 1967. 2. 7. 선고 65누91 판결에서 소득의 귀속과 관련하여 "실질과세의 원칙에 따라서" 판결을 한 바 있음

69 김두천,『세법학』, 박영사, 1982, 146–147면.

70 이태로,『조세법개론』, 조세통람사, 1987, 37–38면. 이태로 교수는 1987년에 발간된 자신의 저서에서 이처럼 실질과세원칙은 명문의 규정 없이도 효력을 가지며 이것이 "일반적 견해"라고 언급하였고 그 각주에서는 일본문헌(田中二郎,『租稅法』, p. 118)을 언급하고 있다. 이는 그 당시 국내에서 이와 관련한 제대로 된 논의가 없었음을 추정할 수 있는 바가 아닐까 생각한다. 그런데 이 책 제3장 제5절에서 소개하는 것처럼 이태로 교수가 '일반적 견해'의 근거로 제시한 일본 문헌의 저자인 田中二郎 교수는 당시 일본에서 소수설에 해당하는 경제적 실질설을 주장하는 대표적인 학자였다. 田中二郎 교수는 독일의 경제적 관찰방법에 관한 연구를 기초로 하여 실질과세원칙을 이해하였는데 독일의 입장은 실질과세원칙을 당연한 세법해석원칙 중의 하나로 이해한다.

을 언급하고 있다.[71]

> 원심은 다음과 같은 사실을 인정하고 있다. 즉 피고가 이 사건에서 1964. 7. 7. 원고와 소외인 (이름 생략) 두 사람 명의로 과세한 대상인 소매영업(설탕소매업)의 기간인 1963. 5. 25.부터 1963. 12. 30.까지는 원고와 소외인 (이름 생략)가 동업을 하여 그 이익을 분배한 것이고, 다만 그 영업 감찰 받은 편의상 위의 (이름 생략) 단독명의로 한 사실을 인정하고 있다. 기록에 의하여 원심이 위와 같은 사실을 인정하기 위한 전제로서 거친 채증의 과정을 살펴보면 거기에는 아무러한 위법사유가 없다. 논지는 위의 과세 대상기간의 영업은 (이름 생략)의 단독영업이고, 원고는 다만 그 배후에서 재산을 출자한 사람이므로 원고와 (이름 생략)와의 사이는 다만 익명조합 관계에 불과하다 하나 채용할 수 없다. 이리하여 피고가 외형상의 영업명의인이 누구이냐에 불구하고, 실질과세의 원칙에 따라서 원고와 (이름 생략)의 두 사람에 본건 영업세와 사업소득세를 부과한 것은 정당하다. 원심판결에는 사실 오인이나 법률해석과 그 적용을 그르친 위법이 없다.[72]

2. 경제적 실질에 따른 과세를 규정한 조문이 신설된 이후

현재 실정법에는 국세기본법 제14조 제3항처럼 경제적 실질에 따른 과세를 할 것을 규정한 조문이 다수 존재한다. 아래에서 소개하는 바와 같이 한국에서는 실질과세원칙에서 실질의 의미를 법적 실질로 이해하는 입장과 경제적 실질로 이해하는 입장으로 견해대립이 있다. 소위 법적 실질설의 입장을 취하는 경우에 있어서 국세기본법 제14조 제3항처럼 '경제적 실질'이라는 단어가 추가된 실질과세원칙관련 법조문은 선언적 규정이 아니라 창설적 규정으로 이해하게 될 것이다. 반면 경제적 실질설을 취하는 견해의 경우에는 국세기본법 제14조 제1항과 제2항처럼

71 이태로, 『조세법강의』, 조세통람사, 1993, 22면.

72 대법원 1967. 2. 7. 선고 65누91 판결[영업세부과처분취소].

실질과세원칙에 관한 조문 중 '경제적 실질'이라는 단어를 사용하고 있지 않은 조문을 선언적 규정으로 이해한다면 국세기본법 제14조 제3항처럼 그러한 용어를 사용하고 있는 법조문들도 마찬가지로 선언적 규정의 의미만 가진 것으로 이해하게 된다. 참고로 2007년 국세기본법 제14조 제3항을 신설할 당시 입법자료에는 해당 규정이 새로운 규범을 창설하는 것이 아니라 당연한 법원칙을 입법적으로 "명확화"함이 목적이라고 적시하고 있다.[73]

하지만 세법문헌들은 실질과세원칙을 선언한 국세기본법 제14조의 의미에 대해 특히, 제14조 제3항이 창설적인지 선언적인지에 대해 크게 논쟁을 하지 않고 있다. 대체적으로 현재에도 대부분의 학자들은 실질과세원칙은 별도의 성문법적 근거가 없이도 효력을 발휘할 수 있는 원칙으로 이해하고 있다. 이러한 입장에 따르면 실질과세원칙을 규정한 성문법 규정이 있다면 그 규정은 창설적 규정이 아니라 선언적 규정이라는 입장이다.[74] 다만, 이때 실질과세원칙을 국세기본법 제14조 제3항도 당연히 포함해서 이해한 것인지는 명확하지 않다.

Ⅱ. 실질과세원칙의 실정법적 근거

1. 1974년 국세기본법 제정 이전

1) 1967년 법인세법과 소득세법 개정

한국에서 실질과세원칙에 관한 성문법 조문은 1967년 11월 29일 법인세법이 법률 제1964호로 전면 개정되고 같은 날 소득세법이 법률 제1966호로 전면 개정되면서 처음 도입되었다. 다만 법인세법과 달리 소득세법은 귀속에 관한 실질과세원칙만을 규정하였다.

73 법제처 국가법령정보(http://www.law.go.kr/) 사이트의 2007. 12. 31. 국세기본법 개정이유.

74 송쌍종, 『조세법학총론』, 조세문화사, 2011, 224면; 최명근, 『세법학총론』, 세경사, 2007, 119면.

당시에는 제2차 경제개발계획(1967-1971년)을 효과적으로 뒷받침해야 할 필요성과 1966년 종래의 재무부 시세국에서 독립하여 발족한 국세청이 강화된 조세행정인력을 적절히 활용하여 점점 확대되고 있던 재정수요를 충족시키기 위한 규범적 토대를 마련해 주어야 할 필요성이 제기되었고 이를 위해 실질과세원칙과 같은 조문이 추가로 입법된 것이다.[75]

> 법인세법[시행 1968. 1. 1.] [법률 제1964호, 1967. 11. 29., 전부개정] 제3조(실질과세) ① 자산 또는 사업에서 생기는 수입의 전부 또는 일부가 법률상 귀속되는 법인과 실질상 귀속되는 법인이 다른 경우에는 그것이 실질상 귀속되는 법인에게 이 법을 적용하여 법인세를 부과한다.
> ②법인세의 과세소득이 되는 금액의 계산에 관한 규정은 그 명칭여하에 불구하고 거래의 실질내용에 따라 이를 적용한다.

> 소득세법[시행 1968. 1. 1.] [법률 제1966호, 1967. 11. 29., 전부개정] 제2조(실질과세) 소득의 귀속이 명목뿐이고 사실상 그 소득을 얻은 자가 따로 있는 경우에는 사실상 그 소득을 얻는 자에게 이 법을 적용하여 소득세를 부과한다. 다만, 대통령령이 정하는 사업의 소득에 대하여는 예외로 한다.

2) 1971년 소득세법

앞에서 언급한 바와 같이 소득세법도 법인세법과 같이 1967년 11월 29일 전부 개정되었지만 당시에는 법인세법과 달리 귀속에 관한 실질과세원칙을 규정한 조문만 존재하였다. 이후 1971년 12월 28일 법률 제2315호로 일부개정되면서 구 소득세법 제2조 제2항이 아래와 같이 추가되었다. 동 개정을 통해 구 소득세법 제2조는 구 법인세법 제3조와 유사한 규정으로 되었다.

75 법제처 국가법령정보(http://www.law.go.kr/) 사이트 법의 제정·개정이유.

소득세법[시행 1972. 1. 1.] [법률 제2315호, 1971. 12. 28., 일부개정] 제2조(실질과세) ① 소득의 귀속이 명목뿐이고 사실상 그 소득을 얻은 자가 따로 있는 경우에는 사실상 그 소득을 얻는 자에게 이 법을 적용하여 소득세를 부과한다. 다만, 대통령령이 정하는 사업의 소득에 대하여는 예외로 한다.
② 이 법 중 소득에 관한 규정은 그 명칭 여하에 불구하고 그 실질내용에 따라 이를 적용한다.

2. 1974년 국세기본법 제정 이후

1) 국세기본법 제14조

실질과세원칙에 관한 조문이 모든 세목에 공통적으로 적용되게 된 것은 1974. 12. 21. 법률 제2679호로 국세기본법이 처음 제정되면서이다. 당시 제정된 국세기본법은 실질과세원칙, 신의·성실원칙, 근거과세의 원칙, 소급과세의 금지, 기업회계의 존중 등을 국세부과 및 세법적용상의 원칙으로 입법하였다.[76]

구 국세기본법(1974. 12. 21.) 제14조(실질과세) ① 과세의 대상이 되는 소득·수익·재산·행위 또는 거래의 귀속이 명의일 뿐이고 사실상 귀속되는 자가 따로 있는 때에는 사실상 귀속되는 자를 납세의무자로 하여 세법을 적용한다.
② 세법 중 과세표준의 계산에 관한 규정은 소득·수익·재산·행위 또는 거래의 명칭이나 형식에 불구하고 그 실질내용에 따라 적용한다.

국세기본법 제14조가 처음 입법되었을 때에는 제1항과 제2항만 존재하였으며 2007. 12. 31. 법률 제8830호로 법률이 개정되면서 제14조 제3항이 신설되었다.

76 법제처 국가법령정보(http://www.law.go.kr/lsInfoP.do?lsiSeq=58382&lsId=&efYd=19750101&chrClsCd=010202&urlMode=lsEfInfoR&viewCls=lsRvsDocInfoR#0000)

국세기본법 제14조(실질과세) ① 과세의 대상이 되는 소득·수익·재산·행위 또는 거래의 귀속이 명의일 뿐이고 사실상 귀속되는 자가 따로 있는 때에는 사실상 귀속되는 자를 납세의무자로 하여 세법을 적용한다.

② 세법 중 과세표준의 계산에 관한 규정은 소득·수익·재산·행위 또는 거래의 명칭이나 형식에 불구하고 그 실질내용에 따라 적용한다.

③ 제3자를 통한 간접적인 방법이나 2 이상의 행위 또는 거래를 거치는 방법으로 이 법 또는 세법의 혜택을 부당하게 받기 위한 것으로 인정되는 경우에는 그 경제적 실질내용에 따라 당사자가 직접 거래를 한 것으로 보거나 연속된 하나의 행위 또는 거래를 한 것으로 보아 이 법 또는 세법을 적용한다.

입법자는 국세기본법 제14조 제3항의 신설 이유에 대해 다음과 같은 세 가지를 언급하였다.[77]

(1) 「국제조세조정에 관한 법률」에 따른 조세회피방지 규정이 국제거래뿐만 아니라 국내거래까지 적용됨을 명확히 할 필요가 있음.

(2) 형식상 제3자를 통한 간접적인 방법이나 2 이상의 행위 또는 거래를 거치는 방법으로 세법상 혜택을 부당하게 받는 경우에는 경제적 실질내용에 따라 당사자가 직접 거래를 한 것으로 보거나 연속된 하나의 행위 또는 거래를 한 것으로 보아 세법을 적용하도록 함.

(3) 고도화·복잡화되고 있는 조세회피행위에 능동적으로 대처함으로써 조세회피행위가 축소될 것으로 기대됨.

이 규정은 2006. 5. 24. 법률개정으로 신설된 「국제조세조정에 관한 법률」(이하 '국조법'이라 함) 제2조의2 제3항(현행 국조법 제3조 제3항)을 참조하여 입법한 것이다. 국세기본법 제14조 제3항의 가장 중요한 입법취지는

77 출처, 법제처 국가법령정보센터 사이트상 법의 제정·개정 이유부분.

구 국조법 제2조의2 제3항이 국제거래에만 적용될 수 있는 조문인데 국제거래뿐만 아니라 국내거래에도 같은 내용으로 실질과세원칙이 적용되어야 할 필요성이 지적되었다는 점이다.

2) 법인세법 제4조 등

1974년 국세기본법이 제정되기 이전에는 소득세법, 법인세법과 같은 개별세법에서 실질과세원칙을 규율하고 있었다. 그런데 이러한 개별세법상 실질과세원칙규정은 국세기본법에서 이 원칙을 규정하면서 사실상 법리적으로는 굳이 유지할 이유가 없어졌다고 할 수 있다. 하지만 소득세법과 법인세법 모두 1974년 국세기본법 제정 이후에도 오랫동안 실질과세원칙에 관한 조문을 그대로 유지하였다.

그중 소득세법의 경우에는 1974년 12월 전면개정으로 종래 제2조에서 있던 실질과세원칙 조문이 제7조로 이동하여 오랫동안 존속하던 중 1994. 12. 22. 법률 제4803호로 소득세법이 전면개정되면서 삭제되었다.

법인세의 경우에는 1974년 국세기본법 제정과 함께 법인세법 개정이 이루어졌지만 그대로 제3조에서 실질과세원칙을 규정하였고 현재에는 제4조에서 처음 제정되었을 때와 비교하였을 때 비록 일부 문구변경이 있었지만 그 내용이 그대로 유지되고 있다.

> 법인세법 제4조(실질과세) ① 자산(資産)이나 사업에서 생기는 수입의 전부 또는 일부가 법률상 귀속되는 법인과 사실상 귀속되는 법인이 서로 다른 경우에는 그 수입이 사실상 귀속되는 법인에 대하여 이 법을 적용한다.
> ② 법인세의 과세소득이 되는 금액의 계산에 관한 규정은 소득·수익 등의 명칭이나 형식에도 불구하고 그 실질내용에 따라 적용한다.

그 외에 2006. 5. 24. 법개정으로 신설된 구 국조법 제2조의2는 2020. 12. 22. 국조법이 전면개정되면서 현재는 제3조에서 실질과세원칙을 명시적으로 규정하고 있다. 지방세와 관련해서는 지방세기본법 제17조에서 실질과세원칙을 규정하고 있다.

3) 상증세법과 국조법

실질과세원칙의 실정법적 근거를 언급하면서 상증세법과 국조법은 법인세법 등과 별도로 언급할 필요가 있다. 왜냐하면 이 두 법은 실질과세원칙을 규율하는 내용이 법인세법 등과는 조금 다른 측면이 있기 때문이다.

먼저, 상증세법의 경우에는 특히 증여세 과세와 관련하여 역사적으로 조세회피문제가 심각하여 입법자가 여러 개의 개별적 증여의제규정을 입법하여 대응하고 있었는데, 이 방법의 한계점을 인식하고 2003. 12. 30. 법률 제7010호로 상증세법을 개정하면서 제2조 제3항에 소위 증여세 완전포괄주의를 선언하는 규정을 입법하였다. 이 규정 자체도 실질주의에 입각한 개별세법규정이라고 할 수 있다. 그런데 입법자는 이 규정을 입법하면서 증여세과세를 그 실질에 따라 강력하게 과세하기 위한 근거로 상증세법 제2조 제4항을 함께 입법하였다.

이 조문의 의의는 실질과세원칙을 규정하면서 법조문에 '경제적 실질'이라는 표현을 직접 사용하였다는 점이다. 아래에서 설명하는 바와 같이 한국에서는 실질과세원칙에서의 실질을 법적 실질로 이해할지 경제적 실질로 이해할지 여부에 대해 오랫동안 견해대립이 있었다. 다수의 문헌들은 한국의 판례와 학설이 대체적으로 법적 실질설을 지지한다고 이해한다. 그런데 이러한 법적 실질설에 따를 경우 실질과세원칙이 적용될 수 있는 범위가 매우 제한된다. 일반적으로 실질과세원칙이 수행할 수 있는 다양한 기능을 한국에서 실제적으로 수행할 수 있기 위해서 실질과세원칙에서의 실질을 '경제적 실질'로 이해할 필요가 있다. 그래서 입법자는 실질과세원칙과 관련한 법조문에서 이를 입법적으로 분명하게 하기 위하여 '경제적 실질'에 따른 과세를 할 것을 요구하는 규정을 입법한 것이다.

그 이후 2013. 1. 1. 법률 제11609호로 상증세법이 개정되면서 경제적 실질에 따른 과세를 규정한 구 상증세법 제2조 제4항은 삭제되고 대신 법 제4조의2가 신설되었다. 이 규정은 기본적으로 삭제되기 전 구 상증세법 제2조 제4항과 유사하지만 그 적용범위가 증여세에서 상속세 및 증여세로 확대되었다는 차이점이 있다. 증여세완전포괄주의를 규정한 상증세법 제2조 제3항은 그대로 유지되었다.

> 2013. 1. 1. 개정된 「상속세 및 증여세법」 제4조의2(경제적 실질에 따른 과세) 제3자를 통한 간접적인 방법이나 둘 이상의 행위 또는 거래를 거치는 방법으로 상속세나 증여세를 부당하게 감소시킨 것으로 인정되는 경우에는 그 행위 또는 거래의 명칭이나 형식에 관계없이 그 경제적 실질 내용에 따라 당사자가 직접 거래한 것으로 보거나 연속된 하나의 행위 또는 거래로 보아 이 법에서 정하는 바에 따라 상속세나 증여세를 부과한다.

다시 2015. 12. 15. 법률 제13557호로 상증세법이 개정되면서 종래 증여세 완전포괄주의를 규정하였던 구 상증세법 제2조 제3항은 제2조 제6호로 변경되었고, 경제적 실질에 따른 과세를 규정한 제4조의2는 삭제되었다.

> 2015. 12. 15. 개정된 「상속세 및 증여세법」 제2조(정의) 이 법에서 사용하는 용어의 뜻은 다음과 같다.
>
> 6. "증여"란 그 행위 또는 거래의 명칭·형식·목적 등과 관계없이 직접 또

는 간접적인 방법으로 타인에게 무상으로 유형·무형의 재산 또는 이익을 이전(移轉)(현저히 낮은 대가를 받고 이전하는 경우를 포함한다)하거나 타인의 재산 가치를 증가시키는 것을 말한다. 다만, 유증과 사인증여는 제외한다.

국제조세영역에 실질과세원칙을 적용하는 문제는 국내조세와는 조금 다른 측면이 있다. 입법자는 국제조세영역에서의 조세회피행위를 방지하고 실질과세원칙을 실현하기 위하여 1995. 12. 6.「국제조세조정에 관한법률」을 제정하였다. 이 법이 제정되었을 때에는 동법에 실질과세원칙을 명시적으로 선언하는 별도의 조문은 존재하지 않았다. 그 이후 2006. 5. 24. 법률 제7956호로「국제조세조정에 관한 법률」이 개정되어 동법에 제2조의2가 신설되었다. 이 조문은 세 개 항으로 구성되어 있는데 그중 제1항과 제2항은 기존의 국세기본법 제14조 제1항·제2항과 내용이 거의 동일하다. 차이점은 동조 제3항이다. 이 조항은 소위 우회행위와 다단계행위에 대해 경제적 실질에 따라 거래를 재구성하여 과세할 수 있음을 규정하고 있다. 내용적으로는 2003. 12. 30. 개정된 상증세법 제2조 제4항과 거의 동일하다. 이 규정의 입법취지에 대해서는 "국제적 조세회피를 방지하기 위하여 국제거래에 있어서도 실질과세원칙에 따라 조세조약이 적용됨을 분명히 규정하여 과세의 투명성을 높이고…" 라고 언급되어 있다.[78]

국제조세조정에 관한 법률[시행 2006. 5. 24.] [법률 제7956호, 2006. 5. 24., 일부개정] 제2조의2(국제거래에 관한 실질과세) ① 국제거래에 있어서 과세의 대상이 되는 소득·수익·재산·행위 또는 거래의 귀속에 관하여 명의자와 사실상 귀속되는 자가 다른 경우에는 사실상 귀속되는 자를 납세의무

78 법제처 국가법령정보센터 홈페이지(http://www.law.go.kr/main.html)를 통하여 접근한 법률 제·개정이유에 등장하는 표현이다.

자로 하여 조세조약을 적용한다.

②국제거래에 있어서 과세표준의 계산에 관한 규정은 소득·수익·재산·행위 또는 거래의 명칭이나 형식에 불구하고 그 실질내용에 따라 조세조약을 적용한다.

③국제거래에 있어 제3자를 통한 간접적인 방법이나 2 이상의 행위 또는 거래를 거치는 방법에 의하여 조세조약 및 이 법의 혜택을 부당하게 받기 위한 것으로 인정되는 경우에는 그 경제적 실질에 따라 당사자가 직접 거래한 것으로 보거나 연속된 하나의 행위 또는 거래로 보아 조세조약 및 이 법을 적용한다.

제4절 | 한국 세법상 실질과세원칙과 다른 법원칙의 관계

I. 조세공평주의와의 관계

실질과세원칙에 따른 과세가 조세공평을 실현하기 위해 필요한 것이라는 인식은 한국에서도 널리 공감대가 형성되어 있는 편이다. 그래서 실질과세원칙을 정의한 문헌 중에도 "실질과세원칙이라 함은 조세부담의 공평이 이루어지도록 경제적 의의 또는 실질을 기준으로 하여 세법을 해석하고 과세요건사실을 인정하여야 한다는 원칙으로서 세법의 기본원칙인 조세평등주의를 실현하기 위한 실천적 원리이다."라고 서술한 경우도 있다.[79]

우리나라의 헌법재판소 판결도 아래에서 보는 바와 같이 판결문에서 실질과세원칙과 조세공평원칙을 동등한 법원칙인 것처럼 언급하기도 한다.

> 이 사건 법률조항은 의제조항의 입법형식을 취하여 생명보험금을 상속재산으로 의제하였더라도 단순히 조세회피방지만을 목적으로 한 행정편의주의적인 입법이라기보다는 실제로 상속과 동일한 경제적 효과를 가져오는 생명보험금에 대하여 이를 상속재산으로 의제하여 상속세를 과세함으로써 과세형평 및 실질과세의 원칙을 실현하기 위한 불가피한 조치일 뿐 아니라, 상속세 부과로 인한 납세의무자의 부담이 다른 과세수단에 비하여 과도하

---

79 김완석·박종수·이중교·황남석, 『국세기본법 주석서』, 삼일인포마인, 2017, 180면.

다고 보기도 어렵고, 이를 완화하는 제도적 장치까지 마련하고 있는 점 등까지 아울러 고려하면, 이 사건 법률조항이 실질과세의 원칙을 실현하고 상속세 회피행위를 방지함으로써 얻을 수 있는 공익이 보험금수취인이 상속세의 납세의무자로서 부담하는 경제적 불이익에 비하여 적지 아니하므로, 피해의 최소성 및 법익균형성의 원칙에도 어긋난다고 보기는 어렵다.[80]

우리 재판소는 1996. 3. 28. 선고한 94헌바42 결정에서, 일반적으로 법인은 조직과 규모에 있어 강한 확장성을 가지고 활동의 영역과 효과가 넓고 다양하여 인구와 경제력의 집중효과가 자연인의 경우에 비하여 훨씬 더 강하게 나타날 것이고, 동시에 대도시가 가지는 고도의 집적의 이익을 향유함으로써 대도시외의 법인에 비하여 훨씬 더 큰 활동상의 편의와 경제적 이득을 얻을 수 있으므로, 법인이 대도시내에서 하는 부동산등기에 대하여 자연인이나 대도시외의 법인이 하는 부동산등기에 비하여 상대적으로 높은 세율의 등록세를 부과하는 것이 조세평등주의 내지는 실질과세의 원칙에 위배된다고는 할 수 없다고 밝혔는바, 지금도 이와 달리 볼 만한 사정변경이나 견해의 변경은 없다.[81]

그런데 위 헌법재판소 판결문처럼 실질과세원칙과 조세공평주의(혹은 조세평등주의)가 대등한 법원칙일까? 실질과세원칙은 공평한 조세부담의 배분을 위해 필요한 것이므로 그러한 측면에서 이 원칙이 조세공평원칙과 밀접한 연관이 있는 것은 사실이다. 하지만 그렇다고 하여 실질과세원칙과 조세공평원칙을 대등한 법원칙으로 이해할 것인지는 의문이다.

Ⅱ. 조세법률주의와의 관계

한국에서 실질과세원칙은 과거 조세법률주의와 충돌한다고 이해하

80 헌재 2009. 11. 26. 선고 2007헌바137결정【상속세 및 증여세법 제8조 제1항 등 위헌소원】.

81 헌재 1998. 2. 27. 선고 97헌바79결정【지방세법 제138조 제1항 제3호 위헌소원】.

는 측면이 있었다. 이는 특히 아래에서 소개하는 실질과세원칙에서의 실질의 의미를 경제적 실질로 이해하는 입장에 대해 법적 실질설을 취하는 논자들이 반박하는 논거로 많이 사용되었다. 즉, 조세법률주의는 예측가능성과 법적 안정성을 추구하는데 실질과세원칙, 특히 경제적 실질에 따라 과세를 한다는 것은 조세법률주의의 핵심가치를 훼손하게 된다고 보는 것이다.

하지만 최근에는 이러한 입장에 조금씩 변화가 생기고 있다. 대법원의 다수의견은 2012. 1. 19. 선고 2008두8499 판결에서 조세법률주의와 실질과세원칙은 대립하는 것이 아니라 상호보완적이라는 입장을 밝힌 바 있다.[82] 다만, 이 사건에서 소수의견은 기본적으로 조세법률주의와 실질과세원칙의 관계에 대해 종래 전통적 견해처럼 양자를 충돌하는 법원칙으로 이해하는 입장을 취하였다.

> [다수의견] 구 국세기본법(2007. 12. 31. 법률 제8830호로 개정되기 전의 것, 이하 같다) 제14조 제1항, 제2항이 천명하고 있는 실질과세의 원칙은 헌법상의 기본이념인 평등의 원칙을 조세법률관계에 구현하기 위한 실천적 원리로서, 조세의 부담을 회피할 목적으로 과세요건사실에 관하여 실질과 괴리되는 비합리적인 형식이나 외관을 취하는 경우에 그 형식이나 외관에 불구하고 실질에 따라 담세력이 있는 곳에 과세함으로써 부당한 조세회피행위를 규제하고 과세의 형평을 제고하여 조세정의를 실현하고자 하는 데 주된 목적이 있다. 이는 조세법의 기본원리인 조세법률주의와 대립관계에 있는 것이 아니라 조세법규를 다양하게 변화하는 경제생활관계에 적용함에 있어 예측가능성과 법적 안정성이 훼손되지 않는 범위 내에서 합목적적이고 탄력적으로 해석함으로써 조세법률주의의 형해화를 막고 실효성을 확보한다는 점에서 조세법률주의와 상호보완적이고 불가분적인 관계에 있다고

82 이 대법원판결은 내용상 경제적 실질설에 입각하여 판단하고 있기 때문에 이러한 입장표명이 특히 의미가 있다.

할 것이다.

[대법관 전수안, 대법관 이상훈의 반대의견] 실질과세의 원칙은 조세공평의 원칙을 실현하기 위한 조세법의 기본원리로서 과세권의 행사가 실질적인 사실관계에 반하여 이루어지는 경우 이를 배제함으로써 납세자의 권리를 보호하는 긍정적인 측면이 있지만, 반대로 과세권의 남용을 정당화하는 도구가 되어 납세자의 재산권을 침해함으로써 과세요건 법정주의와 명확주의를 핵심으로 하는 조세법률주의와 충돌할 염려가 있다.[83]

헌법재판소 판결문을 보게 되면 실질과세원칙이라는 것을 실질적 조세법률주의와 동일한 것으로 이해하는 입장도 있다. 이러한 입장이 타당한지는 제6장에서 다시 언급하기로 하겠다.

청구인들이 게임장을 이용하는 고객들에게 제공하는 용역의 대가는 고객들이 투입한 현금총액이 아니라 청구인들이 실질적으로 용역을 제공한 대가로 얻은 금액 즉, 고객들이 게임기를 이용하기 위하여 투입한 현금총액에서 당첨금으로 지급받은 상품권의 가액을 공제한 것이 되어야 하고, 만약 게임기에 투입된 현금총액을 과세표준으로 할 경우 당해사건에서 문제된 바와 같이 청구인들의 실제 순이익보다 훨씬 많은 부가가치세가 부과되어 불합리하다.

그러므로 법 제13조 제1항 제1호에 규정된 '금전으로 대가를 지급받은 경우에는 그 대가'에서 '그 대가'를 실질적인 대가 즉, 형식적 수입총액인 게임기에 투입된 현금총액에서 당첨금으로 지급된 상품권의 가액을 공제한 금액을 초과하는 금액까지 포함하는 것으로 해석하는 한 실질적 조세법률주의(실질과세의 원칙) 및 조세평등주의에 위배된다.[84]

83 대법원 2012. 1. 19. 선고 2008두8499 전원합의체 판결.

84 헌재 2011. 2. 24. 선고 2009헌바33 등 병합결정【부가가치세법 제13조 제1항제1호 등 위헌소원】.

Ⅲ. 죄형법정주의와의 관계[85]

1. 문제점

세법규정은 당연히 실질과세원칙에 기초하여 해석되어야 한다. 그런데 납세자의 행위가 탈세행위가 되어 형사처벌의 문제가 발생한 경우 과세요건과 관련한 세법규정을 실질과세원칙에 따라 해석·적용하게 되면 이것이 죄형법정주의원리, 특히 그중에서도 형벌법규의 명확성 요청에 반하는 것이 아닌가 하는 것이 문제될 수 있다.

실제로 우리나라에서는 대법원이 2012. 1. 19. 선고한 2008두8499 판결에서[86] 비록 소수의견(전수안, 이상훈 대법관)이긴 하지만 이에 대한 지적이 있었다.[87]

> 납세의무자로서는 조세법률주의의 토대 위에서 조세의 부담을 제거하거나 완화하는 거래방법을 선택할 수 있으며, 그것이 가장행위나 위법한 거래로 평가되지 않는 한 납세의무자의 권리로서 존중되어야 한다. 그럼에도 본질적으로 불확정개념인 실질과세의 원칙을 내세워 납세의무자가 선택한 거래형식을 함부로 부인하고 법 문언에 표현된 과세요건의 일반적 의미를 일탈하여 그 적용범위를 넓히게 되면 조세법률주의가 형해화되어 이를 통해 실현하고자 하는 법적 안정성과 예측가능성이 무너지게 된다. 나아가 조세포탈죄 등의 구성요건해당성이 과세관청의 자의에 의하여 좌우될 수 있어 죄형법정주의의 근간이 흔들릴 수도 있다.[88]

---

85 아래 부분은 필자가 공저자로 작성한 글(안경봉·이동식, 「조세형사범 사건과 실질과세원칙」, 『조세법연구』 XVIII-3, 한국세법학회, 2012. 12., 120면 이하)을 일부 수정하여 작성한 것임을 밝힌다.

86 이 판결에 대한 자세한 평석은 참고, 안경봉·이동식, 「명목회사를 이용한 조세회피시도와 실질과세원칙」, 『국세』 2012. 6., 41면 이하.

87 또한 하급심 법원이긴 하지만 조세법상 배당소득으로 과세될 수 있는 사안과 관련한 탈세사건에서 설혹 그것이 세법상 실질과세원칙에 따라 배당으로 과세될 수 있다고 하더라도 탈세범 사건에서는 피고인의 예측가능성을 보호하기 위하여 달리 판단할 수 있다는 입장을 피력한 바도 있다(서울중앙지방법원 제28형사부 2012. 2. 9. 선고 2011고합119 판결).

88 대법원 2012. 1. 19. 선고 2008두8499 판결의 소수의견.

2. 견해대립

실질과세원칙은 지금까지 대부분 조세회피행위와 연결해서 설명해 오고 있고 탈세행위와 관련해서 이 원칙이 적용될 수 있는지 여부에 대해 논하는 경우는 드물다. 판례도 이와 관련하여 명시적으로 입장을 밝힌 경우는 거의 없다. 하지만 탈세사건에 실질과세원칙을 직접적으로 적용하는 사례가 있다면 이는 판례가 실질과세원칙에 따른 세법규정의 해석·적용이 죄형법정주의정신에 반하지 않는다는 것을 인정한 것으로 이해할 수 있을 것이다.

우리나라의 판례는 조세형사범의 경우에 납세의무의 성립을 전제로 하여서 논의해야 한다는 입장을 일관되게 취하고 있는데,[89] 이는 결국 조세형사범 사건에 실질과세원칙이 적용될 수 있음을 전제하고 있는 입장이라고 볼 수도 있다. 왜냐하면 납세의무가 성립하기 위해서는 조세법규가 정하고 있는 과세요건을 충족해야 하고 과세요건을 충족했는지 여부를 심사함에 있어서는 실질과세원칙이 중요한 역할을 하므로 결국 납세의무의 성립을 전제로 하여 조세형사범으로 처벌을 한다는 것은 실질과세원칙을 적용하여 조세형사범사건을 처리하는 것과 동일한 것으로 이해할 수 있기 때문이다. 그 외에도 조세형사범 사건에 실질과세원칙을 직접 적용했다고 볼 수 있는 판결도 있다.[90] 대법원 2012. 2. 23.

---

89 대법원 1989. 9. 29. 선고 89도1356 판결; 대법원 2005. 6. 10. 선고 2003도5631 판결 등.

90 대법원 2002. 4. 9. 선고 99도2165 판결은 귀속에 관한 실질과세원칙이 문제된 경우이며 이에 따른 형사처벌을 정당한 것으로 판단하였다. 대법원 2002. 4. 9. 선고 99도2165 판결: "1. 피고인 1의 조세포탈의 점에 대하여: 국세기본법 제14조의 실질과세의 규정은 소득의 형식적인 귀속자가 아닌 그 실질적인 귀속자에 조세부담의 의무를 부과하려는 것이므로 소득의 귀속은 형식적인 영업명의, 법률관계에 의하여 결정할 것이 아니라, 실질적인 영업활동에 의하여 생기는 이익의 귀속관계에 의하여 결정되어야 할 것이다(대법원 1981. 12. 22. 선고 80도2171 판결, 대법원 1984. 10. 10. 선고 84누413 판결, 대법원 1987. 10. 28. 선고 86누635 판결 등 참조). 원심이 채용한 증거들을 기록에 비추어 살펴보면, 피고인 1은 입시학원 1과 입시학원 2의 실질적인 경영자로서 입시학원 2의 명목상의 원장은 민병준으로 되어 있지만 경리차장 김향자, 상무 김만호를 통하여 입시학원 1과 입시학원 2의 경리, 회계업무를 전결처리하여 왔고, 1996. 5. 말경 안양시 소재 동안양세무서에서 1995년도분 종합소득세의 과세표준 및 세액을 신고, 납부함에 있어 위 입시학원 2의 예체능계 수강생의 수강료 금 64,400,000원을 수입금액에서 누락시킨 후 위 누락된 수입금액을 피고

선고 2007도9143 판결도 그러한 예로 언급할 수 있다. 이 사건은 세법상 차용개념의 해석과 관련하여 차용개념의 세법 독자적 해석을 긍정한 대법원 2011. 7. 21.에 선고한 2010두23644 전원합의체 판결과 관련된 사건인데, 대법원은 실질과세원칙에 기초한 납세의무성립을 인정하고 그러한 법이론 구성에 기초하여 조세포탈범의 성립을 긍정하였다.[91]

인 1이 설립한 공소외 1 등에 대한 투자금으로 사용하였다는 것이므로 위 금 64,400,000원의 실질적인 귀속자는 피고인 1이라고 할 것인바, 위와 같은 취지로 판단한 원심판결에는 상고이유에서 주장하는 채증법칙을 위반하여 사실을 잘못 인정한 위법이나 실질과세의 원칙에 관한 법리를 오해한 위법이 있다고 볼 수 없다."

91 이 사건에서는 토지거래허가구역에서 토지거래허가를 받지 토지를 매입한 후 다시 제3자에게 양도를 하면서 등기는 최초 매도인으로부터 최종 매수인에게 직접 양도한 경우(이에 따른 토지허가도 득함), 중간생략등기를 통해 토지매매를 하고 양도차익신고를 하지 않은 자에 대해 조세포탈범으로 형사처벌할 수 있는지 여부가 문제되었다. 판례는 토지거래허가를 받지 않았더라도 실제로 토지매매를 하고 대금수수를 하였고, 당사자가 원상회복을 할 의사가 없는 상황이라면 양도소득세가 과세될 수 있는 양도가 있었다고 보아야 한다고 판단하였고 그에 따른 양도소득세를 신고납부하지 않았다면 조세포탈죄의 성립이 인정된다고 보았다. 대법원 2012. 2. 23. 선고 2007도9143 판결; 대법원 2011. 7. 21.에 선고한 2010두23644 전원합의체 판결.

제5절 ㅣ 한국 세법상 실질과세원칙에서 '실질'의 의미에 대한 논쟁

Ⅰ. 의의

한국에서 실질과세원칙을 이해함에 있어서 중요한 의미를 가지는 것이 실질과세원칙에서 '실질'의 의미를 어떻게 이해할 것인가와 관련한 논쟁이다. 소위 '법적 실질설' 및 '경제적 실질설'로 대표되는 학설 명칭들이 바로 이와 관련한 논쟁들을 설명하는 개념들이다.

실질과세원칙이 세계 대부분의 나라에서 중요한 세법상 원칙으로 인정받고 있으므로 이러한 논의가 외국에서 어떻게 전개되고 있는지를 알아보는 것은 향후 이 논의의 유용성을 판단하는 데 의미가 있을 것이다.

아래에서는 우선 한국에서 실질과세원칙에서의 실질의 의미를 파악하는 서로 다른 두 견해, 즉 법적 실질설이라는 것과 경제적 실질설이라는 것이 어떤 내용으로 실질과세원칙에서의 실질을 이해하는지 소개하기로 한다. 그 다음으로 한국 세법에서 이와 관련한 논의가 지금까지 어떻게 변천해 왔는지를 언급해 보고자 한다.

Ⅱ. 실질과세원칙에서 실질의 의미에 대한 서로 다른 이해

1. 실질과세원칙 도입 초기의 견해들

한국에서 1974년 국세기본법이 제정되기 이전에 출간된 책에는 '실질과세원칙'이라는 용어 자체가 등장하지 않는 것을 보았을 때 당시에는 실질과세원칙에서 실질의 의미에 대한 논쟁도 없었을 것으로 판단된

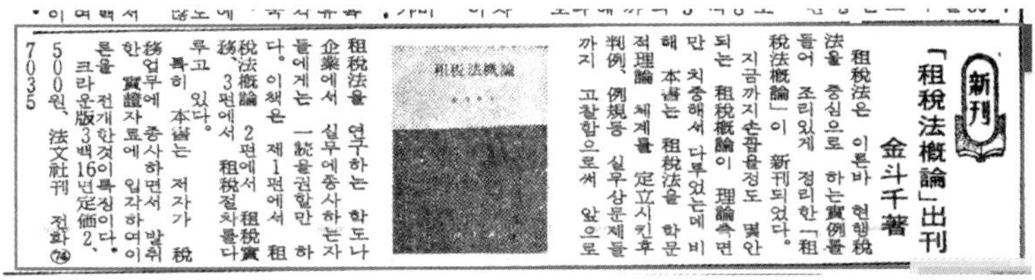

新刊 「租稅法槪論」出刊

金斗千著

租稅法은 이른바 현행稅法을 중심으로 하는實例를 들어 조리있게 정리한「租稅法槪論」이 新刊되었다。

지금까지 손꼽을정도 몇안되는 租稅槪論이 理論측면만 치중해서 다루었는데 비해 本書는 租稅法을 학문적理論 체계를 定立시킨후 判例、例規등 실무상문제들까지 고찰함으로써 앞으로 租稅法을 연구하는 학도나 企業에서 실무에종사하는자들에게는 一読을권할만하다。 이책은 제1편에서 租稅法槪論 2편에서 租稅實務、3편에서 租稅절차를다루고 있다。

특히 本書는 저자가 稅務업무에 종사하면서 발취한實證자료에 입각하여 이론을 전개한것이 특징이다。

크라운版 3백16년 定價2、500원、法文社刊 전화 (74)7035

1975년 7월 24일 『매일경제신문』 8면에 게재된 김두천 박사의 『조세법개론』 출간소개 기사

다.[92] 1974년 제정된 국세기본법에 실질과세원칙에 관한 제14조가 신설된 이후 처음으로 이 규정에서 '실질'의 의미에 관한 논의가 기록되었다. 이 규정이 신설된 이후 이 규정을 소개하는 최초의 세법교과서는 1975년 당시 국세청 심사국 심사계장에 근무하고 있었던 김두천 박사가 집필한 『조세법개론』(법문사)이었다.[93]

이 책을 보게 되면 1974년 국세기본법 제14조가 처음 제정되었을 때에는 실질과세원칙에서의 실질을 '경제적 실질'로 이해한 것으로 보인다. 그리고 이 규정이 기본적으로는 독일세법상 '경제적 관찰방법'에서 이론적으로 연유한 점도 발견할 수 있다.

> 실질과세의 원칙은 독일의 구 조세기본법(Reichsabgabenordnung)에서 규정하고 있는 이른바 경제적 관찰방법(wirtschaftliche Betrachtungsweise)에 그 근원적 유래를 두고 있다고 보고 있으며…(장재식, 『조세법』, 서울대학교출판부, 1995, 69면)

다만 경제적 관찰방법이라는 것이 포섭할 수 있는 내용이 너무 모호할 수 있으므로 조세법률주의에 의한 제한을 받게 되는 점을 지적하고 있다. 즉, 조세법률주의에 의해 제한을 받는 범위 내에서 경제적 관찰방

92 1969년 발간된 차병권 교수(서울대 상과대학)의 『조세개론』(박영사) 교재에는 실질과세원칙이라는 단어도 등장하지 않고 실질과세원칙에서의 실질의 의미에 대한 논쟁도 언급되지 않고 있다.

93 이 책은 1975년 5월 25일 처음으로 출간되었다.

법을 도입하였다고 보는 것이 1974년 국세기본법 제14조가 도입된 초기 연구자들의 의견이었던 것처럼 보인다. 이처럼 한국에서 1974년 국세기본법을 제정하면서 제14조에서 실질과세원칙을 규정할 때 독일의 경제적 관찰방법을 참조하였다는 해석은 다음과 같은 측면에서도 상당히 그 가능성이 높은 것으로 이해된다. 한국이 국세기본법을 제정할 때 유사한 입법인 일본의 국세통칙법이 어떤 식으로든 참조가 되었을 것이고 일본에서 1961년 국세통칙법을 제정할 때 독일의 경제적 관찰방법을 참조하여 입법하려고 하였다는 것이 입법자료로 명확하게 기록되어 있다. 이에 대해서는 이 책 제3장을 참조하기 바란다.

그렇다면 그러한 일본에서의 논의가 한국의 입법과정에도 자연스럽게 영향을 끼쳤다고 보아야 할 것이다. 조세법률주의에 의한 제한을 받는 범위 내에서 독일의 경제적 관찰방법을 도입한 것이라는 주장도 일본에서 실질과세원칙을 도입하려 할 때 반대한 일본세법학회의 주된 논거를 반영한 것이라고 볼 수 있다.

> 이는 과세요건, 특히 그중 납세의무자나 과세물건 또는 과세표준을 형식상의 과세물건의 귀속자나 형식상의 거래형태에 불구하고 실질내용상의 귀속자나 실질내용상의 거래내용에 따라서 결정한다는 것이다. 이와 같은 실질과세의 원칙은 과세요건충족사실의 존부에 관한 사실판단의 문제가 아니라 법규범적 판단임을 유의하여야 한다. 사실적으로 존재하는 사실내용이 파악된 후에 그에 적용될 과세요건을 비추어 봄에 있어서 조세법적 관점에서 보아 거래의 형식에 불구하고 실질내용에 따라 판단한다는 것이며 따라서 실질과세의 원칙은 조세법적 규범판단이 그 전제인 것이다.
>
> 그리고 거래의 실제내용을 조세법적 관점에서 고찰한다 하더라도 그 관찰내용은 경제적 관점에서 보아야 한다는 것이 실질과세의 원칙이다. 경제적 관찰방법에 의하여 실질적으로 경제적 부담능력의 징표인 과세객체의

귀속자에게 과세하려는 것이다. 그러나 조세법률주의에 의하여 조세법의 범위 내이어야 하므로 경제적 관찰방법은 조세법의 제한을 받게 된다. 따라서 실질과세의 원칙은 조세법의 범위 내에서 최대한으로 적용되어야 한다.(김두천, 『조세법개론』, 경문사, 1977, 55면)

그런데 김두천 박사는 1982년 발간한 『稅法學』(박영사)이라는 저서에서는 독일의 경제적 관찰방법이 법적 안정성과 예측가능성을 침해할 소지가 있음을 지적하면서 실질과세원칙에서의 실질을 법적 실질로 이해해야 한다고 주장하였다. 그러나 전체적인 문맥을 보면 이때 "법적 실질"이라는 것은 '각 개별조세법의 조문이 정한 실질내용'을 의미함을 알 수 있다.

첫째, 조세법이 조세부담능력을 중심으로 하는 경제적 현상을 그 대상으로 한다고 하더라도 그 경제적 내용이 불명확하고 모호하여 이에 기하여 조세법적 효력을 부여할 수 없고 이를 경제적 관찰법이라 하여 확대해석 등을 한 경우 법적 안정성을 해치고 조세법률주의에 위배되고, 둘째 과세의 주요대상과 내용이 되는 과세물건에 대하여서는 그것이 경제적부담능력에 관한 것이라 하더라도 이 중 과세에 적합한 부분에 대하여는 법률로 정하여져 있으므로 각 개별조문이 정한 내용과 관계법령을 종합하여 법정 요건이 무엇인가를 해석하여야 하며, 셋째 국세기본법에서는 과세의 대상이 되는 소득, 재산, 수익행위나 거래에 대하여 이들을 사실상 귀속이나 실질내용에 따라 해석적용할 것으로 규정하고 있을 뿐 경제적 관찰이란 문구를 쓰고 있지 않으므로 구태여 경제적관찰법으로까지 확대시킬 필요가 없는 점 등을 보면 실질의 내용은 각 개별조세법의 조문이 정한 실질내용 즉 법적 실질을 말한다고 보아야 할 것이다.(김두천, 『세법학』, 박영사, 1982, 145-146면)

그 후 1987년에 처음 발간된 이태로 교수의 『조세법개론』(조세통람사)에서는 실질과세원칙을 "과세요건사실에 대한 세법의 적용에 있어서 경제적 실질과 법적 형식이 일치하지 않을 경우에는 경제적 실질에 따라

과세한다는 원칙"으로 정의하고 있다.[94]

초기 학자들 가운데 명확하게 이와 다른 입장을 피력한 견해로는 장재식 박사를 들 수 있다. 장재식 박사의 1995년 발간 저서(『조세법』, 서울대학교출판부)를 보면 아래와 같이 독일식의 경제적 관찰방법, 특히 이 방법의 창시자인 Enno Becker가 주창하는 식의 경제적 관찰방법이나 이와 비슷한 주장은 입법원리로는 이해할 수 있지만 해석원리로는 납세자의 예측가능성과 법적 안정성을 과도하게 침해할 우려가 있으므로 적절하지 않다는 점을 지적하고 있다.

> 저자의 견해로는, Becker에 의해서 주창되었던 경제적 관찰방법이나 그와 사실상 뜻을 같이하는 류의 실질과세의 원칙은 조세법의 가장 중요한 원리인 조세법률주의의 원리를 형해화하고 과세관청의 자의적 행정을 가능케 하는 위험성이 크므로 자유민주주의세법에서는 원칙적으로 적용하여서는 안 된다고 생각한다. 즉 Becker가 주장하는 경제적 관찰방법과 뜻을 같이하는 바의 실질과세원칙이 내세우는 세부담공평의 이념은 조세법의 「입법상」 존중되어야 할 원리로서 실정법질서 속에 내재하고 있어야 할 중요한 원리이지만, 조세법률주의의 원리를 바탕으로 규정된 법률의 「해석」을 지배하는 원칙으로까지 하여 그것 때문에 법적안정성과 예측가능성까지 위협을 받게 하고 나아가서 조세법률주의의 원리까지 형해화시킬 위험을 무릅쓰게 할 수는 없다고 판단된다. 다만, 특수한 경우에 지나친 조세회피로 형평과세와 세수입에 큰 지장을 줄 우려가 있는 경우 등에 있어서는 그와 같은 방법을 법률이 규정하는 바에 따라 적용할 수 있도록 그 대상, 적용방법, 효과 등을 세법에 구체적으로 규정(창설적 규정)하여 시행함으로써 법적 안정성과 예측가능성을 보장하며 조세법률주의의 대원칙이 손상되지 않도록 하여야 할 것이다.(장재식, 『조세법』, 서울대학교출판부, 1995, 73-76면)

94 이태로, 『조세법개론』, 조세통람사, 1987, 37면.

2. 종래 논의상황

1) 개관

종래 실질과세원칙에서 실질의 의미와 관련하여서는 통상적으로 법적 실질설과 경제적 실질설 그리고 통합설(혹은 종합설)이 학설로 소개되고 있다. 그 외 문헌들을 보게 되면 실질과세원칙에서 실질을 '각 개별세법의 구성요건이 정하고 있는 실질'로 이해하는 견해가 다수 발견되는데 이 견해를 경제적 실질설로 이해하는 입장도 있고 법적 실질설로 이해하는 입장도 있다. 따라서 이 주장은 위 3개 학설과 별개로 검토할 필요가 있다.

2) 법적 실질설

국내에서 현재 법적 실질설을 취하는 견해가 적어도 문헌상으로는 많지 않아 보인다.[95] 문헌들에서 법적 실질설의 내용으로 소개하고 있는 점을 언급해 보면 다음과 같다. 실질과세원칙에서의 실질을 법적 실질설로 이해한다는 의미와 관련하여 이를 "'형식 대 실질'의 문제를 '법 대 법'의 문제 즉 법적 형식[가장된 표현적(表現的) 사실 즉 겉으로 나타나 보이는 사실] 대 법적 실질(형식 속에 숨겨진 진실이 법률사실 내지 조세사실)로 파악"하는 입장으로 이해하기도 하고,[96] "법 형식에 내재된 법 실질을 찾는 것"[97]으로 이해하기도 한다. 이 견해는 법적 실질과 경제적 실질이 불일치하면 법적 실질에 따라 과세하는 것이 실질과세원칙의 정신에 부합한다고 본다.[98]

법적 실질설이 주로 그 논거로 드는 것은 조세법률주의의 정신에 따른 예측가능성과 법적 안정성을 보장하기 위해서는 실질과세원칙에서의

95 최근에 발간된 문헌 중에서 법적 실질설을 지지하는 입장으로는 김영우, 「실질과세원칙의 재검토」, 『인권과 정의』 Vol. 457, 대한변호사협회, 2016. 5., 104면 이하.

96 송쌍종, 『조세법학총론』, 조세문화사, 2011, 224-225면.

97 정승영, 『국세기본법상 실질과세의 원칙에 대한 연구』, 성균관대학교 박사학위청구논문, 2012, 14면.

98 김재길, 『세법학이론』, 박영사, 2008, 108면.

실질을 법적 실질로 이해할 수밖에 없다는 것이다. 이 설은 세법이 납세자의 경제적 부담능력에 따른 세금부과를 추구하는 법인 것은 사실이지만 납세자의 경제적 부담능력을 보여 주는 과세대상 거래의 경제적 실질이라는 것은 그 실체가 불명확하고 내용이 모호하여 이것에 기초하여 일정한 법적 효과를 부여하기가 쉽지 않다. 만일 이를 허용한다면 과세당국에게 사실상 자의적 과세를 허용하는 것이 되는데 이는 조세법률주의국가에서는 허용될 수 없는 것이라는 점을 지적한다.[99] 그 외에도 어떠한 과세요건 사실에 있어서도 실질은 하나이어야 할 것인데 경제적 실질설에 따르면 하나의 과세요건과 관련하여 법적 실질과 경제적 실질이 다를 수 있다는 것을 전제하므로 불합리하다고 비판하기도 한다.[100]

이 견해들은 대부분 독일의 경제적 관찰방법도 그 개념의 모호성으로 인해 독일에서도 많은 비판을 받고 있다고 언급하고 있다.[101]

이 견해들에 따르면 실질과세원칙은 "법적 형식[가장된 표현적(表現的) 사실 즉 겉으로 나타나 보이는 사실] 대 법적 실질(형식 속에 숨겨진 진실이 법률사실 내지 조세사실)"이 불일치하는 경우 후자에 따라 과세하여야 한다는 것을 그 원칙의 내용으로 이해하는데 문제는 이때 "법"이라는 것이 무엇인가 하는 점이다. 대체로 이때 법은 민법과 같이 과세대상인 거래행위의 실체법적 효력을 결정하는 사법(私法)을 의미하는 것으로 이해한다.[102] 그래서 이 설에 대해서는 세법규정을 해석·적용하는 기준이 되는 실질과세원칙을 논함에 있어서 그 실질을 사법적 실질로 이해한다는 것은 실질

---

99 김재길, 『세법학이론』, 박영사, 2008, 108면.

100 김영우, 「실질과세원칙의 재검토」, 『인권과 정의』 Vol. 457, 대한변호사협회, 2016. 5., 113면.

101 김영우, 「실질과세원칙의 재검토」, 『인권과 정의』 Vol. 457, 대한변호사협회, 2016. 5., 113면. 이러한 지적은 현재 독일세법학계 통설의 입장과는 거리가 먼 것이다. 이에 대한 자세한 설명은 독일 부분을 참조하기 바란다.

102 장석조, 「조세법상 실질과세원칙원칙의 적용한계–실질의 의미에 관한 판례이론의 분석과 재해석–」, 『사법논집』 33집, 법원도서관, 2001, 562–563면.

과세원칙을 세법고유의 원칙으로 인정하기 어렵게 한다는 비판이 있게 된다.[103]

이러한 법적 실질설에 따를 경우 실질과세원칙이 적용될 수 있는 경우는 가장행위와 같이 사법적으로 거래행위가 무효 혹은 취소되는 경우에 한하므로 그 적용범위가 상당히 제한적이게 된다. 즉, 귀속의 경우이든 거래내용의 경우이든 가장행위인 경우에만 실질과세원칙이 적용된다고 보는 것이다.

3) 경제적 실질설

문헌들을 경제적 실질설은 실질과세원칙에서의 실질을 사법적 실질이 아니라 경제적 실질로 파악하는 입장이라고 한다. 실질과세원칙에서의 형식과 실질의 구분을 법적 실질설의 경우에는 '법 대 법'의 문제로 이해하는 입장이고 경제적 실질은 '법 대 경제'의 문제로 이해한다고 평가하기도 한다.[104] 이러한 입장에 따르면 법적인 형식과 경제적 실질이 불일치하는 경우 후자에 따라 과세를 할 것을 요구하는 것이 실질과세원칙이라는 것이다. 이때 "법적인 형식"은 "사법상의 법률요건을 충족한 법률사실"로 "경제적 실질"은 "경제적 성과를 가지고 있는 사실"로 이해된다.[105]

경제적 실질설은 조세는 그 본질이 경제적 부담이고 이러한 조세는 본질적으로 납세자의 담세력에 상응하게 부과되어야 하는 것인데 납세자의 담세력은 법적인 형식이 아니라 경제적 실질에 의해 더 잘 반영된다는 점을 그 논거로 들고 있다.

이 견해들은 대부분 독일의 경제적 관찰방법을 일종의 목적적 해석

103 송쌍종, 『조세법학총론』, 조세문화사, 2011, 225면.

104 송쌍종, 『조세법학총론』, 조세문화사, 2011, 226면; 최명근, 『세법학총론』, 세경사, 2007, 121면.

105 최명근, 『세법학총론』, 세경사, 2007, 121-122면.

정도로 이해하는 입장을 지지한다.[106]

이러한 경제적 실질설에 따를 경우 실질과세원칙이 적용될 수 있는 경우는 사법적인 평가에 따른 귀속이나 거래방식구성이 경제적 실질을 충분히 반영하지 못하는 경우들로 법적 실질설에 비해 그 범위가 상당히 넓을 수 있다. 예를 들어 귀속의 경우에도 과세물건의 사법상 소유권을 가지고 있지 않지만 그 물건을 마치 자신의 물건처럼 사실상 지배·관리하는 자가 있다면 그 자에게 과세물건의 귀속을 인정할 수 있다는 것이다.

4) 통합설

통합설이라 함은 법적 실질설과 경제적 실질설을 대립하는 내용의 학설이 아니라 양자를 통합적으로 이해할 수 있다는 입장이다. 법적 실질설이든 경제적 실질설이든 간에 실질과세원칙이라는 것이 법의 해석적용원칙이라고 한다면 조세법의 구성요건의 테두리를 벗어날 수 없을 것이므로 구체적인 사안에서 대두하는 문제가 '법 대 법'의 문제인 경우에는 법적 실질설의 입장에서 보고 '법 대 경제'의 문제인 경우에는 경제적 실질설의 입장에서 문제를 해결하면 된다고 본다.[107]

5) "각 개별세법의 구성요건이 정하고 있는 실질"로 이해하는 입장

실질과세원칙에서 실질의 의미를 파악함에 있어서 "각 개별세법의 구성요건이 정하고 있는 실질"로 파악해야 하는 것으로 이해하는 입장이 있다.[108] 이 입장을 법적 실질설 및 경제적 실질설과 별개로 논의해야 할 필요성이 있다. 왜냐하면 이러한 주장은 법적 실질설로 이해할 수도 있고[109] 또 경제적

106 최명근, 『세법학총론』, 세경사, 2007, 118면.

107 송쌍종, 『조세법학총론』, 조세문화사, 2011, 226면.

108 김현채, 『현대세법의 기본문제(I)』, 한국사법행정학회, 1986, 73면.

109 김두천, 『세법학』, 박영사, 1982, 146면: "실질의 내용은 각 개별조세법의 조문이 정한 실질내용 즉 법적

실질설로 이해할 수도 있기 때문이다.[110] 이 두 입장의 차이는 세법의 사법으로부터의 독자성을 인정할 것인지 여부와 밀접한 연관이 있다. 이는 다시 차용개념의 세법독자적 해석을 인정할 것인지와 관련된 문제이기도 하다.

"각 개별세법의 구성요건이 정하고 있는 실질"을 법적 실질설로 이해하는 입장은 각 개별세법의 구성요건이 정하는 거래라는 것이 결국 사법적 거래를 의미하는 것이고 그러한 거래를 사법적 의미로만 해석해야 한다고 보는 입장, 즉 세법의 사법에 대한 독자적 해석을 부정하는 견해(차용개념의 세법독자적 해석을 부정하는 견해)에서 보았을 때 이는 결국 위에서 언급한 법적 실질설과 같은 입장인 것으로 이해되는 것이다.[111] 반면 "각 개별세법의 구성요건이 정하고 있는 실질"을 경제적 실질설을 표현한 것으로 이해하는 입장은 경제적 실질의 본질이 사법적 실질과 다른 세법적 실질을 의미하며 이는 달리 표현하면 세법의 사법으로부터의 독자성을 인정하는 것을 기본으로 하는 것인데, 이때 세법적 실질이 무엇인가 하는 것은 조세법률주의 원칙상 당연히 세법규정의 해석을 통해 도출할 수밖에 없다고 본다. 동일한 거래행위의 실질을 파악하더라도 사법이 정하고 있는 사법적 실질과 개별 세법이 정하고 있는 세법적 실질이 다를 수 있다는 전제하에서 본다면 실질과세원칙은 당연히 후자에 따라야 할 것이며 "각 개별세법의 구성요건이 정하고 있는 실질"이라는 것은 바로 이것을 인정하는 표현으로 이해할 수 있는 것이다.

3. "경제적 실질"이라는 표현이 입법된 이후의 해석론

2006. 5. 24. 「국제조세조정에 관한 법률」이 개정되어 동법에 제2조

실질을 말한다고 보아야 할 것이다."

110 이동식, 『일반조세법』, 준커뮤니케이션즈, 2020, 181면: "이러한 경제적 실질을 달리 표현하면 세법적 실질이라고 할 수 있다."

111 구욱서, 『사법과 세법』, 도서출판 유로, 2010, 40면 각주 8).

의2(특히 제3항이 중요함)가 신설되었고, 또한 2007. 12. 31. 국세기본법이 개정되면서 제14조 제3항이 신설되었다. 이 두 조문에서는 공통적으로 "경제적 실질에 따라 …세법을 적용한다."라고 표현하고 있다. 이러한 조문이 신설된 상황에서는 실질과세원칙에서의 실질을 달리 이해할 필요가 있지 않는가 하는 생각을 해 볼 수 있다.

종래 법적 실질설을 취하는 입장들의 경우에는 실정법에서 "경제적 실질"이라는 용어를 사용하고 있지 않는 상황에서 굳이 조세법규에 등장하는 "실질"을 법적 실질이 아닌 '경제적' 실질로 이해할 필요는 없지 않는가 하는 것이 자신들의 주장을 정당화하는 논거 중의 하나였다. 법적 실질설을 주장하는 이들은 경제적 실질에 따른 과세가 예측가능성과 법적 안정성을 침해하므로 조세법률주의에 위반된다고 주장하므로 경제적 실질에 따른 과세를 할 것을 규정한 실정법조문이 조세법률주의에 위반된다는 주장을 할 수도 있을 것이다. 하지만 설혹 그러한 규정이 조세법률주의에 위반된다고 하더라도 그 규정이 헌법재판소의 판결에 의해 위헌선언되기 전에는 효력이 있는 것이다. 이처럼 그러한 규정이 효력을 가진다면 법해석은 실정법문구를 우선적으로 고려하여 해석해야 할 것이며 그렇다면 적어도 구 「국제조세조정에 관한 법률」 제2조의2가 신설되고 또 국세기본법 제14조 제3항이 신설된 이상은 실질과세원칙에서의 실질을 경제적 실질로 이해하지 않을 명분이 없다고 할 것이다.

법적 실질설을 주장하는 입장에서는 이러한 규정들을 선언적 규정이 아닌 창설적 규정으로 이해할 것이다. 반면 실질과세원칙에서의 실질을 경제적 실질로 이해하였던 입장에서는 구 「국제조세조정에 관한 법률」 제2조의2(현행 국조법 제3조)와 국세기본법 제14조 제3항은 이론적으로 당연한 사항을 입법을 통해 다시 한 번 확인해 준 것에 불과하다고 이해할 것이다.

Ⅲ. 판례

판례는 이에 대해 명확하게 입장을 피력하지는 않고 있다. 다만 대체적으로는 법적 실질설과 동일하게 세법적 과세대상을 엄격하게 민사법적 기준에 의해 판단하는 경우가 다수 존재한다.

> 법인의 설립에 관한 민법과 상법의 각 규정에 의하면, 법인의 설립에는 기본적으로 설립행위와 설립등기가 필요하고, 법인은 설립행위를 거쳐 설립등기를 함으로써 성립함과 동시에 법인격을 취득하게 되어(민법 제33조, 상법 제171조 제1항, 제172조 등 참조) 그로써 법인의 설립은 완성되는 것이므로, 설립등기 없는 법인의 설립은 있을 수 없고, 일단 법인이 설립등기로써 성립된 이후에는 그 법인격이 소멸되지 않는 한 같은 설립등기에 의한 새로운 법인의 설립도 있을 수 없는 것이다.
>
> 위의 법리는 법인설립절차를 규율하는 기본법인 민법과 상법이 규정하는 바로서 법인설립에 관한 기본원칙이 되고 있고, 법인의 설립등기는 다른 법인등기 또는 상업등기와는 달리 창설적 효력을 가지며 그에 관한 규정은 강행규정인 점, 기타 관계 규정의 형식과 내용 등을 종합적으로 고려할 때, 지방세법에서 '법인의 설립'에 관하여 위와 같은 일반적인 법리와는 다른 별도의 정의 규정을 두고 있지 아니한 이상, 법 제138조 제1항 제1호와 제3호에서 규정하는 '법인의 설립' 역시 '설립등기에 의한 설립'을 뜻하는 것으로 해석하여야 할 것이다. 따라서 설립등기를 마친 후 폐업을 하여 사업실적이 없는 상태에 있는 법인의 주식 전부를 제3자가 매수한 다음 법인의 임원, 자본, 상호, 목적사업 등을 변경하였다 하여 이를 위 조항이 규정하는 '법인의 설립'에 해당한다고 볼 수는 없다 할 것이고, 가사 그러한 행위가 등록세 등의 중과를 회피하기 위한 것으로서 이를 규제할 필요가 있다 하더라도 그와 같은 행위의 효력을 부인하는 개별적이고 구체적인 법률 규정을 두고 있지 않은 조세법하에서 그 행위가 위 조항의 '법인의 설립'에 해당한다고 보아 등록세를 중과하는 것은 조세 법규를 합리적

이유 없이 확장 또는 유추해석하는 것으로서 허용될 수 없다 할 것이다.[112]

하지만 법원판결 가운데 실질적으로 그 내용을 검토하였을 때 경제적 실질에 따른 과세를 허용한 것으로 판단할 수 있는 사례들도 다수 존재한다.

원고는 네덜란드 법인인 로담코 사우스코리아 비브이(이하 '로담코 코리아'라 한다)와 종로 비브이(이하 '종로'라 한다)의 각 지분을 100% 소유하고 있다(이하 로담코 코리아와 종로를 합하여 '이 사건 자회사들'이라 한다).
이 사건 자회사들은 2003. 5. 15. 내국법인인 칠봉산업 유한회사(이하 '칠봉산업'이라 한다)의 지분을 각 50%씩 나누어 취득하였고, 또한 종로는 2005. 7. 15. 로담코 코리아가 내국법인인 주식회사 아이엔지코리아 프로퍼티(이하 '아이엔지'라 한다)의 주식 75%를 소유하고 있는 상태에서 싱가포르 법인인 씨피엘 코리아 피티이로부터 그 나머지 주식 25%를 승계취득하였다(이하 이 사건 자회사들이 취득한 칠봉산업 지분 100%와 아이엔지 주식 25%를 합하여 '이 사건 주식 등'이라 한다).
이 사건 자회사들은 주소 및 전화번호와 대표이사가 서로 같고 그 외 직원은 전혀 없으며, 칠봉산업 지분을 50%씩 취득할 때나 2003. 5. 29. 그 지분 일부를 삼성생명 주식회사에 매도할 때 모두 동일인이 대리인으로 계약하였고, 2004. 3. 30. 개최된 칠봉산업의 사원총회에도 이 사건 자회사들로부터 위임을 받은 대리인 한 사람이 단독 출석하여 회의에 관여한 것으로 되어 있다.
이 사건 주식 등의 매입대금은 외형상 이 사건 자회사들의 통장에서 인출·지급된 것으로 되어 있으나, 이는 원고가 그 전액을 제공한 것이다. …
이 사건의 경우, 원심이 인정한 사실에 의하면 이 사건 자회사들이 아이엔지 및 칠봉산업의 주식 등을 취득하여 보유하고 있는 법적 형식만으로 볼 때는 원고는 아이엔지나 칠봉사업의 주식 등을 전혀 보유하고 있지 않은

112 대법원 2009. 4. 9. 선고 2007두26629 판결.

반면, 종로가 취득한 아이엔지의 지분은 25%에 불과하고 이 사건 자회사들이 취득한 칠봉산업의 지분은 각 50%로서 그 지분보유 비율이 51% 이상인 경우에 적용되는 과점주주의 요건에도 해당하지 않기 때문에 원고 및 이 사건 자회사들 모두 구 지방세법 제105조 제6항이 규정한 이른바 간주취득세의 형식적 적용요건을 피해 가고 있다. 그러나 원심판결 이유와 기록에 의하면, 이 사건 자회사들이 이 사건 주식 등을 취득할 때 이 사건 자회사들의 지분은 원고가 100%를 소유하고 있었고, 그 전에 로담코 코리아가 아이엔지 주식 75%를 취득할 때도 그 지분 소유관계는 마찬가지였던 것으로 보인다. 또한 이 사건 자회사들은 위와 같이 아이엔지와 칠봉산업의 주식 등을 보유하다가 그 중 일부를 처분하는 방식으로 재산을 보유·관리하고 있을 뿐 그 외 별다른 사업실적이 없고, 회사로서의 인적 조직이나 물적 시설을 갖추고 있는 것도 없어서 독자적으로 의사를 결정하거나 사업목적을 수행할 능력이 없는 것으로 보인다. 그 결과 이 사건 주식 등의 취득자금은 모두 원고가 제공한 것이고 그 취득과 보유 및 처분도 전부 원고가 관장하였으며 로담코 코리아가 취득한 아이엔지 주식 75%의 경우도 이와 사정이 다르지 않을 것으로 보이고, 그 모든 거래행위와 이 사건 자회사들의 사원총회 등도 실질적으로는 모두 원고의 의사결정에 따라 원고가 선임한 대리인에 의하여 이루어진 것으로 보인다. 이러한 점 등으로 미루어 보면, 이 사건 주식 등을 원고가 직접 취득하지 않고 이 사건 자회사들 명의로 분산하여 취득하면서 이 사건 주식 등의 취득 자체로는 과점주주의 요건에 미달하도록 구성한 것은 오로지 구 지방세법 제105조 제6항에 의한 취득세 납세의무를 회피하기 위한 것이라고 보기에 충분하다. 위와 같은 여러 사정을 앞서 본 규정과 법리에 비추어 살펴보면, 원고가 이 사건 자회사들에 대한 완전한 지배권을 통하여 아이엔지 주식 75%와 함께 이 사건 주식 등을 실질적으로 지배·관리하고 있으므로 원고가 그 실질적 귀속자로서 이 사건 주식 등의 취득에 관하여 구 지방세법 제105조 제6항에 의한 취득세 납세의무를 부담한다고 볼 여지가 상당하다.[113]

113 대법원 2012. 1. 19. 선고 2008두8499 전원합의체 판결.

그리고 실질과세원칙에 대한 이해와 관련하여 국세기본법 제14조 제3항과 같이 경제적 실질에 따라 세법을 적용하라는 규정이 신설된 이후에도 법원판례가 크게 변화된 점은 없었다. 하지만, 아래에서 소개하는 바와 같이 최근 이 규정을 간접적으로 원용하여 처분의 적법성을 긍정한 판례도 등장하고 있는 점을 볼 때 향후 변화의 가능성은 충분히 있어 보인다.

제6절 | 한국 국세기본법 제14조에 따른 실질과세원칙의 내용

Ⅰ. 국세기본법 제14조 제1항에 따른 실질과세원칙

1. 의의

국세기본법 제14조 제1항은 "과세의 대상이 되는 소득, 수익, 재산, 행위 또는 거래의 귀속이 명의(名義)일 뿐이고 사실상 귀속되는 자가 따로 있을 때에는 사실상 귀속되는 자를 납세의무자로 하여 세법을 적용한다."라고 규정하고 있다. 이 규정에 따른 실질과세원칙을 흔히들 귀속에 관한 실질과세원칙 또는 실질귀속주의라고도 부른다.

세금을 공평하게 부과하기 위해서는, 과세대상이 되는 소득, 수익 등의 명의상 귀속자와 사실상 귀속자가 다른 경우 당연히 후자에게 그 귀속을 인정하여 세금부과를 해야 할 것이다. 물론 이러한 실질귀속원칙도 정책적 필요성에 의거하여 예외를 설정할 수 있다.

2. 적용범위

귀속에 관한 실질과세원칙을 규정한 국세기본법 제14조 제1항의 적용범위는 실질과세원칙에서의 실질을 어떻게 이해하는지에 따라 달라진다. 법적 실질설을 취하는 입장에서는 명의를 대여하거나 위장한 경우에만(가장행위 포함) 이 원칙이 적용된다고 본다. 반면 경제적 실질설은 민상법적으로 과세물건의 소유권을 보유한 자가 아니라 하더라도 사실상 과세물건에 대해 소유자처럼 지배력을 행사할 수 있는 지위에 있는 자가 있다면 그 자에게 과세물건이 귀속된 것으로 보아 세금부과를 할 수 있다는 입장이다.

3. 적용효과

귀속에 관한 실질과세원칙이 적용되면 명의상 귀속자가 아닌 실제적 귀속자를 확인한 후에 그 자에게 과세물건이 귀속된 것으로 보아 세금부과를 한다. 예를 들어 명의상 소득의 귀속자는 갑이지만 실질적 귀속자는 을이라고 할 경우 을을 소득의 귀속자라고 판단하고 세법을 적용한다는 것이다.

이는 주로 납세의무자를 결정함에 있어서 많이 활용된다. 하지만 귀속에 관한 실질과세원칙이 납세의무자결정에만 적용되는 것은 아니다. 예를 들어 상장주식양도차익은 법소정의 대주주의 주식양도 등에 대해서만 과세를 한다. 대주주 여부는 회사의 주식을 법령에서 정하는 비율 이상으로 보유하고 있는지로 판정하는데 이때 재산인 주식의 보유자를 판정함에 있어서도 귀속에 관한 실질과세원칙이 적용될 수 있다.

Ⅱ. 국세기본법 제14조 제2항에 따른 실질과세원칙

1. 의의

국세기본법 제14조 제2항은 "세법 중 과세표준의 계산에 관한 규정은 소득, 수익, 재산, 행위 또는 거래의 명칭이나 형식에 관계없이 그 실질 내용에 따라 적용한다."라고 규정하고 있다. 이 규정에 따른 실질과세원칙을 흔히 거래내용에 관한 실질과세원칙이라고 한다. 국세기본법 제14조 제1항에 따른 실질과세원칙이 단순히 소득 등 과세물건의 귀속 등을 결정함에 있어서만 작동할 수 있는 반면 제14조 제2항에 따른 실질과세원칙은 실무적으로 그보다 훨씬 다양한 사례에 적용될 수 있다.

예를 들어 납세의무자 갑이 A라는 거래행위를 하였는데 과세당국이 이를 부정하고 B라는 행위를 한 것으로 판단하여 세법적용을 하려고 할 때에도 국세기본법 제14조 제2항이 그 근거가 될 수 있다. 그래서 만일 실질과세원칙에 관한 실정법소문이 조세회피방지의 일반규정이 된 수 있다고 한다면 바로 이 조문이 그러한 역할을 할 수 있을 것이다.[114]

2. 적용범위

국세기본법 제14조 제2항의 적용범위를 어디까지로 할 것인지 여부도 법적 실질설과 경제적 실질설에 따라 굉장히 다른 입장을 보이게 된다. 법적 실질설에 따르면 가장행위가 바로 이 규정의 적용대상이다. 종래 대법원도 가장행위에 대한 과세에 있어서 실질과세원칙을 과세의 근거로 거론하고 있는 상황이다(대법원 2015. 9. 10. 선고 2010두1385 판결). 이는 대법원이 법적 실질설을 취하고 있다고 평가할 수 있는 하나의 근거가 될 수도 있다.

> 국세기본법 제14조에서 규정하는 실질과세의 원칙은, 납세의무자가 소득이나 수익, 재산, 거래 등의 과세요건사실에 관하여 실질과 괴리되는 비합리적인 형식이나 외관을 취한 경우 형식이나 외관에 불구하고 뒤에 숨어 있는 실질에 따라 과세요건이 되는 소득이나 수익, 재산, 거래 등의 발생, 귀속과 내용 등을 파악하여 과세하여야 한다는 국세부과의 원칙을 말한다. 따라서 납세의무자인 양도인과 최종 양수인 사이에 중간 거래가 개입되었으나 그것이 가장행위에 의한 형식상의 양도거래에 불과하고 실제로는 양도인과 최종 양수인 사이에 하나의 양도거래가 있을 뿐이라면, 실질과세의 원칙상 양도거래로 인한 효과는 모두 납세의무자인 양도인에게 귀속된다.[115]

114 물론 국세기본법 제14조 제3항을 그 근거로 생각할 수 있지만 국세기본법 제14조 제2항에서의 '실질'을 경제적 실질로 이해한다면 국세기본법 제14조 제3항은 단순히 확인적 규정에 불과하다고 할 것이다.

115 대법원 2015. 9. 10. 선고 2010두1385 판결[양도소득세등부과처분취소].

이처럼 법적 실질설을 취하게 되면 국세기본법 제14조 제2항의 적용범위는 매우 제한된다. 반면 경제적 실질설을 취하게 되면 가장행위 같은 경우는 굳이 세법상 실질과세원칙을 거론하지 않아도 민법이론에 따라서 외관상의 행위는 당연히 무효이므로 그 배경에 숨은 실질행위를 기초로 법을 적용해야 하는 것이라고 보고 세법상 실질과세원칙의 적용이 필요한 경우는 사법상 유효한 거래행위를 세법상 부인할 때라고 본다.

다행히 대법원도 2012. 1. 19. 선고 2008두8499 판결 이후에는 조금씩 변화의 조짐을 보이고 있다. 아래 판결에서 대법원은 비록 원심법원(서울고등법원 2012. 2. 9. 선고 2011누14731 판결)의 판결문을 인용한 것이긴 하지만 원심법원이 민법상 유효한 행위라고 할지라도 국세기본법 제14조 제2항을 근거로 세법적으로 거래를 재구성하는 것이 허용될 수 있다는 입장을 지지하고 있다.

> 구 국세기본법(2007. 12. 31. 법률 제8830호로 개정되기 전의 것. 이하 같다) 제14조 제1항, 제2항이 천명하고 있는 실질과세의 원칙은 헌법상의 기본이념인 평등의 원칙을 조세법률관계에 구현하기 위한 실천적 원리로서, 조세의 부담을 회피할 목적으로 과세요건사실에 관하여 실질과 괴리되는 비합리적인 형식이나 외관을 취하는 경우에 그 형식이나 외관에 불구하고 실질에 따라 담세력이 있는 곳에 과세함으로써 부당한 조세회피행위를 규제하고 과세의 형평을 제고하여 조세정의를 실현하고자 하는 데 주된 목적이 있다. 이는 조세법의 기본원리인 조세법률주의와 대립관계에 있는 것이 아니라 조세법규를 다양하게 변화하는 경제생활관계에 적용함에 있어 예측가능성과 법적 안정성이 훼손되지 않는 범위 내에서 합목적적이고 탄력적으로 해석함으로써 조세법률주의의 형해화를 막고 실효성을 확보한다는 점에서 조세법률주의와 상호보완적이고 불가분적인 관계에 있다고 할 것이다(대법원 2012. 1. 19. 선고 2008두8499 전원합의체 판결 등 참조).

원심은, 그 인정사실과 이를 통해 알 수 있는 판시와 같은 사정들에 비추어 보면, 원고와 선인산업이 그 사이에 체결된 선인상가에 관한 매매계약을 합의해제한 것이라고 보기는 어렵고, 오히려 이 사건 합의해제 및 2003. 9. 27.자 각 합의와 2003. 9. 29.자 합의의 실질은 선인산업, 원고 및 씨씨파트너스, 임차인조합이 서로 합의하여, 원고가 선인산업으로부터 매수하여 보유하고 있던 선인상가를 웃돈을 붙여 임차인조합에게 매도하되, 임차인조합에게로의 소유권이전은 임차인조합을 최고가매수인으로 한 매각허가결정이 있었지만 매각대금의 지급 등 후속절차가 원고와 선인산업이 협력하여 제기한 소송 등으로 인하여 정지되어 있던 부동산임의경매절차를 속행시키는 방법으로 하기로 한 것으로 봄이 상당하므로, 이 사건의 실질은 선인상가의 소유권이 선인산업으로부터 원고를 거쳐 임차인조합에게로 순차적으로 이전되었음에도 불구하고 당사자들의 조세부담을 경감시키고자 선인산업과 원고 사이의 매매계약을 해제하고 선인산업으로부터 임차인조합에게로 직접 소유권이 이전되는 형식을 취한 것에 불과하다고 봄이 옳고, 또 이와 같이 보는 것이 실질과세의 원칙에도 부합한다고 판단하였다. 원심은 이를 토대로, 이 사건 합의해제는 외관과 실질이 괴리되어 있고 그 실질을 외면하는 것이 심히 부당하다고 볼 수 있는 경우에 해당하여 실질적으로 그 효력을 인정할 수 없다는 이유로, 이 사건의 실질이 원고와 선인상가 사이의 유효한 합의해제와 임차인조합의 부동산임의경매절차에서의 경락으로 이루어졌다는 취지의 원고의 주장을 배척하였다.

앞서 본 법리와 기록에 비추어 살펴보면, 원심의 위와 같은 판단과 그 판단에 이르게 된 사실인정은 모두 정당한 것으로 수긍이 되고, 거기에 상고이유로 주장하는 바와 같이 실질과세의 원칙에 관한 법리를 오해하거나 논리와 경험의 법칙을 위반하여 자유심증주의의 한계를 벗어나는 등으로 판결에 영향을 미친 위법은 없다.[116]

116 대법원 2012. 8. 30. 선고 2012두7202 판결.

3. 적용효과

거래내용에 관한 실질과세원칙이 적용되면 당사자가 선택한 거래방식 등은 세법상 부인되고 세법상 실질이라고 판단되는 거래가 존재하는 것으로 보아 세법을 적용하게 된다. 그래서 그 구조가 마치 간주규정이 작동하는 경우와 비슷한 모습을 띄게 된다. 간주의 경우에도 실제 어떠한 일이 발생하지 않았음에도 법률상 그러한 일이 발생한 것으로 보고 법적용을 하게 하는 것이다.

Ⅲ. 국세기본법 제14조 제3항에 따른 실질과세원칙

1. 의의

국세기본법 제14조 제3항은 "제3자를 통한 간접적인 방법이나 둘 이상의 행위 또는 거래를 거치는 방법으로 이 법 또는 세법의 혜택을 부당하게 받기 위한 것으로 인정되는 경우에는 그 경제적 실질 내용에 따라 당사자가 직접 거래를 한 것으로 보거나 연속된 하나의 행위 또는 거래를 한 것으로 보아 이 법 또는 세법을 적용한다."라고 규정하고 있다. 이 규정은 실질과세원칙이 적용되는 대표적인 사례가 조세회피행위 부인이고 그러한 조세회피행위의 경우에는 제3자를 중간에 매개시키거나 하나의 거래행위를 외형상 마치 여러 개의 행위인 것처럼 나누어 세법의 적용을 회피하기 위한 시도이므로 이러한 조세회피행위를 부인하기 위하여 그러한 거래행위에 대해서는 "경제적 실질"에 따라 과세할 수 있음을 명시적으로 밝힌 규정이다. 이 규정은 종래 실질과세원칙에서의 실질의 의미와 관련하여 경제적 실질설과 법적 실질설이 대립하고 있었는데 이에 대해 경제적 실질에 따라 과세를 해야 함을 입법적으로 선언하여 준 의미를 가지고 있다.

2. 국세기본법 제14조 제2항과의 관계

2007년 신설된 국세기본법 제14조 제3항은 기존의 국세기본법 제14조 제1항 및 제2항과의 관계가 문제될 수 있다. 그중에서도 특히 제2항과의 관계가 중요한 의미를 가진다.

법적 실질설에 입각하여 실질과세원칙을 이해하는 입장의 경우에는 국세기본법 제14조 제2항과 제3항은 명확하게 구분이 되는 것으로 이해할 여지가 있다. 이 입장에 따르면 제2항은 법적 실질설에 따른 실질과세원칙을 규정한 것이고 제3항은 경제적 실질에 입각한 실질과세원칙을 규정한 조문으로 이해할 것이다.

이와 달리 경제적 실질설에 따라 실질과세원칙을 이해하는 입장에 따르면 제3항은 제2항에 따른 실질과세원칙을 제3자를 통한 간접적인 방법으로 거래를 하는 경우나 둘 이상의 행위 또는 거래를 거치는 방법으로 거래를 하는 경우에 한정하여 특별히 이를 다시 한 번 분명하게 선언한 확인규정으로 이해할 것이다. 즉 이러한 입장에 따르면 제2항이 거래내용에 따른 실질과세원칙의 기본조항이고 제3항은 그중 일부에 적용될 수 있는 특별조항의 위치를 가지는 것이 된다.

3. 적용범위

이 규정은 "제3자를 통한 간접적 방법"과 "둘 이상의 행위 또는 거래를 거치는 방법"으로 부당하게 조세혜택을 받으려는 거래에 대해 적용된다. 구체적으로 이러한 유형의 거래에 대해 어느 범위까지 이 규정이 적용될 수 있는지 여부는 법적 실질설과 경제적 실질설에 따라 서로 다른 입장을 보일 여지가 크다.

법적 실질설의 경우에는 국세기본법 제14조 제3항에 따른 실질과세원칙 적용의 유형인 "제3자를 통한 간접적인 방법이나 둘 이상의 행위 또는 거래를 거치는 방법"으로 행해진 거래행위가 가장행위처럼 민법적으로 무효인 경우에만 이 규정이 적용될 수 있다고 볼 여지가 있다. 물론 국세기본법 제14조 제1항 및 제2항과 달리 제3항의 경우에는 "경제적 실질"이라는 단어를 직접적으로 사용하고 있으므로 국세기본법 제14조 제3항을 과연 법적 실질설처럼 해석할 수 있을 것인가 하는 의문이 남게 된다. 이처럼 법적 실질설에 따라 국세기본법 제14조 제3항을 적용하게 되면 이 규정의 신설로 인해 새롭게 과세할 수 있는 여지는 거의 없다고 보아야 한다.

이와 달리 경제적 실질설에 입각하여 이 규정을 해석적용한다면 이 규정은 사법적으로 거래행위가 유효하다고 하더라도 세법적으로 그러한 행위를 부인하고 거래행위를 그 경제적 실질에 따라 재구성할 수 있는 권한을 명시적으로 과세당국에 부여한 규정으로 이해할 수 있다.

대법원은 이 규정이 입법된 후 10년간은 이 규정을 실제 사례에 거의 적용하지 않았다. 하지만 2017년 이후에는 조금씩 이 규정이 대법원 판결문에 등장하고 있다. 다만 여전히 이 규정의 적극적 적용에 대해서는 소극적인 입장인 것으로 평가된다.

> 국세기본법 제14조 제3항은 "제3자를 통한 간접적인 방법이나 둘 이상의 행위 또는 거래를 거치는 방법으로 이 법 또는 세법의 혜택을 부당하게 받기 위한 것으로 인정되는 경우에는 그 경제적 실질 내용에 따라 당사자가 직접 거래를 한 것으로 보거나 연속된 하나의 행위 또는 거래를 한 것으로 보아 이 법 또는 세법을 적용한다."라고 규정하고 있다.
> 국세기본법에서 이와 같이 제14조 제3항을 둔 취지는 과세대상이 되는 행위 또는 거래를 우회하거나 변형하여 여러 단계의 거래를 거침으로써 부당하게 조세를 감소시키는 조세회피행위에 대처하기 위하여 그와 같은 여러 단계의 거래 형식을 부인하고 실질에 따라 과세대상인 하나의 행위 또는

거래로 보아 과세할 수 있도록 한 것으로서, 실질과세의 원칙의 적용 태양 중 하나를 규정하여 조세공평을 도모하고자 한 것이다. 그렇지만 한편 납세의무자는 경제활동을 할 때에 동일한 경제적 목적을 달성하기 위하여 여러 가지의 법률관계 중의 하나를 선택할 수 있고 과세관청으로서는 특별한 사정이 없는 한 당사자들이 선택한 법률관계를 존중하여야 하며(대법원 2001. 8. 21. 선고 2000두963 판결 등 참조), 또한 여러 단계의 거래를 거친 후의 결과에는 손실 등의 위험 부담에 대한 보상뿐 아니라 외부적인 요인이나 행위 등이 개입되어 있을 수 있으므로, 그 여러 단계의 거래를 거친 후의 결과만을 가지고 그 실질이 하나의 행위 또는 거래라고 쉽게 단정하여 과세대상으로 삼아서는 아니 된다.[117]

4. 적용효과

제3자를 통한 간접적인 방법으로 조세상 혜택을 부당하게 받으려는 거래행위임이 판정되면 그 경제적 실질 내용에 따라 제3자를 통한 거래를 부인하고 당사자가 직접 거래를 한 것으로 보아 세법을 적용한다.

둘 이상의 행위 또는 거래를 거치는 방법으로 조세상 혜택을 부당하게 받으려고 하는 거래행위임이 판정되면 그 경제적 실질 내용에 따라 연속된 하나의 행위 또는 거래를 한 것으로 보아 세법을 적용한다. 연속된 하나의 행위 또는 거래를 한 것으로 본다는 의미는 납세자가 의도한 대로 둘 이상의 행위 등을 분리해서 고찰하지 않고 전체적으로 고찰하여 그 거래들의 경제적 실질이 무엇인지 파악하여 세법적용을 한다는 의미이다.

Ⅳ. 실질과세원칙의 적용사례들

1. 개관

판례에서 실질과세원칙을 명시적으로 적용한 사례들은 대부분 귀속

117 대법원 2017. 12. 22. 선고 2017두57516 판결.

에 관한 실질과세원칙 즉 국세기본법 제14조 제1항을 적용한 사례들이다. 국세기본법 제14조 제2항과 제3항을 명시적으로 적용하여 판시한 판결들은 드문 상황이다.

실질과세원칙의 적용사례들을 소개함에 있어서 국세기본법 제14조 제1항의 적용사례를 구분하는 것은 어렵지 않다. 문제는 국세기본법 제14조 제2항과 제3항의 적용사례이다. 사실 실질과세원칙 적용사례를 소개함에 있어서 국세기본법 제14조 제2항과 제3항을 구분하여 설명할 이유는 없다고 판단할 수도 있다. 왜냐하면 동조 제2항의 실질과세원칙과 제3항의 실질과세원칙이 거래 구조적으로 다른 것은 아니기 때문이다. 제3항의 규율대상이 되는 것들도 제2항의 적용대상이 될 수 있다고 본다. 그래서 판례 중에도 하나의 사실관계에 대해 실질과세원칙에 따른 처분의 타당성을 논하면서 그 근거로 국세기본법 제14조 제2항과 제3항을 동시에 열거하는 경우가 있다.

(1) 국세기본법 제14조는 세법의 과세표준 계산에 관한 규정은 행위 또는 거래 등의 명칭이나 형식에 무관하게 그 실질 내용에 따라 적용하고(제2항), 제3자를 통한 간접적인 방법이나 둘 이상의 행위 또는 거래를 거치는 방법으로 세법의 혜택을 부당하게 받기 위한 것으로 인정되는 경우에는 그 경제적 실질 내용에 따라 직접 거래 또는 연속된 하나의 행위 또는 거래로 보아 세법을 적용(제3항)하도록 정하고 있다.

(2) 원심은, 아래의 사정 등에 비추어 원고가 조세의 부담을 회피할 목적으로 합리적인 이유 없이 실질과 괴리되는 거래 형식이나 외관을 취하였다고 볼 수는 없으므로, 이에 대해 국세기본법 제14조 제2항, 제3항에 규정된 실질과세원칙을 적용하여 과세할 수 없다고 판단하였다.

① 외국증권업자인 원고는 원고 또는 국내 지점 명의로 ELW를 발행할 수 없자, 유동성 공급자로서 발행사로부터 ELW를 발행가격에 인수하여 투

자자들에게 ELW를 매도하고 그와 별도로 발행사에 ELW와 상품 내용이 동일한 장외파생상품을 매도하는 방법을 선택하였다.

② 이와 같은 거래를 통하여 기초자산 가격의 등락에 따른 이익의 실현가능성은 유동성 공급자인 원고에게 이전되지만, 발행사는 ELW 발행에 따른 확정적인 수수료를 받고 기초자산 가격의 하락으로 손실을 안을 위험에서 벗어나므로, 이를 비합리적인 거래로 단정할 수 없다.

③ 한국거래소의 최저발행가액 규제를 고려할 때 원고와 같은 유동성 공급자나 발행사는 ELW의 발행가액을 임의로 결정할 수 없고, 원고가 ELW를 인수하는 단계에서 추후 최초 투자자에게 매도할 때의 시장가격을 미리 결정할 수도 없어 시가에 근접한 가격으로 이를 인수할 수 있었다고 보기도 어렵다.

④ 이로 인해 원고가 ELW를 인수하여 매도한 사업연도에는 처분손실만이 반영되고 아직 실현되지 않은 평가손익은 인정받지 못하게 되는 결과가 발생할 수 있지만, 이는 세법 규정에 따른 것으로서 위법하거나 부당하다고 볼 수 없다.

(3) 앞서 본 규정과 관련 법리에 따라 살펴보면, 원심의 이러한 판단은 정당하다. 거기에 실질과세의 원칙에 관한 법리를 오해한 잘못이 없다.[118]

실질과세원칙에서의 실질을 법적 실질로 이해하게 되면 이 두 항은 큰 차이가 있다. 하지만 경제적 실질설을 취하게 되면 양자는 큰 차이가 없다. 다만, 제3항은 우회행위와 다단계행위만을 과세대상으로 규정하고 있고 제2항은 모든 유형의 거래를 과세대상으로 하고 있다는 점이 다르다.

일단 현실적으로 두 개의 규정이 별도의 항으로 존재하므로 적용사례도 아래에서는 분리해서 소개해 보기로 한다. 대법원은 국세기본법 제14조 제2항을 직접적인 근거로 하여 처분의 적법성을 인정한 판례가 없다. 즉, 법원은 국세기본법 제14조 제2항에 근거하여 납세자에게 불이

118 대법원 2018. 8. 30. 선고 2016두51696 판결.

익한 처분을 할 수는 없다고 보고 있었다. 이러한 경우 법원은 납세자의 거래행위가 가장행위가 아닌 한 납세자의 거래행위를 부인하려면 세법상 "개별적 부인규정"이 존재해야 한다는 입장을 피력하고 있다.[119] 대법원은 국세기본법 제14조 제3항이 입법된 후 이 규정을 직접 적용하여 과세처분의 적법성을 긍정한 사례가 없었는데 2017년 이후에는 약간 변화의 조짐이 보이고 있다. 2017년 초에는 직접적으로 국세기본법 제14조 제3항을 적용하지는 않고 같은 내용으로 입법된 구 상증세법 제2조 제4항의 적용을 언급하며 이 규정의 일반적 법리와 적용요건을 적극적으로 언급하였고, 2017년 말에는 국세기본법 제14조 제3항을 직접적으로 적용하는 사례에 대해 판단을 하고 있다. 2017년 초에는 비로 직접 국세기본법 제14조 제3항을 적용한 것은 아니고 구 상증세법 제2조 제4항을 적용한 사례이긴 하지만 그 조문에 기초한 처분의 적법성을 긍정하는 판결을 하기도 하였다.[120]

2. 국세기본법 제14조 제1항의 적용사례들

1) 대법원 2017. 12. 28. 선고 2017두59253 판결

(1) 사실관계

이 사건에서는 론스타펀드 IV가 구 외환은행의 주식을 인수한 후 그 은행에서 지급한 배당소득에 대한 귀속자를 누구로 할 것인지가 문제되었다. 1심판결문[121]과 대법원 판결문[122]에 등장하는 이 사건의 사실관계를 정리해 보면 아래와 같다.

---

119 대법원 2011. 4. 28. 선고 2010두3961 판결.

120 대법원 2017. 2. 15. 선고 2015두46963 판결.

121 서울행정법원 2017. 2. 2. 선고 2015구합61221 판결.

122 대법원 2017. 12. 28. 선고 2017두59253 판결.

① 론스타펀드는 사모방식으로 자금을 모집하여 주로 자산가치가 저평가된 금융기관이나 일반기업의 인수합병, 부실채권 매입, 부동산 투자 등을 통하여 수익을 창출하는 파트너십 형태의 사모펀드로서 1990년대 중반 소외 1(영문 성명 생략)에 의하여 처음 설립되었으며, 매번 투자가 완료되면 다시 새로운 펀드를 구성하는 방식으로 운영되고 있다.

② 론스타펀드포(유에스)엘피[Lone Star Fund Ⅳ(U.S.), L.P., 이하 '론스타 유에스'라고 한다]는 미국 델라웨어(Delaware)주 법률에 의하여 설립되어 미국의 투자자들이 유한책임사원으로 투자한 유한 파트너십이고, 허드코파트너스포코리아리미티드(Hudco Partners Ⅳ Korea, Ltd, 이하 '허드코파트너스'라고 한다)는 론스타펀드의 대한민국 내 자회사 임직원들에게 투자기회를 제공하기 위하여 버뮤다국 법률에 의하여 설립된 버뮤다국 법인이다. 론스타펀드포비코리아원엘피(Lone Star Fund Ⅳ B Korea Ⅰ L.P), 론스타펀드포비코리아투엘피(Lone Star Fund Ⅳ B Korea Ⅱ L.P), 케이이비 인베스터스 원엘피(KEB Investers Ⅰ, L.P), 케이이비 인베스터스 투엘피(KEB Investers Ⅱ, L.P), 케이이비 인베스터스 쓰리엘피(KEB Investers Ⅲ, L.P), 케이이비 인베스터스 포엘피(KEB Investers Ⅳ, L.P)는 주식회사 외환은행(이하 '외환은행'이라고 한다)의 발행주식에 투자하기 위하여 버뮤다국 법률에 의하여 설립된 유한 파트너십이다(이하 론스타 유에스, 허드코파트너스, 론스타펀드포비코리아원엘피, 론스타펀드포비코리아투엘피, 케이이비 인베스터스 원엘피, 케이이비 인베스터스 투엘피, 케이이비 인베스터스 쓰리엘피, 케이이비 인베스터스 포엘피를 통틀어 '이 사건 상위투자자들'이라고 하고, 그중 론스타 유에스와 허드코파트너스를 제외한 나머지 6개 단체를 '이 사건 6개 상위투자자들'이라고 한다). 허드코파트너스를 제외한 상위투자자들의 무한책임사원(GP)은 론스타파트너스포(버뮤다)[Lone Star Partners Ⅳ(Bermuda), 이하 'LSP'라고 한다]이고, LSP의 무한책임사원(GP)은 소외 1이 100% 지분을 소유한 론스타매니지먼트 컴퍼니

포 리미티드(버뮤다)[Lone Star Management Co. Ⅳ, Ltd(Bermuda), 이하 'LSMC' 라고 한다]이다.

③ 론스타펀드는 관계회사로 투자대상의 발굴과 가치평가 업무를 위하여 소외 1이 그 지분 전부를 소유한 버뮤다국 법인인 론스타 글로벌 어퀴지션 리미티드(Lone Star Global Acquisitions, Ltd, 이하 'LSGA'라고 한다)를 두고 있고, 각국에 투자한 자산의 관리를 위하여 소외 1과 그가 지배하는 법인이 지분 전부를 소유하고 미국 텍사스주 법률에 의하여 설립된 허드슨 어드바이저스(Hudson Advisors LLC, 이하 'HAL'이라고 한다)를 두고 있다. 론스타펀드는 LSGA, HAL과 투자대상의 발굴 및 자산관리에 관한 계약을 체결하여 그 업무를 위임하고 수수료를 지급한다. LSGA와 HAL은 각국에 투자 및 자산관리를 위한 자회사를 설립하여 보유하고 있는데, 대한민국 내 그 자회사가 각각 론스타 어드바이저스 코리아(Lone Star Advisors Korea, 이하 'LSAK'라고 한다)와 허드슨 어드바이저스 코리아(Hudson Advisors Korea, 이하 'HAK'라고 한다)이다.

④ 론스타펀드Ⅳ의 국내 관리자인 소외 2는 높은 수익을 위한 절호의 기회라면서 국내 은행을 매수할 것을 LSGA와 LSP에 건의하였고, 2002. 10.경에는 HAK의 대표이사였던 소외 3과 함께 외환은행을 방문하여 론스타펀드의 투자의향을 공식적으로 표명하였다. 이후 소외 3은 2003. 2. 10. 외환은행장에게 외환은행 인수를 위한 예비제안서를 제출하는 등 공식적인 인수작업을 시작하였고, 소외 2와 함께 LSAK의 대표자 자격으로 외환은행 인수를 위한 협상에 임하는 등 실무 작업을 진행하였다.

⑤ 외환은행 주식 인수계약은 2003. 8. 27. 체결되었는데, 그 계약상 매수인인 엘에스에프 케이이비 홀딩스 에스씨에이(이하 '에스씨에이'라고 한다)는 계약 직전인 2003. 8. 21. 벨지움국(이하 '벨기에'라고 한다) 법률에 따라

설립된 법인이고, 이 사건 상위투자자들이 순차로 버뮤다국에 설립된 론스타글로벌홀딩스리미티드(Lone star Global Holdings, Ltd), 케이이비 홀딩스 엘피(KEB Holdings L.P.)와 룩셈부르크국에 설립된 엘에스에프케이이비캐피탈인베스트먼트(LSF-KEB Capital Investment S.ar.L) 등을 통하여 에스씨에이의 지분 99.9%를 보유하였다.

⑥ 주식회사 한국씨티은행(이하 '원고'라 한다)은 2008. 1.경 에스씨에이와 보관서비스계약(direct custodian services agreement, 이하 '이 사건 보관계약'이라고 한다)을 체결하고 에스씨에이가 보유한 외환은행 총 발행주식 중 51.02%인 329,042,672주(이하 '이 사건 주식'이라고 한다)를 보관하였는데, 외환은행은 2008. 4. 11.경부터 2011. 7. 20.경까지 7회에 걸쳐서 에스씨에이에 총 1,293,137,700,960원의 배당을 실시하였다(이하 위 배당으로 인한 배당수익을 '이 사건 배당소득'이라고 한다). 원고는 에스씨에이의 재산관리인으로서 이 사건 배당금에 대하여 대한민국과 벨기에 간의 소득에 대한 조세의 이중과세회피 및 탈세방지를 위한 협약(이하 '한·벨 조세조약'이라고 한다) 제10조 제2항에 따라 15%의 제한세율을 적용한 법인세 합계 176,336,959,190원을 원천징수하여 납부하고 나머지 잔액을 에스씨에이에게 지급하였다.

⑦ 서울지방국세청장(이하 '피고'라 한다)은 2012. 11. 26. 에스씨에이가 조세회피 목적을 위한 도관회사로서 이 사건 배당소득의 수익적 소유자에 해당하지 않는 것으로 보아 이 사건 배당소득에 대하여 한·벨 조세조약 제한세율의 적용을 부인하고 2008년 배당분에 대하여는 구 법인세법(2008. 12. 26. 법률 제9267호로 개정되기 전의 것) 제98조 제1항 제3호에 따라 배당소득의 25%, 2009년 내지 2011년 배당분에 대하여는 구 법인세법(2011. 12. 31. 법률 제11128호로 개정되기 전의 것) 제98조 제1항 제3호의 규정에 따라 배당소득의 20%에 해당하는 금액을 원천징수분 법인세로 경

정하는 내용의 세무조사 결과를 원고에게 통지하였다.

⑧ 원고는 2012. 12. 24. 국세청장에게 과세전 적부심사를 청구하였으나 2013. 3. 5. 국세청장으로부터 불채택 결정을 받았다.

⑨ 이에 피고는 2013. 3. 11. LSF-KEB가 조세회피 목적을 위한 도관회사로서 이 사건 배당소득의 수익적 소유자에 해당되지 않는 것으로 보아 이 사건 배당소득에 대하여 한·벨 조세조약상 제한세율의 적용을 부인하고, 2008년 배당분에 대하여는 구 법인세법(2008. 12. 26. 법률 제9267호로 개정되기 전의 것) 제98조 제1항 제3호에 따라 배당소득의 25%, 2009년 내지 2011년 배당분에 대하여는 구 법인세법(2011. 12. 31. 법률 제11128호로 개정되기 전의 것) 제98조 제1항 제3호의 규정에 따라 배당소득의 20%의 세율을 적용하여 원천징수 신고납부한 세액과의 차액에 대하여 2008 내지 2011 사업연도 귀속 원천징수분 법인세 합계 103,187,781,960원(가산세 포함)을 경정·고지하였다(이하 '이 사건 처분'이라 한다).

⑩ 원고는 2013. 6. 5. 조세심판원에 심판청구를 하였으나 2014. 10. 14. 기각되었다.

(2) 쟁점

이 사건의 핵심 쟁점은 2003. 8. 27. 체결된 외환은행 주식 인수계약 당사자인 에스씨에이는 이 사건 상위투자자들에 의하여 계약 직전인 2003. 8. 21. 벨지움국(이하 '벨기에'라고 한다) 법률에 따라 설립된 법인인데, 이 법인을 배당소득의 실질적 귀속자로 이해하고 이 사건 배당소득에 대하여 한·벨 조세조약상 배당소득에 대한 제한세율 15%를 적용할 수 있는지 여부가 핵심 쟁점이다.

(3) 대법원의 판단

"(1) 국세기본법 제14조 제1항에서 규정하는 실질과세의 원칙은 소득이나 수익, 재산, 거래 등의 과세대상에 관하여 그 귀속 명의와 달리 실질적으로 귀속되는 자가 따로 있는 경우에는 형식이나 외관을 이유로 그 귀속 명의자를 납세의무자로 삼을 것이 아니라 실질적으로 귀속되는 자를 납세의무자로 삼겠다는 것이므로, 재산의 귀속 명의자는 이를 지배·관리할 능력이 없고, 그 명의자에 대한 지배권 등을 통하여 실질적으로 이를 지배·관리하는 자가 따로 있으며, 그와 같은 명의와 실질의 괴리가 조세를 회피할 목적에서 비롯된 경우에는, 그 재산에 관한 소득은 그 재산을 실질적으로 지배·관리하는 자에게 귀속된 것으로 보아 그를 납세의무자로 삼아야 한다(대법원 2012. 1. 19. 선고 2008두8499 전원합의체 판결 등 참조). 이러한 원칙은 법률과 같은 효력을 가지는 조세조약의 해석과 적용에서도 이를 배제하는 특별한 규정이 없는 한 그대로 적용된다(대법원 2012. 4. 26. 선고 2010두11948 판결, 대법원 2017. 7. 11. 선고 2015두55134 판결 등 참조).

…

(3) 그런 다음 원심은 다음과 같은 이유로, 에스씨에이는 이 사건 배당소득에 대한 과세를 회피하기 위하여 벨기에 거주자 자격을 취득하고자 설립된 도관회사에 불과하다고 할 것이므로, 이 사건 배당소득이 에스씨에이에게 귀속되었다고 볼 수 없다고 판단하였다.

① 벨기에는 이 사건 주식 취득 당시에 지분면제제도와 자본이득 비과세제도 및 한·벨 조세조약 등을 이용한 조세절감 수단국으로 다국적 투자기관들에 의하여 이용되는 상황이었고, OECD로부터 국제조세기준을 준수하겠다고 다짐한 회색국가군으로 분류되기도 하였다.

② 론스타펀드Ⅳ는 한·벨 조세조약에 따라 주식양도소득, 배당소득

등에 대한 과세면제 혜택을 받을 목적으로 이 사건 주식의 인수계약을 체결하기 직전인 2003. 8. 21. 에스씨에이를 벨기에에 설립하고 이를 통하여 2003. 8. 27. 이 사건 주식을 인수하였다.

③ 이 사건 주식의 인수계약과 이후 양도계약상 당사자는 에스씨에이의 명의로 되어 있지만, 이는 론스타펀드Ⅳ의 순차적인 투자 및 지배구조에 따라 이루어진 것으로서 그 투자자금은 이 사건 상위투자자들의 자금으로 조달되었고, 인수계약의 실무작업은 론스타펀드Ⅳ의 국내 자산관리회사인 LSAK와 HAK의 임원인 소외 2와 소외 3 등이 주도하였으며, 양도계약은 LSP의 무한책임사원으로 소외 1이 지분 전부를 소유한 LSMC의 대표인 소외 4와 소외 1 등이 주도하였다.

④ 에스씨에이는 소속 직원이 없고 사업활동에 필수적으로 수반되는 급여, 임차료, 비품 등을 지출한 바 없으며, 총 자산의 99%는 이 사건 주식이고 나머지는 투자회사와 관련한 외상매입금 및 현금 등이 전부로, 그 주소지는 론스타펀드의 다른 벨기에 관계회사의 소재지와 동일하였다.

⑤ 에스씨에이는 이 사건 상위투자자들에 의하여 최적의 투자구조에 이용되었을 뿐 론스타펀드Ⅳ의 투자에 대한 지주회사로서의 형식적 역할 외에 다른 사업목적이나 활동을 한 정황이 없고, 이 사건 주식 배당소득에 관하여 상위투자자들에게 배분되는 과정을 거치게 되는 중간 역할밖에 수행하지 아니하므로, 이 사건 배당소득의 실질귀속자에 해당하지 아니한다.

(4) 앞서 본 법리와 기록에 비추어 살펴보면, 원심의 위와 같은 판단에 상고이유 주장과 같이 실질귀속자의 판단 요건 등에 관한 법리를 오해하여 필요한 심리를 다하지 아니하거나 논리와 경험의 법칙을 위반하여 자유심증주의의 한계를 벗어나는 등으로 판결 결과에 영향을 미친

잘못이 없다."[123]

2) 대법원 2014. 5. 16. 선고 2011두9935 판결

(1) 사실관계

A 회사(원고)는 유류를 판매하는 회사이다. 소외 1은 A 회사와 체결한 독립채산제 판매약정에 따라 원고의 대전영업소에서 원고로부터 원고가 생산한 유제품을 공급받고, 다시 이를 원고의 영업이사 직함을 사용하여 원고 명의로 판매하고 있었다.

원고는 본점과 대전영업소의 매입·매출을 합산하여 법인세와 부가가치세를 신고·납부하여 왔다.

(2) 쟁점

이 사건의 쟁점은 소외 1이 원고로부터 정제유를 공급받아 원고의 명의로 판매한 유류제품거래에 대한 부가가치세 납세의무자를 소외 1로 볼 것인지 아니면 원고로 볼 것인지 여부이다.

(3) 대법원의 판단

"국세기본법 제14조 제1항은 "과세의 대상이 되는 소득·수익·재산·행위 또는 거래의 귀속이 명의일 뿐이고 사실상 귀속되는 자가 따로 있는 때에는 사실상 귀속되는 자를 납세의무자로 하여 세법을 적용한다."고 하여 실질과세의 원칙을 천명하고 있다.

따라서 소득이나 수익, 재산, 행위 또는 거래 등의 과세대상에 관하여 귀속 명의와 달리 실질적으로 이를 지배·관리하는 자가 따로 있는 경우

123 대법원 2017. 12. 28. 선고 2017두59253 판결.

에는 형식이나 외관을 이유로 귀속 명의자를 납세의무자로 삼을 것이 아니라, 실질과세의 원칙에 따라 실질적으로 당해 과세대상을 지배·관리하는 자를 납세의무자로 삼아야 할 것이다. 그리고 그러한 경우에 해당하는지는 명의사용의 경위와 당사자의 약정 내용, 명의자의 관여 정도와 범위, 내부적인 책임과 계산 관계, 과세대상에 대한 독립적인 관리·처분 권한의 소재 등 여러 사정을 종합적으로 고려하여 판단하여야 한다.

원심판결 이유에 의하면, 원심은 거래 등의 귀속에 관하여 명의와 실질이 다르다고 다투어지는 경우 사업명의자가 아닌 실사업자에게 과세가 가능하다는 점을 주장·증명할 책임은 명의자 과세를 다투는 자에게 있다는 종전 판례를 원용하고 있다. 이어 그 채택 증거를 종합하여, 소외 1이 원고와 체결한 독립채산제 판매약정에 따라 이 사건 대전영업소에서 원고의 영업이사 직함을 사용하면서 원고가 생산한 정제유를 원고 명의로 판매하고, 원고는 본점과 이 사건 대전영업소의 매입·매출을 합산하여 법인세와 부가가치세를 신고·납부하여 온 사실 등을 인정하였다. 그리고 나아가 ① 원고와 소외 1 사이에 체결된 독립채산제 판매약정의 전체적인 취지는 소외 1이 원고의 직원으로서 판매실적에 따른 성과배분을 받는다는 것이 아니라, 원고가 소외 1에게 협의된 마진을 붙여 정제유를 공급하면 소외 1이 이를 판매하여 수익을 얻고 판매약정에 위반된 행위에 대하여도 독자적으로 법적인 책임을 진다는 것인 점, ② 소외 1은 신용불량자였을 뿐만 아니라, 폐기물관리법이 폐유를 재활용하여 생산한 정제유를 생산자가 직접 사용자에게 판매하도록 규율하고 있어 자신의 명의로는 정제유를 판매할 수 없었기 때문에 원고 명의를 사용하게 되었던 것으로 보이는 점, ③ 원고가 소외 1에게 교부한 원고의 사용인감과 고무인의 용도는 세금계산서 발행, 공급판매계약서 작성 등에 한정되었으며, 소외 1은 원고가 개설해 준 원고 명의의 계좌(이하 '703 계좌'라 한다)와 직불카드를 독자적으로 관리·사용하면서 원고와 거래할 때에는 원고의 대표이사 소외 2가 직접 관리·사용하던 다른 계좌(452 계좌)와 상호 이체거래를 하였던 점, ④ 이 사건 대전영업소의 운영을 위하여 임차한 건물의 차임을 소외 1이 부담하였고, 금강유역환경청장이 소외 1의 정제유 판매행위와 관련하여 원고에게 과징금과 과태료를 부과하자 소외 1이 이를 부담하였으며, 소외 1은 원고의 유류저장탱크에 보관되어 있던 정제유 등 유류대금을 정산하여 줄 것을 요청하여 원고로부터 정산금을 지급받은 점 등의 사정에 비추어 볼 때, 소외 1이 원고로부터 정제유를 공급받아 그의 책임과 계산 아래 독립하여 이를 판매하였으므로 이 사건 대전영업소의 거래와 그로 인한 소득은 실질적으로 소외 1에게 귀속되는 것이라고 인정하였다. 그에 따라 원심은, 피고가 소외 1에 의하여 독자적으로 관리·사용되던 703 계좌를 통한 거래를 그 명의자인 원고의 거래로 보아 그중 세금계산서가 없는 무자료 거래에서 확인된 매출누락 등에 관한 법인세와 부가가치세를 원고에게 부과한 이 사건 처분은 실질과세의 원칙에 위배되어 위법하다고 판단하였다. …

원심은 이 사건 대전영업소의 거래와 그로 인한 소득이 실질적으로 소외 1에게 귀속되었다고 적극적으로 인정하고 이를 기초로 이 사건 부과처분의 당부를 판단하였는데, … 원심이 위와 같이 사실인정을 한 것은 결과적으로 옳고, 거기에 실질과세의 원칙을 적용하기 위한 실질귀속자의 판단 방법에 관한 법리를 오해하거나 논리와 경험칙을 위반하여 자유심증주의의 한계를 벗어나 사실을 잘못 인정하고 필요한 심리를 다하지 아니함으로써 판결에 영향을 미친 위법이 있다고 할 수 없다."[124]

124 대법원 2014. 5. 16. 선고 2011두9935 판결.

3) 대법원 2015. 9. 10. 선고 2010두1385 판결

(1) 사실관계

① A회사의 대표이사 갑(이하 '원고'라 한다)은 1999. 10.경 A 회사의 재정팀장으로 근무하던 병(이하 '소외 1'이라 한다)에게 자신 소유의 신세기통신 주식회사(이하 '신세기통신'이라고 한다) 주식을 매도하라고 지시하면서 매도할 주식의 대략적인 수량만 정하여 준 채 매도가격, 매도상대방, 매도시점 등에 관한 일체의 권한을 위임하였다. 소외 1은 1999. 12. 17. 원고 소유의 신세기통신 주식 중 30만 주를 대유리젠트증권 주식회사(이하 '대유리젠트증권'이라고 한다)에 대금 105억 원에, 20만 주를 한누리투자증권 주식회사(이하 '한누리투자증권'이라고 한다)에 대금 68억 원에 매도하였다.

그런데 소외 1은 위 주식 50만 주(이하 '이 사건 주식'이라고 한다)의 매도 과정에서 대유리젠트증권의 과장 소외 2 및 한누리투자증권의 상무이사 소외 3에게 형식상의 중간거래인을 세워 줄 것을 부탁한 다음, 신세기통신 주식 30만 주를 소외 2가 내세운 주식회사 제이씨캐피탈(이하 '제이씨캐피탈'이라고 한다)에 대금 82억 5,000만 원에 매도하였다가(이하 '1차거래'라 한다) 제이씨캐피탈이 다시 대유리젠트증권에 대금 105억 원에 매도하는 것처럼(이하 '2차거래'라 한다) 2단계의 계약서를 작성하고, 20만 주 역시 소외 3이 내세운 소외 4 및 세홍피엔씨 주식회사(이하 '세홍피엔씨'라고 한다)에 대금 합계 58억 원에 매도하였다가(이하 '1차거래'라 한다) 그들이 다시 한누리투자증권에 대금 합계 68억 원에 매도하는 것처럼(이하 '2차거래'라 한다) 2단계의 계약서를 작성하였다. 1차거래에 따른 양수인들은 2차거래로 인한 양도소득에 대해 별도로 양도소득세를 신고납부하였다. 그리고 소외 1은 대유리젠트증권 및 한누리투자증권으로부터 대금 합계 173억 원을 모두 지급받은 후 중간거래인 명의를 빌릴 수 있도록 도와

준 대가로 소외 2에게 2,000만 원, 소외 4에게 2억 원을 주고, 소외 3에게 원고의 신세기통신 주식 2,255주를 시세보다 낮은 가격에 매수할 수 있도록 해 주었다.

소외 1은 원고로부터 이 사건 주식에 관한 양도소득세 및 증권거래세 신고를 지시받고는 현대산업개발 경리팀에 근무하는 소외 5에게 아래 표 기재처럼 원고와 제이씨캐피탈, 소외 4 및 세홍피엔씨 사이의 매매계약서를 기초로 양도소득세 및 증권거래세 신고를 하도록 함으로써, 2000. 2. 29. 이 사건 주식의 양도가액을 140억 5,000만 원(= 82억 5,000만 원 + 58억 원)으로 하는 양도소득세 및 증권거래세 신고가 이루어졌다.

계약일	양도인	양수인	주식 수	주당가격(원)	양도가액(원)
1999. 12. 17.	원고	제이씨캐피탈	300,000	27,500	8,250,000,000
		소외 4	120,000	29,000	3,480,000,000
		세흥피엔씨	80,000	29,000	2,320,000,000
		소외 6	24,510	29,000	710,790,000
계			524,510		14,760,790,000

② 관할 세무서장 을(이하 '피고'라 한다)은 원고가 위 신세기통신 발행 주식 524,510주 중 제이씨캐피탈, 소외 4, 세흥피엔씨에게 양도한 500,000주(이하, '이 사건 주식'이라고 한다)는 실제로는 대유리젠트증권 주식회사(이하, '대유리젠트증권'이라고 한다), 한누리투자증권 주식회사(이하, '한누리투자증권'이라고 한다)에게 17,300,000,000원에 매도하고도, 양도소득세 등의 과세표준 신고 시 실제 계약내용보다 저가로 양도한 것처럼 신고하여 세금을 탈루하였다고 보고, 이에 따라 위 524,510주 전체 주식의 실제 양도가액을 18,010,790,000원(대유리젠트증권 및 한누리투자증권에 양도된 500,000주의 가격 17,300,000,000원 + 소외 6에게 양도된 24,510주의 가

격 710,790,000원)으로 판단하여 이를 기초로 2006. 5. 4. 원고에게 1999년 귀속 양도소득세 776,100,000원, 1999년 12월 귀속 증권거래세 17,875,000원을 경정·부과하였다(이하, '이 사건 처분'이라고 한다).

③ 원고는 이에 불복하여 2006. 7. 27. 이의신청을 제기하였으나 2006. 9. 14. 기각결정을 받고, 2006. 12. 11. 심판청구를 제기하였으나 2007. 11. 30. 기각결정을 받아 2008. 2. 28. 이 사건 소를 제기하였다.

④ 이 소송에서 원고는 신세기통신 발행 주식 524,510주에 대하여 피고가 실제 양도가액이라고 판단한 금액과 원고가 피고에게 신고한 양도가액의 차액 3,250,000,000원(18,010,790,000원 – 14,760,790,000원)이 발생한 이유는 원고로부터 주식 매각을 지시받은 A 회사의 재정팀장 병(이하 '소외 1'이라 함)이 위 주식 중 이 사건 주식에 대하여는 임의로 중간거래인을 개입시켜 1차 매매와 2차 매매의 두 단계에 걸쳐 매매가 이루어지도록 한 후 원고에게는 1차 매매의 가격인 14,050,000,000원(위 표에서 소외 6에게 양도한 것을 제외한 나머지인 이 사건 주식 양도가액의 합계액)이 양도가액인 것으로 보고하고 2차 매매의 가격인 17,300,000,000원과의 차액인 3,250,000,000원(17,300,000,000원 – 14,050,000,000원)을 횡령하였기 때문인바, 원고는 1차 매매계약의 당사자일 뿐 2차 매매계약의 당사자가 아니므로 원고에게는 1차 매매에 따른 양도소득만 귀속되고 2차 매매에 따른 양도소득은 귀속되지 아니하였으며, 또한 원고가 2차 매매에 따른 양도소득을 사실상 지배·관리·처분할 수 있는 지위에 있지도 아니하므로, 원고에게 2차 매매에 따른 양도소득이 귀속되었음을 전제로 하여 1차 매매의 양도가액과의 차액인 위 3,250,000,000원에 대해서도 양도소득세 등을 부과한 이 사건 처분은 위법하다고 주장하였다.

(2) 쟁점

본인이 제3자에게 자산양도업무와 대금수령업무를 대리하게 한 경우에는 일반적으로 대리인이 대금수령을 하면 대금수령의 법률적 효과도 본인에게 귀속될 것이고 대부분의 경우 사실상 지배권도 본인이 가지게 된다고 할 것이다. 따라서 본인이 제3자에게 자신의 자산거래를 대리하게 한 경우 그 거래에 따른 소득의 귀속은 대리인이 아니라 본인에게 귀속된다고 보아야 한다. 그러나 이러한 결론은 굳이 실질과세원칙을 원용할 필요 없이 대리에 관한 민법이론에 의해 당연히 그렇게 된다고 할 것이다.

문제는 대리인이 본인 몰래 자산을 양도하고 대금을 횡령한 경우에 납세의무자를 누구로 할 것인지다. 이 경우 두 가지 입장이 있을 수 있다. 첫째는 신탁의 경우와 마찬가지로 대리인이 자산양도로 인한 수익을 즉시 본인에게 환원시킨 경우에는 본인에게 납세의무를 부과하고 그렇지 않은 경우에는 설혹 본인이 대리인을 상대로 소송을 하여 양도가액 상당액을 손해배상 등의 명목으로 회수하더라도 양도소득세 납세의무자는 대리인으로 하는 것이 타당하다고 보는 입장이다. 이 경우는 손해배상 등의 명목으로 본인이 수령한 대금은 그 본질이 자산양도로 인한 이익이 아니라고 본다.

둘째는 본인이 대리인을 상대로 손해배상채권을 행사하여 충분히 회수할 수 있는지 여부에 따라 납세의무자를 결정해야 한다는 입장이다. 이 입장에 따르면 본인이 대리인을 상대로 손해배상채권을 행사하여 충분히 회수할 수 있다면 본인에게 납세의무를 부과하되 대리인에 대한 손해배상채권이 대리인의 사정으로 회수불가능하다고 판단될 경우에는 본인에게 양도소득세 납세의무를 부과하는 것으로 이해한다. 이 입장은 손해배상의 명목일지라도 대금을 본인이 회수한 경우 그 회수한 대금은 본질이 양도대가라고 본다. 대법원은 후자의 입장을 지지하고 있다(대법원 2015. 9. 10. 선고 2010두1385 판결). 하지만 동일한 사건에서 원심은 대법원과 다른 입장을 취한 바 있다(서울고등법원 2009. 12. 16. 선고 2009누5451 판결).

(3) 원심법원의 판단

"계약의 당사자를 확정하기 위해서는 단순히 계약서상의 명의에 의존할 것이 아니라 실질과세의 원칙상 당사자의 의사나 매매대금의 실질적인 출연자 등 계약의 실질적인 내용을 종합적으로 고려하여 판단하여야 하고(대법원 1990. 2. 13. 선고 89누7566 판결, 1990. 10. 12. 선고 90누1663 판결 등 참조), 양도소득세의 산정기준이 되는 양도가액은 양도자와 양수자 간에 실제로 거래한 가액인 실지거래가액에 의하여야 하는바(구 소득세법 제96조 제1항), 위 인정사실에 의하면 이 사건 주식에 대한 1차 매매의 매수인이자 2차 매매의 매도인인 제이씨캐피탈과 소외 4 및 세흥피엔씨는 명의대여자에 불과하고, 1차 매매와 2차 매매는 1999. 12. 17. 같은 날 동시에 이루어졌으며 매매대금이 각 단계별로 지급된 것이 아니라 2차 매매의 매수인으로부터 1차 매매의 매도인인 원고의 대리인 소외 1에게 직접 지급되었으며, 매매계약이 위와 같이 두 단계로 이루어진 이유는 소외 1의 부탁을 받은 2차 매매 매수인들의 담당자들과의 합의에 기인한 것임을 알 수 있으므로, 이 사건 주식에 대한 1차 매매계약과 2차 매매계약은 가장행위에 불과하고 이 사건 주식에 대한 매매계약의 실질은 원고와 대유리젠트증권 및 한누리투자증권과 사이에 직접 이루어진 것으로 보아야 하며, 실지거래가액 또한 대유리젠트증권 및 한누리투자증권이 지급한 금액으로 보아야 한다.

그런데, 한편 위 인정사실에 의하면 원고는 소외 1에게 신세기통신 발행 주식 524,510주의 매도에 관한 포괄적 대리권을 수여하였다고 봄이 타당하고, 사정이 이와 같다면 원고의 대리인인 소외 1은 위 주식의 매매계약에 따른 대금을 수령할 권한도 있다고 보아야 할 것인데(대법원 1994. 2. 8. 선고 93다39379 판결 참조), 소외 1이 위 매매계약일 무렵 이 사건 주식에 대한 매매대금으로 17,300,000,000원(2차 매매계약 매매대금)을 지급받았음은 위에서 본 바와 같으므로, 결국 소외 1이 이 사건 주식 매매대금을 지급받음과 동시에 실지거래가액 17,300,000,000원 전액이 원고 소득으로 귀속되었다고 봄이 타당하며, 설령 소외 1이 이 사건 주식의 매매대금 중 1차 매매가격과 2차 매매가격의 차액인 3,250,000,000원을 횡령하였고 또한 1차 매매가격을 진정한 양도가액으로 알고 있었기 때문에 위 횡령 사실조차 몰랐다는 원고의 주장이 사실이라고 하더라도, 이는 원고로부터 포괄적 권한을 위임받은 소외 1이 그 위임의 취지에 반하여 배임행위를 저지른 것을 원인으로 한 원고와 소외 1 사이의 내부적인 정산관계에 불과할 뿐이고, 그 밖에 가장매매인인 소외 4, 세흥씨앤씨가 별도로 이 사건 주식 중 20만 주의 2차 매매에 대한 양도소득세 등을 신고·납부하였다는 등 원고 주장 사유가 있다 하더라도 그러한 사유만으로 원고에게 위와 같이 실지거래가액 전부가 귀속됨을 인정함에 방해가 되지 않는다.

따라서, 이 사건 주식에 대한 1차 매매가격과 2차 매매가격의 차액인 3,250,000,000원도 원고에게 귀속되는 소득이라 할 것이므로, 이에 반하는 원고의 위 주장은 받아들이지 않는다."[125]

(4) 대법원의 판단

"본인이 대리인에게 자산의 양도와 대금의 수령권한을 부여하고 대리

125 서울고등법원 2009. 12. 16. 선고 2009누5451 판결.

인이 상대방에게서 양도대금을 지급받았다면 대금수령의 법률적 효과는 본인에게 귀속될 뿐만 아니라 특별한 사정이 없는 한 본인도 대금에 대한 지배·관리를 하면서 담세력도 보유하게 되므로 본인의 양도소득은 실현되었다고 볼 것이지만, 만약 대리인이 위임의 취지에 반하여 자산을 저가에 양도한 것처럼 본인을 속여 양도대금의 일부를 횡령하고, 나아가 본인의 대리인에 대한 횡령금액 상당의 손해배상채권이 대리인의 자산상황, 지급능력 등에 비추어 회수불능이 되어 장래 소득이 실현될 가능성이 전혀 없게 된 것이 객관적으로 명백한 때에는 그 소득을 과세소득으로 하여 본인에게 양도소득세를 부과할 수 없다."[126]

3. 국세기본법 제14조 제2항의 적용사례들

1) 대법원 2018. 7. 24. 선고 2015두46239 판결

(1) 사실관계

A 회사(이하 '원고'라 한다)는 2006년 9월 26일(2차 전환사채) 및 2007년 3월 30일(3차 전환사채) 전환가액을 '1주당 13만 원', 전환청구기간을 '사채발행일에서 35개월이 경과한 날부터 사채의 상환일 전날까지'로 정하여 외화(엔화)표시 전환사채(이하 '이 사건 전환사채'라 한다)를 발행하였고, 그 전부를 원고의 특수관계자가 아닌 일본법인 B 홀딩스(이하 '소외 회사'라 한다)가 인수하였다. 그 이전에도 원고는 소외 회사에게 외화표시전환사채(1차 전환사채)를 발행하여 자금조달을 한 바 있으며 해당 전환사채는 전환권행사 없이 조기에 전액 현금으로 변제되었다.

원고는 이 사건 전환사채(2차와 3차 전환사채)가 엔화로 표시된 외화표시채권인데 당시 엔화의 환율이 계속 상승하고 있어서 전환권행사기간 전

126 대법원 2015. 9. 10. 선고 2010두1385 판결.

에 소외 회사로부터 이 사건 전환사채를 넘겨받기로 하고 협의한 결과 소외 회사가 해당 전환사채를 전액 현물출자방식으로 조기 상환하기로 합의하였다. 이에 따라 원고는 2008년 8월 29일 현물출자에 관한 이사회 결의와 주주총회 특별결의 및 이 사건 전환사채의 가액 등에 대한 감정인의 감정을 거친 후 소외 회사와의 사이에, 소외 회사가 이 사건 전환사채를 당시 기준환율에 따른 평가액인 188억 2900만 원으로 현물출자하고, 원고의 주식 14만 4838주(1주당 액면가액 5000원, 1주당 발행가액 13만 원)를 교부받기로 하는 현물출자 계약(이하 '이 사건 현물출자 계약'이라 한다)을 체결하였다. 그리고 원고는 2008년 9월 9일 서울중앙지방법원으로부터 이에 대한 인가를 받고, 2008년 9월 23일 증자등기를 마쳤다.

원고는 이 사건 현물출자 계약과 관련하여 부채로 계상된 전환사채가 소멸하고 자본항목인 자본금 및 주식발행초과금이 증가하는 것으로 회계처리하였다. 이후 원고는 과세행정청(피고)에 이 사건 전환사채의 현물출자가액 188억 2900만 원과 장부가액 135억 2600만 2338원(= 액면가액 152억 3040만 원 − 전환권조정잔액 9억 3427만 7983원 − 사채할인발행차금 7억 7011만 9679원)의 차액인 53억 299만 7662원(이하 '쟁점 금원')을 현물출자가 이루어진 2008 사업연도 법인세를 계산함에 있어서 사채상환손실로 손금산입되어야 한다고 보고 경정청구를 하였다. 피고는 이를 받아들여 쟁점 금원을 전액 손금산입하고, 2010년 8월 10일 원고에게 2008 사업연도 법인세 약 13억 원 및 환급가산금 약 4860만 원의 지급을 통지하였다.

그런데 감사원은 2011년 6월경 쟁점 금원을 세무상 손금으로 인정하여 법인세를 환급한 것은 잘못이라면서 피고에게 환급결정된 법인세를 징수하도록 하였다. 이에 피고는 2011년 7월 1일 원고에게 위 2008 사업연도 법인세 및 환급가산금을 다시 부과하였다.

(2) 쟁점

이 사건의 쟁점은 원고 회사가 발행한 외사표시 전환사채를 전환권행사기간 전에 현물출자받고 신주를 발행해 줌에 따라 발생한(전환사채 발행일과 현물출자일의 환율변동에 따라 발생한) 외화차손 및 사채할인발행차금 등을 손익거래에서 발생한 사채상환손실로 보아 손금산입할 수 있는지 여부이다.

(3) 제1심 및 원심법원의 판단

이 사건의 제1심법원과 원심법원은 손금산입해서는 안 된다는 입장이었다. 법원은 이 사건 현물출자계약은 외형상 전환사채를 현물출자한 것처럼 되어 있으나 그 실질은 사채권자의 전환권행사와 동일하다고 보았다. 그 이유로는 첫째, 원고가 현물출자계약과 관련하여 전환사채가 전환된 것과 같이 회계처리를 한 점, 둘째 당초 전환사채발행 시의 전환조건에서 정한 행사가격을 기준으로 계산한 주식 수와 동일한 주식이 배정되는 등 전환권의 행사시기만 앞당겨졌을 뿐 전환사채에 대해 전환권을 행사하여 주식으로 전환받는 것과 그 내용이 다르지 않다는 점을 들고 있다.

(4) 대법원의 판단

대법원은 이 사건에서 국세기본법 제14조 제2항의 일반적 법리를 설시하고, 이 사건에서의 현물출자계약을 전환사채를 조기에 주식으로 전환한 것으로 보아 과세할 수 없다는 입장을 취하였다. 결국 국세기본법 제14조 제2항에 따른 과세를 부인한 것이라고 할 수 있다.

"1. 구 국세기본법(2010. 1. 1. 법률 제9911호로 개정되기 전의 것) 제14조 제2

항은 '세법 중 과세표준의 계산에 관한 규정은 소득·수익·재산·행위 또는 거래의 명칭이나 형식에 불구하고 그 실질 내용에 따라 적용한다'고 규정하고 있다. 이러한 실질과세의 원칙은 헌법상의 기본이념인 평등의 원칙을 조세법률관계에 구현하기 위한 실천적 원리로서, 조세의 부담을 회피할 목적으로 과세요건사실에 관하여 실질과 괴리되는 비합리적인 형식이나 외관을 취하는 경우에 그 형식이나 외관에 불구하고 실질에 따라 담세력이 있는 곳에 과세함으로써 부당한 조세회피행위를 규제하고 과세의 형평을 제고하여 조세정의를 실현하고자 하는 데 주된 목적이 있다(대법원 2012. 1. 19. 선고 2008두8499 전원합의체 판결 등 참조). 다만 납세의무자는 경제활동을 할 때 동일한 경제적 목적을 달성하기 위하여 여러 가지의 법률관계 중 하나를 선택할 수 있고, 과세관청으로서는 특별한 사정이 없는 한 당사자들이 선택한 법률관계를 존중하여야 한다(대법원 2001. 8. 21. 선고 2000두963 판결 등 참조).

…

3. 위와 같은 사실관계와 더불어 기록에 의하여 알 수 있는 다음과 같은 사정들, 즉 거래의 내용이나 형식, 당사자의 의사, 현물출자의 목적과 경위 등 거래의 전체 과정을 앞서 본 규정과 법리에 비추어 살펴보면, 원고는 소외 회사로부터 이 사건 전환사채를 현물출자받은 것으로 봄이 타당하다.

가. 현물출자는 금전 이외의 재산으로 하는 출자로서 이 사건 전환사채도 그 목적물이 될 수 있다. 따라서 이 사건 전환사채를 발행한 원고와 이를 인수한 소외 회사로서는 아직 전환권 행사기간이 도래하지 않아 전환권을 행사할 수 없는 이 사건 전환사채를 원고에 현물출자하는 방법을 선택할 수 있는 것이다.

나. 이 사건 현물출자 계약은 특수관계에 있지 아니한 원고와 소외 회

사 간에 체결된 것으로서, 특히 원고로서는 당시 엔화의 환율이 급격히 상승함에 따라 향후 이 사건 전환사채를 현금으로 상환하거나 전환권이 행사될 경우 그로 인한 손실이 확대될 수 있으므로, 이를 방지하기 위하여 이 사건 전환사채를 조기에 현물출자받은 것으로 보인다.

다. 원고는 이 사건 전환사채의 현물출자에 관한 이사회 결의 등을 거치고, 이 사건 전환사채의 가액 등에 관하여 감정인의 감정을 받아 그 감정 결과에 대하여 법원의 심사를 받는 등 상법에서 정한 절차를 모두 갖추었다.

라. 이 사건 전환사채에 앞서 원고가 소외 회사에 발행한 1차 외화표시 전환사채는 현금으로 조기 상환되는 등 전환권의 행사 없이 변제되었고, 이 사건 전환사채 역시 당시의 경영상황 등을 고려한 합리적인 거래의 일환으로 이루어진 것으로 보일 뿐, 실질과 괴리되는 비합리적인 형식이나 외관을 취하였다고 볼 만한 사정도 찾기 어렵다. 비록 이 사건 현물출자 계약에서 정한 주식의 발행가액이 당초의 전환가액과 동일하다거나 원고가 위 현물출자 당시 회계처리를 제대로 하지 못하였더라도, 그러한 사정만으로 곧바로 전환사채의 전환권 행사 시기만을 앞당긴 것으로 볼 것은 아니다.

4. 위와 같이 원고가 소외 회사로부터 이 사건 전환사채를 현물출자받은 것으로 본다면, 쟁점 금원은 전부가 세법상 손금으로 인정될 수 있다.

5. 그런데도 원심은 그 판시와 같은 이유만으로 이 사건 현물출자 계약은 그 실질이 사채권자의 전환권 행사와 동일하여 세무조정을 통하여 손익을 인식할 수 없다고 보아, 이와 다른 전제에서 쟁점 금원 중 전환권조정 잔액을 제외한 나머지 4,368,719,679원도 세법상 손금으로 인정되어야 한다는 원고의 주장을 배척하였다. 이러한 원심의 판단에는 실질과세의 원칙에 관한 법리를 오해하여 필요한 심리를 다하지 아니한

잘못이 있다. 이를 지적하는 상고이유 주장은 이유 있다."[127]

2) 대법원 2011. 4. 28. 선고 2010두3961 판결

(1) 사실관계

갑과 을(이하 '원고들'이라 한다)은 2002년부터 2004년경 사이에 주식회사 신한은행(이하 '신한은행'이라 한다)과 사이에 엔화스왑예금계약(이하 '이 사건 계약'이라 한다)이라는 이름으로, (1) 원고들이 원화로 엔화를 매입하고 이를 예금하여 연리 0.25% 전후의 확정이자를 지급받고 만기에 원리금을 반환받는 엔화예금(이하 이 부분을 '엔화정기예금거래'라고 한다)에 가입함과 동시에, (2) 위 예금계약의 만기 또는 해지 시에는 엔화예금 원리금을 신한은행에 미리 확정된 환율로 매각하여 원화로 이를 지급받기로 하는 계약(이하 이 부분을 '선물환 거래'라고 한다)을 체결하였다.

신한은행은 이 사건 계약과 관련하여 원고들이 수취한 이익 중 엔화정기예금이자에 해당하는 부분에 대해서만 원천징수하고 나머지 선물환매도차익에 해당하는 부분에 대해서는 원천징수를 하지 아니하였는데, A 세무서장(이하 '피고'라 한다)은 이 사건 계약과 관련하여 실질과세의 원칙상 원고들이 수취한 이익 전체가 소득세법 제16조 제1항이 정한 이자소득에 해당한다는 전제 아래, 2007. 3. 1. 원고들에 대하여 '추가고지세액'란 기재 각 해당금원을 경정 부과하였고, 이에 불복하여 위 원고들이 조세심판절차를 거쳐 행정소송을 제기하였다.

(2) 쟁점

이 사건의 핵심 쟁점은 위 선물환 거래와 관련한 계약이 엔화정기예

---

127 대법원 2018. 7. 24. 선고 2015두46239 판결.

금거래에 부속되어 이루어진 거래인지 혹은 위 선물환 거래로 인한 수익이 이자 또는 이에 유사한 것으로 볼 수 있어서 구 소득세법(2006. 12. 30. 법률 제8144호로 개정되기 전의 것) 제16조 제1항 제3호 등에 근거하여 과세할 수 있는지 여부이다.

(3) 원심법원의 판단

① 선물환계약이 엔화정기예금계약에 포함되는 계약인지 여부

납세의무자가 경제활동을 함에 있어서는 동일한 경제적 목적을 달성하기 위하여서도 여러 가지의 법률관계 중 하나를 선택할 수 있는 것이고, 과세관청으로서는 특별한 사정이 없는 한 당사자들이 선택한 법률관계를 존중하여야 한다(대법원 2001. 8. 21. 선고 2000두963 판결).

비록 신한은행이 엔화정기예금계약의 만기와 선물환계약의 만기를 일치시키고, 엔화정기예금계약의 중도해지 시 선물환계약도 함께 해지되는 것으로 처리하였으며, 중도해지를 못하게 하는 등 선물환거래를 엔화정기예금거래와 함께 운영하였다고 하더라도, 은행이 고객으로부터 자금을 조달하기 위하여 어떠한 방식의 금융상품거래계약을 체결할 것인가의 문제는 그 목적 달성의 효율성, 조세 등 관련 비용의 부담 정도 등을 고려하여 스스로 선택할 사항이라고 할 것이고, 은행이 고객과 사이에 별개의 법률관계를 각각 형성하였다면, 그로 인한 조세의 내용과 범위는 그 법률관계에 맞추어 개별적으로 결정되어야 할 것이지, 그 실질이 같다고 하여 조세법상 동일한 취급을 할 수는 없는데, 원고들은 신한은행과 사이에 '외화예금거래 신청서'와 '선물환거래 약정서'라는 별개의 처분문서인 계약서를 작성하고 엔화정기예금계약과 선물환계약을 별도로 체결한 점, 신한은행은 고객들과 선물환계약 당일 달러/원 및 달러/엔의 스왑포인트 및 현물환율을 기준으로 산정한 엔/원 선물환율에 따라 약

정선물환율을 정하여 선물환계약을 체결하였고, 만기에 약정선물환율에 따라 고객에게 엔화를 원화로 환전하여 주는 '선물환거래'를 실제로 한 점, 신한은행과 고객들 사이에 선물환계약은 형식적으로만 체결하는 것일 뿐이고 사실은 당사자 사이에 무효로 한다는 명시적 또는 묵시적 합의가 있었다고 볼 수 없는 점 등을 종합하여 고려하면, 고객들이 스스로의 수요에 의해서 선물환계약을 체결한 것이 아니고, 결과적으로 고객들이 신한은행으로부터 원화정기예금계약의 이자보다 더 높은 수익을 얻었으며, 갑 68 내지 71(가지번호 포함)의 각 기재만으로는 신한은행이 개별적으로 커버거래를 하였음을 구체적으로 인정하기에 부족하며, 통상적인 선물환계약과 달리 은행에 보증금을 예치하지 않는 등의 여러 사정들을 감안하더라도, 이 사건 선물환계약은 엔화정기예금계약과는 구별되는 별개의 계약으로 인정되고(다만, 이 사건 엔화스왑예금상품의 개발 및 판매과정, 엔화스왑예금계약의 내용, 선물환계약과 엔화정기예금계약의 상호 관계 등에 비추어 보면, 선물환계약과 엔화정기예금계약은 엔화스왑예금계약의 목적달성을 위하여 상호 긴밀하게 결합된 관계로 보인다), 법률행위의 효력이 없는 가장행위에 해당한다거나 엔화정기예금계약에 포함되어 일체가 되었다고 보기 어렵다.

② 선물환거래로 인한 이익이 금전의 사용에 따른 이자소득에 해당하는지 여부

일반적으로 이자란 금전을 대여하여 원본 금액과 대여기간에 비례하여 받은 돈이나 그 대체물로서, 예금·할부금·수수료 등 그 명목을 불문하는데, 은행과 고객 간의 예금 등 거래로 인하여 고객이 받는 수익이 이자에 해당하는지 아니면 외환거래로 인한 차익으로서 비과세 소득에 해당하는지 여부는 당해 거래에 관한 법률행위를 어떻게 볼 것인가의 해석에 관한 문제로서, 이는 거래의 내용이나 당사자의 의사를 기초로 판단하여야 하지만, 실질과세의 원칙상 단순히 당해 계약서의 내용이나 형식만에 의존할 것이 아니라, 당사자의 의사와 계약체결의 경위, 수익

률의 정도와 그 수익이 확정적인지 여부, 그 밖의 거래 전체과정을 실질적으로 판단하여야 한다.

그리고 당사자가 취한 거래형식이 과중한 세금의 부담을 회피하기 위한 행위라 해도 위와 같은 행위가 가장행위에 해당한다는 등 특별한 사정이 없는 이상 유효하다고 보아야 할 것이므로, 이를 부인하기 위하여는 권력의 자의로부터 납세자를 보호하기 위한 조세법률주의의 법적 안정성 또는 예측가능성의 요청에 비추어 법률상 구체적인 근거가 필요하다(대법원 1991. 5. 14. 선고 90누3027 판결 등 참조).

앞에서 인정한 사실에 비추어 살피건대, 이 사건 선물환계약은 엔화스왑예금계약의 목적달성을 위하여 엔화정기예금계약과 상호 긴밀하게 결합되었을 뿐 엔화정기예금계약과는 구별되는 별개의 계약인 점, 선물환계약이 가장행위가 아닌 것처럼 엔화정기예금 역시 가장행위로 보이지 아니하므로 신한은행은 엔화자금의 운용기회를 얻었다고 보아야 하는바, 신한은행이 원화의 운영으로 인한 수익을 얻었다거나 원고들이 원화예금에 따른 이자수익을 얻었다고 할 수 없는 점, 선물환거래로 인하여 원고들이 얻은 이익은 원금의 존속기간에 비례하여 발생한 것이 아니고, 선물환계약 시 미리 약정한 선물환율과 현물환율의 차이로 발생하는 점, 은행이 고객에게 확정적인 수익을 보장한다 하여 이를 일률적으로 이자수익이라고 단정할 수는 없는 점 등을 고려하면, 비록 원고들은 신한은행으로부터 원화정기예금계약의 이자보다 더 높은 수익을 얻었고, 원고들의 입장에서 이 사건 계약은 일반 원화정기예금과 별다른 차이가 없다는 등의 사정을 감안하더라도, 이 사건 선물환거래로 인한 차익을 예금의 이자 또는 이에 유사한 것으로서 소득세 과세대상에 해당한다고 보기 어렵다.

또한, 채권 또는 증권의 환매조건부매매차익에 대한 과세는 채권 또는 증권을 환매조건부로 매매함으로써 계약 시부터 환매조건이 성취될 때까지 금전사용의 기회를 제공하고 환매 시 대가로 지급하는 일정한 이익을 소득으로 보아 과세하는 것인데, 원고들이 신한은행에 엔화사용의 기회를 제공한 후 이에 대한 대가로 지급받는 것은 엔화이자 상당액에 한하고 선물환매도차익을 이에 포함할 수는 없으므로, 선물환매도차익을 채권 또는 증권의 환매조건부매매차익 또는 이에 유사한 것으로 보기도 어렵다. 설사 선물환매도차익이 채권 또는 증권의 환매조건부매매차익과 유사하다고 하더라도 소득세법 제16조 제1항 제9호, 같은 법 시행령 제24조에서 이자소득의 일종으로 규정하고 있는 환매조건부매매차익은 '채권' 또는 '증권'의 매매차익을 대상으로 하는데, 소득세법 제16조 제1항 제13호가 유형적 포괄주의의 형태로 규정되어 있기는 하지만 '채권'이나 '증권'이 아닌 외국통화의 매도차익에 대하여도 이를 이자소득으로 확대해석하는 것은 조세법률주의의 원칙에 비추어 허용할 수 없다.

③ 소결론

따라서 이 사건 선물환매도차익을 이자소득에 해당하는 것으로 보아 이에 대한 종합소득세를 부과하고 종합소득세경정청구를 거부한 피고의 이 사건 처분은 모두 위법하다.

(4) 대법원의 판단

'엔화스왑예금계약' 사건으로 많이 알려진 신종금융상품에 대한 소득세과세와 관련해서도 국세기본법 제14조 제2항과 제3항이 적용될 여지가 있었다.[128] 그렇지만 이 사건에서도 법원은 문제의 과세처분이 국세기

128 물론 국세기본법 제14조 제3항의 경우에는 이 규정을 창설적 규정으로 보게 되면 이 사건에서 문제의 거래는 2002년부터 2004년 사이에 발생한 것이므로 이 규정의 소급적용이 불가능하다. 하지만 이 규정을 선언적 규정으로 이해하면 이 사건에 위 규정이 적용될 수도 있다.

본법 제14조 제2항 혹은 제3항에 의해 정당화될 수 있는지를 검토하지는 않고 단지 납세자의 거래행위가 가장행위가 아닌 한 그러한 거래행위를 부인하려면 개별적 세법규정이 필요하다는 언급만을 하였다.

"납세의무자가 경제활동을 함에 있어서는 동일한 경제적 목적을 달성하기 위하여서도 여러 가지의 법률관계 중 하나를 선택할 수 있으므로 그것이 과중한 세금의 부담을 회피하기 위한 행위라고 하더라도 가장행위에 해당한다고 볼 특별한 사정이 없는 이상 유효하다고 보아야 하며, 실질과세의 원칙에 의하여 납세의무자의 거래행위를 그 형식에도 불구하고 조세회피행위라고 하여 그 효력을 부인할 수 있으려면 조세법률주의 원칙상 법률에 개별적이고 구체적인 부인규정이 마련되어 있어야 한다(대법원 1991. 5. 14. 선고 90누3027 판결, 대법원 2009. 4. 9. 선고 2007두26629 판결 등 참조). …

원심은 … 당사자가 취한 거래형식이 세금의 부담을 회피하기 위한 행위라 하더라도 그것이 가장행위에 해당하는 등의 특별한 사정이 없는 이상 유효한 것으로 보아야 한다는 전제 아래, 이 사건 선물환계약은 엔화정기예금계약과는 구별되는 별개의 계약으로 인정되고, 법률행위의 효력이 없는 가장행위에 해당한다거나 엔화정기예금계약에 포함되어 일체가 되었다고 보기 어려우며, 이 사건 선물환거래로 인한 차익을 구 소득세법 제16조 제1항 제3호 소정의 예금의 이자 또는 이에 유사한 것으로서 같은 항 제13호 소정의 이자소득세의 과세대상에 해당한다고 보기 어렵다고 판단한 후, 나아가 구 소득세법 제16조 제1항 제9호는 채권 또는 증권을 환매조건부로 매매함으로써 계약 시부터 환매조건이 성취될 때까지 금전사용의 기회를 제공하고 환매 시 대가로 지급하는 일정한 이익을 이자소득으로 보아 과세하는 것인데, 이 사건 선물환차익을 채권 또는 증권의 환매조건부 매매차익 또는 이에 유사한 것으로 보기도 어렵고, 설사 이에 유사하다고 하더라도 구 소득세법 제16조 제1항 제9호, 구 소득세법 시행령 제24조 소정의 환매조건부 매매차익은 채권 또는 증권의 매매차익만을 대상으로 하는데 구 소득세법 제16조 제1항 제13호가 유형적 포괄주의의 형태로 규정되어 있기는 하지만 채권이나 증권이 아닌 외국통화의 매도차익에 대하여도 이를 이자소득세로 확대해석하는 것은 조세법률주의의 원칙에 비추어 허용할 수 없다고 판단하였다.

본 … 원심의 위와 같은 판단은 정당한 것으로 수긍할 수 있고, 거기에 상고이유에서 주장하는 바와 같은 구 소득세법 제16조 제1항 제13호의 적용범위에 관한 법리오해 등의 위법이 없다."[129]

3) 대법원 2015. 1. 29. 선고 2012두28636 판결

(1) 사실관계

△△한우영농조합법인(이하 '원고'라 한다)은 2009. 4.경부터 2011. 6.경까지 강원도 영월읍 (주소 생략)에 있는 건물(이하 '이 사건 건물'이라고 한다) 중 1층에서는 쇠고기와 부산물들을 판매하는 정육매장을, 2층에서는 고객들이 구입하여 온 쇠고기를 조리하여 먹을 수 있는 접객시설을 갖춘 식당을 운영한 바 있다. 원고가 운영하는 1층 정육매장과 2층 식당은 출입문이 별도로 구분되어 있으며, 각 층마다 별도의 계산대를 설치하여 계산이 이루어지고 있다. 2층 식당의 메뉴는 기본 상차림, 양념, 된장찌개, 공기밥, 냉면류, 주류 및 음료 등으로서 쇠고기를 제외한 음식부재료 등으로만 이루어져 있다.

관할 세무서장(이하 '피고'라 한다)은 원고의 1층 정육매장에서 이루어진

---

129 대법원 2011. 4. 28. 선고 2010두3961 판결.

쇠고기 매출 중 고객들이 2층 식당에서 소비한 만큼의 매출을 음식점 용역의 공급으로 인한 매출로 보아 2010. 7. 1. 원고에게 2009년 제1기 및 제2기 각 부가가치세를 부과하도록 처분(이하 '이 사건 처분'이라 한다)하였다.

(2) 쟁점

동일한 사업자가 별도의 사업자등록을 통해 같은 건물의 1층에서는 정육점, 2층에서는 고객들이 구입하여 온 쇠고기를 조리하여 먹을 수 있는 접객시설을 갖춘 식당을 운영하는 경우, 1층에서 쇠고기를 구매하여 2층 식당에서 별도로 구매한 부재료와 함께 고기를 조리하여 먹으면 1층에서의 영업이 연속되어 음식점 용역공급이 된 것으로 보아 과세할 수 있는지 여부가 문제된다.

부가가치세법상 쇠고기와 부산물판매는 면세이고, 음식점용역은 과세이므로 1층과 2층 영업을 하나의 영업으로 통합해서 검토하면 음식점용역 공급으로 부가가치세가 과세될 것이고, 분리해서 검토하면 1층에서의 판매는 면세이고, 2층에서의 영업에 대해서만 부가가치세 과세대상이 된다.

(3) 대법원의 판단

이 사건에서 1층과 2층 영업을 하나의 영업으로 통합해서 검토할 수 없으므로 처분청의 처분은 위법하다고 판단하였다. 대법원은 원심의 이러한 태도는 타당하며, 국세기본법 제14조 제2항을 원용하더라도 결론은 달라지지 않는다고 판단하였다.

"1. 가. 구 부가가치세법(2010. 1. 1. 법률 제9915호로 개정되기 전의 것. 이하 '부가가치세법'이라고 한다) 제1조 제1항 제1호, 제3항, 제5항, 구 부가가치세법 시행령(2010. 12. 30. 대통령령 제22578호로 개정되기 전의 것. 이하 '부가가치세법 시행령'이라고 한다) 제2조 제1항은 부가가치세의 과세대상인 용역을 '다음 각 호의 사업에 해당하는 모든 역무 및 그 밖의 행위'로 규정하면서, 제2호에서 '음식점업'을 들고 있다. 그리고 부가가치세법 시행령 제2조 제3항은 "제1항의 사업구분은 이 영에 특별한 규정이 있는 경우를 제외하고는 통계청장이 고시하는 당해 과세기간 개시일 현재의 한국표준산업분류에 의하되, 제1항에 규정하는 사업과 유사한 사업은 한국표준산업분류에 불구하고 동항의 사업에 포함되는 것으로 본다."고 규정하고 있는데, 한국표준산업분류는 대분류항목인 음식점업을 "구내에서 직접 소비할 수 있도록 접객시설을 갖추고 조리된 음식을 제공하는 식당, 음식점, 간이식당, 카페, 다과점, 주점 및 음료점업 등을 운영하는 활동과 독립적인 식당차를 운영하는 산업활동을 말한다."고 정의하고 있다.

한편 부가가치세법 제12조 제1항 제1호는 부가가치세가 면제되는 재화의 하나로 '가공되지 아니한 식료품(식용에 공하는 농산물·축산물·수산물과 임산물을 포함한다) 및 우리나라에서 생산된 식용에 공하지 아니하는 농산물·축산물·수산물과 임산물로서 대통령령이 정하는 것'을 규정하고, 부가가치세법 시행령 제28조 제1항은 "법 제12조 제1항 제1호에 규정하는 가공되지 아니한 식료품(이하 이 조에서 '미가공식료품'이라고 한다)은 다음 각 호에 규정하는 것으로서 가공되지 아니하거나 탈곡·정미·정맥·제분·정육·건조·냉동·염장·포장 기타 원생산물의 본래의 성질이 변하지 아니하는 정도의 1차 가공을 거쳐 식용에 공하는 것으로 한다."고 하면서, 제7호에서 '수육류'를 규정하고 있으며, 제28조 제4항의 위임에 의하여 미가공식료품의 범위를 규정한 구 부가가치세법 시행규칙(2012. 2. 28. 기획재정부령 제269호로 개정되기 전의 것) 제10조 제1항의 별표 1 미가공식료품분류표는 '쇠고기'를 수육류의 하나로 들고 있다.

나. 국세기본법 제14조 제2항은 "세법 중 과세표준의 계산에 관한 규

정은 소득, 수익, 재산, 행위 또는 거래의 명칭이나 형식에 관계없이 그 실질 내용에 따라 적용한다."고 규정하고 있다. 그러나 납세의무자가 경제활동을 함에 있어서는 동일한 경제적 목적을 달성하기 위하여서도 여러 가지의 법률관계 중 하나를 선택할 수 있으므로 그것이 과중한 세금의 부담을 회피하기 위한 행위라고 하더라도 가장행위에 해당한다고 볼 특별한 사정이 없는 이상 유효하다고 보아야 한다(대법원 2011. 5. 13. 선고 2010두3916 판결 등 참조).

2. 원심은 그 채택 증거를 종합하여, 원고는 2009. 4.경부터 2011. 6.경까지 강원 영월읍 (주소 생략)에 있는 건물(이하 '이 사건 건물'이라고 한다) 중 1층에서는 쇠고기와 부산물들을 판매하는 정육매장을, 2층에서는 고객들이 구입하여 온 쇠고기를 조리하여 먹을 수 있는 접객시설을 갖춘 식당을 운영한 사실, 원고가 운영하는 1층 정육매장과 2층 식당은 출입문이 별도로 구분되어 있고, 각 층마다 별도의 계산대를 설치하여 계산이 이루어지고 있으며, 2층 식당의 메뉴는 기본 상차림, 양념, 된장찌개, 공기밥, 냉면류, 주류 및 음료 등으로서 쇠고기를 제외한 음식 부재료 등으로만 이루어져 있는 사실, 피고는 원고의 1층 정육매장에서 이루어진 쇠고기 매출 중 일부 고객들이 2층 식당에서 소비한 부분의 매출을 음식점 용역의 공급으로 인한 매출로 보아 2010. 7. 1. 원고에게 2009년 제1기 및 제2기 각 부가가치세를 부과하는 이 사건 처분을 한 사실 등을 인정하였다.

나아가 원심은 세금부과처분 취소소송에서 과세요건사실에 관한 증명책임이 과세권자에게 있다고 전제한 다음, 위와 같은 사실관계에 터잡아 1층 정육매장 및 2층 식당의 영업형태나 방식, 매출액 비중, 규모, 주변 식당과의 시세차이 등에 관하여 아무런 입증이 없는 이 사건에서, 고객들이 1층 정육매장에서 쇠고기를 구입하고 계산함으로써 1층 정육매장에서의 재화 공급행위는 종료되었을 뿐만 아니라 원고가 2층 식당에서 고객들에게 쇠고기 자체를 조리하여 제공하지도 않았으므로, 비록 고객들이 그의 선택으로 1층 정육매장에서 쇠고기를 구입한 즉시 2층 식당으로 가서 별도로 구입한 음식부재료와 함께 이를 조리하여 먹었다거나 원고가 단일한 사업자로서 1층 정육매장과 2층 식당을 함께 운영하였다는 등의 사정만으로는, 원고가 고객들에게 음식점 용역을 제공한 것으로 볼 수 없다는 이유로 이 사건 처분이 위법하다고 판단하였다.

앞서 본 관련 규정과 법리에 비추어 기록을 살펴보면, 원심의 이러한 판단은 정당하고, 거기에 상고이유의 주장과 같이 국세기본법 제14조 제2항이 규정한 실질과세의 원칙 등에 관한 법리를 오해하는 등의 잘못이 없다."[130]

4. 국세기본법 제14조 제3항의 적용사례들

1) 대법원 2017. 2. 15. 선고 2015두46963 판결[131]

(1) 사실관계

소외 1·소외 2·소외 3은 모두 소외회사의 주주이고, 소외 1은 소외 2의 여동생이며 소외 3은 소외 1의 배우자이다. 원고 1·원고 2·원고 5는 소외 2의 자녀들이고, 원고 3·원고 4는 원고 2의 자녀들이며, 원고 6·원고 7은 원고 5의 자녀들이다. 그리고 원고 8·원고 9는 소외 1과 소외 3 부부의 자녀들이다.

소외 2는 2010년경 자녀인 원고 1·원고 2·원고 5와 외손자녀인 원고 3·원고 4·원고 6·원고 7(이하 소외 2의 직계후손들인 위 원고들을 통칭하여 '원

130 대법원 2015. 1. 29. 선고 2012두28636 판결.

131 이 사건에 앞서 대법원은 2017. 1. 25. 선고 2015두3270 판결에서 국세기본법 제14조 제3항과 같은 내용으로 규정된 구 상증세법 제2조 제4항의 적용법리를 처음으로 설시한 바 있다. 하지만, 이 판결에서 대법원은 직접적으로 구 상증세법 제2조 제4항과 국세기본법 제14조 제3항의 관계를 언급하지는 않았던 반면, 이 사건에서는 이를 언급하고 있다.

고 1 외 6인'이라고 한다)에게 소외회사의 주식을 증여하려고 하였고, 그 무렵 소외 3과 소외 1도 소유 중인 소외회사 주식을 자녀인 원고 8, 원고 9에게 증여하려고 하였는데, 각자의 직계후손에게 직접 증여하기보다는 서로의 후손에게 교차하여 증여하는 경우 조세부담이 경감된다는 세무사의 조언에 따라 증여세를 줄이기 위한 목적으로 일정 주식을 상대방의 직계후손에게 상호 교차증여하기로 약정하였다.

위 약정에 따라 소외 2와 소외 3, 소외 1은 각 16,000주의 소외회사 주식을 상호 교차증여하였다. 즉, ① 소외 2는 먼저 2010. 12. 30. 소외회사 주식을 자녀인 원고 1에게 7,500주, 원고 2에게 2,000주, 원고 5에게 6,340주를 각 증여하였고, 외손자인 원고 3·원고 4·원고 6·원고 7에게 1,750주씩을 증여하는 한편, 소외 3과 소외 1의 자녀인 원고 8, 원고 9에게도 8,000주씩을 증여하였다. ② 소외 3은 같은 날 원고 8, 원고 9에게 소외회사 주식 3,000주씩을 증여하는 한편, 원고 1에게 2,000주, 원고 2·원고 5·원고 3·원고 4·원고 6·원고 7에게 1,000주씩을 각각 증여하였다. 소외 1도 같은 날 원고 8·원고 9에게 소외회사 주식 3,000주씩을 증여하는 한편, 원고 1 외 6인에게도 소외 3과 동일한 수의 소외회사 주식을 각각 증여하였다(이하 소외 2가 소외 3·소외 1의 자녀인 원고 8·원고 9에게 한 총 16,000주의 증여와 소외 3·소외 1이 소외 2의 직계 후손인 원고 1 외 6인에게 한 총 16,000주의 증여를 합하여 '이 사건 교차증여'라고 한다).

원고들은 2011. 3. 30. 소외 2·소외 3·소외 1로부터 각 증여받은 소외회사 주식에 대한 증여세를 신고·납부하였다.

원고들의 증여세 관할 세무서장들(이하 '피고들'이라 한다)은, 이 사건 교차증여의 경제적 실질은 소외 2가 직계비속인 원고 1 외 6인에게 합계 16,000주를 직접 증여하고 소외 3·소외 1이 그 자녀인 원고 8·원고 9에게 합계 16,000주를 직접 증여한 것이라고 보아, 구 상증세법 제2조

제4항을 적용하여, 원고들에게 2010년분 증여세에 관하여 ① 원고 1 외 6인에 대하여는 소외 3과 소외 1로부터 받은 증여분을 소외 2로부터 받은 증여분에 포함하고, ② 원고 8·원고 9에 대하여는 소외 2로부터 받은 증여분을 반분하여 각각 소외 3·소외 1로부터 받은 증여분에 포함하여, 다시 산정한 증여세를 원고들에게 부과하는 처분을 하였다.

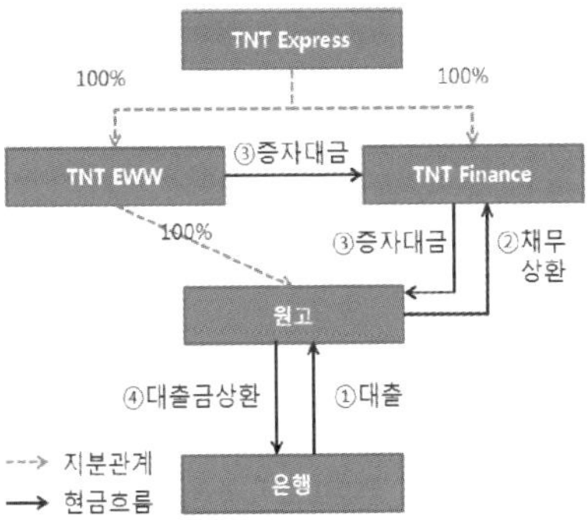

진행단계	시 점	
① 대출	'10. 10. 4.	'11. 2. 22.
② 채무상환		
③ 증자결의		
③ 증자대금	'10. 10. 6.	'11. 2. 25.
④ 대출상환		

그림 참조: 곽상민, 「2017년 국세기본법 판례회고」, 『조세법연구』 24-1, 2017, 266면.

(2) 쟁점

이 사안에서 원고들은 교차증여에 의하여 직계존속이 아닌 친족으로부터 증여를 받았다. 따라서 이 증여는 외형에 따르면 2010년의 직계존속으로부터의 증여와 합산되지 않아야 한다. 그런데 이 건에서 교차증여가 이루어진 부분을 당사자가 선택한 형식대로 인정하지 않고 조세회피행위로 이해하여 구 상속세 및 증여세법 제2조 제4항, 제3항에 의거하여 실질은 각자가 자신의 직계비속들에게 직접 증여한 것으로 보아 증여세부과처분을 하게 되면 증여세합산과세제도에 의해 납부해야 할 증여세액이 증가하게 되는데 과연 이러한 과세가 세법적으로 가능할지 여부가 문제되었다.

(3) 1심법원과 원심법원의 판단

1심법원은[132] 이 사건 교차증여를 상증세법상 적법한 절세행위로 용인해야 할지 여부를 판단하면서 그 근거법령으로 국세기본법 제14조 제1항과 제2항 그리고 구 상증세법 제2조 제3항과 제4항을 언급하였다. 국세기본법 제14조 제3항은 직접 언급하지 않고 구 상증세법 제2조 제4항을 언급하면서 "국세기본법 제14조 제3항과 같은 취지이다"라는 표현을 추가하는 방식으로 우회적으로 언급하고 있다. 결론적으로 1심법원은 이러한 행위는 가장행위라고 보고 그 거래의 실질은 각자 자신들의 직계비속에게 증여를 하기 위함이므로 이에 따라 거래를 재구성하여 과세하는 것이 타당하다고 보았다. 그리고 법원은 설혹 가장행위가 아니라고 하더라도 구 상증세법 제2조 제3항이나 제4항(국세기본법 제14조 제3항도 같은 취지)에 따라 똑같이 거래를 재구성하여 과세할 수 있는 것에는 차이가 없다고 판단하였다. 원심법원은[133] 이러한 1심법원의 판단을 그대로 인용하였다.

"가) 국세기본법 제14조 제1항은 "과세의 대상이 되는 소득, 수익, 재산, 행위 또는 거래의 귀속이 명의(명의)일 뿐이고 사실상 귀속되는 자가 따로 있을 때에는 사실상 귀속되는 자를 납세의무자로 하여 세법을 적용한다."라고 규정하고 있고, 같은 조 제2항은 "세법 중 과세표준의 계산에 관한 규정은 소득, 수익, 재산, 행위 또는 거래의 명칭이나 형식에 관계없이 그 실질 내용에 따라 적용한다."라고 규정하고 있으며, 상증세법 제2조 제3항은 "이 법에서 '증여'란 그 행위 또는 거래의 명칭·형식·목적 등과 관계없이 경제적 가치를 계산할 수 있는 유형·무형의 재

132 서울행정법원 2014. 8. 7. 선고 2013구합58993 판결.

133 서울고등법원 2015. 6. 17. 선고 2014누62625 판결.

산을 직접 또는 간접적인 방법으로 타인에게 무상으로 이전하는 것 또는 기여에 의하여 타인의 재산가치를 증가시키는 것을 말한다."라고 규정하고 있고, 같은 조 제4항은 "제3자를 통한 간접적인 방법이나 둘 이상의 행위 또는 거래를 거치는 방법으로 상속세나 증여세를 부당하게 감소시킨 것으로 인정되는 경우에는 그 경제적인 실질에 따라 당사자가 직접 거래한 것으로 보거나 연속된 하나의 행위 또는 거래로 보아 제3항을 적용한다.(국세기본법 제14조 제3항과 같은 취지이다)"라고 규정하고 있다. 실질과세의 원칙을 구현한 위 각 규정을 종합하여 보면, 납세자가 경제활동을 할 때에는 동일한 경제적 목적을 달성하기 위하여 여러 가지의 법률관계 중 하나를 선택할 수 있으며, 사적자치의 원칙과 법적 안정성 및 예측가능성 측면에서 납세자가 선택한 법률관계는 원칙적으로 존중되어야 할 것이나, (i) 납세자가 선택한 법률관계가 세금의 부담을 회피하기 위한 가장행위에 불과하거나, (ii) ① 그 법률관계가 조세를 회피하기 위한 목적하에 이루어진 것이고, ② 제3자를 통한 간접적인 방법이나 둘 이상의 행위 또는 거래를 거치는 방법 등으로 조세를 회피하기 위한 행위를 하였으며, ③ 그러한 법률관계에 대해서 세법상 유리하게 취급하는 것이 부당한 경우에는 예외적으로 납세자가 선택한 법률관계가 부인되고 세법적 측면에서 경제적 실질에 부합하게 재구성될 수 있다.

나) 위 법리에 비추어 이 사건으로 돌아와 살펴보건대, 앞서 살펴본 인정사실 및 증거들을 통하여 알 수 있는 다음과 같은 사정들을 종합하여 보면 피고가 이 사건 증여 중 소외 2가 원고 8과 원고 9에게, 소외 1과 소외 3이 원고 1 등에게 △△산업의 주식을 증여한 부분(이 사건 증여 중 이처럼 직계비속이 아닌 사람에게 증여한 부분을 '이 사건 교차증여'라 한다)을 재구성하여 이 사건 처분을 한 것에는 위법이 없다고 판단된다.

(1) 이 사건 교차증여가 이 사건 증여로 인하여 원고들에게 부과되는 증여세를 줄이기 위한 목적하에 이루어졌다는 점에 대해서는 당사자 사이에 다툼이 없다. 또한 ① 이 사건 증여의 대상은 불특정물인 주식으로 소외 2가 원고 8과 원고 9에게 증여한 것과, 소외 1과 소외 3이 원고 1 등에게 증여한 것을 상호 구분할 수 없고, ② 이 사건 증여는 모두 같은 날인 2010. 12. 30. 이루어졌으며, ③ 소외 2가 원고 8과 원고 9에게 증여한 주식의 수와, 소외 1과 소외 3이 원고 1 등에게 증여한 주식의 수가 각각 16,000주로 동일하고, ④ 소외 2의 원고 8과 원고 9에 대한 증여와 소외 1과 소외 3의 원고 1 등에 대한 증여는 상호 대가적 관계에 있는바, 그렇다면 이 사건 교차증여는 가장행위에 불과하고 이 사건 증여의 실질적인 법률관계는 직계존속이 자신의 주식을 직계비속에게 증여한 것으로서, 이 사건 처분과 같이 원고 1 등의 경우에는 각 소외 1, 소외 3로부터 받은 증여분을 소외 2로부터 받은 증여분에 포함시키고, 원고 8, 원고 9의 경우에는 각 소외 2로부터 받은 증여분을 각 반분하여 소외 1, 소외 3로부터 받은 증여분에 포함시키는 것으로 파악하여 재구성하는 것이 타당하다.

(2) 설령 이 사건 증여 중 이 사건 교차증여 부분이 가장행위가 아니라고 하더라도 다음과 같은 이유에서 이 사건 교차증여를 재구성한 이 사건 처분은 적법하다고 보아야 한다.

① 이 사건 교차증여는 오로지 원고들에 대한 증여세를 줄이기 위한 목적하에 이루어졌다. 즉 이 사건 증여의 대상은 불특정물인 주식으로 금원과 차이가 없어 특정물이 상호 교차증여된 경우와는 달리 부수적으로나마 사업목적(business purpose)을 전혀 인정할 수 없다(즉 이와 같이 교차증여하더라도 증여세를 절감하는 것 이외에는 아무런 다른 효과를 가져오지 않는다). ② 이 사건 교차증여는 제3자를 통한 간접적인 방법을 통하여 이루어졌다.

즉 직계존속이 직계비속에게 직접 증여하는 것을 부분적으로 포기하는 대신에 제3자 즉, 원고 8과 원고 9는 소외 2를, 원고 1 등은 소외 3과 소외 1을 통하여 간접적으로 증여를 받았다. ③ 이 사건 교차증여를 세법상 그대로 인정할 경우 매우 부당한 결론에 이르게 된다. 즉 이 사건 교차증여를 재구성하지 않고 그대로 인정하여 증여세를 산출하게 되면 상증법이 증여자별로 누진과세를 하고 있는 관계로 낮은 세율이 적용되고, 원고 3, 원고 4, 원고 6, 원고 7의 경우는 세대 생략 가산세도 회피할 수 있게 된다. 이러한 결과를 일반화하게 되면 국민 누구나가 양자간 교차증여를 통하여, 또는 다자간의 순환증여나 상호 교차증여를 통하여 증여액을 분산시킴으로써 상증법이 정하는 누진과세를 회피할 수 있게 되고, 세대 생략 가산세 역시 회피할 수 있게 되는바, 이는 부당하다.

다) 원고 8, 원고 9는, 이 사건 처분이 원고 8과 원고 9이 소외 2로부터 증여받은 부분을 소외 1이나 소외 3 중 일방으로부터 모두 증여받은 것으로 재구성하지 않고 소외 1과 소외 3으로부터 각 절반씩 증여받은 것으로 재구성하고 있는 부분도 위법하다는 취지로 주장하나, 이 사건 교차증여를 이 사건 처분과 같이 재구성하는 것이 앞서 본 바와 같은 이유에서 위법하다고 할 수 없는 이상, 위와 같은 재구성은 소외 1과 소외 3이 원고 8과 원고 9에게 각 증여한 주식의 수(각 3000주로 동수)에 비례하여 이루어진 것으로 타당한 것으로 보인다.

라) 따라서 원고의 이 부분 주장은 받아들일 수 없다."[134]

(4) 대법원의 판단

대법원은 원심법원과 1심법원이 이 사건 교차증여를 가장행위로 보아

134 서울행정법원 2014. 8. 7. 선고 2013구합58993 판결.

거래를 재구성할 수 있다고 한 부분은 부적절하다고 보았다. 하지만, 이 사건 교차증여에 대하여 구 상증세법 제2조 제4항을 적용하여 소외 2·소외 3·소외 1의 직계후손에 대한 직접 증여로 보고 증여세를 과세한 이 사건 처분이 적법하다고 판단한 결론은 정당하다고 보았다. 그리고 1심법원과 마찬가지로 구 상증세법 제2조 제4항은 국세기본법 제14조 제3항과 같은 취지에서 입법된 조문임을 명시하였다.

"구 상속세 및 증여세법(2013. 1. 1. 법률 제11609호로 개정되기 전의 것, 이하 '구 상증세법'이라고 한다) 제2조는 제1항에서 증여세는 타인의 증여로 인한 증여재산을 과세대상으로 한다고 규정하고, 제3항에서 "증여란 그 행위 또는 거래의 명칭·형식·목적 등과 관계없이 경제적 가치를 계산할 수 있는 유형·무형의 재산을 직접 또는 간접적인 방법으로 타인에게 무상으로 이전(현저히 저렴한 대가를 받고 이전하는 경우를 포함한다)하는 것 또는 기여에 의하여 타인의 재산가치를 증가시키는 것을 말한다."라고 하면서, 제4항에서 "제3자를 통한 간접적인 방법이나 둘 이상의 행위 또는 거래를 거치는 방법으로 상속세나 증여세를 부당하게 감소시킨 것으로 인정되는 경우에는 그 경제적인 실질에 따라 당사자가 직접 거래한 것으로 보거나 연속된 하나의 행위 또는 거래로 보아 제3항을 적용한다."라고 규정하고 있다(위 제4항의 규정 취지는 현행 국세기본법 제14조 제3항에 그대로 승계·반영되어 있다).

위와 같이 구 상증세법 제2조 제4항에서 제3자를 개입시키거나 여러 단계의 거래를 거치는 등의 방법으로 증여세를 부당하게 감소시키는 조세회피행위에 대하여 그 경제적 실질에 따라 증여세를 부과하도록 한 것은, 증여세의 과세대상이 되는 행위 또는 거래를 우회하거나 변형하여 여러 단계의 거래를 거침으로써 증여의 효과를 달성하면서도 부당하게 증여세를 감소시키는 조세회피행위에 대처하기 위하여 그와 같은 여러 단계의 거래 형식을 부인하고 실질에 따라 증여세의 과세대상인 하나의 행위 또는 거래로 보아 과세할 수 있도록 한 것으로서, 실질과세 원칙의 적용 태양 중 하나를 증여세 차원에서 규정하여 조세공평을 도모하고자 한 것이다. 다만 납세의무자는 경제활동을 할 때 특정 경제적 목적을 달성하기 위하여 어떤 법적 형식을 취할 것인지 임의로 선택할 수 있고 과세관청으로서도 특별한 사정이 없는 한 당사자들이 선택한 법적 형식에 따른 법률관계를 존중하여야 하며, 또한 여러 단계의 거래를 거친 후의 결과에는 손실 등 위험 부담에 대한 보상뿐 아니라 당해 거래와 직접적 관련성이 없는 당사자의 행위 또는 외부적 요인 등이 반영되어 있을 수 있으므로, 최종적인 경제적 효과나 결과만을 가지고 그 실질이 직접 증여에 해당한다고 쉽게 단정하여 증여세의 과세대상으로 삼아서는 안 된다(대법원 2017. 1. 25. 선고 2015두3270 판결 참조).

그러므로 구 상증세법 제2조 제4항, 제3항에 의하여, 당사자가 거친 여러 단계의 거래 등 법적 형식이나 법률관계를 재구성하여 직접적인 하나의 거래에 의한 증여로 보고 증여세 과세대상에 해당한다고 하려면, 납세의무자가 선택한 거래의 법적 형식이나 과정이 처음부터 조세회피의 목적을 이루기 위한 수단에 불과하여 그 재산이전의 실질이 직접적인 증여를 한 것과 동일하게 평가될 수 있어야 하고, 이는 당사자가 그와 같은 거래형식을 취한 목적, 제3자를 개입시키거나 단계별 거래 과정을 거친 경위, 그와 같은 거래방식을 취한 데에 조세부담의 경감 외에 사업상의 필요 등 다른 합리적 이유가 있는지 여부, 각각의 거래 또는 행위 사이의 시간적 간격, 그러한 거래형식을 취한 데 따른 손실 및 위험 부담의 가능성 등 관련 사정을 종합하여 판단하여야 한다.

소외 2가 원고 8과 원고 9에게 △△산업 주식 합계 16,000주를 증여한 것과 소외 3, 소외 1이 원고 1 외 6인에게 △△산업 주식 합계 16,000주를 증여한 것은 증여자들 사이에 상대방의 직계후손에게 동일한 수의 동일 회사 주식을 교차증여하기로 한 약정에 따른 것으로서, 약정 상대방이 자신의 직계후손에게 주식을 증여하지 않는다면 자신도 증여를 하지 않았을 것이다. 이 사건 교차증여로써 증여자들은 자신의 직계후손에게 △△산업 주식을 직접 증여하는 것과 동일한 효과를 얻으면서도 합산과세로 인한 증여세 누진세율 등의 적용을 회피하고자 하였고, 이러한 목적이 아니라면 굳이 교차증여 약정을 체결하고 직계후손이 아닌 조카 등에게 주식을 증여할 이유가 없었다. 결국 소외 2와 소외 3, 소외 1은 각자의 직계비속인 원고들에게 △△산업 주식을 증여하면서도 증여세 부담을 줄이려는 목적 아래 그 자체로는 합당한 이유를 찾을 수 없는 이 사건 교차증여를 의도적으로 그 수단으로 이용한 것으로 볼 수 있다. 이러한 점들을 종합하여 보면, 이 사건 교차증여는 구 상증세법 제2조 제4항에 따라 그 실질에 맞게 재구성하여 소외 3, 소외 1의 원고 1 외 6인에 대한 각 증여분은 소외 2가 위 원고들에게 직접 추가로 증여한 것으로, 소외 2의 원고 8, 원고 9에 대한 각 증여분은 소외 3, 소외 1이 위 원고들에게 직접 추가로 증여한 것으로 보아 증여세를 과세할 수 있다고 할 것이다.

라. 원심이 제1심판결 이유를 인용하여 한 이 부분 이유설시 중 이 사건 교차증여를 가장행위로 보아 거래를 재구성할 수 있다고 한 부분은 부적절하지만, 이 사건 교차증여에 대하여 구 상증세법 제2조 제4항을 적용하여 소외 2, 소외 3, 소외 1의 직계후손에 대한 직접 증여로 보고 증여세를 과세한 이 사건 처분이 적법하다고 판단한 결론은 정당하다. 거기에 상고이유 주장과 같이 구 상증세법 제2조 제4항의 해석 등에 관

한 법리를 오해하여 판결에 영향을 미친 잘못이 없다."[135]

2) 대법원 2017. 12. 23. 선고 2017두57516 판결

(1) 사실관계

"① 유한회사 TNT Express 코리아(이하 '원고'라 한다)는 네덜란드 소재 다국적 항공운송기업인 TNT 그룹의 국내 계열사로서, 1986. 11. 20. 설립되어 1998년 TNT 그룹 내 지주회사인 네덜란드 법인 TNT Express Worldwide N.V.(이하 'TNT EWW'라 한다)의 완전 자회사로 편입된 내국법인이다. 이 회사는 국제 항공화물 운송업, 국제 상업서류 송달업 등을 주요사업으로 하고 있다.

② 원고는 아래 표 기재와 같이 두 차례에 걸쳐 유상증자를 실시하였고(이하 '이 사건 각 유상증자'라 한다), 각 유상증자로 인하여 발행된 신주는 완전 모회사 TNT EWW가 전부 인수하였다.

유상증자일	발행주식 수	액면금액 합계	주식발행액면초과금	총발행가액
2010. 10. 6.	300,000주	1,500,000,000원	50,402,498,303원	51,902,498,303원
2011. 2. 25.	70,000주	350,000,000원	11,874,000,000원	12,224,000,000원

③ 원고는 2010. 10. 4. 주식회사 한국씨티은행(이하 '한국씨티은행'이라 한다)과 ING은행 서울지점으로부터 51,902,498,303원을 대출받아, 같은 날 그 대출금을 TNT 그룹 계열사인 네덜란드 법인 TNT Finance B.V.(이하 'TNT Finance'라 한다)에 지급하여 원고의 장기차입금 채무를 상환하였으며, 이후 위 2010. 10. 6.자 유상증자로 조달한 자금으로 위 금융기관 대출금 채무를 상환하였다.

135 대법원 2017. 2. 15. 선고 2015두46963 판결.

④ 그리고 원고는 2011. 2. 16. 위 ③에서 언급한 은행들로부터 12,360,422,705원을 대출받아, 2011. 2. 22. 그 대출금을 TNT Finance에 지급하여 원고의 운송용역비 등 채무를 상환하였으며, 이후 위 2011. 2. 25.자 유상증자로 조달한 자금 등으로 위 금융기관 대출금 채무를 상환하였다.

⑤ 서울지방국세청장은 2012. 12. 26.부터 2013. 4. 22.까지 원고에 대한 세무조사를 실시하여, TNT EWW 및 TNT Finance는 TNT 그룹 내 재무부서, 기획부서에 불과한 명목상 법인으로 TNT 그룹의 최종 모회사인 네덜란드 법인 TNT Express N.V.(이하 '이 사건 최종 모회사'라 한다)의 도관회사에 불과하다고 보고, 원고의 '금융기관 대출, TNT Finance에 대한 채무 상환, 유상증자, 금융기관 대출금 상환'이라는 일련의 거래(이하 '이 사건 거래'라 한다)를 '채무의 출자전환'(이 사건 최종 모회사가 원고에 대한 채권을 출자하여 신주를 인수한 거래)으로 보아, 구 법인세법(2011. 12. 31. 법률 제11128호로 개정되기 전의 것, 이하 '구 법인세법'이라 한다) 제17조 제1항 제1호 단서에 따라 주식발행액면초과액 중 주식의 시가(0원, 당시 원고는 결손법인이었음)를 초과하는 금액 전부를 2010 사업연도 및 2011 사업연도 익금에 각 산입하였으며, 그에 따라 산출된 2010 사업연도 법인세 11,529,066,660원(가산세 포함) 및 2011 사업연도 법인세 4,245,979,940원(가산세 포함)을 2013. 10. 1. 원고에게 경정·고지하였다(이하 '이 사건 처분'이라 한다).

⑥ 원고는 2013. 12. 27. 조세심판원에 이 사건 처분의 취소를 구하는 심판청구를 제기하였으나, 조세심판원은 2015. 9. 23. 원고의 심판청구를 기각하였다."[136]

---

136 위 사실관계는 서울행정법원 2017. 1. 12. 선고 2015구합82532 판결의 판결문을 인용하여 일부 표현을 수정한 것이다.

(2) 쟁점

이 사건에서 원고는 은행대출을 받은 자금으로 TNT Finance에 대한 장기차입금채무를 상환하고, TNT그룹은 그 돈으로 다시 원고가 실시하는 유상증자에 참여하여 자금을 원고에게 이전하고 원고는 그 자금으로 다시 은행 대출금을 상환하는 일련의 거래를 행하였다. 이러한 거래에 대해 과세당국은 실질과세원칙을 적용하여 TNT EWW와 TNT Finance의 거래실체를 부정하고 최종 모회사인 TNT Express가 원고에게 행한 채무의 출자전환으로 거래를 재구성하여 과세할 수 있는지 여부가 문제되었다.

(3) 1심법원과 원심법원의 판단

이 사건에서 1심법원과 원심법원은 모두 실질과세원칙에 의거하여 거래를 재구성할 수 없다고 판단하였다. 이 사건에서 원심법원은 1심법원의 판결 결과를 폭넓게 원용하고 있으므로 아래에서는 1심법원 판결문의 해당 부분을 인용하기로 한다.

"1) 법리

실질과세의 원칙은 헌법상의 기본이념인 평등의 원칙을 조세법률관계에 구현하기 위한 실천적 원리로서, 조세의 부담을 회피할 목적으로 과세요건사실에 관하여 실질과 괴리되는 비합리적인 형식이나 외관을 취하는 경우에 그 형식이나 외관에 불구하고 실질에 따라 담세력이 있는 곳에 과세함으로써 부당한 조세회피행위를 규제하고 과세의 형평을 제고하여 조세정의를 실현하고자 하는 데 주된 목적이 있다. 한편, 실질과세의 원칙을 지나치게 강조할 경우 조세법률주의와 서로 충돌할 우려가 있으므로, 실질과세의 원칙은 예측가능성과 법적 안정성이 훼손되지 않는 범위 내에서 합목적적이고 탄력적으로 해석, 적용되어야 한다.

국세기본법 제14조 제3항은 제3자를 통한 간접적인 방법이나 둘 이상의 행위 또는 거래를 거치는 방법으로 이 법 또는 세법의 혜택을 부당하게 받기 위한 것으로 인정되는 경우에는 그 경제적 실질 내용에 따라 당사자가 직접 거래를 한 것으로 보거나 연속된 하나의 행위 또는 거래를 한 것으로 보아 이 법 또는 세법을 적용한다고 규정하고 있다. 이는 납세자가 조세회피를 위하여 우회행위 내지 다단계행위를 한 경우, 경제적 실질에 따라 과세할 수 있음을 규정한 것이다.

위 법리에 비추어 법률규정을 살펴보면, 국세기본법 제14조 제3항을 적용하여 당사자들이 스스로 선택한 법형식을 부인하고 경제적 실질 내용에 따라 과세하기 위해서는, (1) 그 행위가 제3자를 통한 간접적인 방법(우회거래)이나 둘 이상의 행위 또는 거래를 거치는 방법(다단계거래)이어야 하고, (2) 세법의 혜택을 부당하게 받기 위한 것으로 조세회피 목적이 인정되어야 하며, (3) 법적 형식과 다른 경제적 실질이 존재하여야 한다고 봄이 상당하다.

2) 사안의 경우

(가) 이 사건 처분을 함에 있어서 과세관청인 피고는 '원고의 유상증자를 통한 TNT EWW로부터의 자금조달행위', '원고의 TNT Finance에 대한 채무상환행위' 및 그 과정에서의 '원고의 금융기관으로부터의 자금대출 및 그 상환' 등 일련의 행위를 '이 사건 최종 모회사의 원고에 대한 채권(채무) 출자전환행위'와 그 경제적 실질이 같은 것으로 보고, 이는 이 사건 최종 모회사 및 원고가 구 법인세법 제17조 제1항 제1호 단서에 따른 조세부담을 회피하기 위한 목적에서 비롯된 것으로 보았다.

(나) 먼저, TNT EWW의 유상증자참여, 원고의 TNT Finance에 대한 채무상환, 원고의 금융기관 대출 및 상환 등 일련의 행위를 우회거래

내지 다단계거래로 보아 이 사건 최종 모회사의 채무 출자전환행위로 보기 위해서는, TNT EWW와 TNT Finance가 해당 거래에 있어 도관에 불과하고 실질적인 채권자이자 유상증자 참여자가 이 사건 최종 모회사라는 점이 인정되어야 한다.

이는 실질귀속자 과세의 문제, 즉 소득의 귀속주체의 문제가 아니라, 경제적 실질에 따른 조세회피행위의 규제에 있어 단계거래에 참여한 수개의 권리주체의 형식과 실질이 다른 경우 그 형식을 부인할 수 있는지의 문제이다.

살피건대, 위 인정사실에 의하면, 비록 TNT EWW, TNT Finance, 이 사건 최종 모회사의 소재지가 같은 점, 이사회 등 인적 조직이 상당히 중복되는 점, TNT Finance의 경우 자체적으로 직원을 두고 있지 않고 대부분의 업무를 아웃소싱하여 TNT Headoffice 등에 소속된 직원을 통하여 수행한 점 등의 사정은 있으나, 앞서 살펴본 여러 사정들, 즉 ① TNT EWW는 지주회사로서, TNT Finance는 그룹 내 금융회사로서, 이미 오래전 독자적인 사업목적을 가지고 설립되었던 점, ② 세계 각국에 계열사를 두고 항공운송사업을 하는 TNT 그룹의 구조 및 사업특성에 비추어 볼 때, TNT EWW는 세계 각국에 소재한 계열사의 지주회사로서, TNT Finance는 그룹 내 은행 및 각 계열사 간 채권채무 정산을 위한 기관으로서, 존재의의가 있고, 실질적으로 고유한 기능과 역할을 수행하고 있는 것으로 보이는 점, ③ TNT EWW가 인적·물적 시설을 갖추고 독자적으로 활동하는 사실이 확인되고 있고, TNT Finance 역시 그 스스로의 명의로 계약을 체결하거나 각 계열사간 채권채무정산업무, 자금차입 등 업무를 독자적으로 수행하고 있는 사실이 확인되는 등 그 실체를 인정할 수 있는 점, ④ 이 사건 거래에 있어서도, TNT EWW는 지주회사로서 원고의 주주 입장에서 유상증자에 참여한 것이고, TNT Finance 역시 원고에 대한 채무를 변제받거나 채권·채무를 정산하였으며, 나아가 이 사건 거래에 있어 자금조달에 관여하였다고 하더라도 이는 그 사업목적에 부합하는 업무를 한 것으로 볼 수 있는 점, ⑤ TNT Headoffice가 씨티은행의 대출협상을 하는 등 원고의 금융기관 대출에 관여한 정황이 있더라도, 그룹 내 계열사들로부터 아웃소싱을 받아 각종 서비스 업무를 제공함으로써 계열사를 지원하는 역할을 하는 그 기능과 사업목적에 비추어 볼 때 원고나 TNT Finance에게 관련 용역을 제공한 것으로 볼 수 있는 점 등을 종합하면, TNT EWW, TNT Finance는 독자적인 실체를 가지고 고유한 사업목적을 수행하는 그룹 내 중간지주회사 내지 금융회사로 봄이 상당하고, 이 사건 거래에 있어서도 그 기능과 사업목적에 부합하는 역할을 수행한 것으로 보이므로, TNT EWW, TNT Finance를 이 사건 거래에 있어 단지 이 사건 최종 모회사의 도관에 불과하다고 보아 세법상으로 그 실체나 형식을 부인할 수 있다고 보기는 어렵다.

(다) 또한, 위 유상증자, 채무상환, 대출 및 상환 등 일련의 행위를 하나의 채무 출자전환행위로 보기 위해서는, 유상증자, 채무상환, 대출 및 상환 등의 거래가 오로지 조세회피 목적에서 비롯된 중간 거래로서 독자적인 의미를 갖기 어렵고, 그 경제적 실질이 채무의 출자 전환행위에 해당한다는 점도 인정되어야 한다.

그러나 위 인정사실에 의하여 알 수 있는 다음과 같은 사정들, 즉 ① 원고가 취한 법형식은 결손법인인 원고가 유상증자를 통하여 주주로부터 조달한 자금으로 채권자에 대한 채무를 상환하여 재무구조를 개선한 것으로, 뚜렷한 동기 내지 목적이 있는 행위로 평가할 수 있고, 현행 법제도 하에서도 허용되는 것인 점, ② 2010. 10. 4. 상환한 채무의 채권자는 TNT Finance인 것으로 보이고, 2011. 2. 22. 상환한 채무의 채권자는 TNT 그룹의 각국 계열사인 것으로 보이며, 위 각 채무는 원고가 항공운송사업을 영위하면서 발생한 사업상 채무인바, 주주인 TNT EWW에 대한 채무라고 볼 수 없어, 형식상 채무의 출자전환이 가능하다고 보기도 어려운 점, ③ 나아가 이 사건 각 유상증자 당시 시행된 구 상법(2011. 4. 14. 법률 제10600호로 개정되기 전의 것) 제334조는 주주는 납입에 관하여 상계로써 회사에 대항하지 못한다고 규정하고 있었으므로, 출자자가 자신의 채권으로 신주인수대금 납입의무와 상계하는 것이 허용되지 않았고, 다만 예외적으로 금융기관인 채권자가 대출채권을 출자로 전환하는 경우에만 상계가 허용되었을 뿐인바, 금융기관이 아닌 TNT EWW, TNT Finance 내지 이 사건 최종 모회사가 그 채권을 출자전환하는 것이 법상 허용되지도 않았던 점, ④ 유효하게 성립한 법형식을 부인하면서, 당사자 사이의 채권채무관계에 비추어 가능하지 않고 법제도상으로도 허용되지 않는 채무의 출자전환을 그 경제적 실질로 인정하기는 어려운 점, ⑤ 피고는 원고가 금융기관에서 대출받은 금원으로 TNT Finance에 대한 채무를 상환한 후 증자대금을 받아 금융기관 대출금을 상환한 일련의 거래가 단기간 내에 이루어졌고, TNT 그룹이 실질적으로 납입한 증자대금은 없다는 취지로 주장하나, 이에 대하여 원고는 유상증자 결의 후 금융기관에서 우선 대출을 받아 TNT Finance에 대한 채무를 상환한 것은 국가별로 복잡한 외국환규제법령으로 인하여 국가에 따라 유상증자대금을 납입하여 채무를 상환하기까지 상당한 시일이 소요되기 때문에 우선 금융기관으로부터 대출을 받아 채무를 상환하는 것이 그룹 차원의 정책이고, 그와 같은 지침에 따라 처리한 것이라고 변소하고 있는바, 그 설명이 나름대로 합리적인 점, ⑥ 주주의 채권을 출자전환함으로써 원고에게 채무면제이익이 생겼다면 주주인 TNT EWW에는 그만큼의 손해가 발생해야 하는데, 이 사건 거래로 인하여 TNT EWW는 출자한 금액만큼 유효하게 투자자산을 보유하고 있어 어떠한 손해가 발생하였다고 볼 수 없고, 한편, 원고는 주식발행초과금의 대부분을 결손보전에 충당한 것으로 보이는 점, ⑦ 나아가 피고가 주장하는 여러 사정만으로는 원고에게 조세회피 목적이 있었다고 단정하기도 어려워 보이는 점 등을 종합하면, 이 사건 거래가 원고 등이 구 법인세법 제17조 제1항 제1호 단서에 따라 조세부담을 회피할 목적에서 한 독자적인 의미를 갖기 어려운 중간행위로서 그 경제적 실질이 채무의 출자전환행위에 해당한다고 보기는 어렵다고 판단된다.

(라) 나아가 피고는, 원고 및 TNT 그룹이 원고의 국내 소득에 대한 법인세 회피를 위해 수년간 계열사에 대한 채무를 과다 계상함으로써 결손상태를 초래하여 장기간 법인세를 납부하지 않다가, 기업매각을 앞두고 채무를 면제하여 출자 지분화함으로써 재무구조를 개선하고 기업가치를 증가시켜 채무면제이익에 대한 법인세를 회피하고 국내 투자이익을 회수하고자 하는 등 장기적 관점에서 조세를 회피하였다는 취지로도 주장하나, 피고가 제출한 증거만으로는 원고가 장기간에 걸쳐 법인세 회피 목적으로 채무를 과다 계상하여 왔다는 사실을 인정하기에 부족하고, 달리 이를 인정할 증거가 없다.

3) 따라서 이 사건 처분은 위법하다."[137]

(4) 대법원의 판단

"1. 국세기본법 제14조 제3항은 "제3자를 통한 간접적인 방법이나 둘 이상의 행위 또는 거래를 거치는 방법으로 이 법 또는 세법의 혜택을 부당하게 받기 위한 것으로 인정되는 경우에는 그 경제적 실질 내용에 따

137 서울행정법원 2017. 1. 12. 선고 2015구합82532 판결.

라 당사자가 직접 거래를 한 것으로 보거나 연속된 하나의 행위 또는 거래를 한 것으로 보아 이 법 또는 세법을 적용한다."라고 규정하고 있다.

국세기본법에서 이와 같이 제14조 제3항을 둔 취지는 과세대상이 되는 행위 또는 거래를 우회하거나 변형하여 여러 단계의 거래를 거침으로써 부당하게 조세를 감소시키는 조세회피행위에 대처하기 위하여 그와 같은 여러 단계의 거래 형식을 부인하고 실질에 따라 과세대상인 하나의 행위 또는 거래로 보아 과세할 수 있도록 한 것으로서, 실질과세의 원칙의 적용 태양 중 하나를 규정하여 조세공평을 도모하고자 한 것이다. 그렇지만 한편 납세의무자는 경제활동을 할 때에 동일한 경제적 목적을 달성하기 위하여 여러 가지의 법률관계 중의 하나를 선택할 수 있고 과세관청으로서는 특별한 사정이 없는 한 당사자들이 선택한 법률관계를 존중하여야 하며(대법원 2001. 8. 21. 선고 2000두963 판결 등 참조), 또한 여러 단계의 거래를 거친 후의 결과에는 손실 등의 위험 부담에 대한 보상뿐 아니라 외부적인 요인이나 행위 등이 개입되어 있을 수 있으므로, 그 여러 단계의 거래를 거친 후의 결과만을 가지고 그 실질이 하나의 행위 또는 거래라고 쉽게 단정하여 과세대상으로 삼아서는 아니 된다.

그리고 법원은 변론 전체의 취지와 증거조사의 결과를 참작하여 자유로운 심증으로 사회정의와 형평의 이념에 입각하여 논리와 경험의 법칙에 따라 사실 주장이 진실한지 아닌지를 판단하며, 원심판결이 이와 같은 자유심증주의의 한계를 벗어나지 아니하여 적법하게 확정한 사실은 상고법원을 기속한다(행정소송법 제8조 제2항, 민사소송법 제202조, 제432조).

2. 원심은 제1심판결 이유를 인용하고 일부 이유를 추가하여, 다음과 같은 취지로 판단하였다.

가. 네덜란드 소재 다국적 항공운송기업인 티엔티(TNT) 그룹[최종 모회사는 네덜란드 법인 티엔티 익스프레스(TNT Express N.V.)로서, 이하

'이 사건 최종 모회사'라 한다] 내 국내 계열사인 원고가 원심 판시 금융기관 대출, 티엔티 그룹 계열사인 네덜란드 법인 티엔티 파이낸스(TNT Finance B.V., 이하 '티엔티 파이낸스'라 한다)에 대한 채무 상환, 유상증자, 위 금융기관 대출금 상환 행위(이하 이를 통틀어 '이 사건 거래'라고 한다)를 하였고, 원고의 모회사인 네덜란드 법인 티엔티 익스프레스 월드와이드(TNT Express Worldwide N.V., 이하 '이 사건 모회사'라 한다)가 그 유상증자 주식을 전부 인수하였다.

나. 이 사건 모회사와 티엔티 파이낸스는 독자적인 실체를 가지고 고유한 목적사업을 수행하는 그룹 내 중간지주회사 내지는 금융회사로서, 이 사건 거래에서 단지 이 사건 최종 모회사의 도관에 불과하다고 보아 세법상으로 그 실체나 형식을 부인하기 어렵다.

다. 원고는 항공운송사업을 영위하면서 발생한 티엔티 파이낸스 등에 대한 사업상 채무를 부담하고 있는 상태에서 이 사건 거래를 통하여 유상증자로 조달한 자금으로 재무구조를 개선한 것으로서 뚜렷한 동기 내지는 목적이 있는 행위라고 평가할 수 있고, 이 사건 모회사는 위 사업상 채무의 채권자가 아니어서 채권의 출자전환이 불가능하며 이 사건 거래로 인하여 어떠한 손해가 발생하였다고 보기 어려운 사정 등을 종합하면, 이 사건 거래에 관한 개별 행위들이 구 법인세법(2011. 12. 31. 법률 제11128호로 개정되기 전의 것) 제17조 제1항 제1호 단서에 따른 조세부담을 회피할 목적에서 한 독자적인 의미를 갖기 어려운 중간행위로서 그 경제적 실질이 채무의 출자전환행위에 해당한다고 보기 어렵다.

라. 또한 원고가 장기간에 걸쳐 법인세 회피 목적으로 채무를 계상하여 왔다는 피고 주장 사실을 인정할 증거가 부족하다.

마. 결국 위와 달리 이 사건 거래를 '이 사건 최종 모회사의 원고에 대한 채권(채무)출자전환행위'와 그 경제적 실질이 같고 조세부담을 회피하

기 위한 목적에서 비롯되었다고 본 피고의 이 사건 처분은 위법하다.

3. 이러한 원심의 판단에 이른 사실인정에 대하여 다투는 취지의 상고이유 주장은 실질적으로 사실심 법원의 자유심증에 속하는 증거의 취사선택과 증거가치의 판단을 탓하는 것에 불과하여 받아들일 수 없다. 그리고 원심판결 이유를 위 법리와 적법하게 채택된 증거들에 비추어 살펴보아도, 원심의 판단에 상고이유 주장과 같이 티엔티 파이낸스에 대한 채무부담 경위 및 티엔티 파이낸스와 이 사건 모회사의 법적 지위에 관하여 필요한 심리를 다하지 아니하거나 국세기본법 제14조 제3항에 관한 법리를 오해하는 등의 잘못이 없다."[138]

3) 대법원 2018. 8. 30. 선고 2016두51696 판결

(1) 사실관계

외국증권업자 갑(이하 '원고'라 한다)은 자신이 국내에서 주식워런트증권(이하 'ELW'라 한다)을 발행하지 못하자 유동성 공급계약을 맺은 주식워런트증권 발행사로부터 주식워런트증권(이하 'ELW'라 한다)을 인수하여 이를 투자자들에게 매도하는 방식으로 거래를 하였다. 원고는 발행사로부터 ELW를 인수하는 대신에 발행사에게 ELW와 상품 내용이 동일한 장외파생상품을 매도하는 거래를 하였다.

원고는 발행사로부터 인수한 ELW의 인수가격에서 투자자에 대한 매도가격을 뺀 금액만큼의 손실이 실현되어 확정되었다고 보아 이를 ELW 매도 시점이 속한 사업연도의 손금에 산입하였다. 과세당국은 이러한 납세자의 행위가 조세를 부당하게 회피하기 위한 행위로 판단하고 이를 부인하였다.

138 대법원 2017. 12. 22. 선고 2017두57516 판결.

(2) 쟁점

사실관계에서 나타난 것처럼 원고가 발행사로부터 ELW를 인수하여 매도인에게 판매하고 발행사에게는 ELW 인수 시 ELW와 상품내용이 동일한 장외파생상품을 판매하는 거래를 취하였으며, 이를 통해 ELW 매도시점에 ELW의 인수가격에서 투자자에 대한 매도가격을 뺀 금액만큼의 손실이 실현된 것으로 보아 ELW 매도 시점이 속한 사업연도의 손금에 산입할 수 있는지 여부가 논란이 되었다.

(3) 대법원의 판단

"(1) 국세기본법 제14조는 세법의 과세표준 계산에 관한 규정은 행위 또는 거래 등의 명칭이나 형식에 무관하게 그 실질 내용에 따라 적용하고(제2항), 제3자를 통한 간접적인 방법이나 둘 이상의 행위 또는 거래를 거치는 방법으로 세법의 혜택을 부당하게 받기 위한 것으로 인정되는 경우에는 그 경제적 실질 내용에 따라 직접 거래 또는 연속된 하나의 행위 또는 거래로 보아 세법을 적용(제3항)하도록 정하고 있다.

(2) 원심은, 아래의 사정 등에 비추어 원고가 조세의 부담을 회피할 목적으로 합리적인 이유 없이 실질과 괴리되는 거래 형식이나 외관을 취하였다고 볼 수는 없으므로, 이에 대해 국세기본법 제14조 제2항, 제3항에 규정된 실질과세원칙을 적용하여 과세할 수 없다고 판단하였다.

① 외국증권업자인 원고는 원고 또는 국내 지점 명의로 ELW를 발행할 수 없자, 유동성 공급자로서 발행사로부터 ELW를 발행가격에 인수하여 투자자들에게 ELW를 매도하고 그와 별도로 발행사에 ELW와 상품 내용이 동일한 장외파생상품을 매도하는 방법을 선택하였다.

② 이와 같은 거래를 통하여 기초자산 가격의 등락에 따른 이익의 실현가능성은 유동성 공급자인 원고에게 이전되지만, 발행사는 ELW 발

행에 따른 확정적인 수수료를 받고 기초자산 가격의 하락으로 손실을 안을 위험에서 벗어나므로, 이를 비합리적인 거래로 단정할 수 없다.

③ 한국거래소의 최저발행가액 규제를 고려할 때 원고와 같은 유동성 공급자나 발행사는 ELW의 발행가액을 임의로 결정할 수 없고, 원고가 ELW를 인수하는 단계에서 추후 최초 투자자에게 매도할 때의 시장가격을 미리 결정할 수도 없어 시가에 근접한 가격으로 이를 인수할 수 있었다고 보기도 어렵다.

④ 이로 인해 원고가 ELW를 인수하여 매도한 사업연도에는 처분손실만이 반영되고 아직 실현되지 않은 평가손익은 인정받지 못하게 되는 결과가 발생할 수 있지만, 이는 세법 규정에 따른 것으로서 위법하거나 부당하다고 볼 수 없다.

(3) 앞서 본 규정과 관련 법리에 따라 살펴보면, 원심의 이러한 판단은 정당하다. 거기에 실질과세의 원칙에 관한 법리를 오해한 잘못이 없다."[139]

139 대법원 2018. 8. 30. 선고 2016두51696 판결

제7절 | 한국 세법상 주요 적용영역별 실질과세원칙의 기능 정도

I. 조세회피행위

1. 조세회피행위의 개념

한국에서 조세회피행위는 일반적으로 "납세자가 합리적인 거래형식에 의하지 않고 우회행위, 다단계적 행위 그 밖의 비정상적인 거래형식을 취함으로써 통상적인 행위형식에 의한 경우와 같은 경제적 목적을 달성하면서도 조세의 부담을 부당히 감소시키는 행위"로 정의되고 있다.[140] 이러한 조세회피행위를 개념적으로 이해함에 있어서 조세회피행위와 법률회피행위의 관계를 어떻게 이해하는지가 중요한 관점 중의 하나라고 할 수 있다. 한국에서는 조세회피행위와 법률회피행위의 이론적 연관관계를 다루는 문헌이 많지 않다. 이태로·한만수는 "조세회피행위는 법률회피행위(Gesetzesumgehung)의, 즉 탈법행위의 일종이라고 보아도 무방할 것이다."라고 언급하고 있다.[141] 그러나 왜 조세회피행위가 탈법행위의 일종인지에 대한 설명은 생략되어 있다. 또한 조세회피와 법률회피를 별개의 제도로 구분하는 경우도 있다.[142] 그 이유로는 다음과 같은 두 가지를 들고 있다. 첫째, 법률회피 개념은 금지규정을 전제로 하는 것인데

140 임승순, 『조세법』, 박영사, 2021, 68면.

141 이태로·한만수, 『조세법강의』, 박영사, 2010, 32면.

142 이재희, 「조세회피행위의 규제와 조세법률주의」, 『저스티스』 통권 제115호, 한국법학원, 2010, 270–271면; 안경봉, 『조세회피에 관한 연구–전형적 거래를 중심으로–』, 서울대학교 법학박사학위논문, 1993, 14–16면.

조세회피의 경우에는 그러한 금지규정을 전제로 하지 않는다는 점을 지적한다. 둘째, 법률회피에서는 그러한 회피행위로 피해를 보게 될 수 있는 자는 사인(私人)이므로 법원으로서는 법률을 적극적으로 해석하여 그러한 사인의 피해를 방지하기 위하여 노력할 의무가 있지만 조세회피의 경우에 피해자라고 할 수 있는 주체는 국가이고 국가는 스스로 필요한 법률을 제정하여 자신의 행위를 정당화하여야 하는 것이며 법원이 사인처럼 그 보호를 위해 적극적으로 해석활동을 할 이유는 없다는 점을 지적한다.[143]

조세회피행위의 개념징표로 제1장 제1절 IV.에서 언급하였던 ①조세회피행위는 세법적 효과발생을 위한 요건으로 일정한 행위형식이 아닌 경제적 성과를 조건으로 규정하고 있는 법규를 전제로 한다는 점, ② 조세회피행위는 그 거래행위를 실체적으로 규율하는 법률에 따를 경우에는 유효한 행위이어야 한다는 점, ③ 조세회피행위를 하는 납세자는 해당 행위를 통하여 회피하려고 한 세법조문의 법률문언과 그 법률문언을 사용하여 입법자가 과세요건으로 설정하고자 한 입법자의 취지 내지는 목적과의 불일치를 활용하여 거래구조를 형성한다는 점 등은 한국에서도 그대로 타당하다고 할 것이다. 마지막으로 어떤 납세자의 조세절감시도가 조세회피행위로 판단되기 위하여 납세자의 조세회피의도라는 주관적 요소가 전제되어야 하는지와 관련하여 현재 한국에서도 조세회피행위 성립에 주관적 회피의도는 필요하지 않다고 보는 것이 학계의 지배적 입장이다.[144] 이에 대한 판례의 입장은 명확하지는 않다. 한국에서 조세회피방지제도로 중요한 역할을 하는 부당행위계산부인제도의

143 이재희, 「조세회피행위의 규제와 조세법률수의」, 『저스티스』 통권 제115호, 한국법학원, 2010, 270-271면; 안경봉, 『조세회피에 관한 연구–전형적 거래를 중심으로–』, 서울대학교 법학박사학위논문, 1993, 14-16면.

144 다른 법영역에서의 탈법행위요건에도 주관적 회피의도는 요하지 않는다는 것이 일반적 설명이다.

적용과 관련해서는 조세회피의 주관적 의도는 중요하지 않다는 입장을 피력하고 있다.[145] 그러나 실질과세원칙의 적용이 문제된 사례에서 해당 거래가 "조세회피의 목적"이 있는 거래인지 여부를 중요하게 보고 있는 판례도 있다(대법원 2015. 7. 23. 선고 2013두21373 판결).

> 구 국세기본법(2007. 12. 31. 법률 제8830호로 개정되기 전의 것, 이하 같다) 제14조 제1항에서 규정하는 실질과세의 원칙은 소득이나 수익, 재산, 거래 등의 과세대상에 관하여 그 귀속명의와 달리 실질적으로 귀속되는 자가 따로 있는 경우에는 형식이나 외관을 이유로 그 귀속명의자를 납세의무자로 삼을 것이 아니라 실질적으로 귀속되는 자를 납세의무자로 삼겠다는 것이므로, 재산의 귀속명의자는 이를 지배·관리할 능력이 없고, 그 명의자에 대한 지배권 등을 통하여 실질적으로 이를 지배·관리하는 자가 따로 있으며, 그와 같은 명의와 실질의 괴리가 조세를 회피할 목적에서 비롯된 경우에는, 그 재산에 관한 소득은 그 재산을 실질적으로 지배·관리하는 자에게 귀속된 것으로 보아 그를 납세의무자로 삼아야 할 것이고, 이러한 원칙은 법률과 같은 효력을 가지는 조세조약의 해석에 있어서도 이를 배제하는 특별한 규정이 없는 한 그대로 적용된다고 할 것이다(대법원 2013. 4. 11. 선고 2011두3159 판결 등 참조).[146]

2. 조세회피행위의 방지방법에 대한 이해

한국에서 세법규정 해석은 지금까지 소위 '엄격해석원칙'이라는 것에 의하여 매우 보수적으로 행하여져 왔고,[147] 그 결과로 기존 세법규정(회피

---

145 대법원 1996. 7. 12. 선고 95누7260 판결.

146 대법원 2015. 7. 23. 선고 2013두21373 판결.

147 우리나라의 세법교과서와 법원판결에서는 마치 '엄격해석원칙'이라는 것이 세법의 한 해석원칙인 것처럼 이해되고 있다. 하지만 세법해석방법도 다른 법 해석방법과 원칙적으로 다를 바가 없다는 측면에서 보았을 때 다른 법영역에서는 거론되지 않는 '엄격해석원칙'이라는 것이 세법에서 거론되는 것 자체가 이상하다. 세법규정이 국민의 재산권을 침해하므로 엄격하게 해석하여야 한다면, 재산권보다 더한 신체의 자유를 침해하는 경찰행정법규는 당연히 더 엄격하게 해석하여야 하겠지만 경찰행정법영역에서는 이러한 엄격해석원칙을 언급하지 않는다. 법해석은 적절한 법해석과 적

대상이 된 법률규정)의 법해석을 통한 조세회피행위 방지라는 것은 거의 불가능한 실정이었다. 다만, 몇몇 사례에 있어서 법원은 '가장행위이론'을 통해, 또는 특별히 이론적 근거를 설시하지 않으면서도 실제적으로는 별도의 조세회피방지규정에 근거하지 않고 조세회피행위를 부인하는 내용으로 판결하기도 하였다.[148]

이처럼 기존 세법규정의 해석을 통한 조세회피방지가 사실상 힘들기 때문에 입법에 의한 조세회피방지에 크게 기대를 해야 하는 상황이다. 입법에 의한 조세회피방지 가운데에서도 과거 한국에서는 주로 소득세법 등 개별세법에 조세회피방지를 위한 다양한 개별조문을 입법하여 조세회피행위를 방지하는 데 주력하여 왔다. 그 이유는 판례와 다수의 문헌에서 조세회피행위를 방지하기 위해서는 조세법률주의 원칙상 개별적 부인규정에 의거하여 부인해야 한다는 입장을 피력하고 있었기 때문이다.[149] 그러한 개별세법 규정 가운데에는 소득세법과 법인세법 등에 입법되어 있는 부당행위계산 부인제도가 가장 중요한 역할을 수행하여 왔다.

3. 실질과세원칙에 의한 조세회피행위방지의 정도

개별규정방식에 의한 조세회피방지는 근본적인 한계가 있을 수밖에 없다. 아무리 현명한 입법자라고 하더라도 모든 조세회피가능성을 선제적으로 파악하여 완벽하게 입법을 하는 것은 불가능하기 때문이다. 따라서 일반규정이나 일반이론에 의한 조세회피행위의 규제가능성에 대한

절하지 않은 법해석이 있을 뿐이고, 적절한 법해석인 한은 엄격한 해석인가, 엄격하지 않은 해석인가 하는 구별은 무의미한 것이다. 만약에 적절한 해석 자체를 엄격해석으로 이해한다면 이는 굳이 '엄격해석원칙'이라는 별도의 용어로 설명할 필요가 없는 것이다

148 대표적으로 대법원 1992. 5. 26. 선고 91누8449 판결; 대법원 1989. 4. 11. 선고 88누8630 판결.

149 대법원 1992. 9. 22. 선고 91누13571 판결; 대법원 1996. 5. 10. 선고 95누5301 판결; 윤병각, 「실질과세원칙과 조세회피행위의 부인」, 『법과 정의 경사 이회창선생 화갑기념논문집』, 95. 11, 396면.

검토들이 끊임없이 시도되고 있다.

일부 학자들은 실질과세원칙을 규정한 국세기본법 제14조(특히 동조 제2항)를 우리 세법에 있어서 조세회피방지를 위한 일반규정(GAAR)으로 이해하기도 한다.[150] 이 규정과 동일한 규정이 2006. 5. 24. 「국제조세조정에관한 법률」이 개정되면서 제2조의2 제3항에 신설되었다. 이 조문은 국제조세에서 조세회피행위를 방지하기 위한 일반규정의 취지로 입법된 것이다. 그런데 이 조문은 국제거래에만 적용되므로 국내거래와 비교했을 때 차별적 규정으로 인식될 수 있는 여지가 있었다. 이에 따라 입법자는 2007년 12월 세법개정을 통해 국조법 제2조의2 제3항과 동일한 조문을 국세기본법 제14조 제3항으로 신설한 것이다. 그렇다면 국세기본법 제14조 제3항은 그 입법취지상 조세회피방지를 위한 일반규정이 되어야 마땅하다.

그러나 아직까지 한국의 판례와 문헌에서는 법적 실질설을 지지하는 경향이 적지 않고 그 결과 실질과세원칙에 근거하여 조세회피행위를 부인하는 것은 쉽지 않은 상황이다. 그래서 판례도 국세기본법 제14조 제3항과 같은 규정이 신설되었음에도 조세회피방지를 위해서는 '개별적 부인규정'이 필요하다고 판시하고 있는 상황이다.

> 납세의무자가 경제활동을 할 때에는 동일한 경제적 목적을 달성하기 위하여서도 여러 가지의 법률관계 중 하나를 선택할 수 있으므로, 그것이 과중한 세금의 부담을 회피하기 위한 행위라고 하더라도 가장행위에 해당한다고 볼 특별한 사정이 없는 이상 유효하다고 보아야 하며, 실질과세의 원

150 안경봉, 「세법에 있어서 형식과 실질」, 『특별법연구』 제8권, 박영사, 2006, 461면; 김성수, 『세법』, 법문사, 2003, 169면; 이태로·안경봉, 『조세법강의』 신정 4판, 박영사, 2001, 33면. 실질과세원칙에서의 실질을 소위 '경제적 실질'로 이해하는 견해는 기본적으로 모두 이와 동일한 입장으로 이해될 수 있다. 필자도 기본적으로는 이와 같은 입장을 취하고 있다. 참고, 이동식, 「현행 조세회피방지방법의 한계와 그 대안으로서 일반규정 방식의 입법에 의한 방지」, 『한국정책과학학회보』 제5권 제1호, 2001. 4., 94–95.

칙에 의하여 납세의무자의 거래행위를 그 형식에도 불구하고 조세회피행위라고 하여 효력을 부인할 수 있으려면 조세법률주의 원칙상 법률에 개별적이고 구체적인 부인규정이 마련되어 있어야 한다.[151]

하지만, 대법원은 최근 교차증여행위에 대해 과세행정청이 한 증여세 부과사건에서 국세기본법 제14조 제3항을 직접 적용하지는 않고 이와 문언이 동일한 구 상증세법 제2조 제4항을 적용하여 과세처분의 적법성을 긍정하면서 해당 조문과 국세기본법 제14조 제3항은 같은 취지임을 명시한 바 있는데[152] 이에 따라 향후에는 대법원이 국세기본법 제14조 제3항에 기초하여서도 조세회피행위를 방지할 수 있는 것이 아닌가 하는 예상을 해 볼 수 있게 되었다.[153]

Ⅱ. 위법·무효행위에 대한 과세

1. 견해 소개[154]

위법·무효인 행위를 기초로 하여 과세를 할 수 있는지 여부와 관련하여 국세에 관한 공통적인 사항을 규정한 국세기본법에서 명시적으로 규정한 바는 없다. 그러나 소득세법 등 개별세법에 이와 관련한 규정을 둔 경우는 있다.

이 문제와 관련하여 현재 국내에서는 부정설과 긍정설로 학설이 대립되어 있다.[155] 부정설의 논거는 ① 위법행위에 대해 과세를 하면 법상 그

151 대법원 2011. 4. 28. 선고 2010두3961 판결[종합소득세부과처분등취소].

152 대법원 2017. 2. 15. 선고 2015두46963 판결.

153 이동식, 「조세회피행위 방지를 위한 일반규정의 도입논의」, 『조세법연구』 제24집 제1호, 한국세법학회, 2018. 4., 26면 이하.

154 이 부분은 필자의 글(이동식, 「사법질서의 세법에서의 의미」, 『공법연구』 제31집 제2호, 한국공법학회, 2002. 12., 461면 이하) 중 일부를 재인용한 것임을 밝힌다.

155 참고, 김남욱, 「위법소득에 대한 과세처분」, 『토지공법연구』 제14집, 한국토지공법학회, 2001. 12., 318면 이하; 임승순, 『조세법』, 박영사, 2005, 56-57면.

위법을 시인하는 결과가 된다는 점, ② 위법소득의 경우 추후 반환되거나 환수될 가능성이 많은데 그것에 대해 과세를 하면 일시적으로 위법한 소득을 가지고 있던 자에게는 이중부담이 되어 가혹하다는 점을 든다. 반대로 긍정설은 ① 세법은 현실적인 소득의 존재여부에 따라 과세여부를 결정할 뿐이므로 위법소득에 대해 과세를 한다고 해서 그 위법행위를 법상 시인하는 것은 아니라는 점, ② 위법소득이 원칙적으로 환원되어야 하지만 환원되지 않는 경우도 있으므로 일단 과세를 하고 추후 환원되면 그때 가서 경정을 해 주면 된다는 점, ③ 적법소득자에게는 과세하면서 위법소득자에게 과세를 하지 않으면 위법소득자를 세법적으로 우대하는 결과가 된다는 점을 논거로 든다.

판례도 기본적으로 위법무효행위에 대해서는 과세를 할 수 있다는 입장이다(대법원 1985. 5. 28. 선고 83누123 판결).

> 과세소득은 이를 경제적인 측면에서 보아 현실로 이득을 지배관리하면서 이를 향수하고 있어 담세력이 있는 것으로 판단되면 족하고 그 소득을 얻게 된 원인관계에 대한 법률적 평가가 반드시 적법하고 유효한 것이어야 하는 것은 아니므로 법인과 이사 사이에 이익이 상반되는 금전소비대차라 하더라도 위 소비대차에서 발생한 이자소득을 과세소득에서 제외시킬 것은 아니다.[156]

다만 위법무효행위에 대한 과세와 관련하여 과거 대법원이 국토이용관리법 소정의 토지거래허가를 받지 않은 매매계약에 기초하여 당사자가 대금지급을 행한 경우 매도인에게 양도소득세를 부과할 수 있는가 하는 문제와 관련하여 우리 대법원은 부정적인 입장을 취한 바 있다(대

156 대법원 1985. 5. 28. 선고 83누123 판결.

법원 1993. 1. 15. 선고 92누8361 판결). 이러한 판례의 태도에 대해서는 위법소득에 대한 과세를 허용하는 대법원의 판례태도와 합치되지 않는다는 비판이 있었다.[157] 판례는 이러한 비판을 수용하여 현재는 이러한 경우 양도인에게 양도소득세를 과세하고 있다(대법원 2011. 7. 21. 선고 2010두23644 전원합의체 판결).

(가) 구 소득세법(2006. 12. 30. 법률 제8144호로 개정되기 전의 것, 이하 '구 소득세법'이라 한다) 제88조 제1항 본문은 "제4조 제1항 제3호 및 이 장에서 '양도'라 함은 자산에 대한 등기 또는 등록에 관계없이 매도, 교환, 법인에 대한 현물출자 등으로 인하여 그 자산이 유상으로 사실상 이전되는 것을 말한다."라고 규정하고 있을 뿐 자산이 유상으로 이전된 원인인 매매·교환·현물출자 등(이하 '매매 등'이라 한다) 계약이 법률상 유효할 것까지 요구하고 있지 않다. 한편 매매 등 계약이 처음부터 국토의 계획 및 이용에 관한 법률(이하 '국토계획법'이라 한다)에서 정한 토지거래허가를 배제하거나 잠탈할 목적으로 이루어진 경우와 같이, 위법 내지 탈법적인 것이어서 무효임에도 당사자 사이에서는 매매 등 계약이 유효한 것으로 취급되어 매도인 등이 매매 등 계약의 이행으로 매매대금 등을 수수하여 그대로 보유하고 있는 경우에는 종국적으로 경제적 이익이 매도인 등에게 귀속되고, 그럼에도 매매 등 계약이 법률상 무효라는 이유로 매도인 등이 그로 말미암아 얻은 양도차익에 대하여 양도소득세를 과세할 수 없다고 보는 것은 매도인 등으로 하여금 과세 없는 양도차익을 향유하게 하는 결과로 되어 조세정의와 형평에 심히 어긋난다.

(나) 국토계획법이 정한 토지거래허가구역 내 토지를 매도하고 대금을 수수하였으면서도 토지거래허가를 배제하거나 잠탈할 목적으로 매매가 아닌 증여가 이루어진 것처럼 가장하여 매수인 앞으로 증여를 원인으로 한 이전등기까지 마친 경우 또는 토지거래허가구역 내 토지를 매수하였으나

157 임승순, 「토지거래허가를 잠탈하기 위하여 매매를 증여로 등기한 경우의 과세관계」, 『조세법연구』 Ⅴ, 세법연구회, 1999, 238면.

그에 따른 토지거래허가를 받지 않고 이전등기를 마치지도 않은 채 토지를 제3자에게 전매하여 매매대금을 수수하고서도 최초 매도인이 제3자에게 직접 매도한 것처럼 매매계약서를 작성하고 그에 따른 토지거래허가를 받아 이전등기까지 마친 경우, 이전등기가 말소되지 않은 채 남아 있고 매도인 또는 중간 매도인이 수수한 매매대금도 매수인 또는 제3자에게 반환하지 않은 채 그대로 보유하고 있는 때에는 예외적으로 매도인 등에게 자산의 양도로 인한 소득이 있다고 보아 양도소득세 과세대상이 된다고 보는 것이 타당하다.[158]

2. 위법무효행위에 대한 민·형사적 조치와 과세조치의 관계

위법무효행위에 대해 과세를 하는 핵심적 이유는 행위자가 그러한 소득을 실질적으로 향유하고 있기 때문이다. 그런데 위법무효행위로 인한 소득은 원래 이익이 귀속되어야 하는 실체법적 권리자에게 환원되어야 하는 성격이 있어서 설혹 위법행위자가 당장은 그러한 행위로 인한 이익을 향유한다 하더라도 그러한 이익의 향유가 항구적으로 보장된 것은 아니다. 따라서 만일 위법무효행위자가 그러한 이익을 실제로 향유하지 못하게 된 경우 이를 과세상 어떻게 반영할 것인지가 문제된다.

먼저 민사소송을 통해 위법행위자가 자신의 위법무효행위로 인한 이익을 피해자에게 환원해 준 경우를 들 수 있다. 이러한 경우는 과세의 실체가 사라졌다고 할 수 있으므로 위법무효행위자에게 과세를 해서는 안 된다고 할 것이다. 만일 과세를 하였다면 국세기본법 제45조의2 제2항에 의거하여 후발적 경정청구를 허용해야 한다.

위법무효행위로 인한 이익이 권리자의 민사적 청구가 아니라 형사절차상 몰수나 추징에 의하여 국고에 귀속된 경우, 동일 이익에 대해 이와

158 대법원 2011. 7. 21. 선고 2010두23644 전원합의체 판결.

별도로 소득과세를 할 수 있는지도 문제된다. 최근 대법원 전원합의체 판결은 종래 판례를 변경하여 위법하게 획득한 소득에 대해 몰수·추징이 행해지고, 이후 후발적 사유가 발생하여 소득이 실현되지 아니하는 것으로 확정된 경우 당초 성립하였던 납세의무가 그 전제를 잃게 된 것으로 이해하여 이러한 경우에 소득세부과처분을 하는 것은 위법하다고 판단하였다(대법원 2015. 7. 16. 선고 2014두5514 판결).

> 과세소득은 경제적 측면에서 보아 현실로 이득을 지배·관리하면서 이를 향수하고 있어 담세력이 있다고 판단되면 족하고 그 소득을 얻게 된 원인관계에 대한 법률적 평가가 반드시 적법·유효하여야 하는 것은 아니다(대법원 1983. 10. 25. 선고 81누136 판결 등 참조). 이러한 점에서 구 소득세법(2008. 12. 26. 법률 제9270호로 개정되기 전의 것, 이하 같다) 제21조 제1항은 뇌물, 알선수재 및 배임수재에 의하여 받는 금품을 기타소득의 하나로 정하고 있다. 뇌물 등의 위법소득을 얻은 자가 그 소득을 종국적으로 보유할 권리를 갖지 못함에도 그가 얻은 소득을 과세대상으로 삼는 것은, 그가 사실상 소유자나 정당한 권리자처럼 경제적 측면에서 현실로 이득을 지배·관리하고 있음에도 불구하고 이에 대하여 과세하지 않거나 그가 얻은 위법소득이 더 이상 상실될 가능성이 없을 때에 이르러야 비로소 과세할 수 있다면 이는 위법하게 소득을 얻은 자를 적법하게 소득을 얻은 자보다 우대하는 셈이 되어 조세정의나 조세공평에 반하는 측면이 있음을 고려한 것이고, 사후에 위법소득이 정당한 절차에 의하여 환수됨으로써 그 위법소득에 내재되어 있던 경제적 이익의 상실가능성이 현실화된 경우에는 그때 소득이 종국적으로 실현되지 아니한 것으로 보아 이를 조정하면 충분하다.
>
> 그런데 형법상 뇌물, 알선수재, 배임수재 등의 범죄에서 몰수나 추징을 하는 것은 범죄행위로 인한 이득을 박탈하여 부정한 이익을 보유하지 못하게 하는 데 그 목적이 있으므로, 이러한 위법소득에 대하여 몰수나 추징이 이루어졌다면 이는 그 위법소득에 내재되어 있던 경제적 이익의 상실가능

성이 현실화된 경우에 해당한다고 보아야 한다.

따라서 이러한 경우에는 그 소득이 종국적으로 실현되지 아니한 것이므로 납세의무 성립 후 후발적 사유가 발생하여 과세표준 및 세액의 산정기초에 변동이 생긴 것으로 보아 납세자로 하여금 그 사실을 증명하여 감액을 청구할 수 있도록 함이 타당하다. 즉, 위법소득의 지배·관리라는 과세요건이 충족됨으로써 일단 납세의무가 성립하였다고 하더라도 그 후 몰수나 추징과 같은 위법소득에 내재되어 있던 경제적 이익의 상실가능성이 현실화되는 후발적 사유가 발생하여 소득이 실현되지 아니하는 것으로 확정됨으로써 당초 성립하였던 납세의무가 그 전제를 잃게 되었다면, 특별한 사정이 없는 한 납세자는 국세기본법 제45조의2 제2항 등이 규정한 후발적 경정청구를 하여 그 납세 의무의 부담에서 벗어날 수 있다고 보아야 한다. 그리고 이러한 후발적 경정청구사유가 존재함에도 과세관청이 당초에 위법소득에 관한 납세의무가 성립하였던 적이 있음을 이유로 과세처분을 하였다면 이러한 과세처분은 위법하므로 납세자는 항고소송을 통해 그 취소를 구할 수 있다고 할 것이다.

이와 달리 범죄행위로 인한 위법소득에 대하여 형사사건에서 추징판결이 확정되어 집행된 경우에도 소득세법상 과세대상이 된다는 취지로 판시한 대법원 1998. 2. 27. 선고 97누19816 판결, 대법원 2002. 5. 10. 선고 2002두431 판결 등은 이 판결의 견해에 저촉되는 범위에서 이를 변경하기로 한다.[159]

Ⅲ. 유추적 법적용의 허용여부

1. 학설

지금까지 국내 통설은 세법규정의 유추적 적용을 허용해서는 안 된다는 입장이다. 그 주된 논거로는 유추적 법적용을 허용하게 되면 조세법률주의가 추구하는 납세자의 예측가능성과 법적 안정성이 침해된다

159 대법원 2015. 7. 16. 선고 2014두5514 판결.

는 점을 들고 있다.[160] 통설은 명시적으로 밝히지는 않고 있지만 납세자에게 불리한 유추적 적용과 유리한 유추적 적용을 달리 취급하는 듯하다. 왜냐하면 조세법규의 예측가능성과 법적 안정성이라는 논거는 납세자에게 불리한 유추적 적용을 금지하는 논리로는 적절하지만 납세자에게 유리한 유추적 적용을 금지하는 논거로는 적절하지 못하기 때문이다. 그런데 예측가능성과 법적 안정성은 조세법률주의에서 파생되는 이념이며 조세법률주의는 납세자에게 유리하게 작동할 수도 있고 불리하게 작동할 수도 있을 것인데 통설이 주장하는 것처럼 이 원칙이 납세자에게 유리한 유추적 적용은 허용하고 불리한 경우에는 허용하지 않는다고 이해하는 것이 적절한지는 의문이다.

최근에는 유추적 법적용을 허용해야 한다는 주장이 가끔 문헌에서 등장하고 있다. 물론 이때 유추적 적용은 납세자에게 불리한 경우를 포함한 것이다. 그 논거로는 세법상 유추적 적용은 절대적으로 금지되는 것이 아니며 개별 사례에서 법적 안정성의 가치와 정의(형평과 합목적성)의 가치를 비교형량하여 전자보다 후자의 가치가 더 중요한 경우에는 허용하게 된다는 점을 들고 있다.[161]

2. 판례의 경우

판례의 경우에는 엄격해석원칙을 강조하며 외형적으로는 유추적 적용을 허용하지 않는 것이 기본입장인 것으로 이해된다. 하지만 실제 법원은 유추적 법적용을 하면서도 '유추'라는 단어를 사용하지 않고서 판결하는 사례도 다수 있고(예, 대법원 2006. 10. 27. 선고 2004두13288 판결), 또 납세자에게 유리한 경우에는 명시적으로 세법규정을 '유추적용'한다고 판

160 이태로·한만수, 『조세법강의』, 2010, 박영사, 27면.

161 이재호, 「세법상 유추의 가부에 관하여」, 『조세법연구』 XVII-1, 2011, 152면.

시하는 경우도 발견되고 있다(예, 대법원 2006. 9. 22. 선고 2004두12117 판결). 대체로 판례는 납세자에게 유리한 유추적 법적용은 허용되고 불리한 경우에는 허용되지 않는다는 입장인 것으로 이해된다.

> 부가가치세법 시행령 제61조 제1항 및 제4항은 동일한 사업자가 부가가치세 과세사업과 면세사업을 겸영하는 경우에 과세사업과 면세사업에 공통으로 사용되어 실지 귀속을 구분할 수 없는 매입세액 중 과세사업에 관련된 매입세액으로서 과세사업의 매출세액에서 공제받을 수 있는 세액과 면세사업에 관련된 매입세액으로서 그 매출세액에서 공제받을 수 없는 세액을 안분계산하는 방법 등을 규정하고 있는바, 그 규정 내용 및 취지와 부가가치세 비과세사업에 관련된 매입세액 역시 과세사업의 매출세액에서 공제받을 수 없는 것으로서 면세사업에 관련된 매입세액과 다를 바 없다는 점 등에 비추어, 위 규정은 동일한 사업자가 부가가치세 과세사업과 비과세사업을 겸영하는 경우에도 적용된다.[162]

> 위탁매매인 또는 대리인을 통하여 재화를 공급하거나 공급받는 경우에 위탁자 또는 본인을 알 수 없는 때를 제외하고는 위탁자 또는 본인이 직접 재화를 공급하거나 공급받는 것으로 본다고 규정한 부가가치세법 제6조 제5항은 그 취지에 비추어 볼 때 준위탁매매인에 의한 용역 공급의 경우에도 유추 적용된다.[163]

Ⅳ. 차용개념의 해석

1. 학설

세법상 차용개념에 대해 학설은 종래 세법독자적 해석을 부정하는 견해가 주류였다. 이 학설들은 ① 세법에 대한 사법의 우위를 인정해야 한

162 대법원 2006. 10. 27. 선고 2004두13288 판결[부가가치세부과처분취소].

163 대법원 2006. 9. 22. 선고 2004두12117 판결[부가가치세부과처분취소].

다는 점, ② 법의 통일성, ③ 법적 확실성과 납세자의 신뢰보호 내지는 행동의 자유공간보장 등을 그 논거로 들고 있다.[164]

차용개념에 대해 세법독자적 해석을 긍정하는 견해들은 ① 개념의 상대성(동일한 개념이라도 그 위치에 따라 개념의 내용이 달라질 수 있음)과 ② 사법에 대한 세법의 독자성을 긍정하여야 한다는 점을 그 논거로 들고 있다.

그 외에도 세법규정도 목적적 해석을 허용해야 하므로 차용개념의 의의는 그것을 규정하고 있는 법규의 목적과 관련하여 탐구하여야 한다는 견해도 있다. 이 견해는 기본적으로 차용개념은 사법의 의미로 이해해야 하지만 세법의 규정취지상 이를 세법에서 달리 해석해야 할 특단의 사정이 있는 경우에는 달리 해석할 수 있다는 입장이다. 이러한 입장을 기본적으로 차용개념의 세법독자적 해석을 부정하는 견해와 크게 다르지 않은 입장으로 평가하기도 한다.[165]

어떠한 입장이든 세법규정 자체에서 차용개념에 대해 세법 독자적으로 정의하는 입법적 조치를 하는 것은 허용된다고 보고 있다.[166]

2. 판례

판례는 대체적으로 차용개념의 세법 독자적 해석을 부정하는 입장이다. 그 논거로는 법적 안정성과 엄격해석원칙을 든다. 다만, 판례도 차용개념이라고 하더라도 세법에서 민사법상 개념과 다른 별도의 세법적 정의규정을 둔 경우 그 개념에 대해서는 세법 독자적 해석을 인정할 수 있다고 본다.

164 이강국, 「실질과세원칙」, 『사법논집』 제13집, 법원도서관, 1982, 471면.

165 구욱서, 『사법과 세법』, 도서출판 유로, 2010, 31면.

166 김민호, 「조세법에 있어 차용개념의 해석과 적용에 관한 연구—조세회피행위 방지와 관련하여—」, 『공법연구』 제31집 제1호, 한국공법학회, 2002, 586면.

구 소득세법(2000. 12. 29. 법률 제6292호로 개정되기 전의 것) 제94조 제4호는 '한국증권거래소에 상장되지 아니한 주식으로서 대통령령이 정하는 것의 양도로 인하여 발생하는 소득'을 양도소득세 과세소득으로 규정하고 있고, 그 위임에 따라 구 소득세법 시행령(2000. 12. 29. 대통령령 제17032호로 개정되기 전의 것) 제157조 제5항 제2호, 제1호 (다)목은 '주권상장법인 외의 법인의 대주주 등이 협회중개시장을 통하여 양도하는 주식'을 규정하고 있는 한편, 같은 조 제4항 제2호(이하 '이 사건 조항'이라 한다)는 위 '대주주 등'에 해당하는 경우 중 하나로 '주식의 양도일이 속하는 사업연도의 직전 사업연도 종료일(기준일) 현재 주주 1인 및 기타주주가 소유하고 있는 당해 법인의 주식의 시가총액이 100억 원 이상인 경우의 당해 주주 1인 및 기타주주'를 규정하고 있다.

이 사건 조항의 입법 취지 및 문언의 내용, 이 사건 조항 소정의 '소유'의 개념에 대하여 구 소득세법에 별도의 정의 규정을 두고 있지 않은 이상 특별한 사정이 없는 한 민사법과 동일하게 해석하는 것이 법적 안정성이나 조세법률주의가 요구하는 엄격해석의 원칙에 부합하는 점 등을 종합하면, 대주는 대차기간 동안 주식의 소유권을 차주에게 이전하여 차주로 하여금 이를 이용하게 하고 차주는 대차기간 종료시 동종·동량의 주식을 대주에게 반환할 것을 약정함으로써 성립하는 이른바 '주식대차계약'에 따라 차주에게 이전된 대차주식은 이 사건 조항에서 규정하는 '주주 등이 기준일 현재 소유하고 있는 당해 법인의 주식'에 포함되지 않는다고 봄이 상당하고, 차주로부터 대차주식을 조기에 반환받을 권리 또는 대차기간 중 대차주식에서 발생한 배당금 등을 차주로부터 반환받을 권리가 대주에게 유보되어 있다 하더라도 이는 대주의 차주에 대한 채권적 권리에 불과하여 위와 같은 해석에 아무런 영향을 미치지 아니한다.[167]

167 대법원 2010. 4. 29. 선고 2007두11092 판결.

제 3 장

일본의 실질과세원칙에 대한 이해

제1절 | 일본 세법상 실질과세원칙의 개념

일본 세법상 실질과세원칙(혹은 실질주의)은 주로 소득세 및 법인세와 관련하여 많이 논의되어 왔다. 그 이유는 일본의 경우에도 소득세나 법인세가 조세 가운데 세수 면이나 납세인원의 관점에서 봤을 때 가장 중요한 조세이고, 일본 세법에서 실질주의는 한국과 달리 주로 실질귀속에 관한 원칙으로 이해되는 측면이 강한데, 이와 관련하여 가장 문제가 되는 것이 이 두 세목이기 때문이다.[168]

세금의 부과징수는 조세법률주의가 의도하는 바에 따라 조세법이 정하는 바에 따라야 한다. 그리고 그러한 세금부과의 대상이 되는 것은 현실의 경제거래이다. 이러한 경제거래와 조세법을 결합시키는 것이 조세법의 해석·적용의 문제이다. 일본에서는 실질과세원칙을 이러한 세법의 해석·적용에 있어서 가장 중요한 기본원칙의 하나로 이해하고 있다.

조세의 부과징수 대상이 되는 사인의 경제적 거래행위는 계약의 자유를 원칙으로 하는 사법질서에 의해 규율되는 것인데, 그러한 행위에 대해 세금을 부과함에 있어서는 기본적으로 사법상 계약자유의 원칙을 유지하면서도 조세의 기본원칙인 '공평의 원칙'에 따라 조세의 부과징수를 하기 위해 필연적으로 요청되는 것이 '실질과세원칙'이라고 이해하고 있다.[169]

168 清永敬次, 「実質主義と租税回避」, 『法律時報』 39巻10号, 1967年, 24頁.
169 金子宏ほか 編, 『実践租税法大系(上) 基本法編』, 税務研究会, 1981年, 55-57頁.

일본 세법상 실질주의는 통상 소득의 귀속에 관한 원칙으로 일컬어져 왔다. 이는 이미 제2차 세계대전 전 행정재판소의 판결에 있어서 명의인과 실질상 권리자가 대립하는 경우 과세는 실질상 권리자에 대해 이루어져야 한다고 한 점과, 이러한 행정재판소 시대의 판례를 전제로 후속 입법에서 귀속에 관한 실질과세를 규정한 조문이 입법된 것이 그 원인이라고 할 수 있다.

제2절 | 일본 세법상 실질과세원칙의 세법 독자적 원칙성 인정 여부

일본에서도 실질과세원칙이 세법 해석·적용의 원칙이라는 점은 대부분 공감하고 있다. 그리고 이 원칙이 굳이 성문법조문으로 입법되어야 그 효력이 발생하는 것이 아니고 불문법원인 조리(條理)에 해당한다는 점에 대해서도 판례와 통설이 의견일치를 보이고 있다.

다만 차이점은 실질과세원칙에서의 실질을 어떻게 이해하고 이 원칙의 적용범위를 어떻게 이해할 것인지 여부이다. 일본의 통설과 판례의 기본적 입장은 소위 법적 실질이라는 측면에서 이 원칙을 이해해야 한다는 것이다. 물론 법적 실질을 어떻게 이해하는지에 따라 상당히 다른 결과가 발생할 수 있다. 이에 대한 자세한 설명은 아래 별도의 장에서 다루기로 한다. 이러한 입장에 따르면 실질과세원칙은 세법 고유의 법원칙이 아니게 된다. 즉, 민법과 상법에서도 법적용 시 형식이 아니라 실질에 따라 이루어져야 한다는 점은 당연한 원칙이기 때문이다. 반면, 소위 경제적 실질설에 따라 이 원칙을 이해해야 한다는 입장을 취하는 동시에 이 원칙을 불문법원리로 이해하는 입장인 경우 이 원칙은 세법에 고유한 법원칙이 된다. 이러한 입장을 취하는 학자들은 일본에서는 극히 소수에 불과하다. 다수의 학자들은 실질과세원칙이라는 것이 세법 고유의 법원칙이 아니라 다른 법영역에서도 인정되는 법원칙이라고 이해한다.

제3절 ㅣ 일본 세법상 실질과세원칙의 법적 근거

I. 종래의 논의

1. 제2차 세계대전 이전

일본에서 세금을 부과하면서 거래의 실질에 기초하여야 한다는 실질과세의 사고는 명치(明治)시대 때부터 시작된 것이라고 한다. 하지만 그 취지가 개별규정으로 실정법에 명시된 것은 대정(大正) 11년(1922) 4월의 세제개정을 통해서이다. 이때 신탁재산에서 발생하는 소득에 대해 신탁이익의 수익자가 그 신탁재산을 가지는 것으로 간주하여 소득세를 부과한다는 규정이 입법되었다. 즉, 수익자가 소득세 납세의무자가 되는 것이다. 그 후 대정 12년(1923) 3월 세제개정에 따라 동족회사(同族會社)에 대해서 ① 유보금액이 일정액을 초과하는 경우 정부는 그 초과금액에 대해 주주 또는 사원에게 배당한 것으로 간주하여 과세할 수 있도록 하고, ② 법인과 그 주주 등 간의 행위에 대해 소득세 포탈의 목적이 있다고 인정되는 경우에는 그 법인의 행위에도 불구하고, 과세당국이 인정하는 바에 따라 소득금액을 계산하는 것이 가능하다는 규정을 입법하였다. 대정 11년(1922)의 개정은 소득의 귀속에 관한 실질과세원칙을, 대정 12년(1923)의 개정은 거래의 구성에 관한 실질과세원칙을 표방한 것이라고 할 수 있다.

또한 그 당시 판례 중에는 소득세(제1종 소득세) 과세에 있어서는 부동산 등기의 형식이 가등기이든지 본등기이든지 관계없이 실질적으로 소득이 귀속되는 자에게 과세해야 한다고 판시한 것도 있고,[170] 주식배당금의 귀속은 그 명의에 의하지 않고 실질에 의하여야 한다고 판시한 경우도 있다.[171]

2. 제2차 세계대전 이후

제2차 세계대전 이후 입법을 통해 실질과세원칙이 처음 정리된 것은 소화(昭和) 28년(1953) 8월의 세법개정을 통해서이다. 일본의 현행 소득세법에는 제12조에서 '실질소득자과세의 원칙'이라는 표제를 사용하고 있지만 1953년 당시에는 '실질과세의 원칙'이라는 표제하에 소득세법 제3조의2에서 규정하고 있었다. 당시 규정 내용은 "자산 또는 사업에서 발생하는 수익이 법률상 귀속한다고 보이는 자가 단순한 명의인으로 당해 수익을 향유(享受)하지 않고, 그 자 이외의 자가 수익을 향유(享受)하는 경우에 있어서는 그 수익에 대해서는 수익을 향유(享受)하는 자에게 소득세를 부과하는 것으로 한다."라고 되어 있었다.[172] 그 후 소화 40년(1965)의 세법개정을 통해 현재와 같이 소득세법과 법인세법에 각각 '실질소득자과세의 원칙'으로 명기되었다. 다만 종래 규정에서의 '당해'가 '그'로 바뀐 정도[173]이므로 규정 내용은 동일하다 할 수 있다. 이러한 입법은 소득세와 법인세의 세부담 차이로 인해 실제로 개인영업이어서 소득세법의 적용을 받아야 함에도 법형식만을 법인으로 해서 세부담 감면을 받으려는 시도가 많았던 당시 일본의 시대상황이 그 배경으로 작용하였다. 소화 28년의 입법배경을 설명하면 다음과 같다. 소화 24년에

170 行政裁判所大正14年12月22日(大正14年第42号)判決.

171 行政裁判所昭和7年1月30日(昭和2年第13号)判決; 昭和10年7月19日(大正11年第97号)判決.

172 初鹿真奈,「税法における実質主義の研究」,『租税資料館賞受賞論文集』25(下), 2016年, 29頁.

173 福田善行,「実質所得者課税に関する一考察: 所得税における所得の帰属判定を中心に」,『税務大学校論叢』84号, 2016年, 340頁.

「중소기업협동조합법」이 제정되었고 그 법에 기초한 기업조합이 다양하게 설립되었는데, 그중에는 실질은 종전의 개인영업과 같은 것으로 인정됨에도 단순히 조세를 감면받기 위해 법형식만을 법인으로 변경한 것이 상당수 존재하였다. 이에 대해 세무당국은 단순히 그 형식만을 기초로 하여 법인세 과세 여부를 판정하지 않고 여러 각도로 그 실태를 파악하여 과세 내용을 결정하려고 노력하였다. 그래서 그러한 기업 중 실질이 개인으로 인정되는 경우에는 법인세가 아니라 소득세를 과세했다. 이러한 세무행정을 법적으로 뒷받침하기 위하여 소화 28년에 실질과세의 원칙을 법률에 명문화하였다고 한다.[174]

소화 28년의 입법 다음으로 주목해야 할 것은 소화 36년(1961) 7월에 있었던 세제조사회의 「국세통칙법의 제정에 관한 답신」[175]에 담겨진 실질과세원칙의 입법의도이다. 이 내용은 일본에 있어서 실질과세원칙의 역사를 이해하는 데 매우 중요하므로 그 대강의 요지를 아래에서 별도로

174 실질과세원칙을 입법한 것은 다수의 영업자가 모여 법인조직을 만들고, 형식상 법인으로 활동하면서 실질적으로는 개인영업을 계속하는 경우가 많아서 그 과세에 대한 법률적 기초를 마련하기 위해서였다고 한다. 중소기업협동조합법은 처음 제정되었을 때에 입법 당시 전혀 예상하지 못했던 문제들을 발생시켰다. 이 법에 따라 설립된 기업조합은 상당수가 기업조합 형태를 이용하여 조세의 경감을 도모하였다. 즉 명목상으로는 법인인 기업조합을 만들고, 그 조합에 자산을 이전하는 형태를 취하며 종래 개인명의로 하던 모든 거래행위를 이제는 법인의 행위인 것처럼 법적으로 포장한 것이다. 개인사업자들이 기업조합을 설립한 이유는 크게 두 가지 측면에서 설명할 수 있다. 첫째, 위법소득을 은폐하기 위한 수단으로 조합을 설립한 것이다. 다수의 납세자가 모여 하나의 법인을 만들고 각각 자신의 종래 사업장을 활용해서 영업을 하면서 일제히 일정액의 수입을 탈루하는 경우 당시 세무행정의 현실상 세무조사로 이를 모두 밝혀내기가 힘든 상황이었다고 한다. 둘째, 개인사업자가 법인으로 전환한 경우 자신의 소득이 종래에는 개인사업자의 소득으로 소득세가 과세될 때에는 사업자의 인건비는 경비로 인정될 수 없었는데, 법인 설립 이후에는 법인의 임원으로 급여를 받는 것이 법인에게 손금산입이 가능하게 되었다. 그 외에도 배우자 등 가족이 법인에 종업원으로 등재되어 있으면 그들에 대한 급여소득 역시 손금산입되는데, 가족의 소득이 합산되는 제도가 없어서 결국 종래 본인의 소득을 가족 구성원별로 분산하게 되면 가정의 세부담을 축소할 수 있는 상황이었다. 이러한 점들을 종합적으로 고려하여 기업조합이 만들어져 온 것이다(租税法研究会 編,『租税法総論』, 有斐閣, 1958年, 55頁).

175 일본의 세제조사회는 내각부 본부조직령 제33조를 근거로 하여 운영되는 정부 자문기구이다. 내각부 본부조직령 제33조 제1항은 세제조사회는 다음에 열거하는 사무를 관장한다고 규정하며, 제1호에서 내각총리대신의 자문에 응해 조세제도에 관한 기본적 사항을 조사심의할 것, 제2호에서 전호의 자문과 관련되는 사항에 관해 내각총리대신에게 의견을 언급할 것을 규정하고 있다. 제2항은 전항에 규정한 것 외에 세제조사회에 관해 필요한 사항에 대해서는 세제조사회령이 정하는 바에 따른다고 규정하고 있다. 이 책에서 언급하는 답신도 세제조사회가 국세통칙법 제정과 관련하여 내각총리대신의 자문에 대해 심의한 결과를 언급한 것이다.

소개하기로 한다.[176]

Ⅱ. 1961년 일본 국세통칙법 제정과정에서의 논의

한국은 1974년에 국세기본법을 제정하였는데 일본은 1961년에 한국의 국세기본법에 해당하는 국세통칙법을 제정하였다. 이 법을 제정함에 있어서 처음 일본 정부가 마련한 법안 초안에는 실질과세원칙을 입법하는 조문이 포함되어 있었다고 한다. 당시 일본 세제조사회의 「국세통칙법의 제정에 관한 답신」[177]을 보면, '실질과세의 원칙'이라는 제목으로 일본 정부가 아래와 같은 내용의 조문을 입법하려고 했다는 것을 알 수 있다.

> 세법의 해석 및 과세요건 사실의 판단은 각 세법의 목적에 따라 조세부담의 공평을 도모하도록 그것들의 경제적 의의 및 실질에 입각하여 행하는 것이라고 하는 취지의 원칙규정을 두는 것으로 한다.[178]

이 조문은 이 책 제5장에서 설명하는 1919년 독일 제국조세통칙법 제4조와 이를 승계한 1934년 독일 조세조정법(Steueranpassungsgesetz) 제1조 제2항과 거의 같은 취지의 규정으로 이해된다. 이처럼 1961년 일본 국세통칙법 제정에 독일 세법상 경제적 관찰방법에 관한 조문이 중요한 영향을 미친 이유는 일본 정부의 입법에 다나카(田中二郎) 교수의 입장이 많이 반영되었기 때문으로 추측된다. 다나카 교수는 이 책 뒤에서 소개하는 것처럼 당시 일본에서 소수설적 입장이었지만 독일의 경제적 관찰

176 金子宏ほか 編, 『実践租税法大系(上) 基本法編』, 税務研究会, 1981年, 55-57頁.

177 税制調査会, 「国税通則法の制定に関する答申(税制調査会第二次答申) 及びその説明」(昭和36年7月).

178 税制調査会, 「国税通則法の制定に関する答申(税制調査会第二次答申) 及びその説明」(昭和36年7月), 4頁.

방법을 지지하여 실질과세원칙에서의 실질을 경제적 실질로 이해하는 입장을 취하고 있었다.

세제조사회 답신의 설명 자료에서는 "상황에 따라 구체적 사례에 대한 최후의 담보로서의 기능을 행해야 할 것으로서 실질과세의 원칙을 천명하는 규정을 두고, 과세는 조세부담의 공평을 도모하도록 과세요건사실의 경제적 실질에 입각하고 세법규정의 경제적 의의에 따라 행해져야 할 것이라는 취지를 분명히 해야 할 것이라고 생각했다."[179]라고 언급하고 있다.

「국세통칙법의 제정에 관한 일본 세제조사회의 답신」

조세에 있어서는 소위 실질과세의 원칙 내지는 과세에 있어서의 실질주의라고 하는 것이 논의된다. 그런데 한마디로 실질과세의 원칙이라고 해도 그것이 가지는 의미가 반드시 명확하다고는 하기 어려우며, 그것에 대한 사고방식이 반드시 통일되어 있지는 않다고 생각한다. 그럼에도 불구하고 이 원칙이 조세법의 해석·적용에 있어서 기본적인 원칙이 되는 것임을 부정할 것은 아니라고 할 것이다.

이에 우리들은 왜 과세에 있어서 실질주의의 사고방식이 강하게 일컬어지는 것인지 또는 이 실질과세의 원칙을 어떻게 이해할 것인지, 특히 소위 표현과세 원칙과의 대비에 있어서 이를 어떻게 이해할 것인지 등의 관점에 대해 우선 검토를 했다.

1-1. 과세에 있어서 실질주의의 요청

(1) 조세부담 공평의 원칙이 세법에 있어서의 기본원칙으로 가장 중요한 것인 점은 일본에서도 오래전부터 인정되어 왔었다. 이는 일본뿐만 아니라

179 税制調査会, 「国税通則法の制定に関する答申(税制調査会第二次答申) 及びその説明」(昭和36年7月), 答申別册 11頁.

영국 등 서구 조세제도의 역사를 통해서도 증명되는 바이며, 조세부담의 공평한 배분을 보장하지 않는 조세제도는 결코 오래 유지될 수 없다고 생각한다.

그런데 공평의 원칙에 있어서는 공평의 척도가 중요하다. 조세제도가 공평하게 구성되어 있는지는 이 척도에 따라 판정되는 것이다. 일본에서는 이와 같은 공평의 척도로 납세자 또는 담세자의 실질적 담세력을 들고 있다. 즉, 응능과세원칙을 공평과세원칙의 구체화원칙으로 이해하는 입장이라고 할 수 있다.

(2) 앞에서 조세제도에 있어서 공평의 원칙이 중요하다는 것을 언급했는데 이러한 공평과세원칙은 조세법규를 제정하는 과정에서도 중요한 의미를 가지지만 그렇게 제정된 조세법규에 근거하여 현실적으로 과세행정을 하는 경우에도 조세부담의 공평을 도모하는 것이 중요하다는 것은 일본에서도 널리 받아들여지고 있는 사실이다. 공평을 잃은 조세행정은 납세자의 높은 지지를 받을 수 없다고 보는 것이다. 현실적 과세행정에 있어서도 위와 같이 공평의 척도로 활용되는 것은 납세자 또는 담세자의 담세력인 점은 의심할 여지가 없다.

(3) 과거 일본에서는 과세에 있어서 「의심스러울 때는 국고의 이익으로(疑わしきは国庫の利益に)」라고 하는 것이 마치 조세법규의 해석·적용방법인 것처럼 주장된 경우가 있었다. 하지만 현재는 이러한 사고방식이 조세법 어디에서도 도출될 수 없는 것일 뿐만 아니라 조세행정의 입장에서 준수해야 할 범위를 넘어 버린 것이라고 판단하고 있다. 만약 이러한 입장에 따라 조세행정이 행해진다면, 납세자의 지지를 얻을 수 없고 따라서 공평원만한 집행을 기대하는 것은 도저히 불가능할 것이다. 또한 동시에 「의심스러울 때는 납세자의 이익으로(疑わしきは納税者の利益に)」라고 생각하는 것도 타당하다고는 할 수 없다. 이러한 사고방식에 의한 조세행정은 자연히 자의로 흘러가기 쉬우며, 따라서 객관성과 공평을 유지할 수 없고, 결국 납세자의 지지를 잃게 되기 때문이다.

(4) 이리하여 적정한 과세의 기본적인 존재방식(あり方)은 위 (3)과 같은 두

가지의 상반되는 사고방식과 달리 사태의 실체 내지 실질을 각 조세법규와 결부시켜 실질적으로 탐구하여, 이로써 각 세법에 있어서 소기의 조세부담 공평의 실현을 도모하는 것에 있다고 생각한다.

1-2. 실질과세의 원칙과 표현과세의 원칙

(1) 과세에 있어서 전술한 실질과세 원칙의 사고방식에 따라 사태의 실체 내지 실질을 각 세법의 규정과 결부시켜 실질적으로, 즉 주로 경제적 실질에 입각하여 판단적용하는 것이 통상 특별히 문제가 되는 것은 아니라고 생각한다. 이것이 주로 문제되는 것은 과세요건사실이 사법상의 법률행위로서 표현된 경우일 것이다. 즉 조세법의 여러 규정은 법규로서 당연히 사법에서 사용되는 용어나 개념과 같은 용어 등을 사용하는 경우가 많다. 이러한 경우에 조세법이 임의로 사법의 법률형식을 부정하는 것이 된다면, 전체로서의 법체계에 혼란을 초래하고, 법률생활의 안정이 손상되는 결과로 이어질 것이다.

이에 사법질서를 존중하는 입장에서 사법상의 형식이나 명의에 입각하여 과세가 이루어져야 한다는 사고방식(이를 우선 표현과세의 원칙으로 부른다)이 세법의 해석·적용 시의 사고방식의 하나로서 고려된다.

(2) 그러나 이러한 표현과세의 원칙이 조세법 해석의 원칙으로 승인되는 것에 대해서는 하나의 전제요건이 필요하다. 예컨대 과세물건이 어떤 납세의무자에게 귀속하는지의 문제에 대해서 보자면, 소득이나 재산이 법률형식상 귀속하는 주체에게 그 경제적 실질 역시 귀속한다고 하는 명제가 그 전제요건을 이룬다. 이러한 요건이 충족되는 한, 표현과세의 원칙은 담세력에 상응한 공평부담의 원칙과 일치하고, 따라서 조세법의 목적에 적합한 해석이 되는 것이다.

반대로 위의 전제요건이 충족되지 않은 경우에는 표현과세의 원칙에 따른 과세는 조세의 공평을 무너뜨리는 결과가 되므로 조세법의 타당한 해석방법이 될 수 없게 된다.

즉 표상으로서의 형식이 대상의 경제적 실질로부터 괴리되는 경우에는 표현과세는 단순히 무용할 뿐만 아니라 오히려 유해한 것이 되며, 여기에 실질과세의 원칙이 요청되게 된다.

(3) 그러나 사법상의 관계에 있어서도 단순한 형식이나 명의 등에만 착안(着目)함에 그쳐 진실로 실현된 실질이 무엇인지 문제 삼지 않는다는 것은 아닐 것이다. 사법관계에 있어서도 당사자에게 있어서는 실체가 문제되는 것이며, 그 실체가 무엇인지 살펴봄에 있어서(その実体の実現をみる限り) 당사자 간에 형식이나 명의가 반드시 제1차적인 의의를 가지는 것이라고는 할 수 없으며, 당사자가 다투지 않는 한은 형식이나 실질이라고 하는 논의가 통상 문제되지 않을 것이다. 이렇게 생각하면 실질과세의 원칙이라고 하더라도 특별히 다른 것으로 생각할 것은 아닐 것이다. 이는 객관적·실질적으로 실현된 것으로부터 완전히 분리되어 과세상 임의로 어떤 것을 구성한다고 하는 것은 아니며, 세법상 평가를 하면서 객관적·실질적으로 실현된 것을 찾고자 하는 것이다. 더욱이 과세에 있어서는 획일적·보편적으로 이것이 요청되는 바로부터 실질과세의 원칙이라고 하는 것이 특별히 언급되어야 할 것이다.

또한 형식이 그대로 경제적 실질을 정확히 반영하는 사례가 일반적이라고 할 것이므로 실제로 실질과세원칙이 적용될 사례의 수는 아주 한정될 것이다. 그러나 이는 실질과세원칙이 표현과세원칙의 근저(根底)에 있고 조세법 해석의 기본원칙이라는 것에 변경을 가하는 것은 아니라고 생각한다.

그러나 이 국세통칙법의 제정에 관한 정부 측인 세제조사회의 답신에 대해 일본세법학회 등이 강하게 반대의견을 피력하였다.[180] 그 결과 한국과 달리 일본은 현재 국세통칙법에 실질과세원칙에 관한 조문이 없다. 이처럼 일본세법학회가 정부안에 대해 강한 반대입장을 피력한 배경은 당시 일본세법학회는 회장이었던 나카가와(中川一郎) 교수가 지지하는 법적 실질설이 주류였고 학회 운영에 회장의 영향력이 강력하였기 때문

180 日本税法学会,「国税通則法制定に関する意見書」,『税法学』131号(昭和36年) 등 참조.

이다. 일본세법학회가 언급한 반대의견은 아래와 같다.

일본세법학회의 국세통칙법 제정에 관한 의견서

세법 해석 및 과세요건 사실인정의 원칙규정에 대해서

(의견) 세법의 해석 및 과세요건사실의 인정에 관한 원칙규정은 절대로 입법해서는 안 된다.

(이유) 답신은 「실질과세의 원칙」이라고 하는 표제하에 「세법의 해석 및 과세요건사실의 판단에 대해서는 각 세법의 목적에 따라 조세부담의 공평을 도모하도록 그러한 경제적 의의 및 실질에 입각하여 행하는 것으로 한다는 취지의 원칙규정을 두는 것으로 한다.」라고 언급하고 있다. 즉 표제는 과세입법의 원칙으로서의 「표현과세의 원칙」에 대한 「실질과세의 원칙」을 언급하면서 그 내용은 과세입법의 원칙과는 다른 세법의 해석에 대한 원칙규정 및 과세요건사실의 판단에 관한 원칙규정의 제정에 관한 사항이다.

가령 표제를 내용에 입각하여 변경해도 내용 자체에 반대하지 않을 수 없다. 그 이유를 아래에서 각각 설명한다.

1. 권력주의적 조문을 계수하는 것이다.

이 조문안은 1919년 독일 제국조세통칙법 제4조에서 발단하여 후에 1934년 나치정권에 의해 제정된 조세조정법 제1조에 승계되고 종전 후 그 제1항만 삭제되고 제2항 및 제3항이 동·서독에서 현행법으로 존속하고 있는 조문들을 계수하는 것이다.

아래에서 우선 그러한 규정들을 보자.

1919년 독일 제국조세통칙법 제4조(1931년 제국조세통칙법 제9조)

세법의 해석에 있어서는 세법의 목적, 세법의 경제적 의미 및 사정들의 변천을 고려해야 한다.

1934년 독일 조세조정법 제1조

(1) 세법은 국가사회주의적 세계관에 따라 해석해야 한다.(1946년 삭제)

(2) 세법의 해석에 있어서는 국민관, 세법의 목적 및 경제적 의미 그리고 사정들의 변천을 고려해야 한다.

(3) 요건사실의 인정에 대해서도 앞의 2항과 같다.

이러한 규정들이 비민주주의적·권력주의적·국고주의적 세무행정, 나아가서 나치정권하에서는 국고주의적 조세재판의 법적 근거가 된 점, 바꾸어 말하면 자의적 과세의 법적 거점이었던 것은 나치시대의 제국재정법원의 판결이 여실히 보여 주고 있다.

현재의 서독에서는 요 수년간 이러한 규정들이 날카롭게 비판되고 우선 제3항의 사실인정에 관한 규정은 무용하다고 하는 것이 통설이다. 또 제2항의 세법 해석에 관한 규정은 세법의 해석방법을 규정한 것이 아니라 단순히 해석요소를 규정한 것에 지나지 않는다고 하는 학설이 유력해지고, 자의적 과세의 법적 근거로 하는 것에 대해서는 서독 연방재정재판소에서까지 반대의 뜻을 표명하고, 학자 중에는 이러한 규정의 폐지를 입법적으로 해결하고자 하는 자까지 있다.

1947년 스위스의 브루멘슈타인 초안에는 당초부터 이러한 세법의 해석규정을 결하고 있으며, 이레네 부인은 만약 이러한 규정을 두었다면 가장 기본적이 되는 그 해석규정 자체를 어떻게 해석하는가 비난하고 있다. 2 이하에서 언급하는 것처럼 「조세부담의 공평」, 「경제적 의의」, 「실질」이라고 하는 것과 같은 소위 보편조항을 해석요소로 하는 것은 어떠한 구체적 내용이라도 이에 넣을 수 있고, 자의적 과세를 법적으로 승인하는 것이 되는 비민주주의적·권력주의적인 규정이므로 이를 두는 것에 절대로 반대하는 것이다. 설령 입법 시에 부대결의로서 그 적정한 운영이 공약되어도 세무행정 독재화의 위험성을 포장(내부에 감춤)하고 있는 것과 같은 규정은 국민의 복지를 위해서 두지 말아야 한다.

2. 「조세부담의 공평을 도모한다」는 것은 조세입법의 문제이며, 세법의 해석 및 적용의 문제는 아니다.

답신은 조세부담의 공평을 도모하도록 세법의 해석 및 과세요건사실의 판단을 행한다는 취지의 규정을 두겠다고 언급하고 있다. 그러나 이는 중대한 잘못이다. 세법을 입법할 때는 애초 조세부담의 공평을 도모해야 한다. 그러나 일단 입법되었다면, 그 입법이 설령 실제로는 조세부담의 불공평을 초래하는 것이라 하더라도 이를 그 세법의 해석에 있어서 조세부담의 공평을 도모하도록 보정하여 해석하는 것은 허용되지 않는다. 이러한 보정해석은 실질적으로 입법이며, 조세법률주의에 반하는 것이다. 따라서 조세부담의 공평을 도모하도록 세법을 해석하는 것은 허용되지 않는다.

3. 세법의 경제적 의의 및 실질에 입각하여 세법을 해석하는 것은「보편조항」을 해석요소로 하는 것이며, 자의적 과세의 위험성을 내포하는 것이다. 세법의 해석을 세법의 경제적 의의 및 실질에 입각하여 행하고 과세요건사실의 판단을 과세요건사실의 경제적 의의 및 실질에 입각하여 행한다는 것은 도대체 무엇을 의미하는 것인가. 막연한 표현이므로 누구도 그 의미를 쉽게 파악할 수 없다. 새로운 세법을 국민들이 이해할 수 있도록 쉬운 표현을 사용하는 것이 답신의 취지가 아니었나. 또한 해석상의 의심스러운 곳(疑義)을 한 번에 없애는 것이 국세통칙법을 제정하는 취지가 아니었나. 이러한 점들을 생각하면 해석상 의심스러운 것을 새롭게 발생시키고, 자의적 과세의 온상이 되는 것과 같은 세법 해석 및 요건사실의 인정에 관한 원칙규정을 두는 것에 대해서는 절대적으로 반대하지 않을 수 없다.

Ⅲ. 실질과세원칙의 실정법적 근거

1. 일본 소득세법 제12조와 법인세법 제11조

일본의 국세통칙법에서는 실질과세원칙에 관한 규정을 입법해 두지 않고 있다. 그나마 실질과세원칙에 관한 일반규정이라고 소개할 수 있는 것은 소득세법 제12조와 법인세법 제11조이다.[181] 이 조문들의 표제

181 지방세 영역에서는 지방세법 제24조의2, 제72조의2, 그리고 제294조의2조 등에서 유사한 규정을 입법해 두고 있다.

는「실질소득자과세의 원칙」이다. 우리나라의 국세기본법 제14조 제2항과 제3항에 해당하는 조문은 존재하지 않는다. 소득세법 제12조와 법인세법 제11조는 이미 앞에서 언급한 바와 같이 소화 28년(1953)에 입법된 것이다. 하지만 이 규정이 입법되기 전에 이미 국세청 통달이나 몇몇 판례를 통해서도 이러한 원칙을 세법상 조리로 인정하고 있었기 때문에 이 원칙이 소화 28년 입법을 통해 처음으로 인정되었다고 할 수는 없다.

소득세법 제12조와 법인세법 제11조에서는 "자산 또는 사업에서 발생하는 수익이 법률상 귀속한다고 보이는 자가 단순한 명의인으로 그 수익을 향유(享受)하지 않고, 그 이외의 자(법인)가 수익을 향유하는 경우에는 그 수익은 이를 향유하는 자(법인)에게 귀속하는 것으로 하여 이 법률의 규정을 적용한다."라고 규정하고 있다.[182] 즉 소득세법의 경우 '자(者)'가 법인세법에서는 '법인'이라고 되어 있는 차이가 있으므로 규정 내용은 동일하다 할 수 있다.

일본에서도 우리나라와 마찬가지로 이 규정들에서의 '실질'을 어떻게 이해할 것인지와 관련하여 법적 실질설과 경제적 실질설의 대립이 있다. 일본의 통설과 판례는 이 규정을 법적 실질설에 따라 이해하고 있다. 이 입장에 따르면 이 규정에 근거하여 과세당국이 개별적 조세부과처분을 하는 것도 허용된다고 본다. 그러나 해당 규정에서의 실질이 경제적 실질을 의미한다고 이해하면 통설의 입장에 따를 때 이 규정들에 기초하여 개별적 조세부과처분을 하는 것은 일본 헌법에서 규정하고 있는 조세법률주의 정신인 법적 안정성과 예측가능성을 침해하는 것으로 본다.[183] 반면 실질과세원칙에서의 실질을 경제적 실질로 이해하는 입장에

182 山田二郎,「実質課税の原則」,『法律のひろば』30巻1号, 21-22頁.
183 金子宏ほか 編,『実践租税法大系(上) 基本法編』, 税務研究会, 1981年, 65頁 以下.

서는 소득세법 제12조와 법인세법 제11조를 조세공평원칙에 따라 당연한 것을 확인적으로 규정한 것으로 본다.[184] 이 입장에 따르면 해당 규정들은 경제적 실질에 기초하여 행해지는 구체적 처분의 법적 기준으로 당연히 허용되는 것으로 볼 수 있다.

2. 경제적 실질에 따른 과세를 선언한 개별적 규정

일본의 경우에도 실질과세원칙에 관한 일반규정이라고 할 수 있는 소득세법 제12조와 법인세법 제11조 이외에 이 원칙에 입각한 여러 개별적 세법규정이 존재한다. 실질과세원칙에서의 실질을 이해하는 입장의 차이에 따라 실질과세원칙에 관한 개별적 세법규정으로 이해되는 세법조문의 범주도 달라진다. 즉, 법적 실질설을 취하는 입장에 따르면 경제적 실질에 기초한 과세를 규정한 개별적 세법규정 이외에 법적 실질설에 기초한 세법조문들도 실질과세원칙에 관한 개별적 세법규정으로 본다. 물론 그중 외국과의 비교를 위해 필요한 부분은 경제적 실질에 기초한 과세를 규정한 개별적 세법규정이라고 할 것이다. 소위 법적 실질설의 입장을 취하는 학자들의 경우에도 세부담의 공평한 배분을 위해 경제적 실질에 입각한 과세를 정당화시키는 개별적 세법규정은 허용된다는 입장이다.

그러한 규정 중 가장 대표적인 것이 법인세법 제132조, 소득세법 제157조, 상속세법 제64조에서 규정하고 있는 동족회사의 행위계산 부인에 관한 규정이다. 우리나라의 부당행위계산부인제도가 바로 이 제도에서 연원한 것이다.[185] 위 규정들은 동족회사 간의 거래, 즉 우리나라의

184 田中二郎,『租税法』, 有斐閣, 1990年, 88-90頁.

185 이동식,「조세회피행위 방지와 부당행위계산부인제도」,『세무학연구』 제25권 제2호, 한국세무학회, 2008년 6월, 67면.

특수관계인 간의 거래에 해당하는 부분에 대해서만 규정하고 있다.

이 규정의 성격에 대해 법적 실질설을 취하는 통설은 창설적 규정으로 이해한다. 즉, 실질과세원칙은 원래 법적 실질에 기초한 과세를 허용하는 원칙이지만 예외적으로 조세의 공평한 부담을 위해 경제적 실질에 따른 과세를 실현하기 위해 입법자가 특별한 규정을 입법한 것이 이러한 규정에 해당한다는 입장이다. 이러한 입장에 따르게 되면 이 규정의 적용범위에 대해 이 규정들이 명시적으로 동족회사와의 거래만을 대상으로 하고 있으므로 비동족회사와의 거래에 대해서는 적용되지 않는 것으로 해석하게 된다.[186] 반면, 경제적 실질설을 지지하는 견해들은 동족회사의 행위계산 부인에 관한 법인세법 제132조와 소득세법 제157조를 조세회피행위방지의 차원에서 도입된 일종의 선언적인 규정으로 이해하고, 이러한 규정들이 없는 비동족회사에 대해서도 같은 해석이 인정되어야 한다고 본다.[187] 즉, 동족회사의 행위 또는 계산으로 이를 인정할 경우 법인세 부담을 부당히 감소시키거나 동족회사의 주주 등 특수관계자의 소득세 부담을 부당히 감소시키는 결과가 되는 경우 이러한 행위 또는 계산을 부인할 수 있는 것은 세법상 조리로 이해되는 실질과세원칙에 따른 당연한 결론이므로 비동족회사와의 거래에 대해서도 같은 법리가 적용되어야 한다고 보는 것이다.

186 山田二郎, 「実質課税の原則」, 『法律のひろば』 30巻1号, 1977年, 23頁.

187 田中二郎, 『租税法』, 有斐閣, 1990年, 88–90頁. 이 견해는 현재의 통설적 입장과 비교했을 때 소수의 견해라고 이해된다. 그렇다고 하여 과거에도 위의 견해와 같이 경제적 실질을 지지하는 견해가 소수견해였다고 볼 수는 없다. 그 근거로 東京高判昭和47年4月25日判決訟月19巻3号62頁의 판결과 관련한 中川一郎, 「租税回避行為の否認による課税と租税法律主義」, 『シュトイエル』 124号, 1972年, 7–8頁.

제4절 일본에서 실질과세원칙과 다른 법원칙의 관계

I. 조세공평주의와의 관계

일본에서도 조세부담의 공평한 배분이 중요하다는 것은 널리 공감대가 형성되어 있다. 그리고 그러한 공평한 배분이라는 것은 결국 세금액의 공평한 배분을 의미하며, 그러한 공평한 배분이 결코 모든 납세자에게 동일한 액수를 부과하는 것이 아니라 각자의 담세력에 따라 차등이 필요하다는 점도 널리 공감하고 있는 바이다. 따라서 세금의 공평한 배분을 위해서는 우선 각자의 담세력의 정확한 파악과 측정이 필요하며, 그것이 세법상 보장되어야 한다고 보고 있다. 그리고 각자의 담세력이 무엇인지는 세금의 종류에 따라 소득, 재산, 소비한 재화 또는 용역의 가액으로 표시되며 그것을 정확히 파악하고 측정할 수 있도록 법제도가 구체적으로 확립되는 것이 중요하다고 보고 있다. 또 이러한 담세력의 정확한 파악과 측정을 담보하기 위해서 필요한 것이 실질과세원칙이라고 본다.[188] 즉, 실질과세원칙은 조세공평이념의 실현을 위한 구체적인 수단으로서 당연히 세법의 입법상 원칙일 뿐만 아니라 입법된 세법의

188 田中二郎, 『租稅法』, 有斐閣, 1990年, 48-49頁에는 조세부담의 공평에 있어서 실질과세원칙에 관해 "조세부담의 공평은 단순히 형식적인 의미가 아니라 실질적인 의미로 실현되어야 할 것이다. 법률형식에 있어서 소득의 귀속자는 동시에 그 경제적 이익의 향유자인 것이 통례이지만 양자간에 괴리가 발생한 경우에는 경제적 이익의 향유자가 소득세를 부담해야 한다. 또한 동족회사의 자의적인 행위계산을 시인하는 것에 따라 조세부담의 불공평을 발생시키는 경우에는 그 행위계산이 법률형식에 있어서는 유효하더라도 조세법상 그 행위계산을 부인하여 과세를 행하고, 조세부담의 공평을 기해야 한다. 이는 모두 실질과세로 칭해지고 있는 것으로 부담의 공평을 기하기 위해서는 불가결한 원칙"이라고 기술되어 있다.

구체적인 운용, 즉 세법의 해석·적용 및 사실인정상의 원칙으로서도 작동하는 것으로 이해한다.[189] 실질과세원칙에서 실질을 경제적 실질로 이해하는 견해는 주로 실질과세원칙을 입법단계가 아닌 세법의 해석·적용단계에서 조세공평원칙을 실현하는 것과 관계된 것으로 설명하는 경향이 강하다.[190]

Ⅱ. 조세법률주의와의 관계

일본에서도 조세법률주의를 헌법원리로 이해하고 있다. 일본 헌법 제30조는 "국민은 법률이 규정하는 바에 따라 납세의 의무를 진다."라고 규정하고 있는데 이는 조세법률주의를 납세의무부과의 당연한 전제로 규정하고 있는 것이며, 다시 제84조는 조세의 부과·징수가 국회의 권한인 점을 규정하고 있는데 이는 실정법에 의하지 않은 과세를 금지하는 취지인 것으로 볼 수 있다.[191]

일본도 우리나라와 동일하게 신고납세제도가 널리 시행되고 있다. 이러한 신고제도하에서는 조세법의 의미가 이해되지 않거나 그 규정 내용으로부터 납세의무가 있는지 여부를 이해할 수 없으면 어떠한 경제거래를 할지 의사결정을 할 수 없는 상황이 된다. 그래서 조세법률주의를 어떻게 이해할 것인지는 납세자들의 행동의 자유를 보장하는 측면에서 매우 중요한 의미를 가지는 것으로 이해하고 있다.

경제거래에 참여하는 자들은 대부분 세금 문제를 고려하면서 의사결

189 吉良実, 『実質課税論の展開』, 中央経済社, 1980年, 10頁 以下.

190 田中二郎, 『租税法』, 有斐閣, 1990年, 88–90頁에서는 조세공평주의를 입법정책의 기초로서의 조세공평주의와 세법의 해석·적용에 있어서의 조세공평주의로 나누고 실질과세원칙은 후자의 측면에서 기술하고 있다. 현재는 이와 같은 경제적 실질설이 소수의 견해로 평가받고 있지만, 과거에는 오히려 다수설의 지위에 있었다고 생각된다(中川一郎, 「租税回避行為の否認による課税と租税法律主義」, 『シュトイエル』 124号, 1972年, 7–8頁).

191 小林敬和, 「租税法律主義の実質化について: 罪刑法定主義と関係して」, 『税法学』 565号, 91頁.

정을 한다. 따라서 이 거래로부터는 납세의무가 발생하고, 이 정도의 세금을 낸다는 예측이 가능하고, 그 외의 납세의무는 없다고 하는 법적 안정성이 부여되지 않으면 국민에게 행동의 자유가 보장될 수 없다. 이에 어떠한 행위나 사실로부터 어떠한 납세의무가 발생하는지를 미리 법률에 명백하게 규정해 두어야 한다. 바로 이것을 조세법률주의의 이념으로 보는 것이다.[192]

일본에서 조세법률주의와 실질과세원칙의 관계를 어떻게 이해할 것인지를 설명하기 위해서는 우선 크게 두 가지 상황을 나누어 설명할 필요가 있다. 첫째는 실질과세원칙에서 실질을 법적 실질로 이해하는 견해와 경제적 실질로 이해하는 견해에 따라 각자의 입장에서 바라본 실질과세원칙이 조세법률주의와 어떤 관계에 있느냐이다. 둘째는 실질과세원칙에서 실질을 법적 실질로 이해하는 입장과 경제적 실질로 이해하는 입장이 각자의 입장에서 보았을 때 자신과 다른 입장을 취하는 경우, 즉 법적 실질로 실질과세원칙을 이해하는 이들의 경우에는 실질과세원칙에서의 실질을 경제적 실질로 이해하는 입장에 따르면 실질과세원칙과 조세법률주의가 어떤 관계에 있는지를 설명하는 것이다.

우선 첫 번째 상황을 전제로 하여 설명해 보면, 이 경우에는 실질과세원칙에서 실질을 법적 실질로 이해하는 입장과 경제적 실질로 이해하는 입장 모두 자신들처럼 실질과세원칙을 이해하는 것이 결코 조세법률주의에 반하지 않는다고 본다. 오히려 두 입장은 이처럼 실질과세원칙을 이해하게 되면 조세법률주의의 정신이 더 강화된다고 본다. 즉, 조세법률주의의 원칙이 조세의 부과·징수에 있어서 대원칙인 것은 당연하지만, 그 대원칙을 보충하고 실질적으로 의의를 가지게 하는 것이 실

192 小林敬和,「租税法律主義の実質化について: 罪刑法定主義と関係して」,『税法学』565号, 91頁.

질과세원칙이라고 보는 것이다. 이에 아라이(新井隆一) 교수는 다음과 같이 언급하고 있다. "조세법의 이론에 있어 실질과세원칙이 문제되는 것은 조세법률주의와의 관계에 있어서이다. 즉 조세법률주의의 원칙이 '법률'의 규정에 따르지 않으면 국민이 납세의무를 부담하지 않는 것을 내용으로 하고, 국민의 사유재산권의 보호와 생존권의 보장을 목적으로 한다는 점에서 그 내용을 충족시키며, 그 목적을 충분히 달성하기 위해서는 그 '법률'의 내용이 가능한 한 엄격하게 해석되어야 할 것을 요청하고 있는 점을 배려한 나머지 '법률'의 규정 내용을 고정적으로 이해하고, '법률' 개념의 형식적 이해를 중시하게 되며, 그렇게 되면 오히려 조세법률주의원칙의 내용과 목적이 붕괴될 우려가 있으므로 이를 막기 위해서 조세법의 이해에 있어 '법률'의 규정 내용을 '법률'을 규정한 목적에 입각하여 이해할 필요가 있다.

그러나 실질과세원칙이 너무 강조되고 남용된다면, 그에 따라 조세법률주의의 원칙이 파괴되는 것도 필연적이다. 조세법률주의원칙은 본질적으로는 '법률'의 규정 내용의 고정성·형식성을 중시하기 때문이다.

그러므로 조세법률주의원칙의 내용에 있어서는 형식과세의 원칙, 형식주의의 원칙이 기초적 '원칙'이고, 실질과세의 원칙은 이 기초적 '원칙'을 조세법률주의의 목적에 입각하여 더욱 적극적으로 실효성을 발휘하도록 하기 위한 보충적 '원칙'이 된다."[193]

즉, 조세법률주의원칙의 내용에 있어서는 형식과세의 원칙, 형식주의의 원칙이 기초적 '원칙'이고, 실질과세원칙, 실질주의의 원칙은 이 기초적 '원칙'을 조세법률주의원칙의 목적에 입각하여 더욱 적극적으로 그 실효성을 발휘하도록 하기 위한 보충적 '원칙'인 것으로 설명하고 있다.

193 新井隆一,『租税法の基礎理論[第3版]』, 日本評論社, 1997年, 83-84頁.

이는 조세법률주의가 주된 원칙이고 실질과세원칙은 이를 보충하는 원칙인 것으로 이해하는 입장이다.

이에 대해서는 실질과세원칙은 조세정책의 바탕이 되는 조세원칙상의 공정(공평)의 원칙에 기초를 둔 데 반해, 조세법률주의원칙은 조세원칙상 주로 명확성의 원칙에 기초를 두고 있다는 점에 비추어 보면, 양자의 관계가 주종관계에 있다고 이해하는 것에 동의하기 어렵다고 하면서 양자의 관계를 법률의 해석·적용에 관하여 살펴보는 한에서는 그렇게 해석하는 것이 타당하다는 입장도 있다.[194]

이는 조세법의 해석·적용에 있어서는 위에서 언급한 바와 같이 "'법률'의 규정 내용을 고정적으로 이해하고, '법률' 개념의 형식적 이해를 중시"한다는 것이 '원칙(主)'이라고 볼 수 있으며, "그렇게 되면 오히려 조세법률주의원칙의 내용과 목적이 붕괴될 우려가 있으므로 이를 막기 위해서 조세법의 이해에 있어 '법률'의 규정 내용을 '법률'을 규정한 목적에 입각하여 이해할 필요가 있"는 점에서 "실질과세의 원칙은 이 기초적 '원칙'을 조세법률주의의 목적에 입각하여 더욱 적극적으로 실효성을 발휘하도록 하기 위한 보충적 '원칙'이 된다."는 점에서 '보충(從)'관계라고 할 수 있다는 것이다.

그렇다면 실질과세원칙이 '원칙' 혹은 주(主)가 될 수 없는가 한다면, "실질과세원칙이 공연히 강조되고 남용된다면, 그에 따라 조세법률주의의 원칙이 파괴되는 것도 필연적이다."라고 한 점, 이어서 "조세법률주의원칙은 본질적으로는 '법률'의 규정 내용의 고정성·형식성(表見性)을 중시하고 있는 것과 다르지 않기 때문"이라고 언급한 점에서 실질과세원칙이 '원칙' 혹은 주(主)가 될 수는 없다는 입장으로 이해된다.

194 金子宏ほか 編, 『実践租税法大系(上) 基本法編』, 税務研究会, 1981年, 65頁 以下.

조세법률주의와 실질과세원칙의 관계를 다른 측면, 즉 실질과세원칙에서의 실질을 어떻게 이해할 것인지에 따라 어떻게 달라질 수 있는지를 중심으로 설명해 보면 다음과 같다. 일본의 통설처럼 법적 실질설에 따라 실질과세원칙을 이해하는 입장에서는 법적 실질에 따라 조세법을 해석·적용하는 것은 굳이 별도의 규정이 전제되지 않더라도 조세법률주의 원칙에 반하지 않는다고 이해한다. 반면 경제적 실질에 따라 과세를 하는 것은 별도의 입법이 기초가 되는 경우는 별론으로 하고 그러한 결론을 기존 세법규정의 해석으로 도출하는 것은 조세법률주의가 추구하는 예측가능성과 법적 안정성에 반하여 허용될 수 없다고 본다. 즉 법적 실질설의 입장에 따를 때 실질과세원칙에서의 실질을 경제적 실질로 이해하면 조세법률주의와 실질과세원칙은 서로 모순된 가치를 추구하는 법원칙이 된다는 것이다. 물론 이러한 입장을 취하는 이들도 조세법률주의원칙상 경제적 실질에 따른 과세를 어떠한 경우에도 허용할 수 없다는 입장은 아니고 오히려 공평한 세금의 배분을 위해서 일정한 경우에는 적극적으로 경제적 실질에 따른 과세를 지지한다. 다만 이 경우에는 별도의 법적 근거가 필요하다고 본다. 그리고 이때 법적 근거도 일본 소득세법 제12조, 법인세법 제11조와 같은 일반규정의 형태로 입법하는 것은 다시 조세법률주의에 위반된다고 본다. 그래서 그러한 과세가 필요한 경우 동족회사의 행위계산 부인에 관한 규정인 일본 법인세법 제132조, 소득세법 제157조와 같이 과세 내용을 좀 더 구체화한 조문을 입법해야 한다는 입장이다.

이와 달리 현재의 소수설처럼 경제적 실질에 따라 실질과세원칙을 이해하는 경우 실질과세원칙은 세법의 해석·적용원칙이므로 조세법률주의에 반하는 것이 아니라는 입장이다. 이 입장을 취하는 이들은 법적 실질설처럼 실질과세원칙을 이해하는 것은 너무나 형식적인 측면만을 강조하는 법집행이 되어 조세법이 추구해야 하는 또 다른 중요한 가치인 세금의 공평한 배분에 문제가 발생한다고 본다.

Ⅲ. 죄형법정주의와의 관계

1. 현황

일본의 경우에도 죄형법정주의 자체의 이해는 우리나라와 비슷한 상황이다. 법률이 없으면 어떤 죄도 없고, 형벌도 없다고 하는 것을 죄형법정주의의 기본 이념으로 이해하고 이에 따라 불필요한 형벌을 규정해서는 안 되고, 형벌권의 주체는 시민이며, 권리의 침해가 없으면 처벌해서는 안 된다고 본다. 이 원칙에 의거하여 국민은 대표자에 의해 제정된 법률에만 구속되고, 법원의 판단은 그러한 법률에 기초한 것이어야 한다고 이해한다. 이러한 죄형법정주의를 달리 이해하면 행정에 대한 의회우위 사상의 표출로 이해할 수 있고, 이는 조세법률주의에서도 동일한 측면이 있다.

조세법률주의나 죄형법정주의의 원칙은 민주주의와 자유주의를 그 본분으로 하고, 국가로부터 자유를 획득하기 위한 시민들의 투쟁 과정에서 형성된 가치라는 점에서 공통점이 있으며 그러한 점에서 오늘날도 그 의의가 강조되고 있다. 그런데 현대 국가는 생존권이 보장된 복지국가를 목표로 하고 있는데, 그 과정 중에 다시 한번 자유와 민주주의의 실현을 이념으로 하는 조세법률주의나 죄형법정주의 정신의 침해 여부가 논란이 되고 있다.

과거 일본의 경우 복지는 가족, 지역, 사회라고 하는 공동체 내의 부조를 기반으로 하고 있었다. 하지만 개인 또는 가정 간의 빈부격차가 심화되고, 빈곤자 수가 증가함에 따라 혈연, 지연, 사회의 연대가 희박하게 되어 종래의 복지시스템이 붕괴되었다. 그래서 일본 사회에서는 이러한 문제를 해결하기 위하여 큰 정부를 선호하게 되었고 그 결과 불가피하게 국민의 조세부담이 증가하게 되었다. 과거 조세법률주의를 '법률이 없으면 과세도 없다.'라고 이해하던 입장이 '법률이 있으면 과세가 가능하다.'라고 이해하는 입장으로 바뀌는 경향이 강해졌고, 세금부과의 기준을 의회가 제정해야 함에도 포괄적인 형태로 세법을 제정한 뒤 그 해석을 상당부분 과세행정청에 위임하고, 그 해석이 법원에 의해 추인되는 현상이 폭넓게 나타나게 되었다. 이로 인해 현재는 조세법률주의와 죄형법정주의를 같은 기준으로 이해할 수 있을지 여부가 논란이 되는 상황이 발생하게 되었다.

2. 일본 세법상 조세법률주의와 죄형법정주의의 관계에 대한 이해

세금의 부과와 징수를 위해서는 의회가 제정한 법률에 명확한 근거가 필요하다. 이것을 내용으로 하는 것이 조세법률주의인데, 이 원칙의 기본이념은 자유와 민주주의에 있다고 할 수 있다. 그런데 이러한 자유와 민주주의의 이념(법규의 명확성과 적정성, 피고인의 이익 보호)은 죄형법정주의에서도 강하게 요청되는 것이므로 양 원칙이 어떤 관계에 있는지를 비교해 보는 것도 의미가 있다.[195]

이에 대해 일본에서는 현재 크게 두 가지 견해가 있다. 첫째는 조세법률주의는 세무행정의 자유재량을 엄격하게 제한하는 원칙이며, 국민의 자유를 보장하고 제정법규의 엄격해석을 요구하는 죄형법정주의와 평행선상에 있다고 보는 입장이다. 즉, 조세법률주의는 재산과 관련하여 납세자의 자유를 실현하기 위한 법원칙이고 죄형법정주의는 인신과 관련하여 시민들의 자유를 실현하기 위한 것이므로 양자를 같은 차원의

195 小林敬和, 「租税法律主義の実質化について：罪刑法定主義と関係して」, 『税法学』 565号, 76–77頁.

원칙으로 생각할 필요가 있다는 것이다. 그래서 세법이나 형법 모두 제정법주의를 완강히 엄수하고, 법규의 명확성을 요구할 필요가 있다고 이해한다.[196] '대표 없으면 형벌 없다.'라는 이념은 '대표 없으면 과세 없다.'라는 이념과 같은 가치이며, 양자는 모두 과세행정청이나 재판관의 자유로운 해석을 허용하지 않는다고 하는 자유주의사상의 발현이라고 이해한다.[197]

둘째는 죄형법정주의가 적용되는 형법과 달리 조세법률주의가 적용되는 세법의 경우에는 형법처럼 엄격해석을 하거나 법률불소급원칙을 엄격하게 적용할 것이 아니라 조세의 공공성이나 조세부담의 공평한 실현을 위해 합목적적으로 해석하는 것이 중요하다고 보는 입장이다. 이 입장에 따르면 조세법률주의원칙은 현행 조세법의 기본이념을 형식적인 측면에서 표현한 것으로, 그 목적은 장래의 예측가능성을 확보하고 법적 안정성을 보장하는 데 있으며, 이것이 조세법에 있어서 아주 중요한 원칙이라는 점은 당연히 존중되어야 하지만, 이 원칙의 귀결로 세법을 항상 엄격해석해야 한다든지 조세법규를 소급해서 적용해서는 안 된다는 것을 법원칙으로 인정해야 한다는 주장에는 동의하지 않는 것이다. 조세법에 있어서는 이 원칙만이 절대 원칙이 아니고, 오히려 조세정의를 실현하기 위한 하나의 형식적 수단으로서 조세법률주의가 필요하므로 그러한 세법은 조세의 공공성이나 공평부담원칙 등과 조화를 이룰 수 있도록 전체를 종합적으로 이해해야 하며, 이것들이 조화될 수 있는 한에서 타당할 수 있다고 본다. 이 견지에서 보면 조세법률주의원칙이 인정된다고 하여 당연히 죄형법정주의와 완전히 같은 의미에서 문자대로 엄격해석해야 한다든지, 조세법규의 불소급이 절대적인 원칙으로 인정

196 小林敬和, 「租税法律主義の実質化について: 罪刑法定主義と関係して」, 『税法学』 565号, 100頁.
197 小林敬和, 「租税法律主義の実質化について: 罪刑法定主義と関係して」, 『税法学』 565号, 101頁.

되어야 한다는 결론은 나오지 않는다. 이러한 입장을 취하는 이들은 조세법의 해석에 있어서 개별 조문의 형식이나 표현 등에 절대적으로 구속되지 않고 궁극적으로는 조세법의 기본이념을 근거로 하며 그 조문의 목적에 입각하여 합목적적인 해석을 하는 것이 중요하다고 생각한다.[198]

3. 실질과세원칙과 죄형법정주의의 관계

일본에서는 우리나라의 판례에서 논란이 된 것처럼 실질과세원칙과 죄형법정주의의 관계가 직접 언급된 경우는 없다. 이는 실질과세원칙에서의 실질을 주로 법적 실질로 이해하는 현재의 통설과 판례의 입장과도 연결된 것이라고 생각된다. 조세법률주의와 죄형법정주의 모두 법적 안정성과 예측가능성을 강조하는 것으로 보는 통설과 판례의 입장에 따를 때 경제적 실질에 따라 실질과세원칙을 이해하는 것은 조세법률주의 위반이자 동시에 그러한 원칙에 기초하여 세금탈루를 하였다는 이유로 조세범으로 처벌하려고 하면 이는 죄형법정주의 위반으로 이해하는 것이다. 반면 경제적 실질설을 취하는 입장에 따르면 경제적 실질에 따른 과세는 조세법률주의 위반도 아니고 당연히 죄형법정주의 위반도 아닌 것으로 이해하게 될 것이다.

198 田中二郎, 『租税法』, 有斐閣, 1990年, 124-125頁.

제5절 | 일본 세법상 실질과세원칙에서 '실질'의 의미에 대한 논쟁

I. 의의

일본 세법상 실질과세원칙은 우리나라와 다르게 대부분의 경우 명의인과 실제 소유자가 다른 경우에 과세물건을 누구에게 귀속시킬 것인지와 관련하여 논의한다는 것은 이미 언급한 바이다. 일본에서 실질과세원칙이 문제된 사례로는 영업명의인과 영업소득의 실제 취득자가 다른 경우,[199] 부동산의 등기명의인과 실제 소득자가 다른 경우,[200] 예금명의인과 실제 권리자가 다른 경우,[201] 보험금 수취명의인과 실제 취득자가 다른 경우,[202] 주식명의인과 배당의 실제 취득자가 다른 경우 등이 있다.

이와 같은 귀속에 관한 실질주의에 대해 규정하고 있는 소득세법 제12조 등과 관련해서는 이러한 조문에 등장하는 "수익이 법률상 귀속한다고 보이는 자가 단순한 명의인이고"라는 문구와 관련하여 어떤 경우가 이에 해당하는지를 두고 오랫동안 의견이 대립되어 왔다. 아래에서는 이에 대해 소개하기로 한다.

199 行政裁判所大正13年10月14日(大正13年第49号)判決.

200 行政裁判所大正14年12月22日(大正14年第42号)判決. 농업소득의 경우 예컨대 鳥取地判昭和25年12月20日(昭和23年(行)第28号)判決, 東京地判昭和28年7月7日(昭和26年(行)第52号第53号)判決.

201 東京地判昭和23年12月8日(昭和21年(ワ)第1267号)判決.

202 大阪高判昭和39年12月21日(昭和29年(行)第77号)判決.

Ⅱ. 1961년 국세통칙법 제정 당시의 견해들

일본에서 실질과세원칙에서의 실질의 의미에 대한 논의가 본격화된 것은 소화 36년(1961)에 국세통칙법을 제정하면서 동법의 정부안에 실질과세원칙에 관한 조문이 포함되면서부터라고 할 수 있다. 이때를 전후하여 실질과세원칙에서의 실질의 의미에 대해 언급하고 있는 것들을 보면 실질과세원칙을 세법의 해석·적용에 있어서 "사태의 실체 내지 실질을 각 세법의 규정과 결부시켜 실질적으로, 즉 주로 경제적 실질에 입각하여 판단적용하는 것"(税制調査会, 「国税通則法の制定に関する答申(税制調査会第二次答申)及びその説明」, 昭和 36年 7月, 10頁)이라고 표현한 경우도 있고, "형식적, 따라서 표현적 사실뿐만 아니라 그 실질(경제적 실질)에 따라야 한다는 원칙"(沼田他, 「会社税務釈義」, 3957頁)으로 서술한 경우도 있으며, "표면의 가장적 사상(事象)을 무시해 버리고 배후의 경제적 실질에 따라 과세를 행하는 원칙"(林大造, 「所得税の基本問題」, 昭和 41年, 77頁)으로 이해하거나, "행위의 형식보다는 실질, 그 법적 평가보다는 실현된 경제적 결과를 중시해야만 한다는 사고방식"(金子宏, 「市民と租税」, 加藤一郎 編, 『現代法と市民』, 岩波書店, 1966, 318頁)으로 이해한 경우도 있고, "표현적 사실에 구애받지 않고 경제적 실태에 즉응한 과세사실의 인정을 요구하는 원칙"(日本 會計研究學會, 「企業利益と課税所得との差異及びその調整について」)으로 기술한 경우도 있다.[203]

대체적으로 당시 학자들은 일본 정부가 1961년 국세통칙법 개정 시 입법하려고 한 실질과세원칙을 경제적 실질설에 근접하여 이해한 것으로 보인다. 그리고 이때 경제적 실질설은 아래에서 소개하는 바와 같이 일본 문헌들에 따를 때 독일의 경제적 관찰방법을 기초로 하여 주장된

203 清永敬次, 『租税回避の研究』, ミネルヴァ書房, 2017年, 363頁.

것으로 생각된다.[204]

Ⅲ. 그 이후의 논의 상황

1. 개관

일본 세법상 실질과세원칙에서의 실질의 이해와 관련하여 현재까지 일본에서 논의된 바를 정리해 보면 아래와 같다. 대체적으로 현재의 통설은 법적 실질설을 지지하는 것으로 이해할 수 있다. 경제적 실질설을 취하는 입장은 소수설에 해당한다.

2. 법적 실질설

일본의 통설이 법적 실질설을 취하는 이유는 경제적 실질설을 취할 경우 개별 사례에서 경제적 실질의 파악과 관련하여 발생하는 모호성 때문이다. 일본 문헌에서 법적 실질설을 취하는 학자들로 소개하고 있는 이들의 입장을 정리해 보면 아래와 같다.[205]

첫째, 나카가와(中川一朗) 교수의 견해이다. 나카가와(中川) 교수는 "어떠한 경우에 법률상 권리자와 경제적·실질적인 이익의 향유자가 일치하지 않는 것인가. 우리들도 많이 생각했지만 어떠한 경우가 이에 해당하는 것인지 생각이 떠오르지 않는다. 경제적·실질적인 이익의 향유는 반드시 법률상으로도 권리가 귀속되는 경우이다."라고 하여 법률적 귀속설에 따라 세법을 해석해야 한다고 본다.

둘째, 기타노(北野弘久) 교수의 견해이다. 기타노(北野) 교수는 "현대의

---

204 田中二郎,『租税法』, 有斐閣, 1990年, 120–122頁.

205 아래 글은 福田善行,「実質所得者課税に関する一考察: 所得税における所得の帰属判定を中心に」,『税務大学校論叢』84号, 2016年, 360頁 이하를 참조한 것이다. 아래에서 법적 실질설로 소개하는 견해 중 일부는 시각에 따라서 경제적 실질설로 볼 수 있다는 입장도 있다(예: 기요나가清永敬次 교수와 우스이碓井光明 교수의 견해). 그러나 일단 일본에서의 시각을 그대로 소개하기 위하여 그러한 견해도 법적 실질설의 일부로 언급하고자 한다.

발달한 법치국가에서 어떠한 법률관계도 없이 경제적으로 수익을 향유한다는 것이 과연 있을 수 있을까. 얼핏 보면 경제관계에 지나지 않는 것으로 보이는 경우도 잘 살펴보면 그 배경에는 법률관계가 존재하는 것이 통례일 것이다. 가령 아주 예외적으로 경제관계에만 기초하여 과세해야 하는 경우가 있다고 하더라도 현행법의 이러한 일반적·포괄적인 규정에 따라서는 그러한 과세(경제관계에 기초한 과세)를 적법하게 행할 수 없다."라는 의견을 피력하고 있다. 기타노(北野) 교수 역시 철저하게 법적 실질에 기초하여 과세를 해야 한다는 입장이다. 다만, 나카가와(中川) 교수와 다른 점은 경제적 실질에 기초한 과세도 부정하지는 않지만 이 경우에는 개별적인 명문규정을 필요로 한다는 입장이다.

셋째, 가네코(金子宏) 교수의 견해이다. 가네코(金子) 교수는 "문리적으로는 어느 쪽의 해석도 가능하다. 그러나 경제적 귀속설을 취하면 소득의 분할 내지 이전을 쉽게 인정하게 될 뿐만 아니라 납세자의 입장에서는 법적 안정성이 침해된다는 비판이 있을 수 있고, 세무행정의 견지에서는 경제적으로 귀속하는 것을 결정하는 것은 실제로 많은 곤란함을 수반한다는 비판이 있을 수 있다. 이러한 의미에서 법률적 귀속설이 타당하다."라고 하여 기본적으로 양설에 의한 해석을 인정하면서도 법률적 귀속설이 타당하다는 입장을 견지하였다.

넷째, 다니구치(谷口勢津夫) 교수의 견해이다. 다니구치(谷口) 교수는 가네코(金子) 교수와 같은 견해를 보이면서도 "문리해석으로서는 법률적 귀속설이 타당하지만 실질소득자과세 규정을 사실인정규범으로 해석하는 경우에는 사법상 진실로 수익을 수수하는 권리 그 자체가 아니라 그러한 권리를 가지는 자로서의 개연적 양상을 기준으로 하여 귀속의 판정을 재구성하는 법률적 귀속설이 타당하다."라고 하였다. 다니구치(谷口) 교수는 기본적으로 소득을 획득할 권리가 누구에게 있는지를 해석함에 있어서는 법적 실질설에 따라야 한다고 보지만, 실질소득자과세규정을 해석의 문제가 아니라 사실인정의 문제로 이해하게 되면 이는 사법적 판단과 달리할 수도 있다는 입장인 것으로 이해된다.

다섯째, 기요나가(清永敬次) 교수의 견해이다. 기요나가(清永) 교수는 "실질소득자과세 원칙의 규정으로부터 경제적 실질주의와 같은 견해를 도출하는 것이 완전히 불가능하다고는 할 수 없다. 그러나 경제적인 성과는 통상 법률상의 관계에 따라 그 귀속자를 결정하는 것이므로 법률상의 관계를 떠나 경제적인 귀속이 존재하는 경우가 가령 있다고 하더라도 그것은 한정된 경우일 것이다. 그러한 경우라 함은 만일 그렇게 생각하지 않으면 과세상 현저히 불합리함을 발생시키는 경우, 즉 담세력을 결여한 자에게 과세하는 결과가 발생하는 경우를 말한다."라고 하였다. 기요나가(清永) 교수는 기본적으로 법률적 귀속설에 따라 세법을 해석해야 한다는 입장이지만 그로 인한 세법 해석이 담세력을 결한 자에게 과세하는 결과를 초래하는 경우와 같이 그러한 세법 해석 결과가 현저히 불합리한 경우에는 경제적 귀속설에 의한 해석이 이루어질 여지가 있다고 보는 입장이다.

여섯째, 우스이(碓井光明) 교수의 견해이다. 우스이(碓井) 교수는 "조세법의 적용에 있어서는 법률관계에 입각하여 소득의 귀속을 결정하는 것이 타당하며, 여기에 실질과세의 원칙이 의미를 가진다고 생각한다. 권리자와 수익의 사실상 지배자 간에 다툼이 있으며, 권리자가 제소할 수 없는 합리적 이유가 있는 경우에는 사실상 지배자에게 납세의무가 발생한다고 해석하는 것이 허용되어야 할 것이다. 사법상의 권리를 가지는 자는 그 권리를 행사할 수 없는 합리적 이유가 있어서 수익을 지배하고 있지 않은 경우를 제외하고는 소득의 귀속자가 된다고 할 것이며, 그 예외적인 경우의 요건은 구체적 사안에 입각하여 음미할 필요가 있다고 생각한다."라고 하였다. 우스이(碓井) 교수도 일정한 경우, 즉 권리를 행사할 수 없는 합리적 이유가 있어서 수익을 지배하고 있지 않은 경우에는 경제적 실질에 의한 판단이 허용된다고 하는 점에서 기요나가(清永) 교수의 견해에 가까운 것으로 볼 수 있다.

주목할 점은 일본의 경우 법적 실질설을 취하는 학자들도 경제적 실질설(혹은 경제적 관찰방법)을 법의 해석·적용방법으로 이해하면 그것은 일종의 목적론적 해석 및 목적론적 사실인정의 요청이고, 일반론으로서는 그 허용성이 바로 부정될 수 있는 것은 아니라는 점을 인정한다. 하지만 이러한 법해석·적용방법은 독일의 경제적 관찰방법(Die wirtschaftliche Betrachtungsweise)에서 유래한 것인데, 이 해석방법이 과거 나치시대에 '국고주의의 무기'로서 세법의 자의적인 해석·적용을 가능하게 하기 위해 사용되었던 점을 강조한다. 그러한 국고주의적인 경제적 관찰방법에 따르면 세법의 목적 내지 입법동기는 일차적으로 가능한 한 많은 세수를 확보하는 것이고 그 결과 공평한 세금배분을 명분으로 개인들의 경제활동에 교란적·적대적 침해행위를 정당화시켜 줄 수 있게 된다고 이해한다. 경제적 실질의 탐구라는 것은 결국 조세입법의 동기를 통해 파악될 것인데, 그러한 입법동기를 법조문의 문언을 벗어나서 세법을 해석·적용하는 기준으로 원용하는 것을 허용한다는 것은 결국 세무공무원에게 조세입법자의 재량에 필적할 정도의 자유를 부여하는 것이므로 이는 법치국가에서 용인되어서는 안 된다고 본다.[206]

3. 경제적 실질설

일본에서 경제적 실질설을 취하는 학자로 분류하는 연구자는 많지 않

206 谷口勢津夫,『税法基本講義[第5版]』, 弘文堂, 2016년, 38–39頁.

은데 일단 이 글에서는 아래와 같이 다나카(田中二郎)의 견해와 야마다(山田二郎)의 견해 그리고 기라(吉良実)의 견해를 경제적 실질설로 분류하여 소개하고자 한다.

첫째, 다나카(田中二郎) 교수는 조세법의 해석에 있어서 따라야 할 기준으로 현재 독일 조세통칙법의 전신인 독일의 구 조세조정법(Steueranpassungsgesetz) 제1조 제2항을 들고 있다. 이 조항은 "조세법의 해석에 있어서는 국민의 통념(Volksanschauung), 조세법의 목적 및 경제적 의의(der Zweck und die wirtschaftliche Bedeutung der Steuergesetze) 그리고 여러 사정들의 발전(die Entwicklung der Verhaeltnisse)이 고려되어야 한다."라고 규정하고 있다. 다나카(田中) 교수는 그중 조세법의 해석에 있어서 '조세법의 경제적 의의'가 고려되어야 한다는 부분을 지적하며 이것을 당연한 것으로 평가하였다. 그는 종래 일본 세법에서 조세법률주의의 이름하에 조세법의 엄격해석의 필요성을 강조하고, 문언이나 표현형식에 지나치게 구애되고 또한 차용 개념에 대해서도 세법에서 차용한 영역과 완전히 동일한 의미로 이해하고자 하는 경향이 강함에 반해, 독일 세법의 이 조문은 조세법의 해석에 있어서 반드시 문언이나 표현형식 등에 구애되지 않고[207] 조세법 규정의 실질적·경제적 의의를 고려할 필요가 있는 점을 강조한 것으로 높이 평가해야 한다고 보았다. 그는 조세법의 해석에 있어서 조세법의 목적에 비추어 규정의 실질적·경제적 의의가 고려되어야 하며, 실질과세원칙은 이러한 기본적인 사고방식의 구체적인 표현에 지나지 않는다고 이해하였다.

둘째, 야마다(山田二郎) 교수는 소득 자체가 경제 개념인 점과 실질과세원칙을 규정하고 있는 일본 소득세법 제12조 등에서 '수익의 향유'라는

207 그는 "문언이나 표현형식 등에 구애되지 않고"라는 표현이 세법규정에 등장하는 문언이나 표현형식을 무시해도 된다는 의미는 아니라는 점을 글을 통해 분명하게 밝히고 있다.

경제적 표현을 사용하고 있는 점을 이유로 경제적 귀속설이 타당하다는 입장이다. 다만 그는 “통상은 법률상 귀속과 경제상 귀속이 일치한다. 다만 절도나 도박으로 인한 수익의 귀속이나 이자제한법을 초과하는 이자 수익의 경우처럼 수익을 불법으로 취득하는 경우나 법률상 귀속이 분명하지 않은 경우에 한하여 경제상의 귀속에 입각하여 소득의 귀속자가 결정될 뿐이다.”라고 하였다.

셋째, 기라(吉良実) 교수의 견해이다. 그는 실질과세주의의 이해에 있어서 이 법적 실질주의 입장과 경제적 실질주의 입장을 특별히 대립시킬 필요가 없다는 입장을 취하고 있다. 소위 ‘형식’ 대 ‘실질’이라고 하는 것은 애초 어떤 것과 어떤 것을 구체적으로 대조하여 비교하는 경우 상대적으로 인식할 수 있는 비교 개념에 지나지 않는 것이므로 구체적 사례에 따라 발생하는 문제가 ‘법 대 법’의 문제인 경우에는 법적 실질주의 입장에서, ‘법 대 경제’의 문제인 경우에는 경제적 실질주의 입장에서 실질과세원칙을 이해해야 한다고 보는 입장이다. 즉, 이 견해는 실질과세주의를 법적 실질주의와 경제적 실질주의로 나눌 수 있다고 보고, 실질과세주의는 그중 한쪽만을 선택하는 문제가 아니라 사안에 따라 양자 중 택일할 수 있는 문제라고 보는 것이다.[208] 다만 기라(吉良) 교수는 세법학에서 ‘실질과세주의’가 특별히 강조되고, 주로 논의되는 것이 ‘경제적 실질주의’일 뿐이라고 생각한다.[209] 그는 문리해석상 소득세법 제12조 등은 소위 법적 실질주의 규정이라고 해석할 여지도, 경제적 실질주의 규정으로 해석할 여지도 있다고 본다. 그렇기 때문에 문리상으로는

208 그러나 법률적 귀속설과 경제적 귀속설은 기본적으로 다른 것이며, 이러한 양자를 포함한 실질주의는 성립할 수 없는 것이 아닌가 하는 견해도 있다. 또한 이 견해는 법률적 귀속설에 따르면, 법률상의 귀속과 경제상의 귀속이 다른 경우, 법률상의 귀속이 결정적인 방법이 됨에도 불구하고, 기라(吉良) 교수는 이러한 경우 경제상의 귀속에 따른다고 하고 있으므로 기라(吉良) 교수가 말하는 실질주의라는 것은 경제적 실질주의를 뜻하는 것으로 이해한다. 清永敬次, 「吉良実著 『実質課税論の展開』 及び 『所得課税法の論点』」, 『税法学』 381号, 1982年, 42頁.

209 吉良実, 『実質課税論の展開(阪南大学叢書12)』, 中央経済社, 1980年, 65–66頁.

그 어떠한 해석도 가능하므로 이 조문을 법적 실질설 혹은 경제적 실질설 중 하나의 입장에 따라 해석할 것이 아니라 양자를 포함한 그 상위에 있는 실질주의 규정이라고 해석하자는 입장을 피력하고 있다.[210]

4. 그 밖의 견해

그 밖의 견해로 미즈노(水野忠恒) 교수의 입장이 있다. 미즈노(水野) 교수는 법적 실질설을 취할 것인지 경제적 실질설을 취할 것인지는 획일적으로 결정될 수 있는 것이 아니라 소득의 종류에 따라 다를 수 있다고 본다. 그는 급여소득이나 이자소득과 같이 노동계약이나 예금계약 등 법률관계가 명확히 존재하는 경우에는 법률상 귀속이 명확하지만 사업소득에 대해서는 애초 법률상의 귀속자를 명확히 인정할 수 없는 경우가 많다고 보았다. 따라서 급여소득이나 이자소득은 법적 실질설에 따라 판단하고, 사업소득에 대해서는 경제활동의 실태를 보아 수익의 귀속자를 판정할 필요가 있으므로 경제적 귀속설을 채용할 수밖에 없다고 이해한다.[211]

5. 평가

일본의 경우 1961년 국세통칙법 개정 시에는 실질주의를 경제적 실질설에 기초하여 이해하려고 한 것으로 보인다.[212] 하지만 그러한 이해

---

210 이러한 이유로 福田善行, 「実質所得者課税に関する一考察: 所得税における所得の帰属判定を中心に」, 『税務大学校論叢』 84号, 2016年, 364–366頁에서는 미즈노(水野) 교수의 견해뿐만 아니라 기라(吉良) 교수의 견해도 법적 실질설 및 경제적 실질설과는 조금 다른 견해로 구분한 것 같다.

211 水野忠恒, 『租税法[第5版]』, 有斐閣, 2011年, 296頁 참조.

212 中川一郎, 「租税回避行為の否認による課税と租税法律主義」, 『シュトイエル』 124号, 1972年, 7–8頁에는 다음과 같이 언급되어 있다. "조세회피를 부인하는 규정이 없음에도 불구하고, 조세회피행위로 인정하여 부인할 수 있는 권한을 세무서장이 가진다고 하는 것과 같은 것이 인정되면, 조세법률주의는 완전히 유명무실해진다. 그러나 조세회피의 부인에 관한 규정이 없어도 종래 '세법의 정신', '세법의 목적', '조세부담의 공평'과 같은 문언을 빌려 조세회피의 부인을 인정해야 하는 것은 의심할 여지가 없다고까지 일컬어졌다. 조세법률주의는 '세법의 정신', '세법의 목적', '조세부담의 공평' 앞에서는 완전히 무력하며, 그것이 건전한 상식이며 정통적인 학설이며, 우리들은 국익을 경시

를 기초로 한 실질과세원칙의 입법화가 좌절된 이후 일부 경제적 실질설에 따른 판례가 있긴 하였지만 일본 세법학계의 전체적인 경향은 합법성 원칙하에서 세법의 해석·적용에 대해 엄격성을 강조하는 방향으로 흘러갔다. 그 결과 오늘날에는 경제적 실질에 기초한 실질과세원칙은 '국고주의적인 실질주의'로 이해되고 이러한 실질과세원칙은 더 이상 현실의 세법 해석·적용 원칙으로 작동하지 못하고 '봉인'되어 있는 상태가 되어 버렸다. 다만, 목적론적 해석에 있어서 조세법규의 취지·목적의 인식방법 여하에 따라, 또 과세요건사실의 인정에 있어서는 실체·실질의 인식방법 여하에 따라 그 '봉인'이 풀어질 여지는 있는 것으로 평가된다. 법적 실질설을 취하는 학자들은 이러한 경우에도 세법의 '법으로부터의 자유로운 해석·적용'에 따른 폐해가 현실화되지 않도록 주의해야 한다고 강조한다.

Ⅳ. 판례

일본 소득세법 제12조의 해석에 대해 다수의 판례는 학설과 마찬가지로 법률적 귀속설의 입장을 취하고 있는 상황이다. 다만 최근에는 최고재판소의 입장이 반드시 법적 실질설인지 명확하지 않다는 평가도 있다.[213]

최근의 하급심 재판례에서도 법률적 귀속설에 따른 해석을 명시적으로 언급하고 있는 것이 보인다.[214] 한편 경제적 귀속설에 입각한 것으로 보이는 판결도 있다. 오카야마지법(岡山地法) 1991년 10월 31일 판결이 그것인데, 이 판결은 "세법상의 소득에 관해서는 실질소득자과세의 원

내지 무시하는 이단아이며, 독자적인 견해로 학설이라 할 만하지 않다고까지 생각되어 왔다."

213 福田善行, 「実質所得者課税に関する一考察: 所得税における所得の帰属判定を中心に」, 『税務大学校論叢』 84号, 2016年, 366頁.

214 高松高判平成16年12月7日(民集61巻6号2531頁)判決, 名古屋地判平成17年9月15日(税資255号順号10129号)判決等.

칙에 따라 거래의 명의, 형식보다 실체, 실질을 중시하여 과세하는 것으로 되어 있으므로(법인세법 제11조) 법률상의 거래명의 관계가 아니라 경제적 실질, 즉 경영주체가 누구인지에 입각하여 그 소득의 귀속이 결정된다."라고 하고 있다.[215]

또한 지바지법(千葉地法) 1987년 5월 6일 판결도 세법 해석에서 경제적 실질을 중요하게 고려해야 한다고 판시한 예로 들 수 있다. 이 판결은 "법인의 소득 유무와 그 귀속을 판정함에 있어서는 단순히 당사자에 의해 선택된 법률형식만이 아니라 그 경제적 실질을 함께 검토·음미해야 하는 점은 당연하지만, 당사자에 의해 선택된 법률적 형식이 경제적 실질을 고려했을 때 통상 취해져야 할 법률적 형식과 분명히 일치하지 않는 등의 특단의 사정이 없는 한 당사자에 의해 선택된 법률형식은 원칙적으로 경제적 실질도 표현하고 있다는 사실상의 추정이 작동하고, 위의 법률적 형식과 경제적 실질의 불일치가 분명히 입증된 경우에 비로소 위 추정을 번복하고 입증된 경제적 실질에 따라 법인세법상 법률관계가 확정된다고 해석하는 것이 타당하다."라고 하고 있다.[216] 그러나 지바지법(千葉地法) 판결은 법률적 형식과 경제적 실질의 불일치가 분명히 입증된 경우, 즉 '특단의 사정이 있는 경우'에 비로소 경제적 실질에 따라 판단해야 한다는 입장으로, 예외적으로 경제적 실질에 따라 판단하는 경우가 있을 수 있지만, 원칙적으로는 법적 실질에 따라야 할 것이라는 입장으로 이해된다.[217]

215 岡山地判平成3年10月31日(昭和58年(わ)第114号)判決.

216 千葉地判昭和62年5月6日(昭和57年(行ウ)第15号)判決.

217 福田善行, 「実質所得者課税に関する一考察: 所得税における所得の帰属判定を中心に」, 『税務大学校論叢』 84号, 2016年, 366-367頁. 이 판결에서는 소득을 원고에게 귀속시키고자 하는 의도에 기초하여 선택한 법형식에 따른 법률효과는 원고에게 귀속했다 할 것이라고 보고, 원고 명의로 행한 토지의 양도에 따른 소득의 귀속에 대해 원고는 법적 형식뿐만 아니라 법적 실질도 가지고 있는 것으로 평가하고 있다.

제6절 | 일본 소득세법 제12조 등에 따른 실질과세원칙의 내용

I. 의의

일본 세법에는 우리나라의 국세기본법 제14조와 같은 조문이 없으므로 실제 세법에서 작동하는 실질과세원칙의 내용을 이해하려면 일본 소득세법 제12조와 법인세법 제11조에서 규정하고 있는 실질소득자귀속원칙이 무엇인지 알아볼 필요가 있다.

이 규정들에서 등장하는 실질과세원칙의 내용은 결국 앞에서 소개한 실질과세원칙에서의 '실질'을 어떻게 이해하는가 하는 논의와 밀접한 연관이 있다. 따라서 아래에서는 앞에서 설명한 부분을 기초로 하여 이에 대해 언급해 보고자 한다.

II. 실질소득자귀속원칙의 이해

실질소득자귀속원칙을 규정한 일본 소득세법 제12조와 법인세법 제11조는 "자산 또는 사업에서 발생하는 수익이 법률상 귀속한다고 보이는 자가 단순한 명의인으로 그 수익을 향유(享受)하지 않고, 그 이외의 자(법인)가 수익을 향유(享受)하는 경우에는 그 수익은 이를 향유(享受)하는 자(법인)에게 귀속하는 것으로 하여 이 법률의 규정을 적용한다."라고 규정하고 있다.

이 규정에 대해서는 문리해석상 두 가지 해석이 가능하다. 첫째, '단순한 명의인'이라는 용어가 사용되고 있는 점을 중시하면, 이 규정은 단순히 법률상 귀속자에게 과세하는 것을 규정한 것에 지나지 않는다고 해석할 수 있다. 둘째, '수익을 향유'한다는 용어가 사용되고 있는 점을 중시하면, 이 규정은 수익의 법률상 귀속자와 경제적 귀속자가 다른 경우에 후자에게 과세하는 것을 용인하는 규정으로 해석할 수도 있다.

법적 안정성과 예측가능성을 중시하는 입장에서는 첫 번째 입장을 지지할 것이다. 이는 실질과세원칙에서의 실질을 법적 실질로 이해하는 입장이다. 소득세법 제12조와 법인세법 제11조를 이렇게 이해하면 이 규정들이 규율하고자 하는 내용은 세법에 특정된 문제가 아니고 민·상법에서도 동일한 원칙이 작동하는 것이다. 따라서 만약 이 규정이 이와 같은 내용으로 이해된다면 이 규정은 당연한 것을 규정한 확인적 규정에 지나지 않는다 할 것이다.

반대로 조세부담의 공평을 중시하는 관점에서는 두 번째 견해를 취해야 한다고 할 수 있을 것이다. 이는 실질과세원칙에서의 실질을 경제적 실질로 이해하는 입장이라고 할 수 있다. 이 입장에 따를 경우에도 소득세법 제12조 등은 선언적·확인적 규정으로 이해된다.[218] 소득세법 제12조 등에서의 실질과세원칙을 경제적 실질에 따라 이해하는 경우라고 할지라도 세법의 해석·적용원칙으로서의 실질과세원칙은 법적 실질설로 이해해야 한다는 입장이 있을 수 있다. 이러한 입장에 따르면 일본 소득세법 제12조 등의 위헌성은 별론으로 하더라도[219] 이 규정들은 창설적 규정으로 이해하게 될 것이다.

218 田中二郎, 『租税法』, 有斐閣, 1990年, 449頁.

219 물론 이러한 위헌의 문제는 이 규정에 근거하여 개별적 조세부과처분이 가능하다고 하는 경우에만 발생할 수 있을 것이다. 직접 이 규정에 근거하여 개별적 처분이 이루어질 수는 없다고 이해하면, 즉 이 규정을 입법방침을 정하는 정도의 규정으로 이해한다면 굳이 이 규정을 창설적 규정이라고 평가할 이유는 없을 것이다.

제7절 | 주요 적용영역별 실질과세원칙의 기능 정도

I. 조세회피행위

1. 조세회피행위의 개념

일본에서도 조세회피행위에 대한 정의는 매우 다양하다. 일본 학자 중 오랫동안 조세회피행위를 연구한 학자인 기요나가(清永敬次) 교수는 조세회피에 대해 다음과 같이 정의하고 있다. "조세회피라는 것은 과세요건의 충족을 피함에 따른 조세부담의 부당한 경감 또는 배제를 말한다. 대부분의 경우 세법상 통상의 것으로 생각되고 있는 법형식(거래형식)을 납세자가 선택하지 않고, 이와는 다른 법형식을 선택함에 따라 통상의 법형식을 선택한 경우와 기본적으로 동일한 경제적 효과 내지 법적 효과를 달성하면서 통상의 법형식에 결부되어 있는 조세상의 부담을 경감 또는 배제하는 형태를 취한다. 이러한 조세회피를 초래하는 납세자의 행위를 조세회피행위라 한다."[220] 이는 "동일한 경제적 효과를 달성하기 위해서 복수의 선택 가능한 법적 수단이 존재하는 경우 그중 하나의 법적 수단을 선택할 때 다른 수단을 선택할 때보다 조세부담이 가벼워지는 경우 조세부담이 가벼워지는 수단을 선택하는 것"으로 정의할 수 있다.[221]

220 清永敬次, 『税法[新装版]』, ミネルヴァ書房, 2014年, 42頁.

221 清永敬次, 「税法における実質主義について: 英国判例の場合」, 『法学論叢』 78巻3·4号, 1966年, 82頁.

2. 조세회피행위 방지 방법에 대한 이해

1) 일반규정의 허용가능성

조세회피행위를 방지하기 위한 일반규정을 입법하여 모든 조세회피행위를 그 규정에 근거하여 방지하는 것이 법이론적으로 가능한지에 대해 일본의 통설은 부정적이다. 물론 그러한 일반규정의 구체적 모습이 전제되어야 정확한 평가가 가능하겠지만 그러한 규정은 일본 학자들이 이해하는 일본 헌법상 조세법률주의 정신에 반할 여지가 크다고 이해한다.

2) 조세회피 방지를 위한 개별 규정들

실제 일본에는 모든 세목을 포괄하는 일반적 조세회피 부인규정은 없다. 하지만 개별 분야별로 일반적 부인규정으로 평가받는 규정은 다수 존재한다. 동족회사의 행위 또는 계산으로 이를 용인하면 법인세·소득세 등의 부담을 부당히 감소시키는 결과가 초래되는 경우 이를 부인하여 경정 또는 결정을 행할 수 있다는 취지의 규정(법인세법 제132조 제1항 제1호, 소득세법 제157조 제1항 제1호, 상속세법 제64조 제1항 등), 법인조직 재편성에 관한 행위 또는 계산으로 이를 용인하면 관련 법인에게 법인세·소득세 등의 부담을 부당히 감소시키는 결과가 발생하는 경우 이를 부인하여 경정 또는 결정을 행할 수 있다는 취지의 규정(법인세법 제132조의2, 소득세법 제157조 제4항, 상속세법 제64조 제4항 등), 연결법인의 행위 또는 계산으로 이를 용인하면 법인세의 부담을 부당히 감소시키는 결과가 초래되는 경우 이를 부인하여 경정 또는 결정을 행할 수 있다는 취지의 규정(법인세법 제132조의3) 및 외국법인의 항구적 시설귀속소득에 관한 행위 또는 계산을 부인하여 경정 또는 결정을 행할 수 있다는 취지의 규정(법인세법 제147조의2. 이 규정은 2016년(平成 28) 4월 1일부터 시행되고 있다) 등을 그러한 규정으로

소개하기도 한다.[222]

그 외에도 많은 개별적 조세회피행위 부인규정이 있다. 예컨대 일본 소득세법은 건물의 소유를 목적으로 지상권 설정 등을 한 것에 수반하여 통상의 경우 금전 대부 조건에 비해 특별히 유리한 조건에 의한 금전 대부나 그 외 특별한 경제적 이익을 받은 경우 당해 대부 등에 따른 특별한 이익은 권리금에 포함되는 것으로서 권리금의 금액이 그 토지 가액의 10분의 5를 넘는 때는 그것을 양도소득으로 과세한다는 취지를 규정하고 있는데(소득세법 제33조 제1항 괄호, 소득세법시행령 제79조·제80조), 이것도 조세회피행위 방지를 위한 개별규정으로 이해되고 있다. 법인세법 제2조 제2항·제34조 이하, 상속세법 제65조·제66조, 조세특별조치법 제40조의4 이하·제66조의6 이하 등도 그러한 개별적 부인규정으로 본다.[223]

3) 조세회피 방지를 위한 개별 규정들로 규제하지 못하는 경우

이러한 부인규정이 있는 경우에는 그 규정에 따라 거래행위를 부인하는 것은 물론이다. 문제는 부인규정이 없는 경우이다. 이러한 경우 실질과세원칙이 그 근거가 될 수 있는지에 대해서는 별도의 절에서 설명하기로 한다. 문헌 중에는 소수견해이지만 공평부담의 견지에서 부인규정의 유무에 관계없이 부인을 인정하는 견해도 있다.[224] 하지만 대부분의 견해는 조세법률주의하에서 법률의 근거 없이 당사자가 선택한 법형식을

222 金子宏, 『租税法[第22版]』, 弘文堂, 2017年, 129頁.

223 金子宏, 『租税法[第22版]』, 弘文堂, 2017年, 129–130頁.

224 田中二郎, 『租税法』, 有斐閣, 1968年, 85–86頁 참조. 즉, 동족회사의 행위계산부인규정과 같은 경우는 일종의 선언적 규정으로 해석해야 할 것인데, 이러한 규정이 없는 비동족회사에 대해서도 조세부담에 있어서는 실질적 공평이 필요하므로 경제적 실질을 보아 과세대상이 될 이익을 향유하고 있다면 그 실질에 대해 과세하는 것이 담세력에 따른 공평과세에 입각한 것이라고 언급하고 있다.

통상 사용되는 법형식으로 재구성하여 거기에 대응하는 과세요건이 충족된 것으로 취급하는 권한을 조세행정청에게 인정하는 것은 곤란하며, 설혹 그러한 권한을 부여한다고 하더라도 부인의 요건이나 기준의 설정을 둘러싸고 조세행정청도 사법부도 거래의 재구성을 입증하고 판단하기 위하여 큰 부담을 지게 되므로 적절치 않다고 이해한다. 다만 이러한 견해들도 이러한 조세회피행위가 정책적으로 용인되어야 한다는 것은 아니므로 새로운 조세회피 유형이 등장할 때마다 입법부는 신속하게 개별 부인규정을 입법하여 문제를 해결해야 한다는 입장이다.[225]

이 점에 대해 일본 최고재판소는 아직 명확한 판단을 내리지 않고 있으며,[226] 일본 하급심 법원의 입장은 통일적이지 않은 실정이다. 일부에서는 조세회피행위를 부인하는 개별규정이 없는 한 적어도 현행법 체제 내에서는 조세회피행위를 용인해야 한다는 입장과, 그러한 개별규정이 없어도 조세회피행위에 대한 과세가 가능하다는 입장이 존재한다.

동경고법 1972년 4월 25일 판결[227]은 상속세 납부와 관련하여 조세회피가 문제된 사안이다.[228] X(원고, 항소인, 상고인)들의 아버지 I가 소화 37년 11월 7일에 사망했다. 이에 X들이 그 유산을 공동상속하고, 소화 38년 5월 7일에 Y(피고, 피항소인, 피상고인)에게 상속세를 신고했다. 그런데 I는 소화 29년 1월 28일에 자신이 소유한 택지를 주식회사 미츠코시(三越)에 "존속기간 60년, 지대(地代) 연 129만 엔으로 하며 증액은 없음"으로 하여 지상권을 설정함과 동시에 1억 2900만 엔을 "변제기 5년 후,

---

225 金子宏, 『租税法[第22版]』, 弘文堂, 2017年, 130頁.

226 다만 最判平成23年2月18日(判タ1345号115頁)判決, 月報59巻3号864頁(武富士事件)의 보충의견은 법령상 근거가 없는 한 부인할 수 없다고 하는 사고방식을 표명하고 있으며, 다수의견도 그 취지를 포함하고 있는 것으로 평가되고 있다.

227 東京高判昭和47年4月25日(昭和46年(行コ)第25号)判決.

228 아래의 사실관계 및 제1심 및 제2심 판시 내용은 東京高判昭和47年4月25日(訟務月報19巻3号63頁)判決 참조.

대주와 차주 중 어느 일방의 신청에 의해 연장할 수 있으며, 그 기한의 이익은 쌍방을 위해 존재하는 점, 이자는 연액 129만 엔(연 1푼)으로 한다."라는 계약으로 미츠코시(三越)로부터 대금을 차입하고, 이에 따른 채무를 담보하기 위해 위 토지에 저당권을 설정하였는데, X들은 위 상속세 신고 시 자신들의 아버지 I가 미츠코시(三越)로부터 빌린 1억 2900만 엔의 채무를 상속세 과세재산의 가액에서 공제하고 신고했다.

그러나 Y는 위 소비대차계약은 허위표시이며 진의는 지상권의 설정대가가 수수된 것이 아닌가 의문을 가졌는데, 우선 이는 언급하지 않고, 위 채무에 대해서 상속개시 시의 채무액을 평가해야 하며, 그것은 변제기에 지불해야 할 금액에서 중간이자를 공제하고 산정할 것이라 하여 409만 2650엔으로 산정한 후에 채무공제액을 정정하고, 증액경정처분을 함과 동시에 과소신고가산세를 부가하여 처분했다. X들은 위 경정처분은 상속재산의 가액을 잘못 계산하였기에 위법한 것이라고 하여 심사청구를 거쳐 소송을 제기하였다.

제1심 판결은 우선 본건 금전채무의 존부에 대해서 "Y는 위 계약 내용이 당시 계약 당사자가 놓여 있던 위 경제적 실정에 적합하지 않다고 하며, 그로부터 추측건대 전술한 금전을 수수한 당사자의 진의는 지상권 설정의 대가를 받은 것이지만 조세부담을 회피하기 위해 금전소비대차인 것처럼 가장한 것이며, 이에 따른 금전소비대차계약은 통모에 의한 허위표시라고 주장하지만, … I와 미츠코시(三越)는 전술한 각 계약에 의해 각각 당시 필요한 재화를 취득함과 동시에 그 약정에 따라 서로 만족하는 거래를 한 것이므로 Y의 주장과 같은 전제에서 계약 당사자의 진의를 살피는 것은 타당하지 않다."라는 취지로 판시하였다. 그런 다음 금전채무 평가감소의 당부에 대해서는 본건 과세처분을 적법하다고 했다.

제2심 판결은 결론적으로 제1심 판결을 유지했다. 다만 법원은 "그렇다면 이는 일종의 조세회피행위라고 할 것이지만 동족회사의 행위계산의 부인(법인세법 제132조, 소득세법 제157조, 상속세법 제64조) 외에 일반적으로 조세회피의 부인을 인정하는 규정이 없는 일본 세법상 조세법률주의원칙으로부터 위 조세회피행위를 부인하고 통상의 거래형식을 선택한 것으로 하여 과세하는 것은 허용되지 않는다고 해야 할 바이다."라고 언급하여, 특별한 근거규정이 없으면 조세회피행위를 부인할 수 없다고 판단하였다. 이와 같은 부인규정필요설 취지의 판결로는 동경고법 1975년 3월 20일(東京高判昭和50年3月20日·訟務月報21巻6号1315頁) 판결, 동경고법 1999년 6월 21일(東京高判平成11年6月21日·訟務月報47巻1号184頁) 판결 등을 들 수 있다.[229]

이에 반해 오사카고법 1964년 9월 24일(大阪高判昭和39年9月24日·訟務月報10巻11号1597頁) 판결은 증권업자를 주주로 하여 금융업을 행하는 X회사가 증자 과정에 주주인 증권업자에게 증자자금을 무이자로 대여한 행위에 대해 과세당국이 이자 상당액을 X회사의 익금으로 계상한 처분의 적법 여부가 다투어진 사안에서 "법인세법은 익금의 개념에 대해 법에 별도의 규정이 있는 것 외에 사법상 개념을 전제하고 있는 것으로 해석해야 할 것이지만, 이 점에 대해서는 법인세법의 목적에 의한 제한이 있는 점은 인정해야 한다. 즉 예컨대 사법상 무효 또는 취소할 행위라도 그 행위에 수반하여 경제적 효과가 발생하는 경우에는 그 수익에 대해 과세하는 것은 아무런 지장이 없는 것으로 해석해야 할 것이며, 사법상 허용된 법형식을 남용하는 것에 의해 조세부담을 부당히 회피하거나 경감하려고 시도하는 경우에는 본래 실정에 적합한 법형식으로 재구

229 谷口勢津夫, 『税法基本講義[第5版]』, 弘文堂, 2016年, 71-72頁 참조.

성하고 그 결과에 기초하여 과세할 수 있는 것도 인정해야 한다."라고 판시하여 이론적으로는 특별한 근거규정이 없어도 조세회피행위를 부인할 수 있음을 인정하고 있다. 물론 이 사례는 순자산증가설을 취하는 법인세의 과세대상을 확정하는 것과 관련한 논의라는 점에서 다른 사례에의 인용이 적절하지 않을 수 있다. 하지만 판결문의 논리 자체는 특별한 근거규정 없이 조세회피행위를 부인하는 것을 긍정하는 취지이다. 이와 같은 부인규정불요설 취지의 판결로는 고베지법 1970년 7월 7일(神戸地判昭和45年7月7日·訟務月報16巻12号1513頁) 판결, 동경지법 1971년 3월 30일(東京地判昭和46年3月30日判決·訟務月報17巻7号1166頁) 판결 등을 들 수 있다.[230]

3. 실질과세원칙에 의한 조세회피행위 방지의 정도[231]

일본 세법에 있어서 실질과세원칙은 지금까지 그 의미하는 바가 아주 애매했다는 것에 대해 상당 부분 공감대가 형성되어 있다. 그리고 일본 세법상 실질과세원칙은 통상 소득세와 법인세에 있어서 소득의 귀속을 결정하는 원칙으로 작동하여 왔다는 점도 이미 설명하였다. 그러나 일부에서는 일본 세법상 실질과세원칙이 좁은 의미의 실질귀속자과세원칙에서 벗어나 조세 전반에 적용되는 대원칙이라고 주장하기도 한다. 이러한 견해는 주로 실질과세원칙에서의 실질을 경제적 실질로 이해하는 측에서 주장하고 있다. 이러한 견해를 가진 학자들은 자신들이 주장하는 실질과세원칙이 세법의 해석·적용원칙이므로 굳이 이 원칙을 법률에 조문화할 필요가 없다고 말한다. 이러한 입장에 따르면 실질과세

230 谷口勢津夫,『税法基本講義[第5版]』, 弘文堂, 2016年, 71頁 참조.

231 이 주제에 대해서는 기요나가(清永敬次) 교수의 『租税回避の研究』, ミネルヴァ書房, 2017年, 362頁 이하를 참조하여 기술하였다.

원칙에 기초하여 폭넓은 조세회피행위 방지가 가능하다. 하지만 이러한 입장은 일본 세법에서는 소수설에 해당한다. 일본의 통설처럼 법적 실질설에 기초하여 실질과세원칙을 이해하게 되면 이 원칙에 기초하여 조세회피행위를 방지하는 것은 사실상 매우 제한적이게 된다. 그래서 지금까지 일본에서 조세회피행위 방지는 주로 입법자의 몫으로 생각되었다.

Ⅱ. 위법·무효행위에 대한 과세

일본에서도 위법·무효행위에 대해서는 적법행위와 동일하게 소득세 등을 과세해야 한다는 것은 학설과 판례에 의해 널리 인정되는 바이다. 본래 소득 개념은 중립적이며 그 획득방법이 법에 언급되어 있는지 여부는 중요하지 않다. 만약 위법소득을 과세대상에 포함하지 않는다고 한다면, 오히려 위법한 행위를 세법상 차별적으로 우대하는 결과가 되어 평등원칙에 반한다는 것이 위법행위로 발생한 소득 등을 과세해야 한다는 결정적 논거이다.

다만, 이러한 결과를 실질과세원칙의 한 적용례로 이해할 것인지에 대해서는 견해가 대립된다. 일부에서는 위법소득의 과세에 대해 형식 대 실질이라고 하는 실질주의의 문제로 접근하는 것은 잘못되었다고 주장한다. 이 경우에는 형식과 실질의 분리가 있는 것이 아니고 단지 위법하게 획득한 소득을 세법상 어떻게 고려할지의 문제만 존재할 따름이라고 주장한다.[232] 반면, 다른 일부에서는 소득이 위법하게 취득되어도 그에 따라 당해 소득이 과세소득으로부터 제외되는 것은 아니라고 하는 사고방식을 실질주의의 한 적용례로 이해하기도 한다. 예컨대 경제통제법규에 반하는 거래로부터 발생한 수익이라도 법인세 과세대상인 소득에

232 清永敬次, 「実質主義と租税回避」, 『法律時報』 39巻10号, 1967年, 26頁.

해당한다고 본 판례가 있다.[233]

거래행위가 민·상법 등에 의하여 위법무효라는 판정이 과세에 어떤 영향을 끼치는지에 대해 다음과 같이 몇 가지의 경우를 나누어 설명하는 입장도 있다.[234] 첫째, 과세대상이 사법상의 행위 그 자체가 아니라 예컨대 소득과 같이 사법상의 행위에 따라 발생하는 경제적 성과인 경우이다. 이 경우에는 그 원인인 사법행위에 하자가 있어도 경제적 성과가 현실적으로 발생하는 한 과세요건은 충족되므로 과세에는 문제가 없을 것이다. 그리고 원인행위의 하자를 이유로 경제적 성과가 상실되는 경우에는 경정이 이루어질 수 있다. 둘째, 과세대상이 사법상 행위 그 자체인 경우이거나(예컨대 유가증권양도행위를 과세대상으로 하는 유가증권거래세) 사법상의 행위의 법적 효과인 경우(예컨대 부동산취득세에 있어서 과세대상은 부동산의 취득임)에는 과세대상인 사법상 행위가 무효라면 과세요건은 처음부터 충족되지 않고, 또한 그것이 취소할 수 있는 하자가 되어 취소된 경우에는 소급하여 과세요건이 충족되지 않았던 것으로 본다. 사해행위 취소권의 행사에 따라 부동산 소유권이 매도인에게 돌아간 경우에는 매매계약에 하자가 있었던 것은 아니지만 매수인에 의한 부동산의 취득이 효력을 상실한다는 점에서는 매매계약에 하자가 있었기 때문에 취소된 경우와 다른 점이 없으므로 과세요건은 충족되지 않았던 것으로 본다.[235] 셋째, 과세대상이 사실행위인 경우이다. 예컨대 인지세의 대상으로 되는 문서의 작성이 이에 해당할 수 있다. 이 경우에는 그 원인을 이루는 법률행위의 효력은 과세에 어떠한 영향도 미치지 않는다고 해석한다.

233 名古屋高判金沢支部昭和27年3月31日(昭和26年(う)第155号)判決.

234 金子宏, 『租税法[第22版]』, 弘文堂, 2017年, 122頁 以下.

235 金子宏, 『租税法[第22版]』, 弘文堂, 2017年, 122-123頁.

이것과 별개로 사법상의 행위나 거래를 하는 경우에 그에 수반하여 발생하는 세부담에 대해서 잘못 생각하고 있고, 경정·결정에 따라 당초 예정하고 있었던 것보다도 중한 세부담을 지게 된 경우에 착오를 이유로 경정·결정의 무효를 주장할 수 있는지에 대해서도 일본에서는 과거부터 논쟁이 되고 있었다. 종래 이러한 경우를 동기의 착오로 이해하여 거래의 사법상 효력에는 원칙적으로 영향이 없다고 해석하여 왔다. 그러나 이와는 달리 오늘날의 경제사회에서는 세부담의 문제는 사법상의 의사결정에 있어서 고려해야 할 가장 중요한 사실 중 하나이므로 평균적 경제인의 입장에서 보아 그것이 합리적이라고 인정되는 경우에는 세부담에 관한 착오를 의사표시의 무효원인으로 생각할 수 있다고 보는 견해도 있다.[236] 다만 이렇게 해석한 경우에도 민사소송 또는 상대방과의 합의에 따라 행위나 거래의 무효 확인과 원상회복을 한 후가 아니라면 경정·결정의 무효를 주장할 수는 없다고 해석하고 있다.[237]

실정법적으로는 소득세법 제152조와 같은 법 시행령 제274조의 해석론에 따라 현행법이 위법·무효행위에 대한 과세를 긍정하고 있는 것으로 보는 견해가 지배적이다. 이 규정들은 각종 소득금액 및 그 계산의 기초가 된 사실 중에 무효인 행위로부터 취득한 경제적 성과가 그 행위의 무효로 인하여 상실되거나, 취소할 수 있는 행위가 취소됨에 따라 각종 소득금액에 변동이 생긴 경우에는 국세통칙법 제23조 제1항에 의한 경정청구를 할 수 있다고 되어 있다. 즉, 이 규정들은 기본적으로 위법 무효행위에 대해서도 과세를 긍정하되, 과세의 전제가 되는 경제적 이득이 무효, 취소 등으로 상실된다고 하면 그때에는 경정청구를 허용하겠

236 金子宏, 『租稅法[第22版]』, 弘文堂, 2017年, 123頁.

237 金子宏, 『租稅法[第22版]』, 弘文堂, 2017年, 123-124頁. 판례의 경우도 이와 같은 입장을 취하는 경우가 있다.

다는 입장으로 이해할 수 있다.[238]

위법하게 지출한 비용과 관련해서는 법인세법 제22조 제4항에 따른 손금산입 요건을 충족하는 한 법률에서 손금산입을 금지하고 있는 뇌물과 벌금 등을 제외하고는 손금산입이 허용된다는 입장이다.[239]

Ⅲ. 유추적 법적용의 허용 여부

1. 학설

일본에서는 조세법규는 침해규범이며, 법적 안정성의 요청이 강하게 작동하기 때문에 그 해석은 원칙적으로 문리해석에 따라야 하고, 함부로 확장해석이나 유추해석을 행하는 것은 허용되지 않는다는 주장이 강하다.[240] 다만 문리해석에 따라 규정의 의미 내용을 분명히 하는 것이 곤란한 경우에 규정의 취지 내지는 목적에 비추어 그 의미 내용을 명확하게 해야 하는 점은 당연히 인정되고 있다.[241]

이러한 해석의 한계를 넘어 유추적 적용까지 허용할 것인지에 대해서는 의견이 대립된다. 통설은 부정적이다. 유추적 법적용을 허용하게 되면 법적 안정성과 예측가능성이 침해된다는 것이 주된 논거이다.

2. 판례의 경우

판례 역시도 세법규정의 유추적 법적용이 허용되지 않는다는 입장이다. 조세법률주의에 비추어 세법을 유추적용할 수 없다는 판례로 고정

---

238 길용원, 「실질과세 측면에서의 위법소득 과세문제에 대한 이론적 검토: 일본에서의 논의를 중심으로」, 『세무와 회계 연구』 통권 제13호(제6권 제3호), 한국세무사회, 2017년 11월, 347-348면.

239 황호식, 「위법소득 과세와 위법비용 손비 인징에 괸힌 연구」, 강남대학교 박사학위 청구논문, 2015년, 88면 이하.

240 金子宏, 『租税法[第22版]』, 弘文堂, 2017年, 116頁.

241 金子宏, 『租税法[第22版]』, 弘文堂, 2017年, 117頁.

자산세 납세의무자를 규정한 지방세법 제343조[242] 제2항 후단의 소유자의 의의를 유추적용할지 여부가 논란이 된 최고재판소 2015년 7월 17일(最判平成27年7月17日判タ1418号86頁) 판결을 들 수 있다.

이 판결의 요지는 다음과 같다. "등기부 표제부의 소유자란에 '大字西(주소명 혹은 지명)' 등으로 기재되어 있는 토지에 대해 고정자산세의 부과기일에 있어서의 그 소유권의 귀속을 확정하는 바 없이, 당해 토지가 소재하는 지구의 주민에 의해 설립된 자치회 등을 그 실질적인 소유자로 평가할 수 있다는 등으로 하여 지방세법 제343조 제2항 후단을 유추적용함에 따라 위 자치회 등이 당해 토지의 고정자산세의 납세의무자에 해당한다고 한 원심의 판단에는 동항 후단의 해석·적용을 잘못한 위법이 있다."

이 판결을 조금 더 구체적으로 보면, 이 건은 사카이시(堺市)의 주민인 X가 등기부 표제부의 소유자란에 '大字西' 등으로 기재되어 있는 사카이시 내의 토지(이 사건 각 토지)에 대해 평성 18년부터 평성 20년까지 당시 사카이시장(市長)이 고정자산세 및 도시계획세(본건 고정자산세 등) 부과징수를 위법하게 게을리하여, 지방세법 제18조 제1항의 징수권 소멸시효의 완성으로 사카이시에 손해가 발생했다고 주장하며, 지방자치법 제242조의2 제1항 제4호에 근거하여 사카이시의 집행기관인 Y(사카이시장)를 상대로 본건 고정자산세 등의 징수권에 관한 소멸시효가 완성되기까지의 기간에 있어 사카이시장의 직에 있었던 자(이 사건 각 시장) 및 그 부과징수에 관한 전결권한을 가지는 각 시세(市税)사무소장의 직에 있었

242 일본 지방세법 제343조 제1항은 고정자산세는 고정자산의 소유자에게 부과한다고 규정하고 있고, 동조 제2항 전단은 동조 제1항의 소유자란 토지 또는 가옥에 대해서는 등기부 또는 토지보충과세대장 혹은 가옥보충과세대장에 소유자로 등기 또는 등록되어 있는 자를 말한다는 취지를, 동조 제2항 후단은 소유자로서 등기 또는 등록되어 있는 개인이 부과기일 전에 사망한 때 혹은 소유자로서 등기 또는 등록되어 있는 법인이 같은 날 전에 소멸한 때 또는 소유자로서 등기되어 있는 동법 제348조 제1항의 자(국가, 도도부현, 시정촌, 특별구 등)가 같은 날 전에 소유자가 아니게 된 때는 그날에 있어서 당해 토지 또는 가옥을 현재 소유하고 있는 자를 납세자로 한다고 규정하고 있다.

던 자(이 건 각 전결권자)에 대해 본건 고정자산세 등 상당액의 손해배상청구 등을 구한 주민소송 사안이다.

종래 이 건 토지에 대해서는 고정자산세와 관련하여 납세의무자를 특정할 수 없다고 하여 그 부과징수가 행해지지 않았으며, 이 건 고정자산세 등의 징수권은 평성 25년 5월 31일이 경과한 시점에 모두 시효로 소멸하였다. 앞서 언급한 것처럼 지방세법 제343조 제2항 후단은 토지 또는 가옥의 고정자산세 납세의무자인 소유자의 의의에 대해 등기부 등에 소유자로서 등기 또는 등록되어 있는 법인이 부과기일 전에 소멸되어 있는 때에 대해서는 그날(同日)에 있어서 당해 토지 또는 가옥을 현재 소유하고 있는 자를 말한다는 취지를 규정하고 있다. 그렇다면 어떤 토지에 대해 동항 후단에 따라 고정자산세 납세의무자에 해당한다고 하기 위해서는 적어도 '당해 토지를 현재 소유하고 있는 자'일 것, 즉 부과기일에 있어서 당해 토지의 소유권이 그 자에게 현재 귀속하고 있을 것이 필요하다.

그러나 원심은 이 건 각 토지에 대해 이 건 고정자산세 등의 부과기일에 있어서의 그 소유권의 귀속에 관해 당사자 간에 다툼이 있음에도 이를 확정하는 바 없이 사카이시(堺市)의 요강 등에서의 취급 등에 비추어 마을 자치회 등을 그 실질적인 소유자로 평가할 수 있다고 하여 지방세법 제343조 제2항 후단의 규정을 유추적용함에 따라 당해 자치회 등이 본건 고정자산세 등의 납세의무자에 해당한다는 취지의 판단을 한 것이며, 이러한 원심 판단에는 동항 후단의 해석·적용을 잘못한 위법이 있다는 것이 최고재판소의 입장이다.[243]

예를 하나 더 살펴보면, '호스티스 보수에 관한 원천징수' 사건으로,

243 最判平成27年7月17日(判タ1418号88頁)判決.

최고재판소 2010년 3월 2일(最判平成22年3月2日·判タ1323号77頁) 판결이다. 동경에서 클럽을 운영하는 X들(원고, 항소인, 상고인)은 그곳에서 일하는 호스티스에 대해 2주(半月)마다 지불하는 보수에 관한 원천소득세를 납부함에 있어 당해 보수 또는 요금 등에 관한 징수세액과 관련한 소득세법 제205조 제2호, 그리고 지불금액에서 공제금액을 규정한 소득세법 시행령 제322조 소정의 공제액으로서 5,000엔에 위 2주간의 모든 날수(全日数)를 곱해 계산한 금액을 공제한 잔액에 10%의 세율을 곱하여 각 달의 원천소득세액을 산출하고 그에 기초한 금액을 납부했다. 세무서장 Y는 위 공제액은 5,000엔에 위 2주간에 있어서 호스티스의 실제 근무일수를 곱해 계산한 금액으로 해야 한다고 하여 미납부가산세를 부과결정했다.

제1심과 제2심은 호스티스 보수에 관한 원천징수제도에서 채택하고 있는 '기초공제방식'의 취지를 검토한 후에 소득세법 시행령 제322조의 '당해 지불금액의 계산기간의 일수'는 '동일인에 대해 1회에 지불되는 금액'의 계산요소로 된 기간의 일수를 지칭하는 것으로, 본건의 경우 집계기간(2주간)의 호스티스의 실제 근무일수로 판단했다.

이에 대해 최고재판소는 조세법규는 함부로 규정의 문언을 벗어나 해석할 것이 아니고, 원심과 같은 해석을 취하는 것은 문언상 곤란할 뿐만 아니라 호스티스 보수에 관한 원천징수제도에 있어서 기초공제방식이 채택된 취지는 가능한 한 원천소득세 환급에 관한 수고를 생략하는 것에 있다는 것이 입법 담당자의 설명 등에서 살펴볼 수 있는 바이므로 원심의 해석은 채택할 수 없다고 하였다. 이에 호스티스 보수금액이 일정 기간마다 계산되어 지불되는 경우 시행령 제322조에서 말하는 것은 호스티스의 실제 근무일수가 아니라 당해 기간이 포함되는 모든 일수를 지칭하는 것으로 해석하는 것이 타당하다고 판단했다. 즉 최고재판소는 '기간'을 특정 시점에서 다른 시점까지의 시간적 격차라고 하는 시간적 연속성을 가진 개념으로 해석한 것이다.

Ⅳ. 차용 개념의 해석

1. 학설

일본도 우리나라와 마찬가지로 차용 개념이 과세요건에 많이 등장한다. 예컨대 소유권, 매매, 양도라고 하는 개념을 세법상 차용하고 있는 경우가 다수 존재한다. 일본에서는 차용 개념의 해석과 관련하여 통일설, 독립설, 목적적합설이라는 세 가지 견해가 대립하고 있다. 통설은 차용 개념을 다른 법분야에 있어서와 같은 의미로 해석하는 것이 조세법률주의의 요청인 법적 안정성의 요청에 합치되는 것으로 이해한다(통일설).[244] 즉 사법과 관련해서 보면 납세의무는 각종 경제활동 내지 경제현상으로부터 발생하는 것이지만 그러한 활동 내지 현상은 1차적으로는 사법에 따라 규율되므로 조세법이 사법상 차용 개념을 과세요건에서 사용하는 경우 그 개념은 조세법규의 명문 또는 그 취지에 따라 사법과 달리 해석해야 하는 것이 분명한 경우를 제외하고는 사법과 동일하게 해석해야 한다는 입장이다.

독립설은 사법 등에서 차용한 개념이라고 하더라도 그 개념이 세법에서 과세요건으로 사용된 경우 동일한 개념이라 할지라도 감당하는 역할이 달라지므로 해당 개념의 해석도 달라져야 한다는 입장이다.

목적적합설은 기본적으로 차용 개념은 그 개념을 차용해 온 법 영역(예: 사법)과 동일한 의미로 해석하는 것이 법적 안정성에 부합하지만 예외적으로 해당 개념이 사용된 세법조문의 입법 목적이 이와 다른 해석

244 金子宏ほか 編, 『実践租税法大系(上) 基本法編』, 税務研究会, 1981年, 65頁 以下.

을 요구하는 경우에는 입법자의 의사를 존중하여 그 개념을 달리 해석해야 한다는 입장이다.

2. 판례

일본 판례도 이익배당, 익명조합계약, 부동산, 부동산의 취득, 소유자, 배우자, 법인 및 외국법인, 법인의 해산, 주소, 인격 없는 사단, 친족, 재산의 분할, 신탁행위·수익자 등의 차용 개념에 대해 통설과 마찬가지로 본래의 법분야에 있어서와 같은 의미로 해석해야 한다는 입장이다.

제 4 장

미국의 실질과세원칙에 대한 이해*

* 이 장은 필자의 글(「미국 세법상 실질과세원칙의 의미와 역할」, 『공법연구』 제39집 제4호, 2011. 6., 317-338면)을 토대로 다시 작성한 것이다.

제1절 | 실질과세원칙의 의의

미국에서도 실질과세원칙은 매우 중요한 역할을 하는 세법상 원칙이다. 특히, 미국은 여러 가지 측면에서 한국에서 실질과세원칙을 이해하는 데 필요한 중요한 단서들을 제공해 주는 측면이 있다. 미국은 오랫동안 판례를 통하여 이 원칙을 발전시켜 왔다. 흔히들 미국이 불문법 국가라는 일반적인 미국법제의 특성과 연결시켜 이것을 이해하는 경향이 있다. 즉, 미국법제는 전반적으로 판례가 중요한 역할을 하므로 세법에서도 실질과세원칙이 판례에 의해 발전되어 왔을 것이라고 생각한다. 하지만 이는 정확하지 않은 이해방법이다. 왜냐하면 미국이 일반적으로는 불문법 국가로 이해되지만 세법의 경우에는 성문법 국가인 한국, 일본, 독일보다 더 많은 성문법 규정을 두고 그것에 기초하여 과세행정을 하고 있기 때문이다. 그럼에도 불구하고 실질과세원칙 자체는 판례를 통해 발전해 왔다. 즉, 대부분의 세법규정들은 정치하게 입법해서 운용하고 있지만 실질과세원칙은 오랫동안 입법을 하지 않고 판례의 발전을 통해 이론을 구축해 오고 있었다는 것이다. 이 점은 실질과세원칙의 본질을 이해함에 있어서 매우 중요한 단서를 제공한다. 이처럼 미국에서 실질과세원칙이 실정법적 근거 없이도 작동할 수 있는 이유는 이 원칙을 세법의 해석방법(a principle of statutory interpretation)으로 이해하기 때문이다.[245]

245 Donald L. Korb, THE ECONOMIC SUBSTANCE DOCTRINE IN THE CURRENT TAX SHELTER ENVIRONMENT, Remark at the 2005 University of Southern California Tax Institute, LOS ANGELES, CALIFORNIA, January 25, 2005, p. 6.

미국의 실질과세원칙을 한국의 그것과 비교하려면 대상을 특정해야 한다. 한국의 실질과세원칙처럼 과세대상이 되는 거래행위와 관련하여 형식(form)과 실질(substance)이 다르면 원칙적으로 후자에 기초하여 과세가 이루어져야 한다는 것을 그 내용으로 하는 미국 세법상 법원칙으로는 ① 실질우위원칙(substance over form doctrine), ② 가장행위이론(sham transaction doctrine), ③ 단계거래원칙(step transaction doctrine), ④ 사업목적원칙(business purpose doctrine), ⑤ 경제적 실질원칙(economic substance doctrine) 등 총 다섯 가지가 있다. 따라서 이 원칙들을 그 비교대상으로 하여 설명하기로 한다.

미국에서 위 다섯 가지 원칙이 모두 대등한 관계에 있지는 않다. 미국에서는 이 다섯 가지의 법원칙 가운데 실질우위원칙(substance over form doctrine)이 가장 일반적인 원칙이고 나머지 네 원칙은 그 원칙의 하위에 있는 것으로 이해한다.[246] 실질우위원칙(substance over form doctrine)에서 파생된 네 가지 원칙을 다시 두 유형으로 나누어 설명하기도 한다. 첫 번째 유형은 가장행위이론(sham transaction doctrine), 사업목적원칙(business purpose doctrine) 그리고 경제적 실질원칙(economic substance doctrine)이고, 두 번째 유형은 단계거래원칙(step transaction doctrine)이다. 앞의 유형은 통상 '하나의' 거래행위에 있어서 납세자의 진정한 의도가 무엇인지를 파악하여 그것을 기초로 과세하는 경우들이다. 반면, 두 번째 유형은 '여러 개의' 거래행위를 납세자의 진정한 의도를 기초로 재구성하고 그것에 기초하여 과세하는 경우이다. 우리가 미국 세법상 실질과세원칙을 이해하기 위해서는 이 다섯 가지 법원칙을 모두 정리해 보아야 한다.

246 Bail Bonds v. Comr., 820 F.2d at 1549; Theong-Chan Gaw v. Comr., T.C. Memo 1995-531 at 128; associated Wholesale Grocers, Inc. v. U.S., 927 F.2d at 1521.

제2절 | 미국 세법상 실질과세원칙의 세법 독자적 원칙성 인정 여부

I. 의의

이 책에서는 실질과세원칙의 세법 독자적 원칙성 인정 여부라는 것을 민·상법상 유효한 행위에 대해 세법적으로 이를 형식에 불과한 것으로 판단하고 실질에 해당하는 다른 행위를 찾아내어 그것에 기초하여 과세하는 것을 용인할 것인지의 문제로 본다. 그렇다고 한다면 미국에서 이 문제에 대한 판단은 시대의 흐름에 따라 달랐다. 아래에서는 그러한 시대의 흐름을 정리해 보기로 한다.

II. Gregory v. Helvering case 이전

미국 세법상 실질과세원칙과 관련한 법원칙이 판결을 통해 처음으로 확립된 것은 1935년의 Gregory v. Helvering case[247]를 통해서이다. 19세기부터 이 판결이 있기 전까지 미국에서는 세법의 해석과 적용이 항상 엄격하고 문언에 충실하게 이루어져야 한다고 생각되었다. 그리고 과세 여부가 명확하지 않은 경우에는 납세자에게 유리하도록 세법을 해석해야 한다는 의견이 지배적이었다.[248]

---

247 293 U.S. 465, 55 S.Ct. 266.

248 Borris I. Bittker, Lawrence Lokken, Federal Taxation of Income, Estates and Gifts, 2008, 4.3.

Ⅲ. Gregory v. Helvering case

이와 같은 미국 세법의 접근방법에 큰 변화를 초래한 것이 1935년 Gregory v. Helvering case이다. 이 사건에서는 미국 세법이 기업의 구조조정을 촉진하기 위하여 회사가 구조조정을 위해 처분하는 주식을 취득하여 실현한 소득에 대해서는 소득의 실현을 인정하지 않는 제도를 납세자가 조세절감을 위해 이용하려고 시도해 문제가 되었다.

납세자 갑은 A회사의 1인 주주였다. 갑은 A회사가 보유하고 있는 주식을 양도받아 자신이 처분하여 수익을 실현하기를 희망하였다. 이를 위해 갑은 A회사로부터 직접 해당 주식을 양도받지 않고 위 기업구조조정을 위한 세제상 특례규정을 활용하기 위하여 우회적인 회사분할절차(spin-off)를 통해 취득하기를 희망하였다. 이를 위해 갑은 당시 세법에 따라 세제 혜택이 부여되는 외관상 도관 역할을 하는 B법인을 설립하였다. 이 법인 역시 갑이 1인 주주였다. 이렇게 B법인을 설립한 갑은 A법인으로 하여금 B법인에게 자신이 배당받기를 희망하는 주식을 이전케 하였다. 이러한 주식 이전은 당시 세법상 과세가 되지 않는다. B법인은 해당 주식을 이전받은 후 3일 만에 그 주식을 갑에게 이전하고 바로 청산절차에 들어갔다. 그런 다음 갑은 이렇게 취득한 주식을 바로 처분하여 이익을 실현하고 그 이익을 자산소득(capital gain)으로 분류하여 소득세 신고를 하였다. 하지만 과세당국은 이 거래가 실제로는 납세자가 자신이 1인 주주로 있는 A법인으로 하여금 해당 주식을 처분케 하고 그 양도금액 상당액을 배당받은 것이라고 보고 주식처분으로 취득한 금액은 자산소득이 아니라 배당소득으로 과세해야 한다는 입장을 내놓았다. 당시 미국 세법에 따르면 자산소득은 배당소득보다 세율 면에서 납세자에게 유리하였다. 이 사건에서 법원은 다음과 같이 판결하였다.

> 과세의 관점에서 거래의 동기를 고려해 보고 또 실제로 발생한 것에 기초하여 전체 거래의 성격을 규정해 보면 우리는 무엇을 볼 수 있는가? 그것은 사업적 의도가 전혀 없는 하나의 기업이었다. 그 조직은 단순히 실제 성격을 숨기기 위한 수단으로 기업구조조정의 형태(the form of a corporate reorganization)를 취하고 있으며, 그 조직의 유일한 목표(sole object)와 그 조직을 통해 유일하게 성취된 바(sole accomplishment)는 사업의 재조직이 아니라 법인의 주식 일부를 원고에게 이전하기 위한 것에 불과하였다. 새로운 조직이 만들어졌다는 것 그리고 그 조직이 합법적이고 유효하다는 것에는 의문의 여지가 없다. 그러나 그 조직은 위에서 말한 바와 같은 목적을 위한 '간계(contrivance)'에 불과하다. 그것은 그 외 다른 목적을 위해 만들어진 것이 아니다. 그것은 처음 만들어 질 때부터 그 조직이 행해야 할 것만을 수행했고 그 외에는 아무것도 하지 않았다. 조직이 그 의도했던 기능을 수행하자마자 그 조직은 없어졌다. 이러한 제반 여건들은 한 가지 해석만이 가능하도록 해 준다. 법률의 규정에 따르면 수행된 전체 행위는 기업의 구조조정처럼 보이기 위한 방편으로서의 정교하고 우회적인 외형(form)에 지나지 않는다. 조세회피의도를 배제하는 세법규정은 이 상황에 적절치 않다. 왜냐하면 그 규정의 문구상 그 거래행위는 규정의 순수한 의도를 벗어난 위치에 존재하기 때문이다.[249]

미국 법원은 이 사건을 통해 비록 민·상법적으로 유효한 거래형식이라고 하더라도 세법적인 측면에서 용인할 수 없다면 과세당국은 해당 행위를 부인하고 그 거래의 실질을 찾아내어 그에 기초한 과세를 할 수 있다는 입장을 취하였다.

Ⅳ. Gregory v. Helvering case 이후

Gregory v. Helvering 사건은 그 이후 다른 판결의 중요한 기초가 되

249 293 U.S. 469–470(1935).

었다. Weller 사건에서 제3연방항소법원(the United States Court of Appeals Third Circuit)은 Gregory 사건에서 수립된 원칙이 기업구조조정 사건에만 적용되는 것이 아니라 연방세법규정 전반에 적용되는 일반원칙이라는 것을 분명히 하였다.[250] 이러한 판결 이후 미국 법원은 꾸준히 유사한 취지의 판결을 내놓고, 그러한 판결을 통하여 다양한 형태의 실질과세 관련 법원칙을 개발하게 된다.[251]

V. Frank Lyon 사건

Frank Lyon 사건은 현재로서 '실질 대 형식'이라는 구도에 대하여 대법원이 판결을 내린 마지막 사건이며, 그 후 아직까지 실질과세원칙과 관련된 사건에 대하여 대법원이 내린 판결은 없다.

이 사건에서 W은행은 건물을 신축하고 싶었으나 연방 및 주의 은행법상 제한 때문에 모기지(mortgage) 대출을 받을 수가 없었다. 그래서 은행을 대신하여 Frank Lyon 회사가 New York Life로부터 대출을 받아 W은행이 사용하는 건물을 구매한 후 W은행에 다시 리스를 하였다. W은행은 특정가격에 그 건물을 재구매할 수 있는 옵션으로 Frank Lyon과 리스계약을 체결하였다. 첫해의 임대료는 Frank Lyon 회사가 New York Life에 지불해야 하는 모기지 이자와 동일하였고, 그 기간 동안 리스계약은 취소되어서는 안 된다고 약정되었다. Frank Lyon은 건물에 대한 감가상각과 New York Life로부터 받은 모기지 대출에 대한 이자를 공제해 달라고 주장하였으나 국세청은 전체 거래가 가장(sham)이라는 근거로 그 공제를 부인하였다. 즉 판매 후 재리스(sale-leaseback) 거래

250 Weller v. Comr., 270 F.2d 294, 297(3d. Cir. 1959).

251 미국연방법원에 의한 실질과세원칙 수립의 역사에 대해서는 BNA Tax Management Portfolios U.S. Income Series, Income, Deductions, Credits and Computation of Tax, 508-1st: The Economic Substance Doctrine, 2008 Tax Management, Inc, Chapter II 참고.

는 실질적으로는 금전 차용거래에 지나지 않고, 그 차용거래에서 Frank Lyon은 W은행이 New York Life에게 금전을 차용하여 모기지 이자를 갚기 위한 도관(conduit)에 지나지 않는다고 주장한 것이다.

대법원은 이 사건에 대하여 다중적 사실분석(multiple-factor analysis)을 하였는데, 그 분석은 ① 진정한 다중 당사자 거래(a genuine multiple-party transaction)의 존재, ② 리스의 경제적 실질(the economic substance of the lease), ③ 리스 형태를 이용해야 했던 사업적·규제적 현실(the business and regulatory realities which required use of the lease form), ④ 과세와 관련되지 않은 거래의 고려요건(the tax-independent considerations which were part of the transaction), ⑤ 거래가 의미 없는 단계를 추가함으로써 조세회피의 특징으로만 구성되지 않았던 사실(the fact that the transaction was not shaped by tax avoidance features with meaningless labels attached)로 구성된다.

대법원은 이 사건의 거래는 강한 사업 목적이 있었고, 건물을 새로 취득하기 위한 법적 제한 때문에 조세회피의 의도가 결여되었다고 판단함으로써 납세자의 손을 들어 주었다.

제3절 | 미국 세법상 실질과세원칙의 법적 근거

Ⅰ. 미국 세법상 실질과세원칙에 대한 법적 근거의 필요성 여부

이미 언급한 바와 같이 미국은 오랫동안 판례를 통하여 실질과세원칙과 관련한 다양한 법원칙을 발전시켜 왔다. 즉, 미국에서는 실질과세원칙이라는 것이 기능할 수 있기 위해서 법적 근거가 반드시 필요하지는 않은 것으로 본다. 미국에서는 이 원칙을 세법의 해석방법(a principle of statutory interpretation)으로 이해하기 때문이다.[252] 미국에서는 세법을 해석·적용함에 있어서 과세대상인 거래들이 세법조문의 '문언상의 요건들(literal requirements)'을 충족하더라도 법원은 단순히 그 문언에만 기초하여 과세 여부를 결정해서는 안 된다고 보고 있다. 법원은 개별적 사건에서 거래의 경제적 실질(substance)이 거래의 법률형식(form)과 일치하는지를 검토해서, 만약 실질과 형식이 일치하지 않는 경우에는 그 형식을 통해 납세자가 의도했던 조세감면을 부인해야 한다고 한다. 왜냐하면 그것(실질과 괴리된 형식을 통해서 조세를 감면하려는 경우 이를 부인하는 것)이 입법자의 의도이고, 법원은 그러한 입법자의 의도에 충실하게 법을 해석하고 적용해야 한다고 판단하기 때문이다. 결론적으로 미국 세법상 실질과세원칙은 세법조문의 해석과정에서 사법부가 취해야 하는 해석방향을 정리해 둔 것이므로 굳이 성문화 과정을 거칠 필요가 없다는 것이다.

252 Donald L. Korb, THE ECONOMIC SUBSTANCE DOCTRINE IN THE CURRENT TAX SHELTER ENVIRONMENT, Remark at the 2005 University of Southern California Tax Institute, LOS ANGELES, CALIFORNIA, January 25, 2005, p. 6.

Ⅱ. 미국 세법상 실질과세원칙에 기초한 개별조문의 입법

미국 세법에서 실질과세원칙에 관한 일반조문의 입법화에 대해서는 학문적으로 찬반론이 강하게 대립되었고 그 결과 실제 입법화까지는 상당히 많은 시간이 소요되었다.

이와 달리 이 원칙에 기초한 개별조문의 입법화는 오래전부터 상당히 다수 이루어져 왔다. 예컨대, 손실(loss)의 필요경비 인정요건을 규정하고 있는 Regs. § 1.165-1(b)는 "오직 실제로 발생한 손실만이 필요경비로 공제될 수 있다. 공제될 수 있는 손실인지 여부는 단순한 형식이 아니라 실질이 결정한다.(Only a bona fide loss is allowable. Substance and not mere form shall govern in determining a deductible loss.)"라고 하여 실질과세원칙의 일종인 실질우위원칙(substance over form doctrine)을 입법화해 두고 있다.[253] 또한 사업목적원칙(business purpose doctrine)을 입법화한 개별조문들도 상당히 있다. 예컨대, 연방 내국세입법(Internal Revenue Code) 제269조 (a)는 납세자가 기업의 투표권이 있는 주식의 50%를 초과하는 숫자의 주식을 취득하여 회사의 지배권을 취득하고 그로부터 과세상 혜택을 받은 경우에 그러한 지배권 취득의 주요 목적이 연방소득세 회피 또는 포탈이었다면 그 혜택을 부정할 수 있다고 규정하고 있으며, 연방 내국세입법 제357조 (b)도 기업구조조정을 통한 부채의 인수를 인정할 것인지와 관련하여 사업목적원칙을 도입하고 있다.

Ⅲ. 미국 세법상 실질과세원칙에 관한 일반조문의 입법

미국 세법에서 실질과세원칙과 관련한 법원칙들은 일단 모두 법원의

253 유사한 경우를 Regs. § 1.701-2(a)(1),(2)에서도 발견할 수 있다: "(1) The partnership must be bona fide and each partnership transaction or series of related transactions(individually or collectively, the transaction) must be entered into for a substantial business purpose. (2) The form of each partnership transaction must be respected under substance over form principles."

판결을 통해서 형성된 것이고 법이론적인 성격상 원칙적으로 성문화를 할 필요가 없는 것으로 이해되고 있다. 그 결과 미국에서는 실질과세원칙이 어떤 경우에 적용되는지, 그 요건을 일반적으로 규정한 조문은 오랫동안 성문화되지 않았다. 이 부분은 미국에서는 오랫동안 판례의 몫으로 남겨져 있었던 것이다.

하지만 실질과세원칙은 실제 개별사례의 과세 여부와 관련하여 중요한 역할을 하는 법원칙인데, 이러한 원칙이 법원의 판결을 통해 그 내용이 결정된다는 것은 어떤 경우가 과세대상인지에 대해 납세자들의 예측을 어렵게 하여 조세법률주의정신에 문제가 있다는 지적이 있었다. 또 이 원칙이 법원의 판결을 통해 형성되다 보니 여러 법원에서 이 원칙들을 적용하는 방법이 통일적이지 못하였다. 그 결과 일부 법원에서조차도 이 원칙의 지속가능성(viability)에 대해 회의적인 의견을 내기도 하였다.[254] 예컨대, 납세자의 거래행위를 실질과세원칙을 적용하여 부인하기 위한 요건과 관련하여 일부 법원에서는 해당 거래가 경제적 실질(economic substance)이 있다는 것과 조세회피목적 이외의 사업목적(business purpose)이 있음을 동시에 입증해야 한다는 소위 결합심사방식(conjunctive test)을 취하고 있었지만 다른 법원에서는 둘 중 하나만 인정되면 족하다는 분리심사방식(disjunctive test)을 채택하고 있었고, 또 다른 일부 법원은 경제적 실질과 비조세적 사업목적을 어떤 거래가 실제적인 경제적 결과를 가지는지 여부를 판단하는 관련요소로 고려하는 통합심사방식(unitary test)을 채택하고 있었다.[255]

이러한 문제들을 해결하기 위해서 실질과세원칙을 입법화해야 한다

254 참고, JCT report(2005).

255 결합심사방식과 분리심사방식 그리고 통합심사방식을 취하고 있는 개별 사건 소개는 최정희·황남석, 「미국의 경제적 실질원칙의 발전과정에 대한 연구」, 『조세학술논집』 제36집 제4호, 한국국제조세협회, 2020, 14-23면 참조.

는 목소리가 생겨나기 시작하였다. 물론 이러한 주장에 대해서는 반대론도 만만치 않았다. 반대론의 핵심적 논거는 이 원칙을 입법화하면 법원은 해당 조문의 문언에 구속되어 이 원칙의 유연한 적용에 어려움을 겪을 수 있으며 그렇게 될 경우 더 많은 조세회피행위를 규제하지 못하는 문제가 발생할 수 있다는 것이었다.[256]

미국 세법상 실질과세원칙이 처음 구체적으로 법안화되어 의회(Congress)에 제출된 것은 2001-2002년이었다. 이 회기 동안에 두 개의 입법안이 제출되었는데, 모두 미국 내국세입법(IRC) 제7701조의 일부로 아래와 같은 문구를 추가하는 내용이었다.[257]

§ 7701(m)(B): 하나의 거래행위는 다음의 요건을 갖추는 경우에만 경제적 실질이 있는 거래로 인정된다.

(I) 그 거래가 [연방소득세 효과를 제외한] 의미 있는 방법으로 납세자의 경제적 지위를 변화시키고,

(II) 그 납세자가 그러한 거래행위를 함에 있어서 조세절감 이외의 다른 실제적인 목적이 있어야 하며, 또한 그 거래행위가 그러한 목적을 달성하는 합리적인 방법이어야 한다.

(§ 7701(m)(B): A transaction has economic substance only if

(I) the transaction changes in a meaningful way [apart from Federal Income Tax effects] the taxpayer's economic position, and

(II) the taxpayer has a substantial non-tax purpose for entering into such transaction and the transaction is a reasonable means of accomplishing such purpose.)

---

256 이 원칙의 입법화에 대한 찬반론에 대해서는 Jackel, For Better or for Worse: Codification of Economic Substance, Tax Notes, May 24, 2004, at 1069 참고.

257 House Ways and Means Committee member Lloyd Dogget's H.R. 2520, 107th Cong. 1st Sess. (July 17, 2001); House Ways and Means Committee Chair William Thomas's H.R. 5095, 107th Cong. 2d Sess., "American Competitiveness Act of 2002"(July 11, 2002).

2001–2002년의 시도는 성공하지 못하였다. 2003년, 2004년, 2005년에도 유사한 시도가 있었지만 역시 성공하지 못하였다. 그런데 Obama 대통령이 취임한 후 건강보험개혁을 추진하면서 관련 법률, 즉 '교육과 의료의 이용 증진을 위한 법률(The Health Care and Education Affordability Reconciliation Act of 2010)'이 2010년 3월 21일에 하원을 통과하고,[258] 대통령이 3월 30일에 서명을 하여 바로 효력을 발생시켰다. 이 법률안의 제1409조에서 실질과세원칙, 특히 경제적 실질원칙을 입법화했다. 이 규정에 따라 아래와 같은 내용의 내국세입법 제7701조(o)가 추가되었다.[259] 조문의 내용을 보면 위에서 소개한 2001–2002년의 § 7701(m)(B)와 거의 동일하다. 이제 적어도 경제적 실질원칙은 미국에서 더 이상 판결을 통해 형성된 불문법원이 아니라 성문화된 법원이 된 것이다.[260] 물론 이 규정은 경제적 실질원칙에 관한 조문이므로 나머지 원칙들은 여전히 사법부에 의해 그 내용이 결정되는 법원칙으로 남아 있다.

> § 7701(o):
>
> 경제적 실질원칙의 명확화
>
> (1) 원칙의 적용: 경제적 실질원칙과 관련된 거래의 경우, 그러한 거래는 다음의 경우에 한하여 경제적 실질을 갖는 것으로 처리한다.
>
> (A) 거래는 의미 있는 방식으로(연방소득세 효과는 고려하지 않음) 납세자의 경제적 상황을 변경한다.

258 상원은 그 이전에 이미 통과한 상태였다. 일반적으로 미국에서는 법률안이 하원을 통과하고 나서 상원을 통과하는데, 이 법안의 경우에는 상원을 먼저 통과하였다.

259 미국은 의료보험료가 우리나라와 달리 'tax(세금)' 명칭으로 징수되므로, 의료보험료 등에 대해 규정하고 있던 건강보험법이 개정되면서 관련 세법규정도 함께 수정된 것이다.

260 새로운 규정의 구체적 내용 및 이와 관련한 논쟁점들은 Thomas E. Taylor, "Codification of the Economic Substance Doctrine by the Health Care and Education Affordability Reconciliation Act of 2010"(이 논문은 www.mcguirewoods.com에서 원문을 확인할 수 있음) 참고.

(B) 납세자는 그러한 거래를 체결하는 실체적인 목적(연방소득세 효과와는 별개)을 가지고 있다.

(2) 납세자가 잠재적 이익을 신뢰하는 경우에 있어서의 특별한 원칙

(A) 일반적으로 (1)항의 (A)와 (B)의 요구사항이 거래와 관련하여 충족되는지 여부를 판단할 때 해당 거래로부터 합리적으로 예상되는 세전이익(pre-tax profit)의 현재 가치가 해당 거래가 유지될 경우 예상되는 순조세이익(net tax benefit)의 현재 가치와 비교하여 상당한 수준일 경우에만 거래 이익의 가능성을 고려한다.

(B) 수수료 및 외국 세금의 처리: 수수료 및 기타 거래비용은 (A)항에 따라 세전이익을 결정할 때 비용으로 고려한다. 장관은 적절한 사례에서 세전 이익을 결정할 때 외국 세금을 비용으로 처리하도록 규제하는 규정을 발행해야 한다.

(3) 주 및 지방세 혜택: (1)항의 목적상, 연방소득세 효과와 관련된 주 또는 지방소득세 효과는 연방소득세 효과와 동일한 방식으로 처리한다.

(4) 금융회계상의 이익: (1)(B)의 목적상, 금융회계상 이익의 발생원인이 연방소득세 감액인 경우에는 금융회계상의 이익 발생을 거래를 개시하는 목적으로 고려하지 않는다.

(5) 정의 및 특수 규칙: 이 규정들의 목적

(A) 경제적 실질원칙: 경제적 실질원칙이라는 용어는 경제적 실질이 없거나 사업 목적이 없는 경우에는 거래에 관한 subtitle A에 따른 세금 혜택을 허용하지 않는다는 내용의 판례법상 원칙을 말한다.

(B) 개인 간 거래에 대한 예외: 개인의 경우, (1)항은 소득 창출을 위해 행해지는 거래 또는 사업에 대해서만 적용한다.

(C) 원칙의 적용 여부는 영향을 받지 않는다: 경제적 실질원칙이 거래에 적용되는지 여부는 본 항이 입법되지 않았을 때와 동일한 방식으로 판단해야 한다.

(D) 거래: 거래라는 용어는 일련의 거래를 포함한다.

(§ 7701(o):

Clarification of economic substance doctrine.--

(1) Application of doctrine.--In the case of any transaction to which the economic substance doctrine is relevant, such transaction shall be treated as having economic substance only if--

(A) the transaction changes in a meaningful way (apart from Federal income tax effects) the taxpayer's economic position, and

(B) the taxpayer has a substantial purpose (apart from Federal income tax effects) for entering into such transaction.

(2) Special rule where taxpayer relies on profit potential.--

(A) In general.--The potential for profit of a transaction shall be taken into account in determining whether the requirements of subparagraphs (A) and (B) of paragraph (1) are met with respect to the transaction only if the present value of the reasonably expected pre-tax profit from the transaction is substantial in relation to the present value of the expected net tax benefits that would be allowed if the transaction were respected.

(B) Treatment of fees and foreign taxes.--Fees and other transaction expenses shall be taken into account as expenses in determining pre-tax profit under subparagraph (A). The Secretary shall issue regulations requiring foreign taxes to be treated as expenses in determining pre-tax profit in appropriate cases.

(3) State and local tax benefits.--For purposes of paragraph (1), any State or local income tax effect which is related to a Federal income tax effect shall be treated in the same manner as a Federal income tax effect.

(4) Financial accounting benefits.--For purposes of paragraph (1)(B), achieving a financial accounting benefit shall not be taken into account as a purpose for entering into a transaction if the origin of such

financial accounting benefit is a reduction of Federal income tax.

(5) Definitions and special rules.--For purposes of this subsection--

(A) Economic substance doctrine.--The term "economic substance doctrine" means the common law doctrine under which tax benefits under subtitle A with respect to a transaction are not allowable if the transaction does not have economic substance or lacks a business purpose.

(B) Exception for personal transactions of individuals.--In the case of an individual, paragraph (1) shall apply only to transactions entered into in connection with a trade or business or an activity engaged in for the production of income.

(C) Determination of application of doctrine not affected.--The determination of whether the economic substance doctrine is relevant to a transaction shall be made in the same manner as if this subsection had never been enacted.

(D) Transaction.--The term "transaction" includes a series of transactions.)

이 조문은 경제적 실질원칙의 적용과 관련하여 종래 법원별로 결합심사방식, 분리심사방식, 통합심사방식으로 그 입장이 다르던 것을 가장 엄격한 입장인 결합심사방식을 취하였다는 점이 가장 중요한 의미를 가진다.[261] 나머지 영역에서는 종래 판례가 해 오던 실질과세원칙 적용법리가 그대로 적용된다.

261 최정희·황남석, 「미국의 경제적 실질원칙의 발전과정에 관한 연구」, 『조세학술논집』 제36집 제4호, 한국국제조세협회, 2020, 26면.

제4절 | 미국 세법상 실질과세원칙에서 실질에 대한 이해

미국 세법에서는 한국, 일본과 달리 실질과세원칙에서의 실질의 이해와 관련하여 소위 법적 실질설과 경제적 실질설의 대립이 없다. 실질과세원칙에서의 실질(substance)이라고 하면 당연히 경제적 실질(economic substance)을 전제로 한다고 보기 때문이다. 그리고 실질과세원칙의 적용사례에서 실질과 대비되는 형식(form)이라는 것은 법률행위 형태, 즉 매매와 같은 법적인 거래방식을 의미하는 것으로 이해한다.

미국 세법에서 이처럼 실질과세원칙에서의 실질을 경제적 실질로 보는 이유는 과세대상인 거래들이 대부분 경제적 거래행위들이므로 그러한 거래행위에서 거래의 실질과 그 거래를 구성하는 법률행위 방식(예: 매매 혹은 금전소비대차)이 불일치하는 경우가 있을 수 있고 이 경우에는 전자, 즉 거래의 실질(경제적 실질)에 따라 과세를 해야 한다고 생각하기 때문이다.

제5절 | 미국 세법상 실질과세원칙과 다른 법원칙의 관계

I. 조세공평주의와의 관계

미국에서 실질과세원칙과 조세공평주의의 관계는 논쟁점이 아니다. 미국 세법에서도 세금의 공평한 배분이 중요하다는 점은 널리 공감대가 형성되어 있으며, 이러한 공평한 세금부과를 위해 세법규정을 해석함에 있어서 단순히 법형식이 아니라 거래의 실질을 기초로 과세해야 한다는 실질과세원칙이 발전하게 된 것이라고 할 수 있다.

II. 조세법률주의와의 관계

미국에서 실질과세원칙과 조세법률주의의 관계도 논란이 되지 않는다고 할 수 있다. 그 이유는 실질과세원칙과 관련한 총 다섯 가지 법원칙 가운데 최상위 원칙이라고 할 수 있는 실질우위원칙을 포함하여 나머지 네 가지 하위 원칙 모두가 미국 세법에서는 세법의 해석방법(a principle of statutory interpretation)으로 이해하기 때문이다. 이러한 원칙들을 세법의 해석원칙으로 이해하기에 이 원칙들은 별도의 성문법적 근거 없이 판례를 통해 발전해 올 수 있었던 것이다.

다시 말해 이러한 원칙들은 법 해석방법이므로 실정법의 해석에서 당연히 취할 수 있는 것이어서 이러한 법원칙들과 조세법률주의가 충돌할 가능성은 원칙적으로 존재하지 않는다. 다만, 해석의 이름으로 그 한계를 넘는 과세를 시도하는 경우에 이 원칙들은 조세법률주의와 충돌할 가능성이 있다. 그러나 이는 어디까지나 이러한 원칙들이 정상적으로 작동하지 않는 경우를 전제하는 것이므로 크게 중요한 의미를 가지지 않는다고 할 수 있다.

Ⅲ. 죄형법정주의와의 관계

한국과 일본에서는 실질과세원칙에서의 실질을 경제적 실질로 이해하는 것은 구체적 사례에서 경제적 실질이 무엇인지가 명확하지 않으므로 이처럼 실질과세원칙을 이해하는 것은 조세법률주의에 위배될 수 있고, 또 이처럼 실질과세원칙을 이해하여 탈세범 사건을 처리한다면 죄형법정주의에도 위배된다는 인식이 있다. 그러나 미국에서는 실질과세원칙을 경제적 실질로 이해하지만 탈세범 사건을 이러한 원칙에 기초해서 처리했다고 해서 죄형법정주의를 위배했다고 주장하는 경우는 거의 없다.

미국의 판례를 보면 1970년대와 1980년대 이후의 미국 대법원 판례 가운데 탈세범 사건에 경제적 실질원칙을 적용한 경우가 상당수 있다. 특히 U.S. v. Pfaff, Ruble, Larson (407 Fed. Appx. 506, 2010 WL 4188245 (C.A. 2 (N.Y.))에서는 "경제적 실질원칙은 위헌적으로 모호한 것은 아니다. 그것은 이전의 범죄 사건에도 적용되어 왔고, 변호인이 주장한 대로, 자리 잡지 않은 법칙은 아니다."라고 판시하여 실질과세원칙이 조세형사범 사건에도 과거 지속적으로 적용되어 왔고, 현재도 적용 가능하며, 이것이 죄형법정주의의 요청이 형벌요건명확주의에 반하는 것이 아님을 분명하게 선언하고 있다.[262]

---

262 U.S. v. Pfaff, Ruble, Larson (407 Fed. Appx. 506, 2010 WL 4188245 (C.A. 2 (N.Y.)): 〈사실관계〉 KPMG LLP의 조세법률가들이 고객을 위한 탈세계획을 통하여 정부예산을 사취하였으며 탈세를 했다는 혐의로 기소되었다가 2008년 그중 3명이 탈세로 유죄판결을 받았는데, Ruble이 계획한 하나의 거래가 BLIPs(bond-linked issue premium structures)라고 불린다. 이 계획을 편성한 회계사를 탈세 사건을 조장한 것으로 보고 형사처벌하는 것이 문제가 되었다.
〈1심과 항소심법원의 결정〉 1심과 항소심법원은 조세법률가가 고객의 거래가 경제적 실질원칙(economic substance doctrine)을 충족하지 않을 것을 알았음에도 불구하고 고객에게 조세감면을

제6절 | 미국 세법상 실질과세원칙의 내용

I. 개요

이미 소개한 바와 같이 우리 세법상 실질과세원칙에 해당하는 것이 미국 세법에서는 다섯 개의 법원칙으로 설명되고 있다. 이러한 복수의 법원칙은 물론 미묘하게 조금씩 다른 점이 있다. 하지만 납세자가 선택한 법률행위형식이 그 형식의 이면에 존재하는 경제적 실질(economic substance)과 불일치한다는 이유로 해당 거래행위를 세법상 부인하는 논거로 사용할 수 있다는 측면에서 공통점이 있기도 하다.

실제 미국 연방 국세청이나 법원에서 납세자가 의도하였던 조세절감을 구체적 사례에서 부정하는 논거로 사용할 때는 이 다섯 가지 가운데 여러 개의 법원칙을 함께 원용하는 경우가 흔하게 존재한다.[263] 이것은 그만큼 다섯 가지 원칙이 내용상 쉽게 분리하기 힘든 밀접한 연관성을 가진다는 것을 의미한다. 일단 아래에서는 이 다섯 가지 법원칙을 구분할 수 있다면 어떤 내용으로 각각을 설명할 수 있는지를 소개해 보고자 한다.

위한 근거에 대해 조언을 했다면 그 법률가는 조세포탈의 중범죄(felony)를 저지른 것이라고 판단하였다. Ruble을 그러한 중범죄의 형에 빠지게 한 'knowledge'라는 것은 고객이 어떤 경제적인 이익창출이 아니라 오로지 조세감면 방법을 찾고 있다는 것을 알았음을 의미한다고 보았다. 이에 대한 논증과정에서 경제적 실질원칙의 모호성이 문제되었고, 법원은 경제적 실질원칙은 위헌이라고 할 만큼 모호한 것은 아니라고 판단하였다. 법원은 이 원칙이 이선의 범죄 사건에서도 적용되어 왔고, 변호인이 주장한 대로 자리 잡지 않은 법칙은 아니라고 판시하였다.

263 JCT Report(2005): "The common-law doctrines are not entirely distinguishable, and their application to a given set of facts is often blurred by the courts and the IRS"

아래에서 소개하는 것처럼 미국의 경우 2010년에 실질과세원칙을 명시적으로 입법화하였는데, 그 이전까지 판례는 주로 경제적 실질원칙(economic substance doctrine)에 입각하여 판결을 하고 있었다. 즉, 다섯 가지 법원칙 가운데서도 실제로는 경제적 실질원칙(economic substance doctrine)이 가장 중요한 역할을 하고 있었다.

Ⅱ. 실질우위원칙(substance over form doctrine)

국내 문헌에서 우리 세법상 실질과세원칙에 상응하는 미국 세법의 내용을 소개하면 대부분 'substance over form doctrine'을 언급한다.[264] 이 원칙을 국내에서는 '실질우위원칙'으로 번역하고 있다.[265] 미국에서는 이 원칙이 실질과세원칙에 해당하는 다섯 가지 원칙 가운데 가장 넓은 개념의 원칙으로 이해되고 있고, 또 나머지 네 개의 원칙이 모두 이 원칙으로부터 파생된 것으로 이해되고 있다. 그러한 측면을 고려할 때 미국 세법상 실질우위원칙(substance over form doctrine)을 우리 세법상 실질과세원칙에 상응하는 것으로 소개하는 것이 잘못되었다고 할 수는 없다. 다만, 우리 세법상 실질과세원칙에 해당하는 것으로 미국 세법에서 사용하고 있는 것이 실질우위원칙(substance over form doctrine)밖에 없는 것은 아니라는 점은 유념할 필요가 있다.

이 원칙은 세법의 해석·적용은 거래행위의 사법적(私法的) '형식(form)'이 아니라 '실질(substance)'에 따라 이루어져야 한다는 내용이다. 이 원칙은

264 김재길, 『세법학이론』, 박영사, 2008, 131면 이하; 안경봉, 「조세회피에 관한 연구: 전형적 거래를 중심으로」, 서울대 박사학위논문, 1993. 2., 31면: "… 실질주의(substance over form)이다. 이것은 우리 법상 **實質課稅原則**에 대응하는 것으로 …".

265 이태로·한만수, 『조세법강의』(신정 6판), 박영사, 2010, 31면; 김재길, 『세법학이론』, 박영사, 2008, 131면; 안경봉, 「조세회피에 관한 연구: 전형적 거래를 중심으로」, 서울대 박사학위논문, 1993. 2., 37면.

1935년 Gregory v. Helvering case[266]를 통하여 처음으로 확립되었다.[267] 그 후 여러 다른 판결을 통해 미국의 연방대법원은 납세자가 의도한 조세결과를 과세행정청이나 법원이 인정할지 여부를 결정함에 있어서는 '형식'이 아니라 '실질'이 결정적 기준이 되어야 한다는 원칙을 확립하게 된다.[268] 미국 세법상 실질우위원칙(substance over form doctrine)에서 말하는 '형식'은 납세자가 과세대상이 되는 거래행위를 하기 위하여 채택하는 사법상(私法上) 법률행위방식을 의미하고, '실질'은 그 법률행위의 이면에 존재하는 경제적 사실관계를 의미한다.[269]

납세자가 선택한 거래형식이 실제 발생한 사실관계를 충분히 반영하지 못하는 경우 그 거래형식은 실질우위원칙(substance over form doctrine)에 의해 부정된다. 이 경우에 법원은 납세자가 선택한 거래형식을 부정하고 그 거래의 실질(substance)과 조화되도록 거래행위를 재구성(re-characterize)할 수 있는 권한을 가지게 된다.[270] 물론, 미국도 우리나라와 마찬가지로 납세자가 선택한 거래형식은 아주 특별한 경우에만 부정되고 대부분의 경우에는 그 거래형식을 존중하여 과세를 한다. 제2순회재판소는 Newman v. Commissioner case[271]에서 예외적으로 납세자가 선택한 거래형식을 실질과 불일치한다는 이유로 부정하기 위한 네 가지 요건을 제시한 바 있다. 그 요건은 ① 사업목적의 존재, ② 그 거래형식

266 293 U.S. 465(1935).

267 이때 처음 확립되었다는 것은 결국 그 이전에는 미국에서도 과세는 납세자가 선택한 법률행위형식에 따라 이루어졌다는 것을 의미한다. 소위 법적 실질설이 지배하였다고 할 수 있다. 독일도 19세기말 20세기 초에는 법적 실질설이 지배하다가 1919년 제국조세통칙법(Reichsabgabenordnung)을 제정하면서 '입법적으로' 법적 실질설을 부정하고 경제적 실질설을 성문화하게 된다(이동식, 『일반조세법』, 준커뮤니케이션즈, 2011, 160-161면 참고). 그 이후 1920년대, 1930년대에는 독일에서 경제적 실질설에 따른 과세가 많이 확대되고 있던 상황이었으므로 이러한 독일의 상황이 미국 법원의 입장을 바꾸는 데 일부 영향을 주었을 수도 있을 것이다.

268 Isenbergh, Musing on Form and Substance in Taxation, 49 Chi. L. Rev. 859(1982).

269 즉, 우리 세법상으로 이야기한다면 경제적 실질설을 취하는 것이다.

270 U.S. v. Ingalls, 399 F.2d 143 (5th Cir. 1968).

271 Newman v. Comr., 902 F.2d at 163-164.

이 납세자의 경제적 이해관계를 변경시켰는지 여부, ③ 그 거래의 조건들이 이해관계 없는 제3자와 거래를 할 때 채택할 법한 중립적인 조건(arm's length terms)인지 여부, ④ 당사자들이 자신들이 선택한 거래형식을 존중하는지 여부이다.

이러한 실질우위원칙이 많이 적용되는 사례는 ① 리스거래, ② 결혼한 부부 간의 거래행위, ③ 회사와 직원 또는 회사와 주주 간의 거래처럼 특수관계자 사이의 거래행위, ④ 회사가 주주로부터 자금조달을 한 경우에 있어서 그것을 사채로 볼 것인지 아니면 자본증가로 볼 것인지를 구별하는 경우 등이다.

실질우위의 원칙은 조세회피 사건에 있어서 과세관청이 가지는 강력한 무기가 되어 왔다. 법원은 Gregory 사건 이전에도 '실질 대 형식'의 문제가 중요하다는 것을 인식하여 오다가 1935년 대법원이 Gregory 사건에서 실질우위의 원칙을 채택하고, 실질과 형식의 문제를 판단하는 데 있어 사법적 원칙으로 확립되었다.

Gregory 사건에서 납세자는 한 회사의 주식이 분배될 수 있도록 새로운 회사를 설립하였는데, 새롭게 설립된 회사는 1928년 세법의 제112조에 따라 과세되지 않은 spin-off를 통하여 주식을 이전받았다. 그 후 주식은 새로 설립된 회사의 완전 청산을 통하여 납세자에게 분배되었고, 그 이익은 경상소득보다 낮은 세율이 적용되는 양도소득으로 과세되도록 거래가 구성되었다. 미국 국세청은 거래의 형식을 무시하고 비과세 재조직(reorganization) 및 연이은 청산을 통한 납세자에 대한 주식 이전을 배당으로 보았다. 대법원은 납세자의 거래를 "단지 사업적 또는 회사의 재조직이 없는 거래 운영, 즉 실제의 성격을 숨기기 위한 가장(sham)으로서 회사 재조직의 형식을 붙인 도구에 지나지 않는다."[272]라고 보았고 실제의 과세결과는 납세자에 대한 배당이라고 판단하였다. 대법원은 재조직에 대한 법의 내용이 무엇을 의도하는지에 대하여 주목하였고 납세자의 거래는 '재조직'이라는 법률상 용어의 의미 내에 해당되지 않으므로 그 재조직은 가장에 불과하다고 결론을 내린 것이다.

Gregory 사건을 통해 조세회피에 대하여 중요한 결정을 내렸지만, 그 이론적 근거가 좀 더 정교해질 필요가 있었는데, Court Holding Co. 사건[273]이 그 역할을 하였다. 이 사건에서 납세자(Court Holding Co.)는 유일한 자산인 아파트 건물을 양도하고자 하였고, 회사와 구매자 간에 구두 합의가 이루어졌다. 그 후 아파트 건물은 청산배당의 형태로 회사의 두 주주에게 이전되어 원래 합의된 구매자에게 형식적으로 이전되었는데, 이 과정을 통하여 회사단계의 과세를 피할 수가 있었다. 대법원은 회사에 의한 자산의 비과세 청산과, 주주에 의한 그 자산의 뒤이은 양도는 실질적으로는 회사와 구매자 간의 자산양도로서, 과세가 이루어져야 한다고 판단하였다. 대법원은 과세목적상 어떤 자의 양도가 도관(conduit)을 이용함으로써 다른 자에 대한 양도가 될 수는 없고, 어떤 거래의 진짜 성격이 단지 납세의무의 결과만을 바꾸는 형식주의에 의하여 변화되는 것을 허용하는 것은 의회(Congress)의 조세정책의 효과적인 운영을 심각하게 저해하기 때문에 실질이 형식보다 우세하다고 그 이론적 근거를 설명하였다.

Ⅲ. 가장행위이론(sham transactions doctrine)

미국 세법상 'sham transactions doctrine'은 국내에서 '가장행위'로 번

272 Gregory v. Helvering, 293 U.S. 465, 469 (1935).

273 C.I.R. v. Court Holding Co., 324 U.S. 331 (1945).

역하고 있다. 하지만 이렇게 번역하는 것은 문제가 있다. 가장행위라는 용어는 독일법상 'scheingeschäft'를 한글로 번역한 것인데, 이는 우리 민법 제108조에서 규정하고 있는 통정허위표시에 해당한다. 독일과 우리나라에서 '가장행위'는 성문 민법상의 용어로, 그것이 의미하는 바가 "거래상대방과 통정하여 하는 진의 아닌 거짓의 의사표시"[274]로 확정되어 있다. 이러한 통정허위표시는 독일과 우리나라에서는 '민법적으로' 이미 무효인 법률행위이다. 하지만 미국 세법에서 'sham transactions'이론은 아래에서 설명하는 바와 같이 이와 전혀 다른 내용을 내포하고 있다. 따라서 필자는 이 절에서 'sham transactions'의 경우 원어를 그대로 표기하기로 한다.

미국 세법상 'sham transactions'을 이해하는 데 중요한 점은 미국 세법에서는 이 원칙을 두 가지 유형으로 분류해서 설명하고 있다는 것이다. 그 하나는 'sham in substance(or economic substance)'이고, 다른 하나는 'sham in fact(or factual sham)'이다. 굳이 이것을 한글로 번역하자면 전자는 '실질에 있어서의 가장'이라 할 수 있고, 후자는 '사실에 있어서의 가장'이라 할 수 있을 것이다.[275] Gregory v. Helvering case에서 확립된 실질우위원칙이 'sham in fact'뿐만 아니라 'sham in substance'에도 적용된다는 것을 분명하게 한 최초의 판결은 제2순회재판소의 Gilbert v. Comr. case[276]였는데, 이러한 구분이 제대로 정착된 것은 이 판결이 있은 후 9년 뒤에 나온 제2순회재판소의 Goldstein v. Comr. case[277]를 통해서이다. 그 이후 다수의 판결이 이러한 구분기준을 따르고 있다.

---

274 곽윤직, 『민법총칙』, 박영사, 2006, 233면.

275 우리 민법상 가장행위는 후자만을 의미하고 전자는 가장행위의 범주에 속하지 않는다.

276 248 F.2d 399, 406 (2d Cir. 1957).

277 364 F.2d 734 (2d Cir.1966).

우리나라 세법상 가장행위에 해당하는 것은 'sham in fact'이다.[278] 미국 법원에서는 'sham in fact'를 'sham in substance'와 구별해서 '전제의 문제(a threshold question)'로 이해하고 있다. 미국 국세청 법률고문(Chief Counsel)이었던 Donald L. Korb은 2005년 University of Southern California 강연에서 다음과 같이 언급하였다.

> 물론, 법원이 하나의 거래행위가 경제적 실질을 결여하였는지 여부에 대해 결론을 내리기 전에 먼저 그 거래행위 자체가 실제로 행해졌는지에 대해 판단하여야 한다. 그래서 법원으로서는 거래행위가 실제로 발생한 것인지에 대해 결론을 내리기 전에는 그 거래행위의 주된 목적이 소득의 창출이나 이익의 창출인지에 대해 조사하려고 하지 않는다.
> (Naturally, before a court can determine whether a transaction lacks economic substance, the court must first determine whether the transaction itself did in fact actually occur. Thus, a court will not inquire into whether a transaction's primary objective was for the production of income or to make a profit, until it determines that the transaction is bona fide and not a factual sham.)[279]

우리 세법상으로는 실질과세원칙이라는 것이 조세회피행위처럼 기본적으로 사법상 유효한 행위이지만 세법상으로 용인하기 힘든 행위를 단

278 미국에서는 우리나라 법이론상 가장행위에 해당하지 않는 'sham in substance'까지도 'sham transaction'의 일종으로 보는 이유가 무엇인지 궁금할 수 있다. 개인적인 견해로는, 우리 법제도 하에서는 가장행위 혹은 통정허위표시라는 것이 민법상의 제도로 민법에 규정된 용어에 해당하기 때문에 그것을 세법에서 마음대로 확장할 수 없는 문제가 있지만 미국 법이론상으로는 'sham transaction'이라는 것이 성문화된 민법상의 제도가 아니므로 세법에서 그 일반적인 개념에 따라 용어의 범위를 확장할 수 있기 때문인 것으로 보인다. 참고로, 우리와 법제가 유사한 독일에서도 가장행위이론이 적용되는 사례와 실질과세원칙이 적용되는 사례가 '적어도 이론상으로는' 분명하게 구별된다.

279 Donald L. Korb, The Economic Substance Doctrine in the Current Tax Shelter Environment, Remarks at the 2005 University of Southern California Tax Institute, Los Angeles, California on January 25, 2005, p. 4.

지 과세목적상 부인하기 위하여 사용하는 법원칙인데,[280] 미국 세법상 sham transactions 이론 가운데 이러한 우리 세법상 실질과세원칙과 유사한 것은 'sham in substance'이다.

미국 법원이 구체적 사례에서 'sham in substance'를 인정하는 판단기준을 살펴보면 다음과 같다. 미국 조세법원(Tax Court)은 Falsetti v. Comr. case에서 'sham in substance'를 "객관적인 경제적 실체가 없고 납세자가 예상했던 조세혜택(tax benefit) 이외에는 경제적인 의미도 없는 거래행위를 묘사하기 위하여 문서를 작성할 때 필요한 개념 또는 수단(the expedient of drawing up papers to characterize transactions contrary to objective economic realities and which have no economic significance beyond expected tax benefits)"[281]으로 정의한 바 있다. Lehrman v. Comr. case[282]에서는 어떤 거래행위가 ① 조세혜택을 보겠다는 고려 이외에는 어떤 경제적 목적(economic purpose)으로도 동기부여가 되지 않은 경우, 그리고 ② 이익을 낼 실제적인 가능성이 없기 때문에 경제적인 실질(economic substance)이 존재하지 않는 경우에 그 거래행위는 'sham in substance'가 된다고 판단하였다. 사업목적(business purpose)이 없는 거래행위가 'sham in substance'에 해당한다고 판시한 경우도 있다.[283] 결론적으로 'sham in substance'와 나머지의 실질과세 관련 원칙들, 즉 실질우위원칙(substance over form doctrine)이나 경제적 실질원칙(economic substance doctrine), 사업목적원칙

280 이동식, 『일반조세법』, 준커뮤니케이션즈, 2011, 173면.

281 85 T.C. 332, 347 (1985). Seykota v. Comr., T.C. Memo 1991-234 (1991) at 93('A sham in substance, as opposed to a factual sham, exists when a series of transactions actually does take place but has no business or profit-making function apart from obtaining tax benefits') 참고.

282 939 F. 2d at 49.

283 H.J. Heinz Co. v. U.S., 76 Fed. Cl. 570 (2007) (application of sham transaction test to disallow capital losses where subsidiary acquired parent's stock with intent of subsequent redemption; no nontax business purpose).

(business purpose doctrine) 등은 사실상 동일하거나 적어도 매우 유사한 것이라고 할 수 있다.[284]

미국 대법원이 가장행위이론에 따라 조세회피행위를 규제한 대표적인 사례로는 Knetsch 사건과 Frank Lyon 사건을 들 수 있다.

Knetsch 사건[285]은 대법원이 실질우위의 원칙과 sham 개념을 적용한 이자공제에 관한 사건이다. 납세의무자 Knetsch는 보험회사로부터 30년 만기의 지급거치형 연금저축채권(deferred annuity saving bonds, 액면가 40만 달러로 연리 2.5%의 복리) 10매를 400만 4000달러에 구매하였다. 대금은 4000달러는 현금으로 지급하고 나머지 금액은 자신이 취득한 연금저축채권을 담보로 상환의무 없는 수표(연리 3.5%) 400만 달러를 발행하여 보험회사로부터 차입하여 지불하였다. 이 차입과 관련하여 납세자는 1년분의 선이자로 14만 달러를 현금으로 지급하였다. 매년 납세자는 자신이 보유한 채권의 현금가치 상승분에 상응하는 자금을 차용하고 3.5% 이자를 선지불하였다. 이러한 거래는 매년 반복되었다. 결국 납세자는 연리 2.5%의 투자를 하면서 연리 3.5%의 차입을 한 셈이 되어 형식상으로는 매년 4만 달러의 손실을 입었다. 나아가 10만 달러의 추가융자를 얻으면서 선이자 3000달러를 지급하였다. 납세의무자는 1939년 미국연방세법 제23조(b)에 따른 소득세 신고를 하면서 14만 3000달러의 이자를 과세소득에서 공제하여 신고하였고 과세당국은 그 공제를 부인하였다.

연방대법원은 납세자 Knetsch가 조세 절감 이외에는 위 거래로부터 실현할 실질이 없기 때문에 해당 거래는 경제적 실질이 없는 가장거래

284 The Senate Report for the JOBs Act of 2004: "the economic substance doctrine and the sham transaction doctrine are similar and sometimes are applied interchangeably".

285 Knetsch v. U.S., 364 U.S. 361 (1960).

(sham)에 해당한다고 거래행위를 부인하였다.[286] Knetsch 사건은 대법원이 '경제적 실질(economic substance)'이 결여되었기 때문에 거래를 무효화한 최초의 사건이라고 여겨졌다.

Frank Lyon 사건은 미국 연방대법원이 실질과세원칙과 관련하여 내린 마지막 판결로 소개된다. 자금이 필요한 은행으로부터 은행이 사용하는 건물을 구매한 후 은행에 리스로 제공한 납세자가 그 건물에 대한 감가상각비와 건물 구매를 위해 받은 대출에 대한 이자를 공제해 줄 것을 요청한 것에 대해 과세당국은 납세자의 전체 거래가 가장행위라고 판단하였지만 대법원은 강한 사업목적을 가지고 행해진 것이어서 조세회피행위로 부인할 수 없다고 판단하였다.[287]

Ⅳ. 단계거래원칙(step transaction doctrine)

미국 세법상 'step transaction doctrine'은 '단계거래원칙' 혹은 '다단계거래이론' 등으로 번역된다.[288] 미국 세법상 단계거래원칙은 실질우위원칙에서 파생된 하나의 변종(a variation)으로 이해되고 있다. 이 원칙은 서로 내부적으로 연결되어 있으나 형식적으로는 분리된 여러 단계의 거래행위에 대해 과세를 함에 있어서 그 행위의 형식에 따라 독립된 행위로 파악하여 과세하는 것이 아니라 그 실질에 따라 통합하여 하나의 행위로 인식한 뒤 그에 기초하여 과세하는 것을 목표로 하고 있다.[289] 예

286 Knetsch v. U.S., 364 U.S. 361 (1960), 366.

287 이 사건에 대한 자세한 설명은 이 책 제4장 제2절을 참조하기 바란다.

288 최성근, 「단계거래원칙이 실질과세원칙에서 차지하는 지위와 부당한 단계거래의 판단기준」, 『조세법연구』 제14집 제2호, 2008. 8., 156면 이하; 이태로·한만수, 『조세법강의』(신정 6판), 박영사, 2010, 38면.

289 Comr. v. Clark, 489 U.S. at 738 (Under [the step transaction] doctrine, interrelated yet formally distinct steps in an interrelated transaction may not be considered independently of the overall transaction).

컨대, 조세법원(Tax Court)은 Smith v. Comr. case[290]에서 단계거래원칙을 다음과 같이 설명하고 있다.

> 일반적으로 단계거래원칙은 납세자가 A지점으로부터 D지점으로 가기를 희망하면서 그 중간인 B지점과 C지점에 멈춰 서는 사례에 적용된다. 불필요하게 멈춰 서는 모든 거래들의 전체적인 목적은 납세자가 A지점으로부터 D지점으로 바로 이동하는 경우에 발생할 수 있는 조세결과와 다른 조세결과를 획득하기 위함이다. 이러한 상황이 존재하는 경우에 법원은 납세자가 만들어 둔 복잡한 다단계거래구조(the twisted path taken by the taxpayer)에 구속되지 않고, 그 중간에 끼어든 거래들을 무시하거나 재배치하게 된다.[291]

단계거래원칙이 미국 법원에 의해 적용되기 위해서는 두 가지 전제조건이 충족되어야 한다. 첫째는 그 거래의 실질이 형식과 달라야 하고, 둘째는 납세자가 이처럼 실질과 다른 형식을 채택한 것이 조세경감을 목적으로 하는 남용적인(abusive) 행위로 보여야 한다. 어떤 경우에 그러한 전제조건이 충족되어 단계거래원칙을 적용할 수 있을 것인지와 관련하여 미국 법원은 세 가지 접근법을 사용하고 있다.[292] 첫 번째로, 구속력 있는 약정의 존재 여부 검증방법(The 'binding commitment' test)이라는 것이 있다. 이 방법은 다단계의 거래행위에 대해 단계거래원칙을 적용할 수 있으려면 납세자가 첫 번째 거래행위를 하는 시점에 이미 나머지 거래행위들을 연속적으로 해야 하는 약정(commitment)에 의해 구속되어 있

290 78. T.C. 350, 389 (1982).

291 이 결정문은 조세법원의 다른 판결에서도 재인용된 바 있다. Andantech L.L.C. v. Comr., T.C. Memo 2002-97 at 97.

292 이 세 가지 방법에 대한 자세한 설명은 최성근, 「단계거래원칙이 실질과세원칙에서 차지하는 지위와 부당한 단계거래의 판단기준」, 『조세법연구』 제14집 제2호, 2008. 8., 169-174면 참고.

는 상황이어야 한다는 것이다. 이 검증방법은 단계거래원칙을 적용하기 위한 세 가지 접근방법 가운데 가장 적용범위가 좁고, 엄격한 방법으로 이해되고 있다. 따라서 미국에서는 세 가지 방법 가운데 마지막으로 선택할 수 있는 방법으로 설명되고 있다.[293] 두 번째로, 최종 목적에 대한 검증방법(The 'end result' test)이라는 것이 있다. 이 방법은 만약 다단계의 거래행위가 최종적으로 어떤 결과를 달성하기 위해 마련된 하나의 계획에 따른 복수의 행위들로 구성되어 있는 경우에 외형상 복수의 행위를 그대로 인정하지 않고 그 행위들을 통합하여 하나의 행위처럼 과세한다는 것이다.[294] 즉, 최종 목적에 대한 검증 원칙은 특정한 결과를 발생시키기 위해 행해지는 '하나의' 행위의 '복수의 구성요소들'로 보이는 여러 거래행위들을 하나의 행위로 통합하는 기능을 가진다.[295] 세 번째로, 거래행위들의 상호의존성에 대한 검증방법(The 'mutual interdependence' test)이라는 것이 있다. 이 방법은 다단계거래와 관련된 객관적 사실들(facts)을 합리적으로 해석해 보았을 때, 단계거래들이 상호의존적인 것으로 판명된다면 각 단계의 거래를 분리해서 과세효과를 부여하지 않고 통합하여 하나의 행위로 인정하는 것이다.[296] 이 방법에 있어서 중요한 것은 각 단계거래행위들의 상호의존성이다. 법원은 각 단계거래들이 독립적으로 의미를 가지는지 아니면 단순히 전체 거래의 부분으로서의 의미만 가지

---

293 Penrod v. Comr., 88 T.C. at 1428–30 (The narrowest alternative is the 'binding commitment' test, under which a series of transactions are collapsed …); Security Industrial Ins. Co. v. U.S., 702 F. 2d at 1245(The tird and the most restrictive test permitting invocation of the step transaction doctrine is the 'binding commitment' test).

294 Stephen S. Bowen, The End Result Test, 72 Taxes 722 (1994); Cornfeld v. Comr., 137 F.3d at 1235; McDonald's Restaurants of Illinois v. Comr., 688 F.2d at 524; King Enterprises Inc. v. U.S., 418 F.2d at 516–18.

295 Cornfeld v. Comr., 137 F.3d at 1235 ('The end result' test amalgamates into a single transaction separate events which appear to be component parts of something undertaken to reach a particular result).

296 Kass v. Comr., 60 T.C. 218 (1973); Security Industrial Ins. Co. v. U.S., 702 F.2d at 1244; McDonald's Restaurants of Illinois v. Comr., 688 F.2d at 524–25; Cornfeld v. Comr., 137 F.3d at 1235; King Enterprises Inc. v. U.S., 418 F.2d at 516.

는지를 판단해야 하며, 후자에 해당하는 경우에만 단계거래원칙을 적용하게 된다.

법원이 하나의 사례에 단계거래원칙을 적용할 수 있기 위해서는 이 세 가지 방법 가운데 한 개의 검증방법만 만족시키면 된다.[297] 하지만 실제 사례들 가운데 단계거래원칙을 적용한 사례들을 보면 법원은 이 세 가지 방법 중 복수의 방법을 사용한 경우가 대부분이었다.[298] 개별방법으로서는 두 번째 방법, 즉 최종 목적에 대한 검증방법이 법원이 가장 빈번하게 사용하는 방법이다.[299]

V. 사업목적원칙(business purpose doctrine)

미국 세법상 'business purpose doctrine'은 흔히들 '사업목적원칙'으로 번역하는데,[300] 미국 세법상 실질과세원칙과 관련한 다섯 가지 원칙 가운데 가장 먼저 확립된 원칙이다. 미국 세법상 실질과세원칙이 연방대법원에 의해서 최초로 정립된 것으로 평가받고 있는 Gregory v. Helvering case가 바로 사업목적원칙을 정립한 것으로 평가되고 있다.

그런데 사업목적원칙은 1935년의 Gregory v. Helvering case 이후부터 1978년의 Frank Lyon v. U.S. case 이전까지와, Frank Lyon v. U.S. case 이후부터 현재까지로 나누어 살펴보아야 한다. 전자의 기간에 이해된 사업목적원칙을 현재의 사업목적원칙과 구분하기 위하여 '원래의 사

297 927. F.2d 1517 (10th Cir. 1991). 이 사례에서는 최종목적에 대한 검증방법은 충족하지 못했지만 거래행위들에 대한 상호의존성 검증방법을 통해 단계거래원칙을 적용할 수 있는 것으로 결론을 내렸다.

298 True v. U.S., 190 F. 3d at 1175; Greene v. Comr., 13 F.3d 577; Andantech L.L.C v. Comr., T.C. Memo 2002-97.

299 Security Industrial Ins. Co. v. U.S., 702 F.2d at 1244.

300 최성근, 「단계거래원칙이 실질과세원칙에서 차지하는 지위와 부당한 단계거래의 판단기준」, 『조세법연구』 제14집 제2호, 2008. 8., 167면; 안경봉, 「조세회피에 관한 연구: 전형적 거래를 중심으로」, 서울대 박사학위논문, 1993. 2., 32면 이하.

업목적원칙(the 'original' business purpose doctrine)'이라 표현하기도 한다.[301] 원래의 사업목적원칙과 현재의 사업목적원칙의 차이점은 아래에서 설명하게 되는 경제적 실질원칙과 사업목적원칙과의 관계설정이다.

1935년의 Gregory v. Helvering case 이후부터 1978년의 Frank Lyon v. U.S. case 이전까지 미국의 법원은 사업목적원칙을 경제적 실질원칙보다 더 넓은 개념으로 이해하였다. 즉, 법원은 거래행위에 정당한 사업목적이 있는지 여부를 심사함에 있어서 그 기준 중의 하나로 경제적 실질원칙을 사용하였다. 예컨대, 1972년 Brooke v. U.S. case[302]에서 과세당국은 납세자가 자신의 거래행위를 매개로 하여 발생시키려고 하였던 경제적 이익을 부정하기 위하여 '사업목적원칙'을 사용하였고, 이에 대해 법원은 이 사건에서는 "오로지 조세를 회피할 목적의 거래는 인정되지 않는다.(a transfer solely to avoid taxes will not be recognized.)"라고 판시하였다.

이와 다르게 Frank Lyon v. U.S. case 이후 법원은 사업목적원칙을 경제적 실질원칙의 일부로 설명하고 있다. Frank Lyon v. U.S. case에서 법원은 경제적 실질원칙을 주관적 측면과 객관적 측면으로 나누어 설명하고 있는데, 사업목적원칙이 바로 주관적 측면의 경제적 실질원칙을 의미하는 것으로 이해되고 있다.[303] 사업목적원칙에 따르면 납세자가 문제의 거래행위를 행한 의도가 세금감면이 아닌 다른 사업목적에 기초한 경우에만 당해 거래행위는 조세법상 인정된다. 물론 조세감면을 목적으로 한 행위라고 해서 모두 부인되는 것은 아니다. 행동의 자유가 보장되는 나라에서 납세자들은 자신들에게 세부담이 가장 적은 형태로 거래

---

301 BNA Tax Management Portfolios U.S. Income Series, Income, Deductions, Credits and Computation of Tax, 508-1st: The Economic Substance Doctrine, 2008 Tax Management, Inc, Chapter III. E., 25.

302 468 F.2d 1155, 1158 (9th Cir. 1972).

303 Rice's Toyota World v. Comr., 752 F.2d 89 (4th Cir. 1985).

행위를 구성할 자유가 있다. 하지만 납세자가 '오로지' 조세부담을 회피할 목적으로 행한 거래행위는 세법상 인정해 주지 않는다.

실제 사례에 사업목적원칙을 적용함에 있어서 가장 논란이 되는 것은 어느 정도로 사업목적이 존재해야 하느냐이다. 예컨대, 어떤 거래행위가 조세감면 이외에 다른 사업목적이 있는 것처럼 보이지만, 그 거래행위로부터 조세감면도 발생하는 경우에 이 거래행위는 사업목적원칙을 근거로 세법상 부인될 수 있는지가 문제된다. 이와 관련한 미국의회의 2005년 보고서에는 이때 조세감면 이외의 사업목적이 '중요한(substantial) 것'이어야 한다고 적혀 있다.[304] 물론 어느 정도가 '중요한 사업목적'인지 여부도 논란이 될 것인데, 이는 결국 개별 사례에서 법원이 판단해야 할 문제가 될 것이다.

납세자가 거래를 할 때에는 대개 이익을 극대화하기 위한 어떤 목적에 근거하고 있으며 세금에 대한 고려요소도 그러한 목적에 중요한 역할을 하기 때문에 미국의 법원들도 납세자들이 가능한 한 낮은 세금을 부담하도록 자신들의 사업을 구성할 수 있으며 납세자가 주장한 과세결과를 부인하기 위하여 조세적 동기(tax motive)는 관련이 없다고 판단하여 왔다. 그러나 문제가 되는 것은 납세자가 납세의무를 회피하기 위한 유일한 목적으로 거래를 구성할 경우이다. 법원은 합리적인 조세 고려에 근거한 거래와 조세회피 의도에만 근거한 거래를 구별하기 위하여 노력해 왔고 그 결과 사업목적원칙이 도출되었다. 사업목적원칙에 따르면 만약 어떤 거래가 법적 요건에 맞는 형식적 적합성을 가지고 있다고 하더라도 사업목적 없이 수행되었다면 그 거래의 과세 혜택은 부인되어야 한다. 사업목적원칙은 Gregory 사건에서 그 기원을 찾을 수 있다.

304 JCT Report (2005).

Gregory 사건에서 대법원은 실제로 일어난 거래는 사업목적 또는 회사목적이 없으며 법률이 의도하는 범위 내에 포함되지 않는다고 판단하였다. 또 제2순회법원[305]은 사건에서 재조직을 위한 모든 단계는 그것이 실제로 존재한다 하더라도 한 회사 또는 양 회사의 사업 실행의 어떠한 부분도 되지 않았기 때문에 법에서 정한 의미의 재조직이 아니라고 하였다. 제2순회법원의 재판관이었던 Hand 판사는 Transport Trading 사건[306]에서 사업목적원칙에 대해서 "Gregory 사건에서의 원칙은 상업상 또는 산업상 거래를 규정하는 세법의 문구를 해석하는 데 있어서 그 거래가 상업상 또는 산업상 목적을 위하여 실행되는 것만을 의미한다고 이해해야 하며 조세를 회피하기 위한 목적 외에 다른 목적 없이 이루어지는 거래는 포함되지 않는다."라고 하면서 사업목적원칙을 요약한 바 있다.

Knetsch 사건과 유사한 Goldstein 사건[307]에서 제2순회법원은 해당 거래가 가장거래라고 판단하지 않았다. 대신 납세자의 목적에 주목하여 목적적 행위(purposive activity) 또는 이익의 기대(expectation of profit)와 같은 사업목적 테스트의 변형을 적용하였다. 이 사건에서, 복권에 당첨된 70세 노부인 Goldstein은 복권 당첨금에서 발생하는 세금부담을 줄이기 위해 미국연방세입법 제163조를 이용하여 이자공제를 받으려고 하였다. 이를 위해 납세자는 우선 945,000달러를 연 4%의 이자율로 빌리고 자신의 복권 당첨금으로는 3년 또는 4년 만기인 연 1.5%의 이자율이 적용되는 재무부채권 액면금 1,000,000달러 상당을 매입하였다. Knetsch 사건처럼 납세의무자는 금전을 차용하면서 재무부채권을 담보로 제공하였고 전체 거래에서 이자율 차이로 인해 경제적 손실이 발생하도록

305 Helvering v. Gregory, 69 F. 2d 809, 811 (2d Cir.1934).
306 C.I.R. v. Transport Trading & Terminal Corporation, 176 F. 2d 570 (2d Cir.1949).
307 Goldstein v. Commissioner, 364 F. 2d 734 (2d Cir. 1966), cert. denied, 385 U.S. 1005 (1967).

거래구조가 설계되었다. 이 거래에서 남는 것은 이자공제로 인한 조세상의 이익밖에 없는 것처럼 보인다. 물론 납세자는 재무부채권의 평가증에 따른 실질적인 이익을 기대하였으며 그 이익이 불리한 이자율 차이로 인한 손실보다 클 것이라고 주장하였다. 조세법원은 해당 거래가 가장거래(sham)에 해당한다고 보았다.[308] 반면 제2순회항소법원은 해당 거래에 두 개의 독립된 은행이 관여하고 있으며 상환불가 방식(nonrecourse basis)으로 행해졌고 해당 거래가 실제로 일어났기 때문에 가장거래는 아니라고 보았다. 그러나 제2순회항소법원은 납세자가 위 거래를 한 것은 오로지 조세상의 이익을 얻기 위함이고 다른 사업목적이 인정되지 않으므로 이자비용 공제를 부인한 과세당국의 결정이 타당하다고 보았다.

Ⅵ. 경제적 실질원칙(economic substance doctrine)

미국 세법상 실질과세원칙과 관련한 여러 개의 원칙 가운데 현재 실질적으로 중심적 역할을 하고 있는 것이 경제적 실질원칙(economic substance doctrine)이다. 이 원칙은 납세자가 연방 세금의 감면을 목적으로 거래행위를 하였고, 거래 이전과 비교하였을 때 세금감면 이외에는 납세자의 경제적 지위에 의미 있는 변화가 없는 경우에 그 거래로부터 야기된 세금혜택을 부인하기 위하여 법원(法院)이 사용하는 원칙이다.[309] 이 원칙으로 인하여 미국 세법상 납세자가 조세감면을 받기 위하여 행한 거래행위가 세법상 인정되려면 세금감면 이외의 경제적 실질(economic substance)이 존재하여야 한다. 하지만 이미 사업목적원칙에서 설명한 바

---

308 44 T.C. 298.

309 Killingsworth v. Comr., 864 F. 2d at 1216("Since Gregory was decided, courts have consistently held that although a transaction may, on its face, satisfy applicable Internal Revenue Code criteria, it will nevertheless remain unrecognized for tax purposes if it is lacking in economic substance.").

와 같이, 조세감면을 받기 위한 모든 납세자의 행위가 미국 세법상 부인되는 것은 아니다. 미국 세법상으로도 납세자의 조세감면 시도 자체가 부인되는 것은 아니므로 단순히 납세자가 조세감면을 받기 위하여 행위를 하였다는 이유만으로 행위 자체가 세법상 부인되는 것은 아니고 그 행위가 조세감면 이외에 다른 경제적 실질이 존재하지 않아야만 세법상 부인되는 것이다.

어떤 경우에 경제적 실질이 존재하지 않는다고 할 것인지와 관련하여 미국 법원은 Frank Lyon case에서 처음으로 주관적 측면과 객관적 측면으로 나누어 경제적 실질의 존재 여부를 검토하여야 한다는 소위 '양면접근법(a two-prong standard)' 입장을 수립하였다. 주관적 측면이라는 것은 납세자가 당해 행위를 행한 의도가 조세감면 이외의 다른 사업목적(business purpose)을 가지고 있어야 한다는 것을 말한다. 객관적 측면에 대해서는 여러 가지 조금씩 다른 견해가 존재하지만 대체적으로 문제의 거래행위 이전과 이후를 비교하였을 때 그 거래행위로 인하여 조세감면 이외에 납세자의 경제적 지위에 '의미 있는(meaningful)' 변화가 있어야 한다는 것을 지적하고 있다.

하지만 Frank Lyon case 이후에 경제적 실질원칙(economic substance doctrine)을 적용하고 있는 법원들은 이러한 주관적 측면과 객관적 측면의 상호관계를 어떻게 이해할 것인지와 관련하여 통일적인 입장을 취하고 있지는 않다. 이와 관련하여서는 대략 네 가지 정도의 접근법이 있다. 첫 번째 접근법은 하나의 거래행위가 경제적 실질을 갖춘 것으로 평가되기 위해서는 주관적 측면과 객관적 측면이 모두 존재하여야 한다고 보는 입장이다(a conjunctive test). 즉, 이 견해에 따르면 두 가지 측면 가운데 한 가지만 결여되어도 당해 행위는 경제적 실질을 결여하여 세법상 인정받을 수 없게 된다. 그래서 법원으로서는 두 가지 측면 가운데 한 가지 측면이 존재하지 않는다고 판단했으면 나머지 한 측면에 대해서는 검토할 필요가 없어지게 된다.[310] 두 번째 접근법은 주관적 측면을 완전히 무시하거나 주로 객관적 측면에 기초하여 경제적 실질의 존재 여부를 검토하는 입장이다. 이 입장에 따르면 하나의 거래행위가 세법상 용인될 수 있으려면 납세자의 주관적 의도는 중요하지 않고, 그 거래행위의 객관적 여건이 납세자의 경제적 지위에 실질적인 변동을 초래하여야만 한다고 본다. 세 번째 접근법은 주관적 측면과 객관적 측면 가운데 한 측면만 인정되어도 당해 행위는 세법상 인정될 수 있다고 보는 입장이다(a disjunctive test). 네 번째 접근법은 주관적 측면과 객관적 측면이 서로 다른 측면이 아니고 서로 연관된 것으로 이해하는 입장이다. 즉, 이 접근법은 하나의 거래행위가 세법상 용인될 수 있으려면 주관적 측면과 객관적 측면이 모두 중요하다고 보므로 이런 측면에서는 첫 번째 접근법과 입장이 동일하지만, 양 측면이 서로 분리되어 분석될 수 있는 것이 아니고, 하나의 거래행위가 세법상 용인되기에 충분한 경제적 실질이 존재하는지를 검토하기 위하여 이 두 측면은 서로 연관되어 함께 검토되어야 하는 요소로 이해한다는 점에서 첫 번째 입장과 다른 측면이 있다.[311]

Ⅶ. 미국 세법상 실질과세원칙에 관한 다양한 원칙들의 상관관계

앞에서 우리는 미국 세법상 실질과세원칙의 내용을 담고 있는 다섯 가지 법원칙의 개별적 내용을 검토하였다. 그런데 이 원칙들은 명확하게 구분되는 것은 아니다. 이 원칙들은 모두 과세의 대상이 되는 거래행위와 관련하여 그 행위의 형식을 뛰어넘어 실제로 그 거래행위의 경제적

310 Illes v. Comr., 982 F.2d 165; Pasternak v. Comr., 990 F.2d at 898; Klamath Strategic Inv. Fund, LLC v. U.S., 472 F. Supp.2d 885.

311 Zmuda v. Comr., 731 F.2d at 1420.

실상이 무엇이었는지를 찾아내어 그것에 기초하여 과세를 하려고 노력한다는 점에서 유사점이 있다. 실제로 법원이 하나의 사례에 실질과세 원칙을 적용하려고 하는 경우에는 하나의 원칙만을 언급하는 것이 아니라 여러 개의 원칙을 함께 검토하는 경우가 많다.[312] 하지만 이 원칙들은 일정한 상호관계가 존재하는 것으로 알려져 있다. 아래에서는 이것에 대해 정리해 보고자 한다.

첫째, 실질우위원칙(substance over form doctrine)과 경제적 실질원칙(economic substance doctrine)의 관계에 대해서는 견해가 분명하지 않다. 일부에서는 양자가 과연 내용적으로 구분이 가능한지 의문을 제기하는 견해도 있지만 대다수의 경우에는 양자를 개념적으로 구분하고 있다. 양자를 구분하는 경우에는 실질우위원칙은 거래의 형식이 아니라 실질을 기초로 하여 거래행위를 세법적으로 재구성(reclassify)하는 것을 목표로 하고, 경제적 실질원칙은 거래행위가 경제적 실질이 없다는 이유로 납세자가 그 거래행위를 통하여 달성하고자 했던 조세혜택을 부정하는 근거로 사용된다는 점에서 구분이 가능하다고 본다.[313] 이렇게 양자를 구분하는 견해들의 대부분은 하나의 거래행위에 두 개 원칙이 모두 적용될 수 있는 경우에 1차적으로는 경제적 실질원칙을 적용해야 하는 것으로 보고 있다. 경제적 실질이 없는 거래행위에 대해서 법원은 실질우위원칙을 분석하지 않는다. 그래서 납세자가 입법자가 의도하지 않은 조세혜택을 누리기 위하여 실질이 결여된 행위를 한 경우에 그 조세혜택을 부정하기 위한 논거로 법원은 대부분 경제적 실질원칙을 적용한다. 두 원칙의 개념적 폭과 관련해서는 대체적으로 실질우위원칙을 더 넓은

312 King Enterprises Inc. v. U.S., 189 Ct. Cl. 466, 418 F.2d at 516, n. 6.

313 Warner, 'Statutory, Regulatory, and Common Law Anti-Abuse Weapons', 485 PLI/Tax 883, 889 (2000).

개념으로 이해하고 있다.[314] 이 원칙으로부터 경제적 실질원칙이 파생되고, 또 나머지 실질과세원칙들도 이 원칙으로부터 파생되어 나온 것으로 이해한다. 그러나 일부 법원에서는 경제적 실질원칙을 실질우위원칙보다 더 넓은 개념으로 보는 경우도 있다.[315]

둘째, 다섯 개의 원칙을 개별적으로 검토해 보았을 때 법원이 경제적 실질과 다른 거래형식을 부정하는 도구로 가장 빈번하게 사용하는 원칙은 경제적 실질원칙이다.

셋째, 경제적 실질원칙과 사업목적원칙과의 관계에 대해 현재 법원은 대체적으로 전자가 후자를 포괄하는 것으로 본다. 즉, 경제적 실질원칙의 주관적 측면을 설명하는 도구가 사업목적원칙이라고 이해하고 있다.

넷째, 법원은 빈번하게 경제적 실질원칙과 'sham transaction doctrine'을 매우 유사한 것으로 판시하고 있다.[316] 물론 이때 sham transaction이라고 하는 것은 우리 법제상 '가장행위'에 해당하는 'sham in fact'를 의미하는 것이 아니라, 'sham in substance'를 의미한다. 미국에서도 'sham in fact'와 경제적 실질원칙이 다르다는 것은 폭넓게 인정되고 있다.

다섯째, 단계거래원칙(step transaction doctrine)과 사업목적원칙(business purpose doctrine), 경제적 실질원칙(economic substance doctrine)의 관계이다. 다단계 거래행위에 있어서 각 단계의 거래행위가 각각 사업목적(business purpose)이 있고, 경제적 실질(economic substance)도 인정된다면 단계거래원

314 Donald L. Korb, The Economic Substance Doctrine in the Current Tax Shelter Environment, Remarks at the 2005 University of Southern California Tax Institute, Los Angeles, California on January 25, 2005: "'Economic substance' is the substance – over – form inquiry mot particularly adapted to transactions devoid of substance".

315 Coltec Indus. v. U.S., 62 Fed. Cl. at 752 ('The 'economic substance' doctrine, a composite of the "business purpose" doctrine, the "substance over form" doctrine, and the "sham transaction" doctrine, is said to have evolved from the following dicta in Gregory…').

316 Karr v. Comr., 924 F.2d at 1022–23; Jacobson v. Comr., 915 F.2d at 837; United Parcel Services of America, Inc. v. Comr., 254 F.3d at 1018–20; Rogers v. U.S., 281 F.3d 1108, 1114, n. 2(10th. Cir. 2002).

칙은 적용될 수 없는 것인가가 논란이 되고 있다. 몇몇 사례에서 미국 법원은 다단계거래행위를 구성하는 각각의 거래행위에 대해 사업목적과 경제적 실질이 인정된다고 하여 단계거래원칙의 적용이 배제되는 것은 아니라는 입장을 취하고 있다.[317] 그 이유로는 이처럼 각각의 거래행위 자체가 사업목적이나 경제적 실질을 가지고 있다고 하더라도 그러한 거래행위로 구성되는 다단계거래행위를 그대로 인정하게 되면 전체적으로 보았을 때 실질보다 형식이 우위에 서는 결과가 되어 보다 더 넓은 개념의 원칙인 실질우위원칙이 유지될 수 없다는 점을 들고 있다. 반면, 다른 법원은 이와 달리 각각의 거래행위들이 모두 사업목적이 있고, 경제적 실질이 인정된다면 그러한 거래행위로 구성되는 다단계거래행위에 대해서는 단계거래원칙을 적용할 수 없다는 입장을 취하고 있다.[318]

Ⅷ. 2010년 일반규정 입법 이후의 상황

미국의 경우에는 일찍부터 실질과세원칙이 판례에 의해 발전되어 왔으므로 굳이 이 원칙을 입법할 필요는 없었다. 하지만 이 원칙과 관련한 판례가 통일적이지 못하고 대부분의 다른 세법규정은 명확하게 조문화되어 있는 반면 이 원칙은 세법에서의 중요성에도 불구하고 조문화가 되어 있지 않은 문제점이 있었다. 그래서 이 원칙을 입법화하려는 시도가 있었고 마침내 2010년에 내국세입법(IRC) 제7701조(o)가 추가되었다.

이 조문의 제정에 따라 신설 법조문과 기존 판례에 의해 발전되어 온 실질과세원칙과의 관련성이 문제되었다. 즉, 조문이 신설됨에 따라 기

---

317 Andantech LLC v. Comr., T.C. Memo 2002-97, at 97-98 ("The existence of business purposes and economic effects relating to the individual steps in a complex series of transactions does not preclude application of the step transaction doctrine").

318 Vest v. Comr., 57 T.C. 128 (1971); MAS One Limited Partnership v. U.S., 271 F. Supp.2d 1071 (S.D. Ohio2003, aff'd390 F.3d 427 (6th Cir. 2004).

존에 판례에 의해 발전되어 온 실질과세원칙과 관련한 법원칙들은 더 이상 적용될 수 없는 것인가 하는 의문이 있을 수 있다. 이에 대해 국세청은 신설 조문은 새로운 사실을 입법한 것이 아니라 당연한 것을 법조문에 명확하게 해 둔 의미밖에 없으며, 이 조문의 신설에 따라 기존에 판례에 의해 발전되어 온 다양한 법원칙들이 제한되는 것은 아니라는 입장이다.[319] 신설된 조문은 경제적 실질원칙에 관한 조문이므로 이 원칙의 운용과 관련해서는 그 입법취지처럼 어느 정도 입법 전후에 변화가 있을 수 있지만 나머지 원칙들은 여전히 사법부에 의해 그 내용이 결정되는 법원칙으로 남아 있다는 것을 지적한 것으로 판단된다. 신설된 미국연방세입법 제7701(o)조 제5항 (C)는 경제적 실질원칙과 관련하여서도 해당 입법이 있기 이전과 동일한 방식으로 판단해야 한다고 규정하고 있다. 즉, 적어도 경제적 실질원칙의 판단과 관련하여 경제적 실질과 비조세적 사업목적의 요구에 대해 종래 법원이 취하고 있었던 다양한 접근법 가운데 신설조문은 결합심사방식을 채택하였기 때문에 그 방식으로 판단해야 하는 것은 당연하지만 그 외의 경제적 실질원칙의 판단은 조문의 신설에도 불구하고 변화가 없다는 것을 천명한 것이다.

319 미국 국세청 지침(Notice) 2010-62.

제7절 | 주요 적용영역별 실질과세원칙의 기능 정도

I. 조세회피행위

이미 설명한 바와 같이 미국에서는 실질과세원칙이 입법자의 입법작용을 통해서가 아니라 사법부, 즉 법원의 판결을 통해 발전하여 왔다. 법원은 납세자들이 민·상법상의 법률행위형식을 남용(abuse)하여 입법자가 용납할 수 없는 조세절감을 시도하는 경우 그러한 행위를 판결을 통해 차단하기 위하여 이 법원칙들을 만들었다. 그래서 실질과세원칙이 가장 중요한 역할을 하는 것이 조세회피행위 방지라고 할 수 있다. 국내에도 이미 잘 알려진 바와 같이 미국은 종래 조세회피행위를 방지함에 있어서 독일이나 캐나다, 뉴질랜드, 이스라엘 등과 다르게 입법적인 방법을 취하지 않고 기본적으로 사법적(司法的)인 방법을 이용하였다.[320]

II. 위법무효행위에 대한 과세

과거 미국은 도덕론이나 권리이론 등에 기초하여 위법무효행위에 대해 과세를 하지 않아야 한다는 주장이 지배한 적이 있다.[321] 그래서 1913년 미국 연방소득세법은 '적법한 거래(lawful business)'로부터 발생한 소득에 대해서만 과세한다고 규정하였다. 그 결과 당시에는 위법소득에

320 안경봉, 「조세회피에 관한 연구: 전형적 거래를 중심으로」, 서울대 박사학위논문, 1993. 2., 31면 이하.

321 이태로·안경봉, 『조세법강의』(신정 4판), 박영사, 2002, 135-138면.

대한 과세가 이론적으로 문제되지 않았다. 그런데 1916년 연방소득세법을 개정하여 '적법한 거래(lawful business)'라는 표현에서 '적법한(lawful)'이라는 형용사를 삭제하였다. 이때부터 위법한 소득에 대한 과세가 이론적으로 문제되었다.

그 후, 1954년 내국세입법(IRC) 제61조에서 "특별한 규정이 있는 경우를 제외하고 총소득이란 발생 소득에 관계없이 다음에 제기하는 각 항목을 포함하는 모든 원천에서의 소득이다."라고 규정하여 위법소득도 과세대상임을 확실히 하였다.[322]

내국세입법 제61조(a)는 소득의 다양한 예를 들고 있는데 이는 예시에 불과하며, 세법에 명백히 제시된 과세되지 않는 소득, 즉 비과세소득을 제외한 그 어떠한 소득이든지 소득세가 부과되어야 한다고 규정하고 있다. 그래서 불법소득도 비과세소득으로 열거되지 않고 있으므로 과세가 가능하다는 입장이다.[323]

위법지출의 손금산입과 관련해서는 이를 일반적으로 손금으로 부인한다는 명시적인 규정이 없다. 따라서 손금에 관한 내국세입법 제162조에서 명시적으로 손금불산입하는 것으로 규정한 경우(예: 뇌물)가 아닌 한 손금의 요건을 갖추기만 하면 위법지출도 손금산입을 허용한다.[324]

Ⅲ. 유추적 법적용의 허용 여부

독일과 같은 대륙법계 국가는 성문법을 법의 중심으로 이해하기 때문에 법의 적용은 성문법의 범위 내로 제한된다. 그 결과 법의 해석은 성문법의 적용범위를 확정하는 의미를 가진다. 따라서 대륙법계 국가에서

322 김남욱, 「위법소득에 대한 과세처분」, 『토지공법연구』 제14집, 한국토지공법학회, 2001, 326면.
323 Reg. Sec. 161-15; 장근호, 『주요국의 조세제도: 미국편』, 한국조세연구원, 2004. 6., 167면.
324 황호식, 「위법소득 과세와 위법비용 손비 인정에 관한 연구」, 강남대학교 박사학위 청구논문, 2015, 78면 이하.

는 법 해석의 허용범위가 매우 중요하다. 유추적 법적용은 그러한 해석의 범주를 벗어나서 법의 적용범위를 확대하기 위한 도구로 활용된다.

하지만 미국과 같은 불문법 국가들은 법 해석이 가지는 의미가 다르다. 물론 미국도 1930년대 이후에는 소위 '성문법의 시대(Age of statutes)'를 맞이하게 된다.[325] 특히 세법영역은 더욱 그러하다. 그러나 그러한 성문법이 가지는 의미는 독일 등 불문법 국가와는 다른 측면이 있다. 미국의 경우에는 성문법이 기본적으로 성문법의 문언에 따라 정당하게 적용될 특별 원칙을 포함하는 것일 뿐 법의 적용범위를 엄격하게 문언에 구속하는 것은 아니라고 이해한다.[326] 그래서 일반적인 해석에 의한 법의 범주 밖의 사안에 대해서도 불문법에 근거하여 재판을 할 수 있다고 보고 있다.[327] 그 결과 법 해석방법에 대한 이해에 있어서 독일 등에서 취하는 그것과 다른 측면이 있다. 그렇기 때문에 일반적인 법 해석의 범주를 결정하고 그 범위 밖이지만 예외적으로 법의 적용범위에 포섭시키기 위해 법을 해석하는 수단인 유추적 법적용이라는 논리도 미국에서는 독일 등과는 다른 의미를 가지는 측면이 분명히 존재한다.

하지만 미국의 경우에도 성문법을 해석함에 있어서는 기본적으로 문언에 기초한 해석을 하고, 법조문이 입법된 역사적 배경과 취지 내지는 입법자의 입법의도를 찾아내어 그에 기초하여 법 해석을 하는 등 내용적인 측면에서 보자면 법 해석방법이 성문법 국가와 크게 차이가 나지 않는다고 할 수 있다. 그리고 2000년 이후에는 미국에서도 독일 등과 유사한 취지로 유추해석의 허용 여부, 즉 성문법의 일반적 해석에 의해 포섭할 수 없는 사안을 유추적 법적용이라는 논리를 통해 법의 적용범위

325 Guido Calibresi, A Common Law for the Age of Statutes (Yale 1985).

326 Wiliam Burnharm, Introduction to the Law and Legal System of the United States(West Publishing Co. St. Paul, 1995), at 50.

327 윤순남, 「미국법에서의 제정법 해석」, 『안암법학』 제16호, 2003, 160면.

를 확대하는 것이 허용될 수 있는지 여부가 논란이 되고 있다. 미국의 전통적인 입장은 이를 부정하는 것이지만 일부 사안의 경우에는 이를 적극적으로 허용하는 경우도 있다고 한다.[328]

미국의 경우에도 세법은 그 역사적 배경 자체가 시민들의 자유를 보장하기 위한 것에서 출발하였기 때문에 유추적 법적용 자체는 다른 법 영역보다도 더 허용하기가 쉽지 않을 것이다. 하지만 미국의 경우 일반적인 법 해석의 허용범주 자체가 한국이나 일본보다 더 확대되어 있으므로 유추적 법적용의 허용 여부를 한국과 단면적으로 비교하기 쉽지 않은 측면이 있다. 만일 세법에서 이러한 유추적 법적용을 허용한다면 이때 그 논리는 과세 가능 여부가 논란이 되는 사안이 성문법에서 과세대상으로 규율하고 있는 사안과 경제적 실질이 동일하다는 것이 될 것이다. 따라서 유추적 법적용과 실질과세원칙은 밀접한 연관이 있다고 할 것이다.

Ⅳ. 차용 개념의 해석

미국 세법의 경우에도 과세요건으로 차용 개념을 많이 사용하고 있다. 대표적인 경우로서 미국 내국세입법 제2501조에 규정된 증여 개념을 들 수 있다.[329] 이 조문에서는 "어느 해 동안 거주자뿐만 아니라 비거주자의 경우에도 개인이 증여로 재산을 이전하는 것에 대해서는 매년 제2502조에 따라 계산한 세금을 부과해야 한다."라고 규정하고 있다. 그런데 이때 증여 개념의 해석과 관련하여 이것이 사법상 증여계약에 한정하는지 여부가 과거 문제된 바 있다. 1930년대 사건 가운데에

328 윤순남, 「미국법에서의 제정법 해석」, 『안암법학』 제16호, 2003, 173-178면.

329 아래 사례는 문광신, 「세법상 증여개념 규정의 타당성 연구」, 서울시립대 세무학석사논문, 2007, 46면 이하를 참조하여 작성하였다.

는 남녀가 결혼을 하면서 결혼을 전제로 주식을 무상으로 이전받은 사례가 있었는데, 이 경우 주식의 무상이전을 증여로 보아 증여세를 과세할 수 있는지 여부가 문제되었다. 당시 미국 재무부규칙[330]은 "자산의 이전에 증여세를 적용함에 있어서 이전하는 사람의 증여의사는 필수적 요소는 아니다."라고 규정되어 있었다. 이 규정에 따르면 이 사안의 경우 증여세 과세가 가능할 수 있다. 물론 미국 재무부규칙의 법적 구속력이 문제될 수 있다. 이것이 단순한 해석기준을 제시할 뿐이라면 법원을 구속하지 않기 때문이다. 이 사건에서 하급심판결은 위 주식의 이전은 사법상 혼인계약과 대가관계가 있기 때문에 증여의사로 이전한 것이 아니고, 따라서 증여세 과세대상이 아니라고 판시하였다.[331] 하지만 이 사건에서 미국 연방대법원은 하급심판결과 달리 세법상 증여는 반드시 사법상 증여에 한정하는 것이 아니라고 해석되고 따라서 증여세를 적용함에 있어서 이전하는 사람의 증여의사는 필수적 요소가 아니라고 규정하고 있던 당시 미국 재무부규칙에 따른 해석이 타당하므로 증여세를 과세하는 것이 타당하다고 판시하였다. 이러한 미국 재무부규칙의 증여 개념에 대한 해석지침은 현재도 그대로 유지되고 있다.[332]

330 1936년판 미국 재무부규칙 79 제8조(현행 미국 재무부규칙 25. 2512-8에 해당함).

331 Commissioner V. Wemyss, 324 U.S. 303 (1945) 가운데 306면.

332 미국 재무부규칙 25. 2511-1(g)(1).

제 5 장

독일의 실질과세원칙에 대한 이해

제1절 | 독일 세법상 실질과세원칙의 개념

실질과세원칙에 해당하는 용어를 독일에서는 'Wirtschaftliche Betrachtungsweise'라고 한다. 이 용어를 국내에서는 단어 그대로 번역하여 '경제적 관찰방법'이라 소개하고 있다.[333]

독일 세법 조문에 이 용어가 처음 등장한 것은 1919년이다. 이때는 독일이 제1차 세계대전에 패배한 후 1918년 11월 독일혁명(die deutsche Revolution)을 거쳐 종래의 황제가 지배하는 독일제국(Deutsches Reich, 1871-1918)에서 공화정의 바이마르공화국(Die Republik von Weimar, 1919-1933)으로 정치체제가 전환되고 있던 시점이었다. 종전의 독일제국은 제국의 주축이었던 프로이센을 포함하여 22개 영방(領邦)과 3개 자유시로 구성된 연방국가였는데, 연방은 권한이 협소하였고 대부분의 국가권력은 연방을 구성하는 22개 영방들이 행사하고 있었다. 세법의 입법과 세금의 부과·징수도 대부분 연방이 아니라 영방들이 하고 있었다. 그러한 독일제국이 제1차 세계대전에서 패배하였고 패배 후 전후 복구, 승전국에 대한 보상책임 이행 등을 위해 연방이 막대한 재원이 필요하게 되어 새롭게 출범한 바이마르공화국은 주요 세목 대부분을 연방세로 하고 새로이 세금부과징수를 위한 세법체계를 정비하게 되었다. 세법체계를 정비하기 위하여 다수의 연방세법을 제정하게 되는데, 소득세법 등 개별세법

333 이동식, 「독일 세법상 경제적 관찰방법」, 『현대 세무학의 논점』(반곡 송쌍종 교수 정년기념논문집 간행위원회 편), (주)영화조세통람, 2008, 371면 이하.

이외에 개별세법 전체를 아우를 수 있는 일반규정들을 하나의 법전에 모아서 일반세법을 제정하게 되었다. 그 일반세법이 우리나라의 국세기본법에 해당하는 제국조세통칙법(Reichsabgabenordnung, RAO)이다.[334]

이 용어가 독일 세법에서 처음 등장한 것은 1919년 독일 제국조세통칙법 제4조가 제정되면서부터이다. 제국조세통칙법 초안을 만드는 작업은 황제의 칙명을 받은 당시 제국법원 판사였던 Enno Becker가 담당하였다. 그는 1918년 11월 독일혁명이 진행되는 중에 이 작업을 시작하여 1919년 4월에 법률안 초안을 완성하였고 1919년 7월 독일제국 국무회의에서 이 법안을 심의하였으며 1919년 11월 의회에서 최종 심의를 완료하였다. 이 법은 1919년 12월 13일 발효되었다.

1919년 독일 제국조세통칙법 제4조에는 "세법의 해석에 있어서는 … 세법의 경제적 의미(wirtschaftliche Bedeutung)가 반영되어야 한다."라는 문구가 있었다. 이 법률제정작업을 주도했던 Enno Becker의 제국조세통칙법 주석서에도 '경제적 관찰방법(Wirtschaftliche Betrachtungsweise)'이라는 표현이 등장하는 것을 볼 때[335] 결국 독일 세법에서 '경제적 관찰방법'이라는 단어를 최초로 만든 이는 Enno Becker라고 해도 될 것 같다.

'경제적 관찰방법'이라는 용어가 독일 세법에 처음 등장한 1919년만 하더라도 학계에서 이 규정의 내용이 무엇을 의미하는지, 과연 이러한 규정이 법적으로 허용될 수 있는지를 두고 논란이 많았다. 왜냐하면 아래에서 소개하는 바와 같이 그 이전까지만 해도 독일에서는 세법은 민·상법의 법적 판단에 구속되는 것으로 이해했는데 경제적 관찰방법은 이

334 독일제국(Deutshces Reich)은 1871년부터 1945년까지 존속하였으므로 1919년 제정된 법률명에도 제국을 의미하는 'Reich'라는 단어가 추가된 것이다.

335 Enno Becker, Die Reichsabgabenordnung 7. Aufl., 1930, Karl Hermanns Verlag, Berlin, § 4, S. 39. 이 책에서는 '경제적 관찰방법(Wirtschaftliche Betrachtungsweise)'과 '경제적 관점(Wirtschatliche Gesichtspunkte)'이 동의어로 사용되고 있다.

를 부정하는 근거가 될 수 있었기 때문이다. 실제로 이 규정의 불명확성을 이용하여 나치시대에는 무리한 과세가 많이 행해지기도 하였다.

현재는 독일 세법전에서 경제적 관찰방법이라는 용어를 직접적으로 사용하고 있지는 않다. 1919년 독일 제국조세통칙법 제4조는 1931년 전면개정된 제국조세통칙법 제9조로 승계되고 다시 1934년 조세조정법(Steueranpassungsgesetz) 제1조로 승계되었다가[336] 1977년에 현재의 조세통칙법(Abgabenordnung)이 제정되면서 삭제되었다. 1977년에 현재의 조세통칙법을 제정하면서 경제적 관찰방법의 법적 근거가 되는 1934년 구 조세조정법 제1조가 삭제된 이유는 경제적 관찰방법이라는 것이 세법에서 너무나 당연한 법 해석방법을 정한 것이라는 공감대가 강하게 형성되었기 때문이다.[337] 그래서 현재는 '경제적 관찰방법'이라는 것이 실정법상 용어는 아니고 단지 학문적 용어로 사용되고 있을 뿐이다.[338] 하지만 과거 Enno Becker가 경제적 관찰방법으로 설명할 수 있을 것이라고 주장하였던 사항을 규율하고 있는 네 개의 조문이 조세통칙법에 그대로 존재하고 있다.[339] 학자들은 '경제적 관찰방법(Wirtschaftliche Betrachtungsweise)'이라는 제목 아래 바로 이 네 개의 조문을 설명하고 있다.[340]

즉, 독일의 경우 경제적 관찰방법이라는 것은 처음부터 1919년 독일 제국조세통칙법(RAO) 제4조라는 실정법적 근거를 기초로 형성된 법원칙으로, 이 원칙은 결국 해당 조문의 해석론이었다. 그리고 그 조문이 삭

336 1934년의 조세조정법은 1919년의 제국조세통칙법을 대체하는 법률로 제정되었다.

337 이동식, 「독일세법상 경제적 관찰방법」, 『현대 세무학의 논점』(반곡 송쌍종 교수 정년기념논문집 간행위원회 편), (주)영화조세통람, 2008, 377면.

338 독일과 달리 이웃 오스트리아 연방 조세통칙법(Bundesabgabenordnung) 제21조 제1항에서는 'Wirtschaftliche Betrachtungsweise'라는 것이 실정법상의 용어로 등장하고 있다: "Für die Beurteilung abgabenrechtlicher Fragen ist in wirtschaftlicher Betrachtungsweise der wahre wirtschaftliche Gehalt und nicht die äußere Erscheinungsform des Sachverhalts maßgebend."

339 독일 조세통칙법 제39조부터 제42조까지가 이러한 조문에 해당한다.

340 Englisch, in Tipke/Lang, Steuerrecht 23. Aufl., Verlag Dr. Otto Schmidt, Köln, 2018, § 5 Rn. 95 ff.; Kruse, Lehrbuch des Steuerrechts Bd. I, Verlag C.H.Beck, München, 1991, § 6 IV.

제된 현재에는 경제적 관찰방법에 입각한 조세통칙법(AO)상 네 개 조문의 해석론이 세법상 문제될 뿐이고 그 조문의 범주를 벗어나서 이론적으로 경제적 관찰방법이라는 법원칙의 활동영역이 존재하는 것은 아니다. 단지, 이 원칙은 관련 조세통칙법(AO)상 네 개 조문이 공통적으로 추구하는 세법적 가치 정도로 이해된다고 할 수 있다.

현재 학자들은 경제적 관찰방법이라는 용어를 조세법 적용의 여러 단계에서 그 적용이 문제되는 매우 다양한 의미가 내포된 개념으로 이해한다.[341] 왜냐하면 이 원칙에 기초하여 여러 법률조문이 입법되어 있으므로 이 원칙은 그 조문들을 모두 포섭할 수 있는 내용이 되어야 하기 때문이다. 학자들은 이 원칙을 세금은 납세자의 경제적 담세력에 따라 부과되어야 한다는 세법상 당연한 명제를 반영한 세법상 원칙으로 이해한다.[342] 그러한 측면에서 경제적 관찰방법은 응능과세원칙과도 밀접한 연관이 있다고 할 수 있다.[343]

341 경제적 관찰방법이 조세법규 해석방법과 밀접한 관련이 있지만 법 해석방법에만 국한되는 것은 아니라는 의미이다. 본문 아래에서 소개하는 바와 같이 경제적 관찰방법은 1919년 독일 제국조세통칙법 제4조에 의해 처음으로 입법되었다. 그 당시 제4조 문구는 경제적 관찰방법이 법 해석영역에서만 고려되어야 하는 것처럼 규정되어 있었다. 하지만 이 규정을 제정한 Enno Becker는 자신의 저서에서 경제적 관찰방법이 단순히 법 해석영역에서만 문제되는 것은 아니고 그보다 훨씬 다양한 영역에서 고려되어져야 한다는 의미가 해당 규정 자체에 암묵적으로(stillschweigend) 내재되어 있다고 지적하고 있다. Enno Becker, Die Reichsabgabenordnung 7. Aufl., 1930, Karl Hermanns Verlag, Berlin, § 4, S. 39.

342 K. Tipke, Die Steuerrechtsordnung III, Verlag Dr. Otto Schmidt, 1993, 1309.

343 이동식, 「응능과세원칙」, 『공법연구』 제32집 제5호, 2004. 6., 616면 이하.

제2절 | 독일 세법상 실질과세원칙의 세법 독자적 원칙성 인정 여부

I. 1919년 독일 제국조세통칙법 제4조의 제정취지

독일에서 실질과세원칙에 상응하는 개념이 경제적 관찰방법이며, 이 원칙은 1919년 독일 제국조세통칙법 제4조에서 처음으로 입법되었다고 하였다.

이 조문이 입법되기 전 독일에서 법원은 세법조문[344]을 해석함에 있어서는 민법과 같은 사법에 있어서의 법률용어의 이해에 구속되고, 과세요건사실을 판단함에 있어서도 그 거래가 사법적으로 어떤 식으로 법률관계가 형성되는지에 구속되어야 하는 것으로 이해하였다고 한다.[345] 그래서 세법상 차용 개념들은 그 법이 연원한 민·상법상의 개념대로 해석해야 한다는 것이 지배적 입장이었다.[346] 이것을 독일 문헌에서는 '형식적 법적 관찰방법(formalrechtliche Betrachtungsweise)'이라고 표현한다.

그런데 경제적 관찰방법을 1919년 독일 제국조세통칙법에 처음으로 입안한 Enno Becker는 이렇게 세법을 해석하고 적용하게 되면 조세가 공평하게 배분될 수 없다고 보았다. 그는 납세자에게 경제적 부담이 되는 세금은 이처럼 민·상법적인 거래구성에 기속되어 부과징수될 것이

344 그 당시에는 연방세법조문이 거의 없었고 주에 해당하는 영방들의 세법조문이다.

345 K. Tipke, Die Steuerrechtsordnung III, Verlag Dr. Otto Schmidt, 1993, 1285; W. Merk, Reichsgericht und Steuerrecht, in: Festgabe der juristischen Fakultät zum 50 jährigen Bestehen des Reichsgerichts, Bd. IV, 1929, S. 73 ff., 84 ff., 95 ff.

346 M. Groh, Die wirtschaftliche Betrachtungsweise im rechtlichen Sinne, StuW 1989, 227; K. Tipke, Die Steuerrechtsordnung III, Verlag Dr. Otto Schmidt, 1993, 1283 ff.

아니라 경제적 관점에서 그 거래행위가 어떤 담세력을 나타내는지를 보고 그에 기초하여 과세해야 한다고 이해하였다. 그러기 위하여 그가 도입하고자 한 '경제적 관찰방법'은 '형식적 법적 관찰방법'의 대항 개념으로 등장한 것으로 볼 수 있다.[347] Enno Becker의 생각에 따를 때 형식적 법적 관찰방법이라는 것은 세법조문에 등장하는 민·상법상의 차용개념을 그것이 연원한 민·상법에서의 의미대로 해석하는 것이므로 이것은 일종의 '문언해석'이고, 그러한 차용 개념을 세법에서 독자적으로 해당 단어의 경제적 의미를 고려하여 해석한다면 이는 경제적 관찰방법이 된다는 것이다. 우리가 'Wirtschaftliche Betrachtungsweise'의 독일어 단어에 집착하여 수식어 'wirtschaftlich'를 '경제적'으로 번역하지만 Enno Becker의 생각에 충실하면 그 단어는 '실제적(tatsächlich)'으로 번역하는 것이 타당하다.[348] 그렇다면 경제적 관찰방법은 실제의 사실관계를 파악하고, 그 사실관계에 적용될 세법문구를 그 문구들이 세법에서 기능하는 취지와 목적을 고려하여 해석·적용하자는 것이므로 결코 세법에만 존재하는 특이한 법 해석방법이 아니라고 이해할 수 있다.

이러한 세법의 해석·적용방법에 대한 이해는 그 당시 법률가로서는 대단히 파격적인 것이었다. 그래서 본인이 판사이기도 하고 판사 시절에 주로 민·상법과 형사법 사건을 담당하였던 법률가로서 Enno Becker는 이와 같은 경제적 관찰방법을 신설하는 세법안을 입안하고 나서는 만일 자신이 변호사시험에 합격하여 시보로 활동하던 시절에 이러한 경제적 관찰방법을 누군가가 주장하였다면 매우 의아하게 생각하였을 것이라는 소회를 밝힌 바 있다. 하지만 그의 입장에 따를 때 세금은 이처럼 민·상법적인 법률 개념 해석이나 민·상법적인 거래에 구속되지 않고

347 K. Tipke, Die Steuerrechtsordnung III, Verlag Dr. Otto Schmidt, 1993, 1284.

348 Vgl. Enno Becker, Die Reichsabgabenordnung 7. Aufl., 1930, Karl Hermanns Verlag, Berlin, § 4, S. 51.

대상이 되는 거래행위가 담고 있는 경제적 담세력에 따라 과세되어야만 정의롭고 공평한 과세가 되므로 불가피한 것이다.

하지만 이러한 Enno Becker의 생각은 입법과정에서 많은 비판을 받았다. 이러한 법 해석방법이 법적 불확실성을 높이고, 극단적으로는 당시 논란이 되었던 자유법학론(Freirechtsschule)을 성문화하는 것이 아닌가 하는 것이 비판의 핵심이었다.[349]

Ⅱ. 입법 당시의 시대적 상황

Enno Becker의 입장을 이해하려면 그 당시의 시대적 상황을 알 필요가 있다. 그가 1919년 독일 제국조세통칙법 제4조를 제정할 때는 시대적으로 새로운 법학방법론의 적용을 두고 많은 논란이 있었던 시점이었다. 중세부터 19세기 후반까지의 전통적인 법학방법론은 소위 개념법학(Begriffsjurisprudenz)이었다. 법조문의 완벽한 성문화를 전제해야 규범의 타당성을 인정받을 수 있는 개념법학의 문제점이 19세기 후반 20세기 초반에 걸쳐 계몽주의사상과 자연법사상의 영향으로 많은 비판을 받고 있었다. 그 과정 중에 대안으로 등장한 것이 이익법학(Interessenjurisprudenz)과 자유법학(Freirechtsschule)이다. 19세기에 Rudolf von Jhering이 주창한 이후, 1910−1920년대 Philipp Heck이 주도하였던 이익법학은 조문만을 중시하였던 19세기의 '개념법학'에 반대하여 법이 어떤 이익을 보호하려고 하는지를 생각하고, 법 해석에 있어서도 이익형량(利益衡量, Interessenwägung)을 중시하여야 한다는 입장을 가지고 있었다. 이러한 이익법학과 자유법학은 법조문에의 엄격한 구속으로부터 법 해석을 해방시키려 한 점에서 공통점이 있었다. 하지만 Eugen

349 Vgl. Enno Becker, Die Reichsabgabenordnung 7. Aufl., 1930, Karl Hermanns Verlag, Berlin, § 4, S. 54.

Ehrlich 등이 주창한 자유법학은 그 정도에 있어서 이익법학보다 훨씬 강도가 강하여, 개개의 사안(事案)에 있어서 판결의 구체적 타당성을 보장하기 위하여, 법관에게 대폭적인 자유재량과 법창조의 권한을 인정해야 한다고 주장하였다.

Enno Becker의 입장도 기본적으로 법조문상의 문구에 엄격하게 구속되는 것은 구체적 타당성이 있는 법적용을 보장하지 못한다는 판단을 전제하고 있으므로 그 당시에 생겨나고 있던 새로운 법학방법론과 맥을 같이한다고 할 수 있을 것이다.

Ⅲ. 나치시대와 제2차 세계대전 이후의 상황

이 규정이 이와 같은 의도로 1919년 처음 입법되었을 때에 전문가들 사이에서는 이 규정의 정당성과 관련하여 상당히 논란이 많았다고 한다. 그래서 법원도 초창기에는 이 규정을 실제 사례에 적용하는 데에 상당히 소극적이었다. 그 배경에는 경제적 관찰방법에 따른 세법의 해석·적용이 구체적 사례에서 무엇을 의미하는지가 명확하지 않다는 인식이 자리 잡고 있었다. 반대론자의 입장에서는 이러한 세법의 해석·적용은 과세당국이 원하는 모든 과세를 용인해 주는 결과를 초래할 수 있으며, 이는 납세자의 법률생활의 예측가능성과 법적 안정성을 보장하려는 조세법률주의 정신을 완전히 무력화할 수 있다고 보았다. 이 원칙에 대한 Enno Becker 자신의 입장도 그렇고[350] 나머지 지지자들의 견해도 거의 세법을 '자유법학' 수준으로 만드는 형국이었다.[351] 실제로 행정 전반에

350 Enno Becker는 경제적 관찰방법을 매개로 하여 과세요건을 규정하고 있는 세법상의 단어를 단순히 과세대상이 되는 경제거래를 포착하기 위한 '보조수단(Hilfsmittel)' 정도로 보았다. 즉, 세법상의 모든 개념을 '유형화(Typisierung)' 개념 정도로 이해하여 반드시 그 개념의 구성요건을 갖추어야만 과세할 수 있는 것이 아니라 그 개념과 핵심부분을 같이하기만 하면 어떤 형태로 거래가 이루어지든 모두 동일하게 과세할 수 있다고 이해하고 있었다. Enno Becker, Die Reichsabgabenordnung 7. Aufl., 1930, Karl Hermanns Verlag, Berlin, § 4; Enno Becker, StuW 1932, 481.

351 Lang, in Tipke/Lang Steuerrecht 19. Aufl., Verlag Dr. Otto Schmidt, Köln, 2008, § 5 Rn. 78.

있어서 행정권력이 남용되었던 나치시대에는 이 규정이 유대인에 대한 무리한 과세를 정당화하는 도구로 사용되기도 하였다.

이러한 경험이 기초가 되어 제2차 세계대전이 끝나 나치체제가 무너진 이후 그에 대한 반성으로 이와 관련한 규정의 적극적 적용에 전반적으로 매우 소극적이었고, 학자들도 이러한 규정의 이해와 관련하여 상당히 소극적인 자세를 취하였다. 즉, 세법상 차용 개념은 엄격하게 그 개념이 연원한 민·상법상의 의미대로 해석해야 한다는 입장이었다. Crezelius 교수가 대표적으로 이 견해를 피력하였다.[352] 그의 입장에 따르면 세법은 일종의 사법의 부속법이라고 할 수 있다.

하지만 이러한 상황은 1980년대 중반 이후 사정이 많이 변하였다. 현재는 독일의 조세통칙법 규정 가운데 법원의 판결에서 가장 빈번하게 인용되는 조문이 경제적 관찰방법 관련 규정이라고 할 정도로[353] 실무적으로도 빈번하게 사용되는 조문이 되었다. 그사이 세법의 해석과 적용이 사법과 별개로 이루어져야 함을 강조하는 경제적 관찰방법과 관련한 조문의 이론적 기초에 대한 연구성과물들이 충분히 축적되었고, 또 이것이 바탕이 되어 실제 사례에 있어서 이러한 규정들에 기초하여 과세할 수 있는 경우와 그렇지 않은 경우에 대한 실무가들의 이해도가 상당히 높아졌다.

현재의 지배적 견해는 경제적 관찰방법을 세법의 해석과정에서는 세법의 목적적 해석(die teleologische Auslegung)의 일종으로 이해한다.[354] 그래

---

352 Crezelius, Steuerrechtliche Rechtsanwendung und allgemeine Rechtsordnung, Herne/Berlin 1983.

353 그중에서도 조세회피방지를 위한 일반규정인 조세통칙법 제42조가 가장 빈번하게 사례에 등장한다.

354 Dongsik Lee, Methoden zur Verhinderung der Steuerumgehung und ihr Verhältnis zueinander, GCA Verlag, 1999, 116 ff.; M. Lehner, Wirtschaftliche Betrachtungsweise und Besteuerung nach der wirtschaftlichen Leistungsfähigkeit, Zur Möglichkeit einer teleologischen Auslegung der Fiskalzwecknorm, in: FS für K. Tipke, Köln, 1995, 237; Lang, in Tipke/Lang Steuerrecht 19. Aufl., Verlag Dr. Otto Schmidt, Köln, 2008, § 5 Rn. 77.

서 일부에서는 '경제적 관찰방법(Wirtschaftliche Betrachtungsweise)'이라는 표현 가운데 '관찰방법(Betrachtungsweise)'이 해석방법을 표현하는 용어로는 어색한 점을 고려하여 '경제적 해석방법(Wirtschaftliche Interpretation)'이라는 표현을 사용하기도 한다.[355] 이러한 경제적 해석방법(관찰방법)이 세법에서 필요한 이유는 세법이라는 것이 납세자의 경제적 부담능력(wirtschaftliche Leistungsfähigkeit)을 포착하여 세금을 부과해야 하는 것이므로 이러한 세법의 해석·적용은 납세자의 경제적 현황을 기초로 이루어져야 한다는 점을 든다.

바로 이러한 경제적 관찰방법에 대한 이해, 즉 경제적 관찰방법이 비록 민·상법적인 개념이해나 거래관계구성에서 탈피하여 세법 독자적인 용어의 이해 그리고 세법 독자적인 거래구성을 긍정하는 근거로 이해된다고 하더라도 그것이 특별한 것이 아니라 모든 법에서 용인되는 세법의 목적적 해석처럼 이해된다는 데 대해 전문가들의 공감대가 형성되고 있으므로 그와 관련한 규정의 적용에 법적용자들이 크게 주저할 이유가 없어진 것이다.

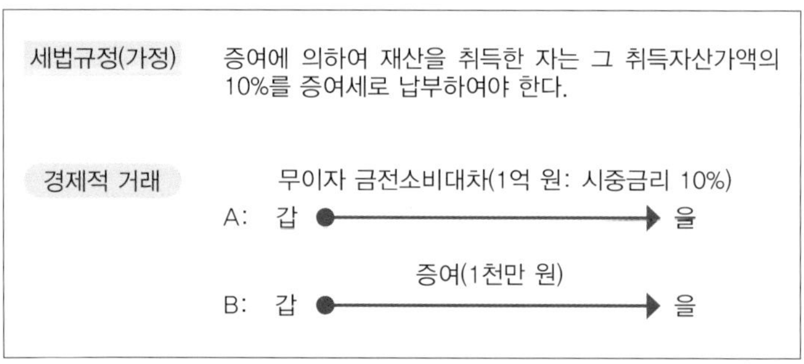

355 Lang, in Tipke/Lang Steuerrecht 19. Aufl., Verlag Dr. Otto Schmidt, Köln, 2008, § 5 Rn. 77 ff.

앞의 그림에서 납세자의 세금부담능력이라는 측면에서 보면 경제적으로 A 사례의 경우에도 을은 1년에 1천만 원 상당의 금전이익을 무상으로 획득하였고, B의 경우에도 마찬가지이다. 따라서 증여세 부담은 동일하여야 하며, 이것이 가능하도록 하는 세법의 해석·적용방법이 결국 세법규정에 등장하는 차용 개념인 '증여'를 무이자 금전소비대차로 인한 이자 상당액도 포섭할 수 있도록 하는 것인데 이것을 경제적 관찰방법이라고 한다는 것이다. 증여인지 무이자 금전소비대차인지 하는 것은 민법적 규율 필요성에 따라 구분해 둔 개념인데, 이러한 구분이 공평한 세금배분을 위한 세법의 목적을 고려할 때 사례 A와 B에서는 구분하지 않는 것이 더 합리적이라는 것이 경제적 관찰방법의 취지이다.

물론, Enno Becker도 현재의 지배적 학설도 이러한 경제적 관찰방법은 단순히 '법 해석(Auslegung)'의 문제에 국한되는 것은 아니고, 사실관계의 확정(Beurteilung des Sachverhalts)에도 적용된다고 본다. 전통적인 법학방법론에 따를 때 법적용은 ① 법의 발견, ② 법의 해석, ③ 사실관계에 대한 법적 판단과정을 거쳐 ④ 포섭에 이르게 된다. 그중 경제적 관찰방법은 2단계뿐만 아니라 3단계에도 영향을 준다는 것이다. 예컨대, 남편이 부인에게 자산을 증여하고 부인이 그 자산을 양도한 경우 경제적 실질을 고려하여 사실관계를 확정하면, 경우에 따라서는 남편이 해당 부동산을 양도한 것으로 하여 과세할 수도 있다는 것이다. 이러한 경제적 관찰방법에 따른 사실관계의 확정은 조세회피행위의 일종인 연결거래행위(Kettengeschäft)에서 많이 사용된다.

제3절 | 경제적 관찰방법과 다른 법원칙의 관계

I. 조세공평주의와의 관계

독일에서 조세공평은 평등권을 규정하고 있는 독일 헌법(Grundgesetz) 제3조 제1항에서 도출되는 것으로 이해한다. 독일 헌법 제3조 제1항은 "모든 인간은 법 앞에 평등하다.(Alle Menschen sind vor dem Gesetz gleich)"라고 규정하고 있다. 이 규정은 문언상으로는 '법 앞의 평등'만을 의미하는 것 같다. 즉, 하나의 법률규정이 존재하는 경우 그 규정을 해석하고 적용함에 있어서 평등해야 한다는 것이다. 이러한 측면에서는 과세행정청과 법원에게 이 규정은 구속력을 가진다. 이것을 독일 세법에서는 '법적용에 있어서의 평등(Rechtsanwenungsgleichheit)'이라고 한다.

하지만 판례와 학설은 독일 헌법 제3조 제1항이 이러한 법적용상의 평등 이외에 '입법에 있어서의 평등(Rechtssetzungsgleichheit)'도 규정한 것으로 이해한다.[356] 즉, 조세입법을 통해 어떤 거래를 과세대상으로 하거나 혹은 비과세감면대상으로 지정하는 경우에 있어서도 비례원칙 등에 따라 평등권이 친해되지 않도록 입법을 해야 한다는 것이다.

이러한 평등권의 주체는 기본적으로 내외국인을 불문한 모든 자연인이 그 대상이다. 독일 헌법 제3조 제1항도 평등권의 주체를 '모든 인간(Alle Menschen)'이라고 규정하고 있다. 그 외에 내국법인은 독일 헌법 제

356 Hey, in Tipke/Lang Steuerrecht 23. Aufl., Verlag Dr. Otto Schmidt, Köln, 2018, § 3 Rn. 110.

19조 제3항[357]에 의하여 평등권에 의한 보호대상이다. 외국법인은 기본적으로 평등권의 보호대상이 아닌 것으로 본다. 단, EU 회원국인 외국의 법률에 따라 설립된 법인은 유럽법상 차별금지원칙에 따라 독일 세법상 내국법인과 대등한 법적 보호를 받을 수 있다.

조세입법상 조세공평과 조세법적용상 조세공평 가운데 물론 실제적으로 더 빈번하게 문제되는 경우는 후자이다. 조세법이 공평하게 적용된다는 것은 단순히 법을 해석하고 적용하는 단계에서 형식적으로 동일한 취급을 할 것을 요구하는 것뿐만 아니라 그 해석과 적용의 결과로 '실제적인 부담결과에 있어서의 조세공평(Gleichheit im tatächlichen Belastungserfolg)'도 그 내용이 되는 것으로 이해한다.[358]

이처럼 독일 헌법 제3조 제1항은 조세입법에 있어서 그리고 조세법의 해석과 적용에 있어서 모든 국민이 평등한 대우를 받을 수 있는 권리가 있다고 규정하고 있지만 정작 특정 납세자가 평등한 대우를 받고 있는지를 판단하기 위해서는 다른 납세자의 세부담과 비교할 수 있는 척도가 있어야 한다. 그러나 헌법상 평등조항 자체에서는 그러한 비교척도를 도출할 수 없다고 학자들은 이해한다. 학자들은 이러한 비교척도는 평등권이 문제되는 개별법 영역별로 도출해야 한다고 본다. 학자들은 세법상 이러한 척도로는 적어도 지금까지의 연구결과를 종합하였을 때 응능과세원칙(das Leistungsfähigkeitsprinzip)이 대안 없는(ersatzlos) 기준임을 인정하고 있다.[359] 독일 연방헌법재판소도 지속적인 판례들을 통해 납세자들에게 부과되는 조세부담은 그들의 경제적 부담능력에 상응하도록 배분되어야 하는 것이 독일 연방헌법(Grundgesetz) 제3조 제1항에서

357 독일 헌법 제19조 제3항: "모든 기본권들은 그 본질상 법인에게 적용이 가능한 한 내국법인에게도 유효하다."

358 Hey, in Tipke/Lang Steuerrecht 23. Aufl., Verlag Dr. Otto Schmidt, Köln, 2018, § 3 Rn. 111.

359 Hey, in Tipke/Lang Steuerrecht 23. Aufl., Verlag Dr. Otto Schmidt, Köln, 2018, § 3 Rn. 121.

규정하고 있는 평등권에 결부된 조세정의의 요청에 부합한다고 판시하고 있다.[360]

독일 세법상 응능과세원칙은 마치 사법 전반을 지배하는 법원칙인 사적 자치원칙(der Grundsatz der Privatautonomie)처럼 세법 전반을 지배하는 법원칙으로 이해된다.[361] 이 원칙은 소득 획득, 재산 보유, 소비를 대상으로 하는 모든 세목에 적용되는 것으로 본다.

독일 세법상 경제적 관찰방법은 동일한 경제적 부담능력을 가진 납세자에게 동일한 과세를 가능하게 하는 것이므로 결과적으로 조세공평에 기여하게 된다고 이해한다.[362] 세법상 경제적 관찰방법은 과세대상이 되는 거래행위가 사법적으로 어떠한 법률행위로 구성되어 있는지를 불문하고 그 거래행위가 나타내는 경제적 실체에 기반하여 과세를 해야 한다는 것이고, 이때 그 거래행위가 나타내는 경제적 실체가 바로 납세자의 경제적 조세부담능력을 정확하게 표시해 주는 것이므로 결국 경제적 관찰방법에 따른 과세는 납세자의 조세부담능력을 경제적 능력에 따라 배분해야 한다는 응능과세원칙에 부합하게 되는 것이다.

Ⅱ. 조세법률주의와의 관계

현재 독일 세법에서 경제적 관찰방법과 조세법률주의와의 관계, 즉 경제적 관찰방법이 조세법률주의의 정신과 충돌하는 것이 아닌가 하는 논의는 존재하지 않는다. 물론, 1919년 경제적 관찰방법이 처음 입법되었을 때에는 독일에서도 이 규정에 따른 과세가 허용되는 범위가 어디까

360 BverfG v. 29.3.2017–2BvL 6/11, BStBl. II. 2017, 1082(1094 f.); BVerfG v. 17.1.1957–1 BvL 4/54, BVerfGE 6, 55(67).

361 Hey, in Tipke/Lang Steuerrecht 23. Aufl., Verlag Dr. Otto Schmidt, Köln, 2018, § 3 Rn. 41.

362 K. Tipke, Die Steuerrechtsordnung III, Verlag Dr. Otto Schmidt, 1993, 1309; R. Herzog, StbJb, 1985/86, 44 f.

지인지가 법조문상 명확하지 않다는 비판이 다수 존재하였으므로 그러한 측면에서 이 원칙과 조세법률주의, 특히 조세법규명확주의와의 충돌이 문제되었다고 볼 수도 있다.

하지만 현재 독일에서 경제적 관찰방법은 이미 오랫동안 세법전에 존재하였던 실정법조문들(조세통칙법 제39조부터 제42조까지)을 통해 구체화된 것으로 이해하여 주로 이 조문들의 해석론이 문제될 뿐 이 조문의 범주를 벗어나서 별도로 경제적 관찰방법이 활동할 수 있는 영역은 조세법 해석론 이외에는 존재하지 않으므로 결국 조세법률주의와 경제적 관찰방법이 충돌할 여지는 없다.

독일 세법에서 경제적 관찰방법에 관한 논의는 대부분 이 원칙을 구체화하는 네 개의 조세통칙법 조문을 중심으로 이루어진다. 이 조문들의 적용과 관련한 논의를 제외하고 경제적 관찰방법이 언급되는 영역은 '조세법의 해석·적용방법'과 관련한 부분이다.

예컨대, 독일 세법 교과서 가운데 가장 많이 읽히는 Tipke/Lang의 조세법 교과서 목차를 보면 아래 그림처럼 제5장이 '세법에 있어서 법의 적용(Rechtsanwendung im Steuerrecht)'이고 그 아래 제1절이 세법적용의 대상이 되는 '세법에 있어서 법규범(Rechtsnormen des Steuerrechts)', 제2절이 '법적용 방법들(Methoden der Rechtsanwendung)'이며 그 아래가 '1. 법규범의 구조, 법적용의 3단논법 그리고 목적적 해석의 우선(Struktur von Rechtsnormen, Syllogismus der Rechtsfolgebestimmung und Primat teleoloischer Auslegung)', '2. 전통적인 해석방법들(Der Kanon der traditionellen Auslegungsmethoden)', '3. 세법의 경제적 해석(Wirtschaftliche Interpretation der Steuergesetze(wirtschaftliche Betrachtungsweise))' 등이다.[363]

363 제3절의 제목이 '경제적 관찰방법에 관한 세법규정들'이며, 그 아래에서 경제적 관찰방법에 관한 독일 조세통칙법 네 개 조문을 소개하고 있다.

§ 5 Rechtsanwendung im Steuerrecht

※ Tipke/Lang, Steuerrecht 21. Aufl., Ver, 2013, XVIII.

Tipke/Lang의 조세법 교과서의 '세법의 해석·적용'과 관련한 부분에서 경제적 관찰방법에 대해 기술하고 있는 부분[364]의 첫 장을 소개해 보면 다음과 같다.

> 경제적 부담능력을 포착해야 하는(sollen) 세법규정들(국고적 규정들)은 경제적 거래행위와 상태에 연결되어 있다. 규범의 문맥과 생성배경으로부터 다른 것이 도출되지 않는다면 세법규정들은 그래서 원칙적으로 사실관계의 경제적 내용에 따른 해석을 해야 할 필요가 있다. 이러한 세법규정을 사실관계의 경제적 내용에 따라 해석하는 것을 경제적 관찰방법이라고 칭한다. 경제적 관찰방법은 세법에만 존재하는 특별한 해석방법은 아니고, 입법자가 경제적 사실관계를 규율하려고 하는 모든 법영역에서 적용되는 것이다.[365]

이와 같이 경제적 관찰방법을 이해하여 이 원칙을 조세법의 해석방법의 일종으로 이해하게 되면 적어도 이론적으로 이 원칙이 조세법률주의와 충돌할 여지는 없다.

364 § 5 B. 3. im Tipke/Lang Steuerrecht 23. Aufl., Verlag Dr. Otto Schmidt, Köln, 2018.
365 Englisch, in Tipke/Lang Steuerrecht 23. Aufl., Verlag Dr. Otto Schmidt, Köln, 2018, § 5 Rn. 70.

Ⅲ. 죄형법정주의와의 관계

독일의 경우에는 조세범을 조세형사범(Steuerstraftaten)과 조세질서범(Steuerordnungswidrigkeiten)으로 나눈다. 양자 모두 그 처벌요건과 절차 등에 대해서는 조세통칙법(AO)에서 규정하고 있다.

조세형사범으로 처벌되는 유형 중에는 조세통칙법 제370조에서 규정하고 있는 조세포탈범(Steuerhinterziehung)이 가장 전형적인 경우인데, 그 범죄구성요건은 법문상 매우 단순하게 규정되어 있다.

> 독일 조세통칙법 제370조(조세포탈범)
>
> ① 다음과 같은 경우에는 5년 이하의 징역 또는 벌금형으로 처벌한다.
>
> 1. 과세당국이나 다른 행정청에 과세상 중요한 사실과 관련하여 부정확하거나 불완전한 진술을 하는 경우
> 2. 과세상 중대한 사실에 대해 의무를 위반하여 과세당국에 알리지 않는 경우
> 3. 의무를 위반하여 수입인지나 조세납부표지를 사용하지 않고 이를 통해 조세를 면하거나 자신 또는 타인이 부당한 조세상 이득을 얻는 경우
>
> ② 이러한 미수행위도 처벌한다.
>
> ③ 특별히 중대한 조세포탈행위에 대해서는 6월 이상 10년 이하의 징역에 처할 수 있다.
>
> 1. 큰 규모로 조세를 포탈하거나 부당한 조세상 이익을 얻은 경우
> 2. 공무원으로서의 권한이나 지위를 남용하는 경우
> 3. 권한이나 지위를 남용하는 공무원을 도와주는 행위를 하는 경우
> 4. 변조 또는 위조된 서류를 사용하여 조세를 탈루하거나 부당한 조세상 이익을 얻은 경우

5. 제1호에서 규정한 행위를 범할 목적으로 조직된 단체의 일원으로 부가가치세나 소비세를 감면받거나 정당하지 않은 부가가치세 또는 소비세혜택을 받는 경우

④ 생략

독일에서 경제적 관찰방법이 특히 하나의 법 해석방법으로 이해되고, 그러한 법 해석방법은 세법에만 존재하는 특수한 것이 아니라 모든 법 영역에서 유효한 해석방법으로 이해되므로 경제적 관찰방법에 따라 세법을 해석하고 그에 따라 탈세범을 처벌한다고 하여 그것이 죄형법정주의에 반할 여지는 없다. 그래서 독일의 경우에도 우리나라와 마찬가지로 탈세범은 납세의무의 성립을 전제로 하는 것으로 이해하므로 납세의무의 성립에 경제적 관찰방법이 적용되면 조세형사범은 그러한 결과를 수용하게 되고 특별히 경제적 관찰방법과 죄형법정주의의 충돌 여부가 논의되고 있지는 않다.

제4절 | 독일 세법상 실질과세원칙의 법적 근거

I. 1919년 독일 제국조세통칙법부터 1934년 조세조정법까지

1919년 독일 제국조세통칙법 제4조에 처음으로 경제적 관찰방법이 입법되었는데 그 당시의 조문 표현은 아래와 같다. 이 표현은 거의 내용이 동일한 상태로 1931년 독일 제국조세통칙법 제9조로 계승되었다. 다시 히틀러시대에는 1934년 독일 조세조정법(Steueranpassungsgesetz) 제1조 제2항으로 계승되었다. 1919년 제국조세통칙법 제4조에 대해서는 경제적 관찰방법이 단순히 법 해석뿐만 아니라 사실확정에도 필요함에도 불구하고 조문상의 표현이 마치 법 해석에 한정되는 것처럼 되어 있다는 비판이 있었다. 그래서 1934년 독일 조세조정법(Steueranpassungsgesetz) 제1조 제3항에서는 "사실관계에 대한 판단에도 동일한 원리가 적용된다.(Entsprechendes gilt für die Beurteilung von Tatbeständen.)"라는 문구가 추가되었다.[366]

> 1919년 독일 제국조세통칙법 제4조
>
> 세법규정들의 해석에 있어서는 그 규정의 목적, 그 규정의 경제적 의의 그리고 사실관계의 변화들이 고려되어야 한다.
> (Bei Auslegung der Steuergesetze sind ihr Zweck, ihre wirtschaftliche Bedeutung und die Entwicklung der Verhältnisse zu berücksichtigen.)

366 동법 제1조는 제1장(총론) 제1절(해석)에 속해 있었다.

1934년 독일 조세조정법 제1조

(1) 세법규정들은 국가 사회주의적 세계관에 따라 해석되어야 한다.
(2) 세법을 해석하는 중에는 국민들의 시선, 세법규정들의 경제적 의의와 목적, 상황의 전개과정들이 고려되어야 한다.
(3) 위 두 규정들은 법 해석에 관한 조문이지만 사실관계의 판단에도 그대로 유효하다.
((1) Die Steuergesetze sind nach nationalsozialistischer Weltanschauung auszulegn.
(2) Dabei sind die Volksanschauung, der Zweck und die wirtschaftliche Bedeutung der Steuergesetze und die Entwicklung der Verhältnisse zu berücksichtigen.
(3) Entsprechendes gilt für die Beurteilung von Tatbeständen.)

Ⅱ. 1977년 조세통칙법 제정 이후

1977년에 현재의 조세통칙법을 제정하면서 처음에 정부가 마련한 법률초안(Regierungsentwurf)에는 아래와 같은 내용의 제4조 제2항이 포함되어 있었다. 이 규정은 그 내용면에서 1919년의 제국조세통칙법 제4조와 거의 동일했다. 의회에서의 입법과정에서 이러한 규정을 통해 규율하고자 하는 경제적 관찰방법은 통상적(normal)인 법 해석방법이므로 이것의 법적 효력화를 위해 별도의 명문규정이 필요하지 않다는 주장이 제기되었다.[367] 의회는 마침내 이 규정이 당연한 법 해석방법을 규정하는 것이라면 굳이 법 해석방법을 입법할 필요가 없으며, 그럼에도 불구하고 과거에 이러한 형태의 규정이 입법되어 있으면서 해당 법조문의 표현상 불명확성으로 인해 불필요한 오해들이 많았던 점을 해소하기 위하여 입법

367 BT-Drucks 7/4292, 15 f.

을 포기하기로 결정하였다.

정부 초안에 등장한 제4조 제2항의 문구

세법규정들의 해석에 있어서는 그 규정의 경제적 취지와 목적 그리고 사실관계의 변화들이 고려되어야 한다.
(Bei der Auslegung der Steuergesetze sind auch der wirtschaftliche Sinn und Zweck der Gesetze sowie die Entwicklung der Verhältnisse zu berücksichtigen.)

Ⅲ. 학설의 입장

'경제적 관찰방법'이라는 것을 목적적 해석의 일종으로 이해하는 통설적 입장에서는 1977년 조세통칙법에서 1919년 제국조세통칙법 제4조와 같은 규정이 대안 없이 완전히 삭제되었다고 하더라도 조세법의 해석에 변화가 있는 것은 아니라는 입장이다.

제5절 | 독일 세법상 실질과세원칙에서 '실질'의 의미에 대한 논쟁

I. 의의

우리 세법상 실질과세원칙에 해당하는 것을 독일에서는 '경제적 관찰방법(die wirtschaftliche Betrachtungsweise)'이라고 한다. 경제적 관찰방법이라는 것이 과세대상이 되는 거래행위의 민·상법적인 법률행위구성과 그 거래행위가 표출하는 경제적 실체가 다를 경우 과세는 후자에 따라야 한다는 것이므로 이 원칙 자체가 경제적 실질에 따른 과세를 허용하는 것이라고 할 수 있다. 그러므로 독일에서는 우리나라에서처럼 실질과세원칙에서의 실질의 의미를 둘러싸고 법적 실질설 또는 경제적 실질설이라는 대립은 존재할 수 없다. 단지, 세법상 경제적 관찰방법을 받아들일지에 대해 의견이 대립되었을 뿐이다. 물론, 이러한 의견대립도 지금처럼 경제적 관찰방법에 따른 입법이 되어 이미 100년 가까이 운영되어 온 현재로서는 의미가 없다고 할 수 있다.

다만, 독일 문헌에서 우리나라의 법적 실질설과 유사한 의미로 사용되는 'formalrechtliche Betrachtungsweise'라는 용어가 있다. 이 용어를 사전적으로 번역하면 형식적 법적 관찰방법이라고 할 수 있다. 아래에서는 그 개념과 경제적 관찰방법의 관계를 설명해 보고자 한다. 이에 대한 설명은 우리나라에 있어서 실질과세원칙에서의 실질을 어떻게 이해해야 할 것인지와 관련하여 나름의 의미 있는 시사점을 제공해 줄 수 있을 것이라고 생각한다.

Ⅱ. '형식적 법적 관찰방법(formalrechtliche Betrachtungsweise)'과 '경제적 관찰방법(wirtschaftliche Betrachtungsweise)'

1. 양자의 관계

독일 문헌에서는 경제적 관찰방법(wirtschaftliche Betrachtungsweise)을 형식적 법적 관찰방법(formalrechtliche Betrachtungsweise)의 반대개념으로 설명하고 있다.[368] 따라서 경제적 관찰방법이 무엇을 의미하는지를 정확하게 이해하려면 그 반대개념이 어떤 내용을 담고 있는지를 이해하는 것이 큰 도움이 된다.

2. '형식적 법적 관찰방법(formalrechtliche Betrachtungsweise)'의 의미

이미 위에서 설명한 바와 같이 경제적 관찰방법이 1919년 독일 제국조세통칙법에 처음으로 입법되기 이전 독일에서는 개념법학(Begriffsjurisprudenz)의 영향으로 법조문상 단어를 철저하게 문언대로 해석하려는 경향이 지배적이었다. 연방소득세법 등 독일의 중요한 세법전이 1919–1920년 바이마르공화국의 재무부장관직을 수행한 Matthias Erzberg에 의해 제정되었으며 그 이전에는 근대적인 세법전이라는 것이 거의 존재하지 않았다. 따라서 세법조문의 해석을 둘러싼 연구라는 것도 거의 의미가 없었을 수 있기에 세법에 고유한 개념이라는 것은 거의 없었다. 반면, 과세대상인 경제적 거래행위를 규율하는 실체법인 민법과 같은 사법은 그보다 훨씬 오랜 역사를 가지고 있었기 때문에 개념이나 이론체계가 훨씬 더 잘 마련된 상태였다. 참고로 독일 민법전(BGB)은 1900년에 입법되었다. 그래서 짧은 시간에 다량의 조세법규를 입법해야 하는 상황에서 조세입법자는 자연스레 민·상법상 개념들을 차용하

368 K. Tipke, Die Steuerrechtsordnung III, Verlag Dr. Otto Schmidt, 1993, 1284.

여 과세요건을 규정하는 조문을 입법하지 않을 수 없었다. 이러한 상황 속에서 세법 해석자들은 당시 지배적인 법학사조인 개념법학의 영향에 따라 세법도 당연히 다른 법과 동일하게 개념에 충실한 법 해석을 해야 한다고 생각하였고, 이것은 결국 세법상 차용 개념들을 그 법이 연원한 민·상법상의 개념대로 해석해야 한다는 것으로 결론지어졌다.[369] 즉, 이처럼 과세요건으로 사용된 차용 개념 등을 이해할 때 그 개념의 법률적 의미(물론 이때 '법률'은 그 개념들이 연원한 민·상법과 같은 사법을 의미함)만을 고려하여야 한다는 것이다. 'formalrechtlich'라는 형용사의 사전적 의미가 '법률적으로 관찰컨대(rechtlich betrachtet)', '사실상의 정황들을 고려하지 않고 겉으로 드러난 법적 상황만 고려하여(der formellen Rechtslage zufolge, jedoch ohne Rücksicht auf tatsächlie Umstände)'이므로[370] 결국 이것은 과세요건의 충족 여부를 판단할 때 사법상 법률행위 방식(예: 증여) 그 자체를 기준으로 해야 하는 것이고 거래당사자들이 그 법률행위방식을 활용하는 사실상의 상황(예: 증여의 경우 두 당사자가 금전적 가치가 있는 물건 등을 그 가치에 상응하는 대가를 받지 않고 타인에게 이전해 주는 것)을 고려하지 않는다는 것이다.

3. '경제적 관찰방법(wirtschaftliche Betrachtungsweise)'의 의미

그런데 1919년 독일제국 조세통칙법(RAO) 초안을 준비하던 Enno Becker는 공평한 세금부과의 기준이 되는 세법규정이 그런 식으로 해석되고 적용되면 이는 공평한 세금부과라는 결과를 도출해 낼 수 없다고 판단하였다. 그래서 그가 새로운 세법전에 도입한 것이 1919년 독일제국 조세통칙법 제4조에서의 경제적 관찰방법이었다. 경제적 관찰

369 M. Groh, Die wirtschaftliche Betrachtungsweise im rechtlichen Sinne, StuW 1989, 227; K. Tipke, Die Steuerrechtsordnung III, Verlag Dr. Otto Schmidt, 1993, 1283 ff.

370 https://www.duden.de/rechtschreibung/de_jure.

방법은 겉으로 드러난 법률행위 형식에만 의존하여 세법전을 해석하고 적용해서는 안 되고 그 법률행위 형식의 이면에 존재하는 사실상의 정황들을 고려하여야 한다는 것이다. 그래서 우리가 '경제적 관찰방법(wirtschaftliche Betrachtungsweise)'의 독일어 단어에 집착하여 수식어 'wirtschaftlich'를 '경제적'이라고 번역하고 있지만 Enno Becker의 생각에 충실하면 그 단어는 '실제적(tatsächlich)'으로 번역하는 것이 타당하다.[371] 즉, 법률행위 형식 이면에 존재하는 실제 정황들을 기초로 과세를 하는 것이 경제적 관찰방법인데, 다만 세금부과가 경제적 거래행위를 그 대상으로 하는 것이라서 이러한 실제 정황이라는 것이 결국 거래의 경제적 정황을 의미하는 것이 된다.

371 Vgl. Enno Becker, Die Reichsabgabenordnung 7. Aufl., 1930, Karl Hermanns Verlag, Berlin, § 4, S. 51.

제6절 | 독일 세법상 실질과세원칙의 내용에 대한 이해

Ⅰ. 개관

현재 독일 세법에서 경제적 관찰방법으로 설명되는 것은 귀속에 대해 규정하고 있는 조세통칙법 제39조, 강행법규 또는 공서양속위반행위에 대한 과세를 규정하고 있는 조세통칙법 제40조, 무효인 법률행위에 대한 과세를 규정하고 있는 조세통칙법 제41조이다. 조세회피방지를 위한 일반규정인 제42조에 대해서는 이것을 경제적 관찰방법의 일환으로 설명하는 학자들도 있고 그것과 별개로 설명하는 학자들도 있다. 이러한 차이점은 조세통칙법 제42조의 법적 성격을 해석규정으로 이해할 것인지, 유추적 법적용에 관한 규정으로 이해할 것인지에 따라서 발생하게 된다.

아래에서 각각의 조문에 대해 그것이 규율하고자 하는 내용이 어떤 것인지를 소개하고자 한다.[372]

Ⅱ. 귀속에 관한 규정

1. 조문의 소개

독일 세법상 경제적 관찰방법에 입각한 규정으로 우선 경제재

372 이 부분에 대한 좀 더 자세한 설명은 이동식, 「독일 세법상 경제적 관찰방법」, 『현대 세무학의 논점』(반곡 송쌍종 교수 정년기념논문집), (주)영화조세통람, 2008, 378-398면 참고. 아래 부분은 필자의 이 글을 요약정리한 것임을 밝혀 둔다.

(Wirtschatsgüter)의 귀속에 대한 규정인 조세통칙법 제39조를 들 수 있다. 독일 조세통칙법 제39조는 '귀속(Zurechnung)'이라는 표제하에 아래와 같이 규정하고 있다. 이 규정은 문구상으로는 경제재(Wirtschatsgüter)의 귀속에 대한 규정이지만, 소득(Einkünfte)과 소비(Umsätze)의 귀속도 이 규정에 따라 이루어진다고 보는 의견이 다수이다.[373] 이 규정은 우리 국세기본법 제14조 제1항과 유사하다.

독일 조세통칙법 제39조

제39조 귀속 (1) 경제재화는 소유권자에게 귀속된다. (2) 제1항에도 불구하고 아래의 규정은 유효하다.

1. 통상적인 재화의 사용기간 동안 소유권자가 아닌 다른 자가 소유권자의 재화에 대한 접근을 '경제적으로' 배제할 수 있는 방법으로 재화에 대한 실제적인 지배력을 행사하는 경우에 그 사람에게 재화가 귀속된다. 신탁의 경우에는 신탁자(Treugeber)에게, 양도담보의 경우에는 담보권 설정자(Sicherungsgeber)에게, 자주점유의 경우에는 자주점유자(Eigenbeistzer)에게 귀속된다.

2. 재화가 여러 명의 합유재산이고 과세를 위해 재화의 분리귀속이 필요한 경우에 그 재화는 각 합유자에게 지분에 따라 귀속된다.

(§ 39 Zurechnung. (1) Wirtschatsgüter sind dem Eigentümer zuzurechnen. (2) Abweichend von Absatz 1 gelten die folgenden Vorschriften:

1. Übt ein anderer als der Eigentümer die tatsächliche Herrschaft über ein Wirtschaftsgut in der Weise aus, dass er den Eigentümer im

373 Lang, in Tipke/Lang Steuerrecht 19. Aufl., Verlag Dr. Otto Schmidt, Köln, 2008, § 5 Rn. 111.

Regelfall für die gewöhnliche Nutzungsdauer von der Einwirkung auf das Wirtschaftsgut wirtschaftlich ausschließen kann, so ist ihm das Wirtschaftsgut zuzurechnen. Bei Treuhandverhältnissen sind die Wirtschaftsgüter dem Treugeber, beim Sicherungseigentum dem Sicherungsgeber und beim Eigenbesitz dem Eigenbesitzer zuzurechnen.
2. Wirtschaftsgüter, die mehreren zur gesamten Hand zustehen, werden den Beteiligten anteilig zugerechnet, soweit eine getrennte Zurechnung für die Besteuerung erforderlich ist.)

2. 민법상 소유권자에의 귀속원칙과 그 예외

제1항에서는 '소유권자귀속원칙'을 규정하고 있다. 통상적인 사례에서는 민법상 소유권자가 과세물건에 대한 실질적 지배를 하고 있을 것이므로 그 자에게 과세대상물건을 귀속시키겠다는 것을 규정하고 있다. 다음으로 제2항에서는 이러한 소유권자귀속원칙에 대한 예외를 규정하고 있다. 제1호는 과세대상물건에 대한 실제적인 지배권 행사를 민법상 소유자가 아닌 다른 사람이 하는 경우에 세법에서는 공평한 세금부과를 위해 그 귀속을 민법상 소유권에 따르지 않고 실제적으로 그 재화에 대해 법상 소유권자처럼 지배권한을 행사하는 사람에게 귀속시키겠다는 것을 규정하고 있다. 바로 이 규정이 경제적 관찰방법을 나타내는 조문이다.

제1항은 적용에 아무런 문제가 없고, 문제는 제2항을 적용할 때 어떤 경우에 구체적으로 법적인 소유권자를 제외시키고 다른 사람에게 과세대상물건을 귀속시킬 수 있을 것인가이다. 이 문제에 대해 조세통칙법 제39조 제2항 제1호 제1문은 재화에 대해 민법상 소유권자를 배제하고 자신이 실제적인 지배력(tatsächliche Herrschaft)을 행사할 것을 요건으로 규

정하고 있다.[374] 어떤 경우가 구체적으로 실제적인 지배력을 행사하고 있는 경우인가 하는 점과 관련하여 독일의 판례와 문헌에서 언급되는 부분을 정리해 보면 다음과 같다.

민법상 소유권자가 아닌 자에게 과세물건의 귀속을 인정하기 위해서는 그 사람이 법적인 소유권은 없지만 '실제적으로' 소유권자처럼 물건을 지배하고 있어야 한다는 것이다. 단, 이러한 재화에 대한 경제적 지배(=사실상 지배)가 법적으로 보호받지 못하는 것이 되어서는 안 되고, 법적으로도 (소유권은 없지만) 안정적으로 보장되어야 한다. 이러한 상태는 일시적이어서는 안 되고 소유권자적 지위를 인정할 수 있을 정도로 지속되어야 한다.

이처럼 민법상 소유권자는 아니지만 마치 소유권자처럼 물건에 대한 경제적 지배권을 행사하고 있는 자를 '경제적 소유권자(der wirtschaftliche Eigentümer)'라고 표현하기도 한다.[375] 독일 세법에서 이러한 경제적 소유권귀속이 실무적으로 가장 많이 문제가 되는 경우는 '리스'와 관련한 리스권자의 경우이다. 갑이 물건을 을에게 판매한 후 다시 그 물건을 리스로 사용하는 소위 'Sale and lease back'계약의 경우 물건의 민법상 소유권이 을에게 귀속된다고 하더라도 세법상 경제적 귀속은 갑에게 있다는 것이다. 리스와 달리 임대차계약의 경우에는 비록 임차인이 통상적인 임대차에서의 임차인보다 더 강한 지위를 계약상 인정받고 있더라도 경제적 소유권귀속을 인정하지 않는다. 하지만 임차인이 장기간의 임대차계약을 체결하고 있고, 그 임대차를 임대인이 종결하고자 하는 경우에는 임대물건의 시가에 상당하는 금액을 지불해야만 계약해제를 할 수

374 독일 조세통칙법 제39조 제2항 제1호 제1문의 표현은 리스에 있어서 귀속이 문제된 연방재정법원 1970. 1. 26. (BStBl. II 1970, 264) 판결에서 유래된 것이다.

375 Lang, in Tipke/Lang Steuerrecht 19. Aufl., Verlag Dr. Otto Schmidt, Köln, 2008, § 5 Rn. 111.

있는 조건으로 임대차계약이 체결되어 있다고 할 때 이러한 임차인에게는 경제적 소유권을 귀속시킬 수 있다고 본다.[376]

3. 신탁자, 담보권 설정자, 자주점유자의 예시

조세통칙법 제39조 제2항 제1호 제1문에서는 경제적 실질에 따른 귀속의 대 원칙을 천명하고 제2문에서는 그 원칙이 적용되는 유형 세 가지를 언급하고 있다. 신탁(Treuhandverhältnis)의 경우에는 신탁자(Treugeber)에게, 양도담보(Sicherungseigentum)의 경우에는 담보권 설정자(Sicherungsgeber)에게, 자주점유(Eigenbesitz)의 경우에는 자주점유자(Eigenbesitzer)에게 귀속된다는 것이다. 이 세 가지는 모두 외형적으로 민법상 소유권을 가진 자와 경제적으로 소유권자처럼 권한행사를 하거나 이익을 향유하는 사람이 다른 경우이다. 제39조 제2항 제1호 제2문에서 언급하고 있는 이 세 가지 경우는 제39조 제2항 제1호 제1문에 대한 예시로 이해되고 있다. 따라서 그 열거는 한정적 의미를 가지는 것은 아니다.[377] 하지만 이 규정이 단순히 모든 신탁재산의 귀속이 신탁자에게, 모든 양도담보재산이 담보권 설정자에게 귀속된다는 것을 의미하지는 않는다는 점을 주의해야 한다.

Ⅲ. 강행법규위반행위 또는 공서양속위반행위에 대한 과세

1. 조문의 소개

세법은 납세자의 경제적 능력에 상응하는 과세를 목표로 하므로 과세대상이 되는 경제적 거래행위가 민법 등에 따를 때 위법이든 합법이든 그 거래의 경제적 성과가 합법적인 거래와 마찬가지로 거래당사자에게 발

376 BFH/NV 2002, 171.

377 Kruse, in: Tipke/Kruse Kommentar zu AO, § 39 Rn. 30.

생한 경우에는 동일하게 과세가 이루어져야 한다. 이것을 규정하고 있는 것이 독일 조세통칙법 제40조이다.[378] 이 규정의 내용은 아래와 같다.

독일 조세통칙법 제40조

제40조(위법 또는 공서양속위반행위) 하나의 '행위(Verhalten)'가 세법에 규정된 과세요건을 전부 또는 일부 충족하는 한, 그 행위가 법률규정에 의한 요구 또는 금지에 반한다거나 공서양속에 반한다는 사실은 과세와 관련하여서는 중요하지 않다.
(§ 40 Gesetz– oder sittenwidriges Handeln. Für die Besteuerung ist es unerheblich, ob ein Verhalten, das den Tatbestand eines Steuergesetzes ganz oder zum Teil erfüllt, gegen ein gesetzliches Gebot oder Verbot oder gegen die guten Sitten verstößt.)

2. 규정의 등장배경

이 규정은 1919년 제국조세통칙법이 제정될 때에는 없던 규정이다. 그 시점을 전후하여 학자들은 이러한 강행법규위반행위 또는 공서양속위반행위에 대해 어떻게 과세를 하여야 할지 견해가 분분하였다. 법원도 견해가 통일되지 않아 프로이센 상급행정재판소와 베를린 고등재판소 등은 법질서를 통일하기 위해 위법소득에 대해서는 과세를 해서는 안 된다는 견해를 피력하였고, 제국조세법원(Reichfinanzhof)은 합법적인 거래행위에 대해서는 과세를 하고 위법행위에 대해서는 과세를 하지 않는다는 것은 위법행위를 장려하는 것과 같고 이는 조세공평에도 반한다는 이유로 반대입장을 표명하였다. 이러한 논쟁의 결론은 제국조세법

378 BVerfG v. 12. 4. 1996, NJW 1996, 2086.

원의 승리로 끝났다. 입법자는 1934년 조세조정법 제5조 제2항에 현재 조세통칙법 제40조와 유사한 조문을 입법하였다.

3. 위법한 소득획득행위에 대한 과세요건과 사례들

납세자가 위법한 거래행위를 하여 소득을 획득한 경우 이에 대해 과세를 할 수 있으려면 다음과 같은 요건이 충족되어야 한다. 첫째, 과세 여부가 논란이 되는 경제적 거래행위가 강행법규위반 또는 공서양속위반으로 위법이어야 한다. 강행법규와 공서양속은 관련된 민법규정에서의 의미와 동일하다. 둘째, 거래행위의 위법성이 인정되지만 조세법에서 규정한 구성요건사실의 일부 또는 전부의 실현이 있어야 한다. 이는 달리 표현해서 경제적으로 세금부담능력이 발생했어야 한다는 것을 의미한다. 예컨대, 불법적인 금전대차거래로 인하여 이자상당액의 수익이 금전대여자에게 귀속되어 있어야 한다는 것이다. 이 요건이 이 규정에 따른 과세가 경제적 실질에 따른 과세가 되는 가장 중요한 부분이라고 할 것이다. 셋째, 문제의 거래행위가 법률행위일 필요는 없고, 사실행위라도 가능하다. 넷째, 대상 행위가 위법하기만 하면 되고 위법에 따른 행위의 비난 정도는 중요하지 않다.

조세통칙법 제40조가 이와 같이 위법한 소득활동에 대한 과세의 근거로 사용된 사례는 많다. 그중 몇 가지를 소개하면 순수법을 위반하여 제조된 맥주에 대해서도 맥주세를 부과해야 한다고 하고(RFHE 34, 298), 변호사의 위법한 성공사례금에 대해서도 소득세를 과세해야 한다고 하며(BFH BStBl. 1982, 340), 불법적인 매춘행위에 대해서도 소득세를 부과해야 한다고 하며, 결혼한 여성이 부적절한 관계를 지속하기 위하여 내연남에게 행한 증여에 대해서도 증여세를 부과해야 한다고 한 사례가 있다(RStBl. 1920, 557).

4. 불법행위에 기초한 경비인정·조세감면·비과세 등을 인정할 것인지의 여부

납세자가 위법한 행위로 돈을 번 경우 그 소득에 대해 과세를 해야 한다는 점은 독일의 조세통칙법 제40조와 같은 조문이 있는 나라든 없는 나라든 어느 정도 공감대가 형성되어 있다.[379] 그런데 동일하게 세법에서 위법행위가 문제된 경우지만 납세자가 실정법규에 위반하는 행위를 하고서도 그 행위에 기초하여 필요경비인정·조세감면·비과세를 받고자 하는 경우에 이것을 어떻게 처리할 것인지는 명확하지 않다. 독일의 조세통칙법 제40조도 이에 대해서는 분명하게 규정하지 않고 있다. 독일의 학설들도 대립을 보이고 있다. 일부에서는 이런 경우에도 조세통칙법 제40조를 적용하여 납세자가 희망하는 유리한 조세혜택을 부여해야 한다고 주장한다. 이러한 주장을 하는 이들은 조세통칙법 제40조의 핵심가치가 세법의 해석·적용은 대상행위에 대한 민법 등 다른 법률에 의한 위법성평가에 구속되지 않는다는 데에 있다고 본다. 제40조가 납세자에의 유불리 여부에 따라 법적 취급을 달리한다고 규정하지 않고 있으므로 이 규정은 납세자가 위법한 행위로 세법상 과세소득에 해당하는 소득을 획득한 경우에는 그 소득에 대한 과세를 정당화하는 근거로 사용되고, 위법한 행위이긴 하지만 세법상 필요경비에 해당하는 지출이 있었던 경우에는 그 지출을 인정하는 근거가 될 수 있다는 입장이다.[380] 이와 달리 이 규정의 역사적 등장배경을 고려하고, 납세자에게 유리한 조세감면규정들이 공익에 적합한 행위를 지원하기 위한 규정인 점을 고려하여 제40조는 납세자가 위법행위로 소득을 창출한 경우 그 위법소

379 이동식, 「사법질서의 세법에서의 의미」, 『공법연구』 제31집 제2호, 461면 이하 참고.

380 대표적으로 Kruse, in: Tipke/Kruse Kommentar zu AO, § 40 Rn. 6.

득에 대한 과세의 근거로만 사용되어야 한다는 견해도 있다.[381] 마지막으로 납세자에게 유리한 경우에도 원칙적으로 적용되지만(예: 필요경비인정), 납세자에게 유리한 규정이 '세제지원규정의 성격(Subventionscharakter)'을 가지는 경우에는(예: 주택건축장려를 위한 투자공제항목) '원칙적으로' 위법행위를 통해서는 그러한 규정의 적용을 받을 수 없다는 견해도 있다. 위법행위를 세법이 지원해 주는 것은 있을 수 없다는 이유에서이다.[382]

물론 이러한 논의와 별개로 개별 세법규정에서 특별규정을 두어 위법행위로 인한 경비성지출을 부정하는 입법을 명시적으로 해 둔 경우도 있다. 예컨대, 독일 소득세법에서는 사업자가 자신의 사업과 관련하여 거래처에 뇌물을 제공한 경우 그 뇌물은 필요경비로 인정받을 수 없지만, 예외적으로 외국에서 그러한 뇌물이 제공되었고 그 국가에서는 그러한 뇌물제공이 통상적인 거래관행인 경우에는 필요경비를 인정해 주고 있다. 위법행위에 대해 벌금, 과징금을 부과받은 경우 해당 금액을 필요경비로 인정해 주지 않는 규정도 같은 차원의 규정으로 이해할 수 있다.

판례의 경우를 보면 견해가 통일적이지는 않다. 예컨대, 독일 세법에서는 법인의 공익성(Gemeinnützigkeit)이 인정되면 여러 가지 과세혜택을 받을 수 있는데, 만일 그 법인이 불법적인 거래행위를 하는 경우에는 해당 법인의 공익성을 부정하는 판례가 있다.[383] 개인들이 자신들의 주거용 주택을 건축하면 세제혜택을 부여하는데 대상 건축행위가 건축법을 위반한 경우에는 그러한 세제혜택(Eigenheimbegünstigung)을 부여할 수 없

381 P. Fischer, HHSP, AO, § 40 Rn. 41 ff.; Tipke, Die Steuerrechtsordnung III, 1320 f.; Lang, in: Tipke/Lang Steuerrecht 19. Aufl., 2008, § 5 Rn. 94.

382 대표적으로 Krömker, in: Lippros Basis Kommentar Steuerrecht, 2000, Verlag Dr. Otto Schmidt, § 40 AO, Rn. 4.

383 BFH BStBl. II 1985, 106; 1995, 134.

다는 판례도 있다.[384] 반면에 불법적인 포르노 비디오에 대해 낮은 세율의 부가가치세 적용을 인정한 경우도 있고,[385] 화물자동차를 자동차운행관련법규에 위반하게 사용하였음에도 불구하고 화물자동차세 면제규정의 적용을 부정하지 않은 사례도 있다.[386]

Ⅳ. 무효인 법률행위와 과세

1. 조문의 소개

조세통칙법 40조가 위법행위에 대한 과세를 규정하고 있는데, 이와 유사하게 제41조는 '무효인 법률행위에 대한 과세'를 규정하고 있다. 무효인 법률행위도 넓은 의미에서는 위법한 행위라고 볼 수 있지만 독일 조세통칙법은 두 가지를 나누어 규정하고 있는 것이다. 무효인 법률행위는 그 법률규정을 위반하게 되면 해당 법률행위의 효력이 발생하지 않아야 하는 것이고, 위법한 법률행위는 당해 행위가 위법하다고 하여 반드시 그와 관련되는 거래행위가 무효가 되는 것은 아니라는 점에서 차이가 있다. 예를 들어, 건축법규를 위반하여 건축이 되었다고 해서 그 건축행위가 무효가 되는 것은 아니지만, 친권자의 동의를 얻지 않고 미성년자와 법률행위를 하였다면 그 법률행위는 무효가 된다.

조세통칙법 제40조는 해당 행위가 위법하기만 하면 적용되지만 제41조는 해당 행위가 '무효'가 되는 경우에만 적용된다는 차이점이 있고, 또 제40조는 사실행위에도 적용되지만 제41조는 '법률행위'에만 적용된다는 차이점이 있다.

독일 조세통칙법 제41조는 다음과 같이 규정하고 있다.

---

384 BFH BStBl. II 1995, 875.

385 BFH/ NV 1994, 587.

386 BFH BStBl. II 1990, 251.

독일 조세통칙법 제41조

제41조 무효인 법률행위 (1) 하나의 법률행위(Rechtsgeschaeft)가 이미 무효이거나 무효로 될 경우라도 그 거래행위의 경제적 효과가 이미 발생했고 그 효과가 납세자에게 귀속되어 있는 경우에는 해당 행위가 무효라는 사실은 발생한 경제적 효과에 대해 과세를 하는 데 영향을 주지 않는다. 이와 달리 세법에 규정을 해 둔 경우에는 예외가 인정된다. (2) 가장행위는 과세에 영향을 주지 않는다. 다른 법률행위가 가장행위에 의해 숨겨진 경우에 그 숨겨진 행위가 과세의 기준이 된다.
(§ 41 Unwirksame Rechtsgeschäfte. (1) Ist ein Rechtsgeschäft unwirksam oder wird es unwirksam, so ist dies für die Besteuerung unerheblich, soweit und solange die Beteiligten das wirtschaftliche Ergebnis dieses Rechtsgeschäfts gleichwohl eintreten und bestehen lassen. Dies gilt nicht, soweit sich aus den Steuergesetzen etwas anderes ergibt. (2) Scheingeschäfte und Scheinhandlungen sind für die Besteuerung unerheblich. Wird durch ein Scheingeschäft ein anderes Rechtsgeschäft verdeckt, so ist das verdeckte Rechtsgeschäft für die Besteuerung maßgebend.)

2. 규정의 등장배경

이 규정은 외형상으로는 민법의 정신과 배치되는 것처럼 보인다. 왜냐하면 민법상 어떤 행위를 무효로 한다는 것은 당해 행위의 법적 효과를 부정한다는 것인데, 세법에서는 그러한 거래행위에 기초하여 과세를 하고 있기 때문이다. 그러나 이것은 민법의 정신과 배치되는 것이 아니라 민법과 세법이 기본적으로 추구하는 바가 다른 데에서 기인하는 당연한 현상이라고 이해하는 것이 옳다.

조세통칙법 제41조의 의의는 세금부과는 거래행위의 사법적 유효성이 아니라, 그 거래행위로 인하여 발생한 (과세 가능한) 경제적 성과를 전제로 하여 행해져야 한다는 세법의 대원칙을 확인한 점에 있다.

과세의 대상이 되는 경제적 거래행위가 민·상법적으로 유효하고 그 유효한 거래행위의 경제적 성과가 거래당사자에게 귀속된 경우 세법에 따라 과세가 이루어질 수 있는 것은 당연하다. 문제는 그러한 거래행위가 민·상법적으로 무효인데도 불구하고 유효한 거래행위처럼 경제적 성과가 거래당사자에게 귀속된 경우에 과세를 어떻게 할 것인가 하는 문제이다. 제41조는 이 경우에도 경제적 실질에 따라 유효한 법률행위와 동일하게 과세를 해야 한다는 원칙을 밝히고 있다.

3. 제1항의 적용요건

첫째, 독일 조세통칙법 제41조 제1항은 두 가지 행위유형을 전제하고 있다. 하나는 '처음부터 효력이 없는 법률행위'이고, 다른 하나는 '사후적으로 무효가 되는 법률행위'이다. 전자에 해당하는 것은 예컨대, 권리능력·행위능력의 부재, 강행법규위반행위 등이다. 후자에 해당하는 것은 처음 행위를 할 때는 유효하지만 취소, 해제조건의 성취, 계약기초의 상실로 인한 해제권 행사 등에 의하여 사후적으로 효력이 상실되는 경우를 말한다.

둘째, 거래행위의 경제적 효과가 이미 발생하여 납세자에게 귀속되어 있어야 한다. 이 요건은 민법상 무효행위임에도 불구하고 세법에서 과세를 하는 가장 중요한 이유를 내포하고 있다. 무효행위라고 하여 항상 과세가 되는 것이 아니고 이 요건이 충족되어야만 과세가 가능하다.

셋째, 무효행위에 대해 과세를 하지 않는다는 별도의 다른 규정이 없어야 한다. 조세통칙법 제41조는 무효인 법률행위라 하더라도 유효한 법률행위와 동일한 경제적 성과가 발생하여 납세의무자에게 귀속되어 있는 경우에는 유효한 행위와 동일하게 과세할 수 있다는 원칙을 선언하고 있는데, 개별 세법규정에서 이와 다른 규정을 둔 경우에는 당연히 제41조는 적용되지 않는다. 예컨대, 독일 소득세법 제26조는 '부부에 대한 과세'를 규정하고 있는데, 이때의 부부는 독일 민법 제1353조에 따른 유효한 부부여야 하고, 사실혼관계 등 비법정혼의 경우에는 아무리 경제적 성과라는 측면에서 법률혼부부와 유사한 관계에 있더라도 법률혼과 동일하게 취급하지 않는다.[387]

4. 제2항의 적용요건

제2항은 가장행위에 대해 규정하고 있다. 가장행위는 민법상으로도 무효이다. 세법은 그러한 가장행위 자체에 기초하여서는 아무런 조세법적 효과를 부여하지 않는다. 다만, 가장행위가 무효인 법률행위와 다른 점은 가장행위의 경우에는 당사자가 실제로 의도하는 다른 법률행위가 이면에 항상 숨겨져 있다는 사실이 전제된다는 점이다. 제41조 제2항의 취지는 바로 이러한 가장행위의 특성을 반영하여 가장행위를 통해 당사자가 의도한 다른 행위가 있다면 그 행위를 기초로 하여 과세를 하겠다는 것이다. 가장행위를 하면서 당사자들이 의도한 다른 행위가 무엇인지를 찾아내는 것은 대부분의 사법의 과제이다.

V. 조세회피방지를 위한 일반규정

1. 조세회피행위의 개념

우리나라에서는 보통 법률회피행위를 '탈법행위'로 번역한다. 독일에

387 독일에서는 2017년 7월 20일 독일 민법 개정으로 2017년 10월 1일부터 동성 간 부부관계로 합법화되었다.

서는 조세회피행위를 법률회피행위(Gesetzesumgehung)의 한 유형으로 보고 세법영역에서 발생하는 법률회피행위를 조세회피행위라고 한다.[388] 그래서 독일에서는 조세회피행위를 'Steuerumgehung'이라고 하는데, 이를 'Gesetzesumgehung im Steuerrecht' 즉 세법에서의 법률회피행위라고 표현하기도 한다. 조세법률주의원칙에 따라 세금은 법률에 근거하여 부과되므로 세금을 회피하여 납부하지 않거나 혹은 원래 납부해야 하는 금액보다 적게 납부하려는 자는 과세요건을 규정하고 있는 세법규정의 적용을 회피하려는 탈법행위(법률회피행위)를 하는 것이다.

2. 조세통칙법 제42조 조문의 소개

독일 조세통칙법 제42조는 조세회피행위를 방지하기 위한 일반규정으로, 1919년 독일 제국조세통칙법 제정 당시부터 존재했던 규정이다.

조세회피행위의 경우에도 납세자가 채택한 민·상법상의 법률행위방식과 그 법률행위방식을 통해 달성하고자 하는 경제적 성과는 불일치한다. 이러한 조세회피를 방지하기 위해 독일은 1919년 제국조세통칙법 시절부터 일반규정을 입법하여 포괄적으로 납세자의 조세회피시도를 억제하고 있다.

> 독일 조세통칙법 제42조
>
> 제42조 법적 거래구성방법의 남용 (1) 법적 형성가능성의 남용을 통하여 세법은 회피할 수 없다. 개별세법에 있어서 하나의 규정이 조세회피행위에 이용된 경우 그 규정의 구성요건이 충족되었다면 그 행위의 법적 효과는

388 K. Tipke, Die Steuerrechtsordnung III(Köln 1993), 1325; Lang, in: Tipke/Lang, Steuerrecht 16. Auflage(Köln 1998), 95.

회피행위에 이용된 그 규정에서 정한 대로 발생한다. 그렇지 않으면 제2항에서의 남용이 존재하는 경우 조세채무는 경제적 거래상황에 적절한 법률적 거래를 한 경우에 발생하는 것과 동일하게 발생한다.

(2) 적절한 거래구성을 선택한 경우와 비교하였을 때 납세의무자 또는 제3자에게 법적으로 예측하지 못한 조세혜택이 부여되는 부적절한 법적 거래구성을 납세자가 선택하였다면 거래행위의 남용이 인정된다. 납세자가 자신이 선택한 거래구성을 하게 된 조세혜택 이외의 근거를 제시하고 그 근거가 사실관계 전체를 고찰했을 때 주목할 만한 것이라고 한다면 제1문에서 언급한 것은 타당하지 않다.

(§ 42 Missbrauch von rechtlichen Gestaltungsmöglichkeiten. (1) Durch Missbrauch von Gestaltungsmöglichkeiten des Rechts kann das Steuergesetz nicht umgangen werden. Ist der Tatbestand einer Regelung in einem Einzelsteuergesetz erfüllt, die der Verhinderung von Steuerumgehungen dient, so bestimmen sich die Rechtsfolgen nach jener Vorschrift. Anderenfalls entsteht der Steueranspruch beim Vorliegen eines Missbrauchs im Sinne des Absatzes 2 so, wie er bei einer den wirtschaftlichen Vorgängen angemessenen rechtlichen Gestaltung entsteht.

(2) Ein Missbrauch liegt vor, wenn eine unangemessene rechtliche Gestaltung gewählt wird, die beim Steuerpflichtigen oder einem Dritten im Vergleich zu einer angemessenen Gestaltung zu einem gesetzlich nicht vorgesehenen Steuervorteil führt. Dies gilt nicht, wenn der Steuerpflichtige für die gewählte Gestaltung außersteuerliche Gründe nachweist, die nach dem Gesamtbild der Verhältnisse beachtlich sind.)

3. 규정의 성격

이 조문의 성격과 관련하여서는 의견이 대립된다. 판례와 다수설은 이 조문을 사실관계에 대한 간주규정 내지는 유추적 법적용규정으로 이해하

고 있고,[389] 근래의 유력설은 목적적 법 해석에 관한 규정으로 이해한다.[390]

그런데 이처럼 조세통칙법 제42조를 간주규정 내지는 유추적 법적용에 관한 규정으로 이해하게 되면 목적적 해석의 일환이라고 하는 경제적 관찰방법과 이 규정이 서로 다른 차원에서 설명되어야 하는 문제가 발생한다. 그래서 실제로 학자들 중에는 조세통칙법 제42조를 나머지 경제적 관찰방법에 관한 규정들과 분리해서 별개로 설명하는 학자들도 있다.

하지만 이러한 견해들에 따르더라도 조세통칙법 제42조와 경제적 관찰방법이 본질적으로 추구하고자 하는 방향이 동일하다는 점에는 공감대가 형성되어 있다.

4. 요건[391]

조세회피행위방지에 관한 일반규정이 적용되기 위해서는 다음과 같이 세 가지 측면에서의 요건을 검토해야 한다.

첫째, 법적 거래구성방법(Gestaltungsmöglichkeiten des Rechts)의 남용이 있어야 한다.[392] 법적 거래구성방법이라 함은 계약자유의 원칙에 의거하여 당사자가 자신의 거래를 구성할 수 있는 다양한 가능성을 말한다. 이러한 법적 거래구성방법은 과세대상거래행위가 대부분 사법상의 거래행위임을 고려할 때 '사법적인' 거래구성방법이 가장 중요하다. 하지만 일부의 경우에는 예컨대, 면허취득처럼 공법적 행위도 과세의 대상이 되므로 공법적 거래구성방법도 여기에 포함이 된다. 조세회피행위가 되기

389 Vgl. Dong-Sik Lee, Methoden zur Verhinderung der Steuerumgehung und ihr Verhältnis zueinander, GCA Verlag, 1999, 204-207.

390 Dong-Sik Lee, Methoden zur Verhinderung der Steuerumgehung und ihr Verhältnis zueinander, GCA Verlag, 1999, 204-209.

391 이에 대한 자세한 설명은 이동식, 「독일의 일반규정을 통한 조세회피행위 방지」, 『공법연구』 제31집 제4호, 2003. 5., 349-354면 참고.

392 'Gestaltungsmöglichkeit'를 '형성가능성'으로 번역하기도 한다.

위해서는 납세자가 행사한 법적 거래구성방법이 '남용(Missbrauch)'이라는 판단을 받아야 한다. 독일 조세통칙법 제42조의 출발점이 된 1919년 독일 제국조세통칙법 제5조와, 그 규정을 그대로 계승한 1931년 독일 제국조세통칙법 제10조는 제2항에서 '남용' 개념을 상당히 자세하게 규정하고 있었다.[393] 즉, 어떤 경우에 남용을 인정할 수 있는지를 입법자가 정의해 두고 있었던 것이다. 그런데 1934년 조세조정법은 제6조에서 1919년 독일 제국조세통칙법 제5조와 1931년 독일 제국조세통칙법 제10조를 승계하여 규정하면서 남용 개념에 대한 정의 규정을 삭제하였다. 입법자가 이 규정을 삭제한 이유는 해당 규정이 일반적 조세회피 방지 규정인데 엄격한 남용 개념의 정의를 통해 이 규정이 개별사례에서 탄력적으로 적용되는 것을 어렵게 한다는 이유 때문이었다.[394] 그 이후에는 한동안 남용의 구체적 의미에 대해 판례와 학설에 위임을 해 두고 있는 상태였으며, 판례와 학설은 대략 세 가지 요건에 의해 남용의 인정 여부를 결정하였다. 즉, ① 선택된 법률행위방식이 그것을 통해 당사자가 달성하고자 하는 경제적 상황과 비교할 때 부적합하거나 이상하고, ② 그러한 부적합한 법률행위방식의 선택이 납세자의 세부담 경감으로 이어져야 하고, ③ 그러한 부적합한 법률행위방식의 선택이 경제적 내지는 그 밖의 다른 상당한 이유에 의해 정당화되지 않아야 한다. 독일 조세통칙법 제42조가 2007년 12월 20일 개정되어 2008년부터 발효되었는데, 개정된 조문 제2항은 "적절한 거래구성을 선택한 경우와 비교하였을 때 납세의무자에게 또는 제3자에게 법적으로 예측하지 못한 조세혜택이 부여되는 부적절한 법적 거래구성을 납세자가 선택

393 독일 조세통칙법 제42조의 변천역사에 대해서는 참고, Dong-Sik Lee, Methoden zur Verhinderung der Steuerumgehung und ihr Verhältnis zueinander, GCA Verlag, 1999, 201 ff.

394 Amtliche Begründung zu § 6 des Steueranpassungsgesetzes, RStBl. 1934, 1398(140 ff.).

하였다면 거래행위의 남용이 인정된다. 납세자가 자신이 선택한 거래구성을 하게 된 조세혜택 이외의 근거를 제시하고 그 근거가 사실관계 전체를 고찰했을 때 주목할 만한 것이라고 한다면 제1문에서 언급한 것은 타당하지 않게 된다."라는 문구를 추가하여 남용을 다시 정의하고 있다. 실제 내용은 종래 학설과 판례에 의해 주장된 부분과 거의 유사해 보인다.

둘째, 이러한 법률행위방식의 선택에 의해 조세법규의 회피가 있어야 한다. 조세법규의 회피가 있다는 것은 원래 적용되어서는 안 되는 세법규정이 외형상 적용될 수 있는 것처럼 사실관계가 구성되었거나 반대로 원래 적용되어야 할 세법규정이 외형상 적용될 수 없는 것처럼 사실관계가 구성되어 있음을 의미한다.[395]

셋째, 독일에서는 조세회피행위가 되기 위해서는 주관적인 회피의사가 필요하다고 보고 있다. 이러한 결론이 나오는 이유는 조세통칙법 제42조에서 사용하고 있는 '남용(Missbrauch)'이라는 단어가 주관적 의사를 가진 행위로 이해되기 때문이다. 하지만 판례는 부적합한 거래행위방식이 존재하는 경우에는 회피의사가 존재하는 것으로 추정해 주므로 실제 객관적 요소만 입증되면 주관적 요소는 자동적으로 존재하는 것으로 정리가 된다. 따라서 실제 사례에서는 주관적 회피의사가 필요하다는 것이 별 의미가 없다.

5. 법적 효과

이러한 조세회피행위 요건이 충족되는 경우 어떤 법적 효과가 발생하는지에 대해서는 조세통칙법 제42조 제1항에서 규정하고 있다. 우리나

395 전자는 비과세감면규정이 문제되는 경우이고, 후자는 과세규정이 문제되는 경우이다. 대다수는 후자의 경우이다.

라에서 주로 '탈법행위'로 번역하고 있는 법률회피행위라는 것이 통상의 경우 A규정이 적용되어야 하는 사례인데 탈법행위로 마치 B규정이 적용될 법한 거래구성을 하는 것을 말한다. 이러한 법률회피행위를 '규제'한다는 것은 거래 당사자의 의도와 달리 이러한 거래구성에 대해 B규정을 적용하지 않고 A규정을 적용한다는 것이다. 조세통칙법 제42조 제1항 제2문은 이 부분을 "개별세법에 있어서 하나의 규정이 조세회피행위에 이용된 경우 그 규정의 구성요건이 충족되었다면 그 행위의 법적 효과는 회피행위에 이용된 그 규정에서 정한 대로 발생한다."라고 규정하고 있다. 이를 달리 표현하면 거래방식의 남용이 있게 되면 조세채무는 납세자가 경제적 거래상황에 적절한 법률적 거래를 한 경우와 동일한 내용으로 발생하게 된다. 물론, 제42조에 대한 특칙이 개별 세법에 규정된 경우에는 그 특칙규정이 우선하게 된다.[396]

Ⅵ. 차용 개념의 해석

1. 차용 개념의 의의

독일에서도 세법전에 민·상법과 같은 사법에서 발전한 용어를 차용하여 과세요건 등을 규정하는 경우가 다수 존재한다. 이러한 개념을 독일에서는 '민법에서 먼저 형성된 개념(ein zivilrechtlich vorgeprägter Begriff)'이라고 표현한다. 이러한 경우 그러한 용어를 어떻게 해석할 것인지, 즉 그 개념이 원래 형성된 민·상법에서 해당 개념을 이해하는 것과 동일하게 세법에서도 이해해야 하는지, 아니면 세법에서는 그와 달리 해석할 수 있는지가 문제된다. 그래서 이 문제는 기본적으로는 세법의 해석과 관련한 문제이다. 이것과 관련하여 경제적 관찰방법이 중요한 역할을

---

396 Englisch, in Tipke/Lang Steuerrecht 21. Aufl., 2013, § 5 Rn. 134.

하였다는 것은 이미 언급한 바 있다.

이 원칙을 처음으로 법조문에 규정한 1919년 제국 조세통칙법 제4조는 "세법규정들의 해석에 있어서는 그 규정의 목적, 그 규정의 경제적 의의 그리고 사실관계의 변화들이 고려되어야 한다.(Bei Auslegung der Steuergesetze sind ihr Zweck, ihre wirtschaftliche Bedeutung und die Entwicklung der Verhältnisse zu berücksichtigen.)"라고 규정하고 있었는데, 이 조문이 세법 해석에 있어서(Bei Auslegung der Steuergesetze) 고려하도록(berücksichtigen) 한 요소 중 특히 '해석대상조문의 경제적 의미(ihre wirtschaftliche Bedeutung)'를 어떻게 이해할 것인지가 문제되었다.

이 문제에 대해 독일에서는 지금까지 다양한 견해가 존재하였고 전체적으로는 세 개의 발전단계를 거친 것으로 정리할 수 있다.[397]

2. 1919년 제국조세통칙법 제4조 제정 이후

1919년 제국조세통칙법 제정 이전 독일의 판례는 세법에서 사용하는 사법상 법률행위 개념을 해석함에 있어서 사법상 그것과 동일하게 해석해야 한다는 입장이 지배적이었다. Enno Becker는 이러한 판례입장을 변경하기 위하여 1919년 제국조세통칙법 제4조를 입안하였다.[398]

그는 이 규정에 따른 경제적 관찰방법을 '총괄적인 교정수단(ein allgemeines Korrektiv)'으로 이해했다.[399] 즉, 사법에서 차용되어 세법상 과세요건을 규정하기 위해 사용되고 있는 개념들은 원래 사법에서와 동일하게 해석되어야 하지만, 제국조세통칙법 제4조에 의하여 세법조문의 경제적 의미를 고려하여 해석되는 것으로 전환된다고 보는 것이다.

397 K. Tipke, Die Steuerrechtsordnung III(Köln 1993), 1286. 경제적 관찰방법의 역사적 발전과정에 대한 상세한 설명은 H. Beisse, StuW 1981, 4 f.; H. G. Ruppe in: HHR, Einf. ESt Rn. 452–454 참고.

398 K. Tipke, Die Steuerrechtsordnung III(Köln 1993), 1285.

399 Enno Becker, StuW 1932, 481, 542 f.

이 입장을 취하는 이들은 경제적 거래행위를 과세대상으로 하는 세법을 입법하면서 입법자는 사법상 차용 개념을 불가피하게 보조수단으로 활용하였지만,[400] 세법이 그 개념을 활용하여 과세대상으로 하고자 하는 것은 세법상 차용 개념이 나타내는 특정 법률행위 자체가 아니라 사법에서 그 개념을 통해 규율하고자 하는 경제적 거래상황 내지는 이해관계라고 본다. 예컨대, 임대차에 해당하는 'Vermietung'이라는 개념을 소득세 과세요건으로 규정한 경우에 임대소득으로 과세하고자 하는 것은 임대차라는 거래형식으로 획득한 소득에 한정하는 것이 아니고 임대차처럼 타인의 부동산을 제한된 시간 동안 사용하고 그 대가를 지불하는 경우인 한 그것이 민법상 임대차이든 전세권이든 모두 과세대상으로 하겠다는 뜻으로 이해하는 것이다. 이들은 민법상 개념은 과세요건을 이해하는 하나의 예시 정도로 보고, 그것과 경제적 측면에서 동일한 것은 폭넓게 모두 과세대상으로 이해하려고 하였다.

그 당시 경제적 관찰방법에 따른 차용 개념 이해는 세법의 규정 목적 등은 고려하지 않고 오로지 거래행위의 경제적 의미만을 고려하는 식으로 운영된 측면이 있었다. 예컨대, 과거 부동산취득세법 제1조 제3항은 인적 회사를 통한 부동산취득세 회피행위를 규제하기 위하여 부동산을 보유한 회사의 지분을 '전부' 양도하여 실질적으로 부동산을 취득했음에도 법률적으로는 부동산을 취득한 것이 아니라 회사의 지분을 취득한 데 불과한 것이 되어 부동산취득세를 납부하지 않는 경우가 생기지 않도록[401] 법조문은 "부동산을 보유한 회사의 모든 지분을 양도하기로 합의하는 경우(Die Vereinigung aller Anteile einer Gesellschaft mit Grundbesitz)"

400 갑작스레 많은 세법조문을 새롭게 입법해야 하는 입법자 입장에서는 세법 고유의 개념이 형성되지 않았으므로 부득이 사법에서 개념을 차용하여 과세요건을 규정할 수밖에 없는 상황이었다.

401 이동식, 「독일의 지방세 제도」, 한국지방세연구원, 2012. 12., 75-76면.

취득세 납세의무가 발생하는 것으로 규정하고 있었는데,[402] 판례는 경미한 지분(Zwerganteile)은 경제적으로 의미가 없다고 보고 전부 지분을 취득한 것으로 이해하여 취득세 납세의무가 발생한다고 보았다.[403]

3. 1950년대 중반 이후

세법의 규정 목적 등과 관계없이 오로지 경제적 측면에서 차용 개념을 이해하는 것에 대한 반대 움직임은 대략 1955년경에 생겨나기 시작하였다고 한다.[404] 이들은 차용 개념은 세법에서 반드시(또는 가능한 한) 사법상의 의미대로 해석해야 한다고 주장하였다.[405] 그 주요논거로는 첫째, 세법에 대한 사법의 우월성을 인정해야 한다는 점, 둘째, 법의 통일성, 셋째, 법적 확실성과 납세자의 신뢰보호 내지는 행동의 자유공간 보장 등을 들고 있다.[406]

이들의 입장에 따르면 결과적으로 세법에 대하여 사법의 우월성이 확보되고, 그렇게 되면 세법은 사법적 거래행위의 결과로 발생하는 법적 효과를 규율하는 법이 된다.

4. 1960년대 중반 이후

대략 1965년 정도에는 이에 대해 새로운 입장이 등장하기 시작하였

402 현재는 법조문이 개정되어 '전부 지분'이 아니라 '95% 이상'으로 변경되었다.

403 RFHE 52, 217; BHF BStBl. 11951 III, 239; BHF BStBl. 1962 III, 133.

404 K. Tipke, Die Steuerrechtsordnung III(Köln 1993), 1288.

405 세법에 별도의 명시적 규정이 없는 한 사법에서의 차용 개념은 세법에서의 의미대로 해석·적용되어야 한다는 견해는 독일에서 1919년 제국조세통칙법(Reichsabgabendordnung)이 등장하기 전 연방재정법원의 태도이기도 하였다(RFHE 1, S. 205). E. Becker, RAO, 7. Aufl., Karl Heymanns Verlag, Berlin, 1930, § 4 Rn. 23.

406 G. Crezelius, Steuerrechtliche Rechtsanwendung und allgemeine Rechtsordnung, Verlag Neue Wirtschafts-Briefe, Herne/Berlin, 1983, S. 183; J. P. Meincke, Verfassungsgericht zum Verhältnis von Steuerrecht und Zivilrecht, StuW 1992, 186 (190).

다.[407] 이들은 경제적 관찰방법이라는 것이 특별히 세법에만 독특한 법 해석방법이 아니고, 모든 경제적 거래행위를 규율하는 법에서 등장할 수 있으며, 이에 따른 법 해석이라는 것은 결국 세법의 목적적 해석과 다르지 않다고 보았다. 즉, 동일한 개념이 사법과 세법에 등장하는 경우에도 각 법이 그 개념을 통하여 추구하고자 하는 목적은 다르므로 사법상 차용 개념이 세법에서 사용된다고 하여 그것을 사법상 의미대로 해석해야 할 당위성은 없다는 것이다.

이 입장은 다시 그 강조하는 바에 따라 크게 몇 개의 유형으로 나눌 수 있었다고 한다.[408] 첫째는 동일한 개념은 법률적으로 동일한 개념으로 해석될 것을 기본적으로 요구받는다고 보고, 사법상 차용 개념은 원칙적으로 세법에서도 사법에서와 동일한 의미로 해석되어야 하지만, 예외적으로 세법에서 명확하게 확인이 되는 목적이 다른 해석을 요구하는 경우에는 사법상 의미와 달리 해석이 가능하다는 입장이다.[409] 둘째 입장은 동일한 개념이라고 하더라도 규율하는 법 영역별로 달리 해석될 것이 요구되고 또 그러한 해석은 당연히 정당화되어야 한다고 보고 공평과세를 추구해야 하는 세법 영역에서 대부분의 경우 차용 개념을 사법상 의미와 달리 해석할 것이 요구된다고 보아야 한다는 견해이다.[410] 셋째는 그 중간 입장으로, 첫 번째와 같은 추측도 두 번째와 같은 추측도 법적으로는 명확한 근거가 없다고 보고 세법규정의 목적적 해석에 따라 차용 개념은 세법에서 사법과 동일하게 해석될 수도 있고, 다르게 해석될 수도 있다고 보는 입장이다.[411]

---

407 K. Tipke, Die Steuerrechtsordnung III(Köln 1993), 1289.

408 K. Tipke, Die Steuerrechtsordnung III(Köln 1993), 1289–1290.

409 W. Gassner, Interpretation und Anwendung der Steuergesetze, Wien, 1972, S. 130.

410 H. W. Kruse, in: Festschrift für H. Paulick, 1973; ders., in: K. Tipke/H. W. Kruse, AO/FGO, § 4 AO Tn. 107a, b.

411 K. Tipke, Die Steuerrechtsordnung III(Köln 1993), 1291–1296.

5. 현재의 통설과 판례

현재 독일의 통설과 판례는 법질서의 통일성이 결코 세법에 대한 사법의 우월성을 의미하는 것은 아니라고 이해한다. 즉 세법의 독자적 체계성을 긍정하고 개별세법규정의 목적적 해석에 따라 차용 개념에 대한 사법의 해석이 세법에서도 그대로 타당할 수 있는지 여부가 결정된다고 본다.[412]

그래서 세법규정의 목적적 해석에 따를 때 차용 개념을 수정 없이 그대로 세법상 과세요건으로 받아들이는 경우라고 이해된다면 차용 개념에 대한 사법상 해석은 세법에서도 그대로 유효하게 되는 것이고, 세법규정의 목적적 해석이 차용 개념을 사법에서와 달리 해석할 것을 요구한다면 그 경우 해당 개념은 세법에서 사법과 달리 이해될 수 있다는 것이다.[413]

Ⅶ. 유추적 법적용의 허용 여부

1. 실질과세원칙과 유추적 법적용의 관계

독일 세법에서 실질과세원칙과 유추적 법적용의 관계가 중요한 이유는 독일에서 전자를 통상적인 세법 해석방법으로 이해하고 있으며, 일반적인 법학방법론에서 일반적인 법 해석·적용과 유추적 법적용은 그 구분이 모호하며 보통의 경우 실정법의 해석범주에는 유추적 법적용까지 포함하는 것으로 이해하고 있기 때문이다. 예컨대, 하나의 조세회피행위에 대한 대응에 있어서 조세통칙법 제42조가 아니라 납세자가 회피하려고 한 개별세법규정의 해석론에 의하여 그 행위를 규제할 수 있는지 여부를 검토할 때 일반적인 법 해석방법에 의해서만 해당 규정의 포섭범위를 결정하는 것보다는 유추적 법적용을 하게 되면 더 많은 사례들을 포섭할 수 있게 될 것이다. 이렇게 되면 그만큼 조세통칙법 제42조

412 Englisch, in: Tipke/Lang, Steuerrecht 23. Auflage, 2018, § 5 Rn. 71.
413 Englisch, in: Tipke/Lang, Steuerrecht 23. Auflage, 2018, § 5 Rn. 72, 73.

와 같은 규정이 개입할 여지는 적어지는 셈이다.

2. 학설

독일에서도 학설의 경우 납세자에게 유리한 유추적 법적용은 이론 없이 허용된다고 보고 있다. 문제는 납세자에게 불리한 세법규정의 유추적 적용이다. 1970년대까지는 주로 부정적인 의견이 주를 이루었다. 하지만 1980년대 이후에는 이를 긍정하는 견해가 과거에 비해 조금 더 증가하는 추세이다.

납세자에게 불리한 세법규정의 유추적 적용을 부정하는 견해들은 첫째, 형법규정의 유추적용이 금지되는 점, 둘째, 세법규정의 고유한 속성상 유추적용은 허용되지 않는다는 점, 셋째, 민주국가원리, 권력분립원칙, 법치국가원리 등 다양한 헌법적 원칙에 의거하여 납세자에게 불리한 세법규정의 유추적용은 허용되지 않는다는 점을 그 논거로 들고 있다. 이에 반대하여 이를 긍정하는 견해는 첫째, 형법규정의 유추적용이 금지되므로 세법규정의 유추적용도 금지되어야 한다는 논거는 죄형법정주의와 조세법률주의를 동일한 법원칙으로 이해해야만 가능한데 양자는 역사적 발전과정이 비슷한 점이 있지만 그 법이론적 성격은 매우 다르므로 타당하지 않고, 둘째, 세법규정의 고유한 속성상 유추적용은 허용되지 않는다는 논거의 경우에도 세법규정이 그러한 고유한 속성을 가지고 있다는 것 자체가 논란의 대상이며, 셋째, 납세자에게 불리한 세법규정의 유추적용은 민주국가원리, 권력분립원칙, 법치국가원리 등 다양한 헌법적 원칙에 반한다는 논거에 대해서는 유추적 법적용은 이러한 원칙에 반하는 것이 아니라 이러한 원칙을 보완해 주는 기능만 할 뿐이라는 입장이다.[414]

414 자세한 논거들에 대해서는 Dongsik Lee, Methoden zur Verhinderung der Steuerumgehung und ihr Verhältnis zueinander, GCA Verlag, 1999, 167 ff 참고.

3. 판례

연방재정법원은 적어도 외부로 드러난 판결문을 기초로 하면 대부분 납세자에게 불리한 세법규정의 유추적용을 부정하고 있다. 예외적으로 납세자에게 불리한 세법규정의 유추적용을 긍정한 사례도 있다.[415]

415 BFH Urteil vom 10. 3. 1978 VI R 111/76, BStBl. II 1978, 459, 461.

제 6 장

각국 실질과세원칙의 비교법적 고찰

제1절 | 세법상 실질과세원칙을 지칭하는 용어와 개념정의 등

I. 각국의 상황

한국의 조세 관련 문헌에서 본격적으로 실질과세원칙이라는 개념이 등장한 시기는 1974년 12월 21일 국세기본법에 이 원칙을 성문화하면서부터이다. 현재는 대부분의 세법 교과서에서 그 개념을 설명하고 있는 법원칙이지만 1974년 이전의 조세관련 교과서에서는 그 개념 자체가 등장하지 않았다.

학자들이 실질과세원칙을 개념정의하는 바는 크게 다르지 않아 보인다. 그중 하나를 소개해 보면 김완석·박종수·이중교·황남석은 "실질과세원칙이라 함은 조세부담의 공평이 이루어지도록 경제적 의의 또는 실질을 기준으로 하여 세법을 해석하고 과세요건사실을 인정하여야 한다는 원칙으로서 세법의 기본원칙인 조세평등주의를 실현하기 위한 실천적 원리이다."라고 정의하고 있다.[416] 실질과세원칙이 세법의 해석뿐만 아니라 적용에 이용되는 원리라는 점, 세법의 경제적 의의 또는 실질을 기초로 과세해야 함을 명확하게 정의하고 있는 점이 주목된다. 우리나라의 대법원은 실질과세원칙을 "납세의무자가 소득이나 수익, 재산, 거래 등의 과세요건사실에 관하여 실질과 괴리되는 비합리적인 형식이나 외관을 취한 경우 형식이나 외관에도 불구하고 뒤에 숨어 있는 실질에

416 김완석·박종수·이중교·황남석, 『국세기본법 주석서』, 삼일인포마인, 2017, 180면.

따라 과세요건이 되는 소득이나 수익, 재산, 거래 등의 발생, 귀속과 내용 등을 파악하여 과세하여야 한다는 국세부과의 원칙을 말한다."라고 정의하고 있다.[417]

일본 세법 문헌에서 우리나라의 실질과세원칙에 상응하는 개념으로 사용하는 것이 실질과세의 원칙(實質課稅の原則)[418] 혹은 실질주의(實質主義)이다.[419] 이는 형식과 실질이 다를 경우 후자에 따라 과세를 해야 한다는 원칙이다.[420] 이 개념은 주로 소득세와 법인세에서 논의되고 있다. 그 이유는 첫째, 해당 세목이 세수나 납세인원의 면에서 보아도 중요하다는 점, 둘째, 다른 나라와 달리 일본에서는 이 원칙을 주로 실질귀속에 관한 원칙으로 이해하는 측면이 강하다는 점을 들 수 있다. 그래서 어떤 교과서에서는 세법 일반이론을 설명하면서도 실질과세의 원칙 혹은 실질주의라는 용어를 사용하지 않고 그 대신 '과세물건의 귀속(課稅物件の歸屬)'이라는 장 아래에서 '실질귀속자과세의 원칙(實質歸屬者課稅の原則)'이라는 용어만을 사용하기도 한다.[421] 일본에서 세금을 실질귀속자에게 부과해야 한다는 주장은 제2차 세계대전 전의 행정재판소 판결에 이미 등장하였다. 이러한 행정재판소 시대의 판례가 제2차 세계대전 후 소득세법과 법인세법에 입법되게 된 것이다.

미국 세법상 우리나라의 실질과세원칙에 상응하는 개념은 ① 실질우위원칙(substance over form doctrine), ② 가장행위이론(sham transaction doctrine), ③ 단계거래원칙(step transaction doctrine), ④ 사업목적원칙(business purpose doctrine), ⑤ 경제적 실질원칙(economic substance doctrine) 등 총 다

---

417 대법원 2015. 9. 10. 선고 2010두1385 판결.

418 山田二郎, 「実質課税の原則」, 『法律のひろば』 30巻1号.

419 谷口勢津夫, 『税法基本講義[第5版]』, 弘文堂, 2016, 52頁.

420 谷口勢津夫, 『税法基本講義[第5版]』, 弘文堂, 2016, 52頁.

421 金子宏, 『租稅法[第9版增補版]』, 弘文堂, 2004, 168頁 以下.

섯 가지가 있다. 그중 실질우위원칙이 최상위 원칙이고 나머지 네 개 원칙은 그 하위원칙으로 이해하고 있다. 그런데 실제로 현재 가장 중요하게 취급되는 것은 경제적 실질원칙이다. 실질우위원칙은 세법의 해석·적용은 거래행위의 사법적(私法的) '형식(form)'이 아니라 '실질(substance)'에 따라 이루어져야 한다는 것을 내용으로 하고, 경제적 실질원칙은 납세자가 연방 세금의 감면을 목적으로 거래행위를 하였고, 거래 이전과 비교하였을 때 그러한 세금감면 이외에는 납세자의 경제적 지위에 의미 있는 변화가 없다고 판단되면 그 거래로부터 야기된 세금혜택은 부인될 수 있다는 것을 그 내용으로 한다.

독일 세법상 실질과세원칙에 상응하는 개념은 '경제적 관찰방법'이라고 번역하는 'Wirtschaftliche Betrachtungsweise'이다. 독일 세법상 이 용어가 처음 등장한 것은 1919년 제국조세통칙법(RAO)에서이다. 이 원칙은 세금부과는 민·상법상의 법률행위 방식이 아니라 그 거래의 경제적 의미에 따라 이루어져야 한다는 것을 내용으로 한다.

Ⅱ. 시사점

실질과세원칙이라는 용어의 사용 측면에서 보았을 때 일본은 실질과세원칙을 귀속에 관한 원칙으로만 이해한다는 점에서 다른 비교국가들과 차이가 있다. 그 외에 독일과 미국은 실질과세원칙이라는 것이 본질적으로 거래행위의 경제적 의미에 따른 과세를 허용하는 것이라는 점이 개념정의에서 명확하게 드러난다. 하지만 우리나라의 실질과세원칙 개념정의는 그렇지 않은 측면이 있다. 우리 세법상 실질과세원칙에 관한 개념정의를 보면 단순히 '형식'이 아닌 '실질'에 따른 과세를 요구하는 법원칙이 실질과세원칙이라고 하지만 이때 '형식'은 무엇을 의미하는지 '실질'은 어떻게 파악하는지에 대해 개념정의 자체만으로는 실마리를 찾을

수 없는 상황이다.[422]

또한, 실질과세원칙에 대한 개념정의에서 우리나라의 한 가지 특색은 우리나라에서 실질과세원칙을 규정하는 가장 기본이 되는 조문이라고 할 수 있는 국세기본법 제14조의 문언과 연계하여 정의하는 점이라고 할 수 있다. 물론 국세기본법 제14조를 창설적 규정으로 이해하는지 아니면 선언적 규정으로 이해하는지에 대해서는 의견이 대립된다.

422 물론 이러한 점을 실질과세원칙에 대한 개념정의에서 명확하게 해 두는 경우도 있다. 예: 김완석·박종수·이중교·황남석, 『국세기본법 주석서』, 삼일인포마인, 2017, 180면.

제2절 | 세법상 실질과세원칙의 세법 독자적 원칙성 긍정 여부

I. 각국의 상황

세법상 실질과세원칙의 세법 독자적 원칙성 긍정 여부는 실질과세원칙이 세법영역에서 특별히 인정되는 법원칙인지 아니면 다른 법영역에서도 당연히 인정되는 법원칙인지에 대한 논의를 말한다. 실질과세원칙이 세법 독자적 원칙인지 아닌지를 논하는 실익은 세법상 실질과세원칙이라는 것에 기초하여 민·상법 등 다른 법에 의해 규율하지 못하는 것을 세법 독자적으로 규율할 수 있는지 여부에 있다. 즉, 이 원칙을 세법 독자적 원칙이라고 보는 입장은 민·상법에 의하여 유효한 행위라고 하더라도 이 원칙에 의거하여 세법적으로는 해당 행위가 형식에 불과하므로 세법에 의할 때 실질이라고 할 수 있는 다른 행위를 찾아내어 그것에 기초하여 과세해야 한다는 것을 이 원칙의 내용으로 이해하는 것이다. 반면, 이 원칙을 세법 독자적 원칙이라고 보지 않는 입장은 민·상법에 의하여 유효한 행위는 사적 자치의 원칙에 따라 기본적으로 세법의 해석·적용에 있어서도 그대로 존중되어야 하는 것으로 이해한다.

한국에서 이 쟁점에 대한 논의는 많지 않았다. 대체적으로 과거에는 실질과세원칙의 세법 독자적 원칙성을 부정하는 입장이 다수설이었다고 할 수 있고, 판례도 같은 입장이었다. 하지만 현재는 적어도 문헌의 다수 견해는 그러한 독자성을 긍정하는 입장이라고 이해된다.

일본에서는 실질과세원칙이라는 것이 모든 법영역에서 인정되는 실질주의를 세법에서 구현하는 원칙이라고 이해하므로 이 원칙이 세법 독자적 원칙은 아니라고 본다. 이는 일본의 학설과 판례가 실질과세원칙에서의 실질을 법적 실질로 이해하는 입장과 연관이 있다.

미국의 경우에는 미국 세법상 실질과세원칙과 관련한 법원칙이 판결을 통해 처음으로 확립된 것이 1935년 Gregory v. Helvering case를 통해서이다. 19세기부터 이 판결이 있기 전까지 미국에서는 세법의 해석과 적용이 항상 엄격하게 문언에 충실하게 이루어져야 한다고 생각해 왔는데, 이러한 입장에 따르면 실질과세원칙이라는 것이 세법 독자적 원칙으로 기능할 수 없다. 그러나 Gregory v. Helvering case 이후 미국에서 실질과세원칙은 세법 독자적 법원칙으로 작동하고 있다.

독일의 경우에도 1919년 제국조세통칙법 제정 이전에는 세법조문을 해석함에 있어서는 민법과 같은 사법에 있어서의 법률용어의 이해에 구속되고, 과세요건사실을 판단함에 있어서도 그 거래가 사법적으로 어떤 식으로 법률관계가 형성되는지에 구속되어야 하는 것으로 이해하였다. 이것을 독일 문헌에서는 '형식적 법적 관찰방법(formalrechtliche Betrachtungsweise)'이라고 표현한다. 1919년 독일 제국조세통칙법에 처음으로 경제적 관찰방법(Wirtschaftliche Betrachtungsweise)을 입안한 Enno Becker는 이러한 법 해석방법을 입법을 통해 극복하고자 하였다. 즉, 1919년 제국조세통칙법의 제정취지는 실질과세원칙이 세법 독자적 원칙으로 작동할 수 있도록 하기 위함이었다. 그 이후 나치시대에는 행정당국이 이러한 취지의 실질과세원칙을 남용하기도 하였고 그래서 제2차 세계대전 이후에는 그에 대한 반동으로 다시 세법규정의 엄격한 해석을 요구하는 입장이 강세를 취하다가 1980년 중반부터는 경제적 실질에 따른 과세를 허용하여 실질과세원칙이 세법 독자적 원칙으로 작동할 수 있게 되었다.

Ⅱ. 시사점

실질과세원칙이 본래의 기능을 수행할 수 있으려면 이 원칙이 세법 독자적 원칙임이 인정되어야 한다. 그래서 독일과 미국은 각각 1919년, 1935년부터 실질과세원칙이 세법 독자적 법원칙임을 긍정하였다. 여전히 법적 실질설이 강하게 지배하고 있는 일본의 경우에는 지금도 이를 부정하고 있다. 우리나라의 경우 지금까지 이 쟁점에 대한 논의가 충분하지는 않았지만 앞으로 이를 긍정하는 쪽으로 이해해 나가야 할 필요성이 있다고 할 것이다.

제3절 | 세법상 실질과세원칙의 법적 근거의 존재 여부와 그 의미

Ⅰ. 각국의 상황

현재 우리나라에는 국세기본법 제14조에서 실질과세원칙을 규정하고 있다. 이 규정은 총 3개 항으로 구성되어 있다. 그중 제1항과 제2항은 1974년 법률개정으로 신설되었고, 제3항은 2007년 법률개정으로 추가되었다. 이 규정은 독일의 경제적 관찰방법에 영향을 받아 입법된 것으로 보인다. 국세기본법 제14조가 입법되기 이전에는 1967년 11월 29일 법인세법이 법률 제1964호로 전면개정되면서 법인세법 제3조가 신설되었다. 이 조문의 표제는 '실질과세원칙'이었지만 그 내용은 귀속에 관한 실질과세원칙만을 규정하고 있었다.

현재 대부분의 학자들은 실질과세원칙이라는 것이 별도의 성문법적 근거 없이도 효력을 발휘할 수 있는 원칙이라고 본다. 이러한 입장에 따르면 실질과세원칙을 규정한 성문법 규정이 있다면 그 규정은 창설적 규정이 아니라 선언적 규정으로 이해된다. 다만, 이때 국세기본법 제14조 제3항도 당연히 포함해서 실질과세원칙을 이해한 것인지는 명확하지 않다. 국세기본법 제14조 이외에 개별 세법에서 실질과세원칙을 규정한 사례는 많다. 소득세법과 법인세법상 부당행위계산부인제도가 대표적이다. 그 외에 완전포괄주의 증여 개념을 입법해 두고 있는 상증세법 제2조 제6호, 국제거래에 있어서 실질과세원칙을 규정한 「국제조세조정에 관한 법률」 제2조의2 등이 개별규정으로서 중요한 의미를 가진다.

일본의 경우에는 세금을 부과하면서 거래의 실질에 기초하여야 한다는 실질과세의 사고방식은 명치(明治)시대 때 이미 발생한 것이라고 한다. 하지만 그 취지가 개별규정으로 실정법에 명기된 것은 대정(大正) 11년(1922) 4월에 세제를 개정하면서 신탁재산에서 발생하는 소득에 대해 신탁이익의 수익자가 그 신탁재산을 가지는 것으로 간주하여 소득세를 부과한다는 규정이 만들어진 것이 처음이었다. 그 후 대정 12년(1923) 3월 세제개정에 따라 동족회사(同族會社)에 대한 행위계산부인규정이 신설되었다. 전자는 소득의 귀속에 관한 실질과세원칙을, 후자는 조세법의 해석·적용에 관한 실질과세원칙을 각각 표방한 것이라고 평가할 수 있다.

일본에서 실질과세원칙에 관한 법조문이 본격적으로 정리된 것은 제2차 세계대전 이후 소화(昭和) 28년(1953) 8월의 세법개정을 통해서이다. 이때의 세법개정을 통해 현재와 같이 소득세법과 법인세법에 각각 '실질소득자과세의 원칙'에 관한 내용이 처음으로 입법되었다. 이러한 실질소득자과세원칙은 관련 입법이 있기 전 이미 판례에 의해 인정되던 사항을 입법을 통해 명확화한 것이므로 창설적인 규정은 아니라고 이해되고 있다. 소화 28년(1953) 8월의 세법개정 다음으로 주목해야 할 것은 소화 36년(1961) 7월에 있었던 세제조사회의 「국세통칙법의 제정에 관한 답신」에 담긴 실질과세원칙의 사고방식이다. 우리나라는 1974년에 국세기본법이 제정되었는데 일본은 1961년에 한국의 국세기본법에 해당하는 국세통칙법이 제정되었다. 이 법을 제정할 때 처음 일본 정부가 마련한 법안 초안에는 실질과세원칙을 입법하는 조문이 포함되어 있었다고 한다. 그런데 일본세제조사회가 실질과세원칙의 입법에 반대의견을 표명하여 현재까지도 그러한 조문은 입법되지 못하고 있다. 핵심적인 반대 논거는 실질과세원칙의 내용이 너무 불명확하다는 점이었다. 일본의 경우에도 우리나라와 마찬가지로 실질과세원칙에 입각한 여러 개별적 세법규정이 다수 존재한다. 그러한 규정 중 가장 대표적인 것이 법인세법 제132조, 소득세법 제157조, 상속세법 제64조에서 규정하고 있는 동족회사의 행위계산부인에 관한 규정이다. 이 규정에 대해 통설인 법적 실질설은 창설적 규정으로 이해하고 있고, 경제적 실질설을 취하는 입장에 따르면 선언적 규정으로 볼 수 있다.

미국의 경우에는 세법상 실질과세원칙과 관련한 법원칙들은 일단 모두 법원의 판결을 통해서 형성된 것이고 법이론적인 성격상 원칙적으로 성문화할 필요가 없는 것으로 이해되고 있다. 그 결과 미국에서는 실질과세원칙이 어떤 경우에 적용되는지, 그 요건을 일반적으로 규정한 조문이 오랫동안 성문화되지 않았다. 하지만 실질과세원칙은 실제 개별사례의 과세 여부와 관련하여 중요한 역할을 하는 법원칙인데, 이러한 원칙이 법원의 판결을 통해 그 내용이 결정된다는 것은 어떤 경우가 과세대상인지에 대해 납세자들의 예측을 어렵게 하여 조세법률주의정신에 위배된다는 지적이 있었다. 또 이 원칙이 법원의 판결을 통해 형성되다 보니 여러 법원에서 이 원칙들을 적용하는 방법이 통일적이지 못하였고, 그 결과 일부 법원에서조차 이 원칙의 지속가능성(viability)에 대해 회의적인 의견을 내기도 하였다. 그리하여 2000년 이후 이 법원칙을 성문화하려는 시도가 여러 번 있었고 마침내 2010년 내국세입법 제7701조(o)에 '경제적 실질원칙(economic substance doctrine)'이 입법되었다. 이 규정 (5) (C)에서 "경제적 실질원칙이 거래에 적용되는지 여부는 본 항이 입법되지 않았을 때와 동일한 방식으로 판단해야 한다."라고 규정한 것을 보더라도 미국에서 내국세입법 제7701조(o)는 창설적 규정이 아니고 선언적 규정의 성격을 가졌음이 분명하다. 즉, 판례에 의해 형성된 세법 해석·적용원칙을 법조문화해서 좀 더 명확화한 것이다. 물론 종래 법원이 서로 다르게 조세회피행위 요건심사를 하던 방식[423]을 지양하기 위하여 결합심사방식(conjunctive test)을 조문화한 취지와 관련한 부분은 성문법의 등장으로 변화할 수밖에 없다.

독일의 경우에는 1919년 독일 제국조세통칙법(RAO) 제4조에 처음으로 경제적 관찰방법이 입법되었다. 이 규정의 문언, 즉 "세법규정들의 해석에 있어서는 그 규정의 목적, 그 규정의 경제적 의의 그리고 사실관계의 변화들이 고려되어야 한다."라는 것을 볼 때 입법자는 경제적 관찰방법을 세법 해석방법으로 생각했음을 알 수 있다. 이 규정은 내용이 거의 동일한 상태로 1931년 독일 제국조세통칙법 제9조로 계승되었고, 이후 히틀러 시대인 1934년 독일 조세조정법(Steueranpassungsgesetz) 제1조 제2항으로 계승되었다. 이 규정은 1919년 제국조세통칙법 제4조와 달리 경제적 관찰방법이 단순히 법 해석뿐만 아니라 사실확정에도 필요하다고 규정하였다. 제2차 세계대전 이후 독일 조세조정법(Steueranpassungsgesetz)을 대체하기 위하여 1977년 현재의 조세통칙법을 제정하면서 처음에 정부가 마련한 법률초안(Regierungsentwurf)에는 제4조 제2항에서 경제적 관찰방법에 관한 규정이 입법되어 있었다. 그러나 입법과정에서 이러한 규정을 통해 규율하고자 하는 경제적 관찰방법은 통상적인(normal) 법 해석방법이므로 이것에 대해 규범적 효력을 부여하기 위해 별도의 명문규정이 필요한 것은 아니라는 주장이 제기되어 최종적으로 입법되지는 못하였다. 즉, 경제적 관찰방법을 세법 해석방법으로 보기 때문에 굳이 이러한 내용을 입법하지 않더라도 법 해석자가 고유한 권한으로 동일한 결론을 도출할 수 있다고 본 것이다. 그래서 현재 독일에서는 경제적 관찰방법을 직접적으로 규정한 법조문은 없다. 하지만 세법 문헌에서는

423 이에 대해서는 이 책 제4장 제3절 III의 내용을 참조하기 바란다.

대부분 과세물건의 귀속에 대해 규정하고 있는 조세통칙법 제39조, 강행법규 또는 공서양속위반행위에 대한 과세를 규정하고 있는 조세통칙법 제40조, 무효인 법률행위에 대한 과세를 규정하고 있는 조세통칙법 제41조를 경제적 관찰방법에 관한 규정으로 설명한다. 조세회피방지를 위한 일반규정인 제42조 또한 경제적 관찰방법에 관한 규정으로 보고 있다.

Ⅱ. 시사점

실질과세원칙 자체가 세법전에 명시적으로 입법되어 있는지는 이 원칙의 법적 성격을 어떻게 이해하는지와 밀접한 관련이 있다. 미국과 독일은 이 원칙을 통상적인 세법 해석원칙으로 이해하므로 굳이 입법이 필요하지 않다는 입장이다. 물론 세법 해석이 아니라 사실판단의 문제일 수도 있지만 이것 역시도 넓은 의미에서는 세법의 해석·적용과정에서 발생하는 문제이므로 같은 차원에서 결정할 수 있는 것이다. 일본의 경우에는 이 원칙이 명시적으로는 입법되지 않은 것으로 볼 수 있는데 이는 일본에서는 이 원칙을 단순한 법 해석원칙 이상의 것으로 이해하기 때문일 것이다.

실질과세원칙을 세법의 해석·적용원칙으로 이해해야 한다고 하더라도 이것 때문에 입법이 꼭 필요없다고 할 수는 없다. 미국의 경우가 바로 이것을 증명해 주고 있다. 미국은 이 원칙이 판례에 의해 잘 발전해 왔지만 2010년 이 원칙을 성문화한 바 있다.

이 원칙의 입법 여부와 관련하여 각 국가에서 공통적으로 논란이 있었던 점은 이 원칙의 불명확성이다. 일본은 이 원칙의 내용이 너무나 불명확하므로 입법을 해서는 안 된다는 입장이었다. 독일의 경우에는 그 시행과정에(특히, 나치체제하에서) 착오가 없지는 않았지만 오랫동안 이 규정을 운영하면서 판례와 학설의 지속적인 노력으로 현재는 이 원칙의 내용이 불명확하여 무효라고 보는 견해는 없다. 미국의 경우에는 판례를 통해 발전시켜 오던 이 원칙을 성문화한 이유 중의 하나가 이 원칙의 불명확성 때문이라고 할 수 있다.

실질과세원칙에 어느 정도의 불명확성이 내재되어 있는 것은 사실이다. 하지만 이는 비단 실질과세원칙만의 문제는 아니다. 민법상 신의성실원칙이나 권리남용금지원칙, 행정법상 비례원칙 등 모든 법영역에서 법원칙이란 명칭을 가진 제도는 어느 정도 그러한 측면을 가질 수밖에 없다. 이러한 실질과세원칙의 문제점은 운용과 관련한 제도를 보완해서 해결하면 될 일이다. 예컨대, 과세당국이 실질과세원칙에 기초하여 과세를 하는 경우 중 일정한 요건에 해당하는 경우에는 세무공무원의 판단에 의존하지 않고 외부전문가로 구성된 위원회의 심의를 거치게 한다든지, 납세자에게는 실질과세원칙과 관련하여 사전적인 법 해석을 요구할 수 있는 범위를 확대해 준다든지 하는 것은 실질과세원칙의 불명확성을 해소해 가면서 이 원칙을 운용해 나가는 좋은 방안 중의 하나라고 할 수 있다.

제4절 | 세법상 실질과세원칙과 다른 법원칙의 관계

I. 각국의 상황

세법상 실질과세원칙은 조세공평주의, 조세법률주의 그리고 죄형법정주의와 어떤 관계가 있는지 검토할 필요가 있다. 세법상 실질과세원칙과 죄형법정주의의 관계가 검토되는 이유는 실질과세원칙에 기초하여 세법을 해석·적용하고 그것에 기초하여 납세자가 탈세를 하였다는 판단을 하면 형사처벌을 하게 되기 때문이다. 즉, 실질과세원칙이 사실상 범죄구성요건판단을 위해 중요한 역할을 하게 되는데, 이러한 것이 죄형법정주의정신에 반하는 것인가가 문제될 수 있기 때문이다.

우리나라에서도 실질과세원칙과 조세공평주의가 밀접한 연관이 있음이 널리 인정되고 있다. 전자는 후자를 실현하기 위한 실천적 원리로 이해되기도 하고,[424] 양자를 동등한 결론을 도출하는 대등한 법원칙인 것처럼 기술하는 경우도 있다.[425] 실질과세원칙과 조세법률주의의 관계에 대해 과거 판례와 학설은 양자가 충돌하는 측면이 있다고 보았다. 이는 특히 실질과세원칙에서의 실질의 의미와 관련하여 법적 실질설을 취하는 논자들이 경제적 실질설을 취하는 논자들의 입장을 반박하는 논거로 많이 사용되었다. 경제적 실질설을 취하게 되면 양자가 충돌하지는 않는다. 실질과세원칙과 조세법률주의가 충돌한다면 그 논거로는 실질

424 김완석·박종수·이중교·황남석, 『국세기본법 주석서』, 삼일인포마인, 2017, 180면.
425 헌재 2009. 11. 26. 2007헌바137 결정.

과세원칙에 따라 세법을 해석하고 적용할 경우 조세법규명확주의에 반하는 것이 된다는 점을 들게 될 것이다. 최근 대법원은 2012. 1. 19. 선고 2008두8499 판결에서 조세법률주의와 실질과세원칙은 대립하는 것이 아니라 상호보완적이라는 입장을 밝힌 바 있다. 다만, 이 사건에서 소수의견은 기본적으로 조세법률주의와 실질과세원칙의 관계에 대해 종래 전통적 견해처럼 양자를 충돌하는 법원칙으로 이해하는 입장을 취하고 있었다. 실질과세원칙과 죄형법정주의의 관계에 대해서는 크게 논의가 없는 상황이다. 다만, 우리나라의 판례가 조세형사범의 경우에 납세의무의 성립을 전제로 하여서 논의해야 한다는 입장을 일관되게 취하고 있는데,[426] 이는 결국 조세형사범 사건에 실질과세원칙이 적용될 수 있음을 전제하는 입장이라고 볼 수도 있다. 또한, 대법원은 차용 개념의 세법 독자적 해석을 긍정하여 납세의무성립을 인정하고 그러한 법이론 구성에 기초하여 조세포탈범의 성립을 긍정한 바도 있다.[427]

일본에서는 실질과세원칙은 주로 실질귀속자과세원칙으로 이해하는데, 이와 조세공평주의의 관계에 대해서는 실질과세원칙이 조세공평이념의 실현을 위한 구체적인 수단이라고 평가하고 있다. 일본에서 실질과세원칙과 조세법률주의의 관계에 대해 통설처럼 법적 실질설에 따라 실질과세원칙을 이해하는 입장에서는 법적 실질에 따라 조세법을 해석·적용하는 것은 굳이 별도의 규정이 전제되지 않더라도 조세법률주의원칙에 반하지 않는다고 본다. 반면 경제적 실질에 따라 과세를 하는 것은 별도의 입법이 기초가 되는 경우는 별론으로 하고 그러한 결론을 기존 세법규정의 해석으로 도출하는 것은 조세법률주의가 추구하는 예측

426 대법원 1989. 9. 29. 선고 89도1356 판결; 대법원 2005. 6. 10. 선고 2003도5631 판결 등.

427 대법원 2012. 2. 23. 선고 2007도9143 판결; 대법원이 2011년 7월 21일에 선고한 2010두23644 전원합의체 판결.

가능성과 법적 안정성에 반하여 허용될 수 없다고 본다. 경제적 실질설을 취하는 이들의 입장에서는 이러한 세법의 해석·적용은 조세법률주의에 반하는 것이 아니고 이를 보완하고 강화시키는 것이라고 주장한다. 일본에서는 실질과세원칙과 죄형법정주의의 관계가 명시적으로 언급된 경우가 없다. 이는 실질과세원칙에서의 실질을 주로 법적 실질로 이해하는 통설과 판례의 입장과도 연결된 것으로 보인다.

미국과 독일의 경우에는 모두 실질과세원칙이 조세공평에 기여한다고 보고 주로 경제적 실질설에 입각하여 실질과세원칙을 이해하지만 그렇다고 하여 이것이 바로 조세법률주의에 반하는 것은 아니라는 입장이다. 또한, 미국과 독일의 경우 실질과세원칙을 대부분 경제적 실질로 이해하지만 탈세범 사건을 이러한 원칙에 기초하여 처리했다고 해서 죄형법정주의 위배라는 주장은 거의 없다.

Ⅱ. 시사점

실질과세원칙이 조세공평에 기여한다는 점은 실질과세원칙에서의 실질을 법적 실질로 이해하는지 경제적 실질로 이해하는지를 불문하고 모두 동의하고 있는 점이다.

실질과세원칙과 조세법률주의의 관계에 대한 평가는 비교대상국가별로 조금씩 차이가 있다. 일본을 제외한 우리나라와 미국, 독일은 실질과세원칙에서의 실질을 법적 실질로 이해하는지 경제적 실질로 이해하는지를 불문하고 모두 조세법률주의에 반하는 것이 아니라고 보고 있다. 물론 우리나라의 경우 여전히 일부 견해는 실질과세원칙에서의 실질을 경제적 실질로 이해하게 되면 양자는 모순된다는 입장이다. 이것은 일본의 통설의 입장이기도 하다.

세법상 실질과세원칙이 조세공평에 기여할 수 있도록 하기 위해서는 경제적 실질에 따른 과세를 허용하는 내용으로 이해를 해야 하는데 이것을 다시 조세법률주의에 반한다고 한다면 이는 결국 이 원칙을 세법상 인정하지 않겠다는 것과 동일하다. 일본을 제외한 비교대상국가에서는 모두 실질과세원칙을 경제적 실질에 따라 이해하지만 이 원칙이 조세법률주의에 반하지 않는다고 평가하는 점을 주목할 필요가 있다.

제5절 | 세법상 실질과세원칙에 있어서 실질의 의미에 대한 논쟁

I. 각국의 상황

우리나라에서 1974년 국세기본법 제14조가 처음 제정되었을 때에는 이 원칙을 독일 세법상 '경제적 관찰방법'에서 착안하여 입법하였고[428] 그래서 실질과세원칙에서의 실질을 '경제적 실질'로 이해한 것으로 보인다. 그러나 그 이후 판례와 통설은 법적 실질설에 입각하여 이 원칙을 이해해 왔다. 판례도 주로 법적 실질설에 기초하여 판단하고 있었지만 경제적 실질설에 기초한 판례도 다수 존재한다. 입법자는 이러한 경향에 대응하기 위해 국세기본법 제14조 제3항처럼 실질과세원칙에서의 실질은 경제적 실질이어야 한다는 것을 명시한 조문을 다수 입법한 바 있다. 그에 따라 판례가 입법자의 의도처럼 급격하게 변화하지는 않았지만 최근 이러한 규정을 적용하여 처분의 적법성을 긍정한 판례가 등장하고 있는 점을 볼 때[429] 향후 변화의 가능성은 충분히 있어 보인다.

일본의 경우 우리나라처럼 실질과세원칙에서의 실질의 의미와 관련하여 법적 실질설과 경제적 실질설이 대립하는데, 대체적으로 통설은 법적 실질설을 지지하는 것으로 볼 수 있다. 경제적 실질설을 취하는 입장은 소수설에 해당한다.

미국과 독일의 경우에는 실질과세원칙에서의 실질의 이해와 관련하여

---

428 장재식, 『조세법』, 서울대학교출판부, 1995, 69면.

429 대법원 2017. 2. 15. 선고 2015두46963 판결.

소위 법적 실질설과 경제적 실질설의 대립이 없다. 실질과세원칙에서의 실질(substance)이라고 하면 이는 당연히 경제적 실질(economic substance)임을 전제로 하고 있다. 미국은 1935년의 Gregory v. Helvering case 이전, 독일은 1919년 경제적 관찰방법(Wirtschaftliche Betrachtungsweise)이 독일 제국조세통칙법에 처음으로 입법되기 이전에는 세법상 과세요건을 구성하는 개념들을 엄격하게 문언대로 해석하였는데 이것이 굳이 표현하자면 법적 실질설을 취한 입장이라고 할 수 있으며, 이에 대응하기 위해 등장한 것이 실질과세원칙이므로 이들 국가에서 실질과세원칙은 그 출발선에서부터 경제적 실질설을 취한 것이라고 평가할 수 있다. 다만, 독일의 경우에도 과거에는 경제적 실질이라는 것이 무엇인지와 관련하여 비판이 많았는데[430] 이것을 세법의 목적적 해석으로 이해하는 입장이 지지를 받으면서 현재는 더 이상 이와 관련한 논쟁이 없다.

Ⅱ. 시사점

우리나라와 일본에서는 실질과세원칙에서의 실질의 의미에 대해 법적 실질설과 경제적 실질설의 대립이 있는데, 우리는 과거 법적 실질설에서 경제적 실질설로 이동하는 과정 중이고 일본은 여전히 법적 실질설이 통설과 판례의 입장이다. 반면, 미국과 독일은 이러한 논쟁이 없으며 실질과세원칙에서의 실질은 당연히 경제적 실질인 것이 전제로 되어 있다고 할 수 있다.

조세회피행위와 같은 시도들에 대해 조세공평을 실현할 수 있기 위한 수단으로 실질과세원칙을 원용하려면 이때 실질은 당연히 경제적 실질로 이해해야 한다. 다만, 조세법률주의정신에 따라서 이때 경제적 실질

430 종래 경제적 실질설을 주장하는 이들 중에는 세법조문의 해석론과 분리하여 오로지 경제적 현상에 기초하여 과세요건을 판단하려는 시도도 있었다.

도 세법조문과 유리된 상태에서 발견할 수는 없는 것이므로 법조문과 경제적 실질의 관계를 어떻게 설정하는지가 매우 중요하다. 미국과 독일에서 실질과세원칙을 세법의 해석·적용방법으로 이해하고 있고, 전통적인 세법의 해석·적용방법 중에는 목적적 해석의 일종으로 실질과세원칙을 자리매김시키는 것이 가장 적절해 보인다.[431] 그래서 독일에서도 실질과세원칙을 세법의 (체계적) 목적적 해석이라고 이해하는 경향이 강하다.[432]

---

431 김완석·박종수·이중교·황남석, 『국세기본법 주석서』, 삼일인포마인, 2017, 182면; 이동식, 『일반조세법』, 준커뮤니케이션즈, 2018, 205면 이하.

432 Englisch, in Tipke/Lang Steuerrecht 23. Auflage, 2018, § 5 Rn. 70 ff.

제6절 | 세법상 실질과세원칙의 주요 적용영역별 원칙의 기능 정도

Ⅰ. 조세회피행위 규제

1. 각국의 상황

실질과세원칙이 세법에서 가장 중요한 기능을 수행해야 하는 영역이 조세회피행위 규제라고 할 수 있다. 우리나라의 경우에는 조세회피행위가 대부분 조세회피행위 방지를 위한 개별규정(예: 부당행위계산부인규정)에 의해 규제된다. 그러나 조세회피행위의 속성상 개별규정에 의한 대응은 항상 충분치 않은 측면이 있다. 그래서 일부 학자들은 실질과세원칙을 규정한 국세기본법 제14조(특히 동조 제2항)를 우리 세법에 있어서 조세회피방지를 위한 일반규정(GAAR)으로 보기도 한다.[433] 하지만 판례는 이에 대해 소극적인 입장이다. 판례는 국세기본법 제14조 제3항과 같은 규정이 신설되었음에도 조세회피방지를 위해서는 '개별적 부인규정'이 필요하다고 판시하고 있는 상황이다.[434] 그러나 대법원은 최근 교차증여행위에 대해 과세행정청이 증여세를 부과한 사건에서 구 상증세법 제2조 제4항을 적용하여 과세처분의 적법성을 긍정하면서 해당 조문과 국세기

433 안경봉, 「세법에 있어서 형식과 실질」, 『특별법연구』 제8권, 박영사, 2006, 461면; 김성수, 『세법』, 법문사, 2003, 169면; 이태로·안경봉, 『조세법강의』(신정 4판), 박영사, 2001, 33면. 실질과세원칙에서의 실질을 소위 '경제적 실질'로 이해하는 견해는 기본적으로 모두 이와 동일한 입장으로 볼 수 있다. 개인적으로도 기본적으로는 이와 같은 입장을 취하고 있다. 이동식, 「현행 조세회피방지 방법의 한계와 그 대안으로서 일반규정 방식의 입법에 의한 방지」, 『한국정책과학학회보』 제5권 제1호, 2001. 4., 94-95면 참고.

434 대법원 2011. 4. 28. 선고 2010두3961 판결.

본법 제14조 제3항은 같은 취지임을 명시한 바 있다.[435] 이에 따라 향후에는 대법원이 국세기본법 제14조 제3항에 기초하여서도 조세회피행위를 방지할 수 있는 것이 아닌가 하는 예상을 해 볼 수 있게 되었다.[436]

일본에서는 주로 개별적 대응규정의 입법을 통해 조세회피방지가 이루어지고 있다. 실질과세원칙에 의한 조세회피방지와 관련해서는 실질과세원칙에서의 실질을 주로 법적 실질로 이해하고, 또 국세통칙법에서는 실질귀속자과세원칙만 입법되어 있는 점 등을 이유로 사실상 거의 기능을 하지 못하는 상황이라고 할 수 있다.

미국은 지금까지 판례에 의하여 실질과세원칙이 발전해 왔고, 이를 통해 조세회피행위를 포괄적으로 규제하여 왔다. 2010년에 경제적 실질원칙이 내국세입법에 입법되었지만 이 규정의 입법 여부는 법원에 의한 이 원칙의 적용에 크게 영향을 미치지 않는다.

독일의 경우에는 미국과 달리 1919년에 조세회피방지를 위한 일반규정을 입법하였고 그 규정의 해석·적용론에 따라 포괄적으로 조세회피행위를 방지하여 오고 있다. 법원은 초기에 이 규정의 모호성으로 인해 그 적용에 소극적이었지만 현재 이 조문은 조세통칙법 규정 가운데 가장 빈번하게 적용되는 조문이 되었다. 물론, 그 외 개별법에 조세회피방지를 위한 개별적 규정들도 있다. 이러한 규정들이 입법된 배경은 매우 다양하다.[437]

435 대법원 2017. 2. 15. 선고 2015두46963 판결.

436 이동식, 「조세회피행위 방지를 위한 일반규정의 도입논의」, 『조세법연구』 제24집 제1호, 한국세법학회, 2018. 4., 26면 이하.

437 Dongsik Lee, Methoden zur Verhinderung der Steuerumgehung und ihr Verhältnis zueinander, GCA Verlag, 1999, 232 ff.

2. 시사점

실질과세원칙을 통하여 조세공평이 실현될 수 있도록 하기 위해서는 이 원칙이 조세회피방지에 적극적 역할을 할 수 있어야 한다. 그러기 위해서는 실질과세원칙에서의 실질을 경제적 실질로 이해해야 한다. 종래 우리 법원은 주로 법적 실질설을 취하였다. 이에 대한 대응으로 입법자는 경제적 실질에 따른 과세를 긍정하는 규정을 입법하기도 하였다. 대표적으로 국세기본법 제14조 제3항을 들 수 있다.

조세회피방지에 적극적으로 대응할 수 있기 위해서는 국세기본법 제14조 제3항과 같은 일반규정에 의한 대응이 좀 더 활성화되어야 한다. 현재까지 법원은 이 규정의 적용에 대해 매우 소극적인 입장인데, 그 이유는 구체적인 사례에서 어떠한 경우 이 규정을 적용할지에 대해 아직 법원이 충분히 자신감이 생기지 않았기 때문일 것이다. 하지만 독일의 경험을 통해서도 알 수 있듯이 결국 이러한 문제는 지속적으로 이 규정을 적용해 나가면서 판례 스스로 기준을 설정해 나가면 해결될 수 있다고 본다. 물론 학계에서도 이 규정에 대한 연구를 통해 다양한 해석가능성들을 제시해 줄 필요가 있다.

Ⅱ. 위법·무효행위에 대한 과세 및 유추적 법적용의 허용 여부

1. 위법·무효행위에 대한 과세

위법·무효행위에 대한 과세는 비교대상국가가 거의 유사한 상황이다. 각 국가들은 위법행위 혹은 무효행위로 인한 소득이라고 하더라도 과세의 대상이 되는 경제적 실질이 존재하는 한 과세할 수 있다는 입장이다. 이는 엄격하게 법적 실질설을 취하고 있는 일본도 마찬가지이다. 위법행위 혹은 무효행위로 인한 경비지출의 경우 그것이 경비지출의 일반적 요건을 충족하는 경우라면 예외적으로 손금부인하는 것으로 법률에서 명시적으로 규정한 경우가 아닌 한 손금산입해 주어야 한다는 입장이다.

2. 유추적 법적용의 허용 여부

실질과세원칙이라는 것을 존재하지 않은 사실을 존재한 것처럼 간주하여 과세하는 것으로 이해한다면 이는 유추적 법적용과 밀접한 연관을 가지게 된다. 그렇지 않고 실질과세원칙이라는 것이 존재하는 사실을 단지 세법적으로 재해석하여 과세의 기초로 삼는 것이라면 유추적 법적용과는 큰 연관이 없을 수도 있다. 물론, 통상적인 해석과 유추적 법적용의 구분이라는 것이 상대적인 점을 고려하면 이 경우에도 실질과세원칙과 유추적 법적용은 연관성이 있을 수는 있다. 종국적으로 실질과세원칙이라는 것이 세법 해석·적용방법이라고 한다면 그 원칙에 따른 세법의 해석과 적용을 어느 범주에서 그치게 할 것인지와 관련하여 유추적 법적용의 허용 여부는 중요한 의미를 가진다.

유추적 법적용, 특히 납세자에게 불리한 유추적 법적용과 관련해서 비교대상 국가의 대부분에서 이를 부정하고 있다. 다만, 국가에 따라서 이를 긍정하는 견해가 과거에 비해 증가하고 있는 추세를 보이는 경우도 있다.

Ⅲ. 차용 개념의 해석

1. 각국의 상황

실질과세원칙과 차용 개념의 해석의 관계는 차용 개념에 대해 세법이 독자적으로 개념정의를 해 두지 않고 있는 경우 해석론으로 그 개념이 원래 발생한 법영역과 달리 세법에서 해석할 수 있는지 여부와 관련해서이다. 우리나라의 경우에는 차용 개념의 해석에 대해 세법 독자적 해석을 부정하는 입장이 주류이다. 판례도 마찬가지이다. 일본의 학설과 판례도 우리나라와 입장이 비슷한 상황이다. 반대로 미국과 독일의 경우에는 차용 개념의 세법 독자적 해석이 기본적으로 긍정되는 상황이다. 물론, 이 경우에는 세법규정의 해석상 해당 차용 개념을 그 개념이 발생한 원래의 법영역에서의 의미와 달리 해석할 것을 요구하는 경우에 한한다.

2. 시사점

세법상 차용 개념을 어떻게 이해할 것인지는 한편으로는 법질서의 통일성을 확보하는 측면이 있지만 또 한편으로는 다른 법영역에 대한 세법의 독자성을 확보하여 공평한 과세를 실현하는 측면도 있다. 전자는 차용 개념의 세법독자적 해석을 부정하는 논거가 될 것이고, 후자는 이를 긍정하는 논거가 될 것이다. 전자의 입장에 따르면 세법은 민법 등 다른 법의 부속법과 같은 현상이 발생할 수 있다.

실질과세원칙의 주요기능이라고 할 수 있는 조세회피방지에 있어서도 차용 개념의 세법 독자적 해석은 매우 중요한 의미를 가진다. 이를 긍정해야만 실제로 실질과세원칙에 의거한 조세회피방지가 가능하기 때문이다.

실질과세원칙에서의 실질을 경제적 실질로 이해하는 것이 결국 차용 개념의 세법독자적 해석을 긍정하는 것과도 연결된다고 할 것이다. 세법이 공평한 세금부과의 기준으로 작동할 수 있도록 하려면 차용 개념에 대해서도 미국이나 독일처럼 해석자에게 해석의 여지를 좀 더 허용해줄 필요가 있다고 할 것이다.

참고문헌

국내 문헌

[일반]

곽윤직, 『민법총칙』, 박영사, 1985.

김의석, 「실질과세원칙의 적용에 관한 접근방식」, 『조세법연구』 제18집 제2호, 한국세법학회, 2012.

김재범, 「실질과세 원칙의 적용」, 『대구법학』 제3호, 대구대학교 법학연구소, 2000.

선은애, 「실질과세원칙에 관한 법적 고찰」, 『토지공법연구』 제59권, 한국토지공법학회, 2012.

송동진 · 전병욱, 「실질과세원칙과 거래의 재구성」, 『조세법연구』 제19집 제1호, 한국세법학회, 2013.

신만중, 「세법상 법인격부인법리의 새로운 전개」, 『법학논총』 제22권 제2호, 조선대학교 법학연구원, 2015.

안경봉, 「조세회피에 관한 연구: 전형적 거래를 중심으로」, 서울대학교 법학박사학위논문, 1993.

안경봉 · 윤지현, 「실질과세원칙의 조세조약에의 적용」, 『조세법연구』 제13집 제1호, 한국세법학회, 2007.

안경봉 · 이동식, 「조세형사범 사건과 실질과세원칙」, 『조세법연구』 제18집 제3호, 한국세법학회, 2012.

이기생, 「실질과세원칙에 관한 연구」, 『장안논총』 제13권 제1호, 장안대학교, 1993.

이동식, 「독일의 조세회피행위 방지방법」, 한국공법학회 제87호 학술발표대회 자료집(2000년 공법이론의 발전과 성과), 한국공법학회, 2000.

이동식, 「독일 세법상 경제적 관찰방법」, 『현대 세무학의 논점』(반곡 송쌍종 교수 정년기념논문집), (주)영화조세통람, 2008.

이동식, 「응능과세원칙」, 『공법연구』 제32집 제5호, 2004.

이동식, 『일반조세법』, 준커뮤니케이션즈, 2020.

이동식, 「미국 세법상 실질과세원칙의 의미와 역할」, 『공법연구』 제39권 제4호, 한국공법학회, 2011.

이동식, 「조세법상 엄격해석원칙의 타당성 검토」, 『조세법연구』 제17집 제3호, 한국세법학회, 2011.

이동식, 『조세정의론』, 경북대학교출판부, 2015.

이동식 · 안경봉, 「한국에 있어서 조세법의 해석 · 적용」, 『조세학술논집』 제30권 제2호, 한국국제조세협회, 2014.

이영환 · 최천규, 「실질과세원칙에 관한 소고」, 『한국의회학회보』 제1권 제1호, 한국의회학회, 2012.

임승순, 『조세법』, 박영사, 2021.

임승순 · 정종화, 「조세회피행위의 부인과 사실인정에 의한 부인」, 『조세법연구』 제18집 제3호, 한국세법학회, 2012.

정승영, 「실질과세의 원칙과 '실질'판단에 대한 고찰」, 『조세법연구』 제19집 제1호, 한국세법학회, 2013.

정승영, 「실질과세의 원칙의 내재적 한계에 대한 소고」, 『조세법연구』 제20집 제2호, 한국세법학회, 2014

최성근, 「실질과세원칙에 관한 법리와 규정에 대한 분석 및 평가」, 『조세법연구』 제19집 제2호, 한국세법학회, 2013.

최성근, 「실질과세원칙에서의 다단계거래 부인에 관한 연구」, 한국세무사회 부설 한국조세연구소, 2012.

최정희 · 황남석, 「미국의 경제적 실질원칙의 발전과정에 관한 연구」, 『조세학술논집』 제36집 제4호, 한국국제조세협회, 2020.

홍정선, 『행정법특강』, 박영사, 2020.

[소득세, 법인세]

강인철, 「업무무관 가지급금의 손금불산입과 실질과세의 원칙에 대한 연구」, 『조세법연구』 제16집 제2호, 한국세법학회, 2010.

김의석, 「부당행위계산의 본질과 실질과세원칙」, 『조세법연구』 제19집 제3호, 한국세법학회, 2013.

김재길 · 김광윤, 「분식회계 관련판결에서 제시된 실질과세 원칙과 신의칙의 관계」, 『세무학연구』 제32권 제1호, 한국세무학회, 2015.

박훈 · 이상신, 「세법상 법인격부인의 법리와 실질과세의 원칙의 관계」, 『조세법연구』 제16집 제1호, 한국세법학회, 2010.

손영철, 「환매조건부매매 및 대차거래에서의 세법상 실질주의 적용에 관한 연구」, 『조세법연구』 제17집 제3호, 한국세법학회, 2011.

오윤, 「Beneficial Ownership 개념과 실질과세원칙의 관계」, 『조세법연구』 제16집 제1호, 한국세법학회, 2010.

오윤 · 임동원, 「Limited Partnership에 대한 소득의 실질귀속」, 『조세법연구』 제21집 제1호, 한국세법학회, 2015.

이준봉, 「영리법인을 이용한 증여와 실질과세」, 『조세법연구』 제20집 제2호, 한국세법학회, 2014.

임동원, 「동업기업과세제도의 조세회피 관련 규정에 관한 연구」, 『조세연구』 제14권 제3호, 한국조세연구포럼, 2014.
전병욱 · 최원욱, 「엔화스왑예금 거래의 과세에 대한 경제적, 법률적 연구」, 『회계저널』 제16권 제4호, 한국회계학회, 2007.
정덕주, 「과세소득의 개념과 범위에 관한 연구」, 『세무학 연구』 제24권 제4호, 한국세무학회, 2007.

[부가가치세]

박승식, 「부가가치세법의 실질과세를 구현하기 위한 방안」, 『국제회계연구』 제37집, 한국국제회계학회, 2011.
전병욱, 「오픈마켓업체의 부가가치세 과세문제」, 『법학연구』 제52권 제3호, 부산대학교 법학연구소, 2011.
최성근, 「단계거래원칙이 실질과세원칙에서 차지하는 지위와 부당한 단계거래의 판단기준」, 『조세법연구』 제14집 제2호, 한국세법학회, 2008.

국외 문헌

Barthelmes, Das Handeln in fraudem legis(Göttingen 1889), 5; Pfaff, zur Lehre vom sogenannten in fraudem legis agere(Wien 1892).
Bähr, Urteile des Reichsgerichts mit Besprechungen(München; Leipzig 1883).
Dilcher, in: Staudinger Kommentar zum BGB 12. Auflage(Berlin 1980).
Dongsik Lee, Methoden zur Verhinderung der Steuerumgehung und ihr Verhältnis zueinander, GCA Verlag, 1999.

Endemann, Über die civilrechtliche Wirkung der Verbotsgesetze nach gemeinem Rechte(Leipzig 1887).
ders., Lehrbuch des Bürgerlichen Rechts Bd. 1 9. Auflage(Berlin 1903).
Krömker, in: Lippross Basis Kommentar Steuerrecht, 1999, Verlag Dr. Otto Schmidt. 2004.
Kruse, in: Tipke/Kruse Kommentar zur AO, 1999.
Linckelmann, Die Sicherheitsübereignungen, Archiv für Bürgerliches Recht Bd. 7-8(1893).
Sack, in: Staudinger Kommentar zum BGB 13. Auflage(Berlin 1996).
Savigny, System des heutigen römischen Rechts Bd. I (Nachdruck der Ausgabe Berlin 1840, Aalen 1973).